新訂第5版

図解・表解
教育法規

"確かにわかる"法規・制度の総合テキスト

［共著］
坂田　仰　日本女子大学教授
黒川雅子　学習院大学教授
河内祥子　福岡教育大学教授
山田知代　立正大学准教授

教育開発研究所

はじめに

一昔前まで、学校現場では、教育法規不要論が興隆をきわめていた。問題行動を起こした児童生徒の懲戒にあたって、あるいは国旗国歌の指導を巡って、「教育は愛と情熱である」、「法的発想では学校運営はうまくいかない」、といった言説が、職員会議等の場で飛び交うこともめずらしくはなかった。

そして、現在、学校現場の実態に非難が集中し、法令遵守の大合唱が起こっている。不適切な労働慣行に基づく「先生の夏休み」、学習指導要領を大きく逸脱した「教科・科目の未履修」、体罰、児童買春、杜撰な情報管理、繰り返される教員の「非違行為」等、それこそ枚挙にいとまがない。しかも、教育改革の奔流は、幾多の教育法規を打ち砕き、「不磨の大典」と考えられていた教育基本法にさえも変革をもたらした。この状況を前に、教育委員会や校長・副校長・教頭は、スクール・コンプライアンスの確立と新しい教育法規の理解に腐心している。

だが、そもそも教員には、教育法規を日常的に学ぼうとする習慣がない。本格的に学習するのは、採用試験の時以来であろう。代表的な「教育六法」を開いてみても、難解な用語や言い回しに圧倒され、すぐに睡魔が襲ってくる。これでは、リーガルマインド(法的教養)が身につくはずもなく、いつまで待っても学校現場に「法の番人」が現れることはない。

本書『図解・表解教育法規』は、そんな悩みを抱えた学校現場への応援メッセージである。「限られた時間で、必要最低限の教育法規を確実に押さえたい」、「目まぐるしく変化する教育システムについて、知識のアップデートを図りたい」といった教育関係者にとって、最適なテキストだと自負している。法令遵守の指針として、あるいは学校経営の羅針盤として、是非、本書を活用してもらいたいと思う。

共著者である河内祥子さんと黒川雅子さんは、共に、学校現場を経て私の研究室で学び、教員養成の場へと巣立っていった。いつか三人で教育法規に関わる書籍をつくりたいと常々話していたが、今回、教育開発研究所のご厚意で念願を叶えることができた。また、本書の編集にあたっては、教育開発研究所の森敦さんと武田宜大さん、そして私の研究室の山田知代さんにお世話になった。この場を借りて深く感謝したい。

坂田　仰

平成二〇年水無月

梅雨空の目白台にて

新訂第５版の刊行に寄せて

いじめ防止対策推進法を筆頭に学校現場に対する〝法の越境〟が続いている。こども基本法やこども性暴力防止法の制定もこの流れに位置している。周知のように、学校現場は、教員の自律、教育的配慮などという名目の下、長きにわたってある種の治外法権の場となってきた。だが、こどもの社会化を担う学校が、社会と隔絶した場であることは大きな矛盾である。それ故、〝法の越境〟が勢いを増していることには一定の意義が存在すると言えるだろう。

だが、〝法の越境〟が単なる法令遵守を意味するに過ぎないとしたならばそれもまた問題である。教育法規は、あくまでも学校経営、教育実践を支えるツールである。教育実践は全人格的な営みであり、教育の専門性に裏付けられたものであらねばならない。脈々と積み重ねられてきた、この譲ることが出来ない原理を支えるために教育法規は存在している。保護者や市民の負託に応えるために、教育の原理、学校教育に根ざした法令遵守、スクール・コンプライアンスを確立していくことが求められているのである。

本書のコンセプトは、学校現場への〝法の越境〟が日常となる中、教育法規、スクール・コンプライアンスに関する必要最低限の知識を習得するためのテキストという点に集約される。幸いなことに、２００８（平成20）年の刊行以来、多くの教育関係者に支持されてきた。改訂にあたっては、これまでの流れを継承しつつ、できるだけシンプルに、よりわかりやすくという視点から、図表と解説の改訂、データの更新、扱う項目の入れ替えを行った。学校運営、教育行政に携わる皆様に一人でも多く手に取って頂ければ幸いである。

第５次の改訂にあたっては、これまでと同様、教育開発研究所の皆様、特に落合恵さんに大変お世話になった。新法の制定やガイドライン、通知の改廃等についての丁寧なフォローアップに、この場を借りて感謝したいと思う。

令和六年群青忌
目白台にて

筆者を代表して　**坂田　仰**

新訂第5版

図解・表解 教育法規・目次

第3章《図解・表解》教育法規・制度

第4章　ケーススタディ――学校教育紛争

第5章　教育法制関連資料

第1章 教育法規を学ぶ前に

▶▶▶ 構　成

○法令の読み方

○法源と法体系

○法律用語の基礎知識

教育法規を学ぶ前に――

社会には、数多くのルールが存在している。「殺すなかれ」、「盗むなかれ」というおよそ文明社会と呼ばれるところに共通したルールから、徳川綱吉による「生類憐れみの令」のように不合理極まりのないルールまで、それこそ枚挙にいとまがない。多様な価値観・考え方を持った人間で構成される社会において、個人が好き勝手に行動することを許せば、殺し合いや奪い合いが起こる可能性が高い。ホッブズのいう「万人の万人に対する闘争」状態である。

社会生活の中で発生するトラブル（紛争）を防止し、社会生活をスムーズ（円滑）に行えるようにするための潤滑油として、トラブルが起こった場合には、それを解決する基準として、多様なルールが存在している。法学の世界では、社会生活において従うことが要求されるルールをとくに社会規範と呼ぶ。

法は、道徳とならぶ代表的な社会規範である。その中で教育法規とは、教育に関係する多様な法の体系、日本国憲法、教育基本法、学校教育法、教育職員免許法等の「群」を指す。教育を受ける権利から就学義務、学習指導要領の法的拘束力に至るまで、およそ教育に関わる法的問題は、全てこの法令群によって処理されることになる。教育法規の体系を理解するためには、法令の読み方や裁判官が具体的な事件を扱う際に基準とする法源等、基本的な知識を必要とする。本章では、教育法規を学ぶうえで必要となる最低限の法的知識について、整理しておくことにしたい。

1　法令の読み方

［参考条文］

学校教育法（昭和22年3月31日法律第26号）

【性行不良による出席停止】

第35条　市町村の教育委員会は、次に掲げる行為の一又は二以上を繰り返し行う等性行不良であつて他の児童の教育に妨げがあると認める児童があるときは、その保護者に対して、児童の出席停止を命ずることができる。

一　他の児童に傷害、心身の苦痛又は財産上の損失を与える行為

二　職員に傷害又は心身の苦痛を与える行為

三　施設又は設備を損壊する行為

四　授業その他の教育活動の実施を妨げる行為

2　市町村の教育委員会は、前項の規定により出席停止を命ずる場合には、あらかじめ保護者の意見を聴取するとともに、理由及び期間を記載した文書を交付しなければならない。

3　前項に規定するもののほか、出席停止の命令の手続に関し必要な事項は、教育委員会規則で定めるものとする。

4　市町村の教育委員会は、出席停止の命令に係る児童の出席停止の期間における学習に対する支援その他の教育上必要な措置を講ずるものとする。

法律の名称

法律には、タイトル（法律の名称）が附されている。教育基本法や学校教育法等、その法律の内容を端的に表すものが多い。しかし、なかにはタイトルが長文にわたるものもある。公立学校でなじみの深いものとしては、地方教育行政の組織及び運営に関する法律がある。長文のため、「地教行法」という略称が用いられることが多い。

法律番号

全ての法律には、他の法律と区別するために、その法律が制定された年ごとの番号が附されている。たとえば、教育基本法は、平成18年12月22日法律第１２０号、学校教育法は、昭和22年３月31日法律第26号である。一般には、月日の部分を省略し、教育基本法（平成18年法律第１２０号）といった用い方をする場合が多い。

見出し

条文には、見出しが付けられていることが多い。比較的新しい教育関係の法律には、ほぼ全て付けられている。しかし、学校教育法のように制定年が古い法律には見出しの存在しないものもある。「六法」等の法令集では、使用者の便宜を考慮して、編者等が独自の見出しを付けている場合もある。

［参考条文］
教育公務員特例法

（指導改善研修後の措置）
第25条の２　任命権者は、前条第４項の認定において指導の改善が不十分でなお児童等に対する指導を適切に行うことができないと認める教諭等に対して、免職その他の必要な措置を講ずるものとする。

条・項・号

法令は、一般に「条」「項」「号」によって構成される。複雑、多岐にわたる内容を整理するためである。まず、「条」によって大別し、その後、「項」、「号」の順で使用される。「一条、二条、三条……」、「一項、二項、三項……」、「一号、二号、三号……」となるが、「一項」は省略され、「二項」以下のみ番号が振られている。

注意を要する点として、「枝番号」と「但書（ただしがき）」がある。法律の改正に際して、条と条の間に新たな内容を追加する場合、挿入後の条の番号を後ろにずらすやり方と、他の条番号に影響を与えないように「二条の二」というふうに「枝番号」を使用するやり方がある。

他方、「但書」は、懲戒と体罰禁止について規定した学校教育法11条等に見られる。前文で懲戒権の法的根拠を規定した後、「ただし」以下の後文で、体罰がここでいう懲戒に含まれないことを明らかにしている。この「ただし」以下の部分を指して「但書」と呼ぶ。

［参考条文］
学校教育法

【懲戒】
第11条　校長及び教員は、教育上必要があると認めるときは、文部科学大臣の定めるところにより、児童、生徒及び学生に懲戒を加えることができる。ただし、体罰を加えることはできない。

2　法源と法体系

法源とは、法的規範として援用可能な法形式を意味する。一般には、裁判官が具体的な事件を扱う際に基準とする法を指す。代表的な法源として、〝制定法〟、〝判例法〟、〝慣習法〟、〝条理〟の四つがある。裁判官は、教育裁判においてもこの4種類を法源として援用し、紛争の解決にあたっていくことになる。

制定法

制定法とは、法を制定する権限を持っている人や機関が意識的に制定する法のことをいう。制定法は、文章の形で定められるところに特徴があり、文字を使用することから成文法と呼ばれることもある。

日本は、制定法を最も重要な法源として位置づけている国家の一つである（制定法中心主義）。日本における主な制定法としては、Ⓐ憲法、Ⓑ法律、Ⓒ命令（政令、省令（府令））、Ⓓ地方自治体の自主法がある。その効力関係は、Ⓐ憲法＞Ⓑ法律＞Ⓒ命令（政令＞省令（府令））＞Ⓓ地方自治体の自主法の順になる（上位法令優先原則）。

図　法の効力関係ピラミッド

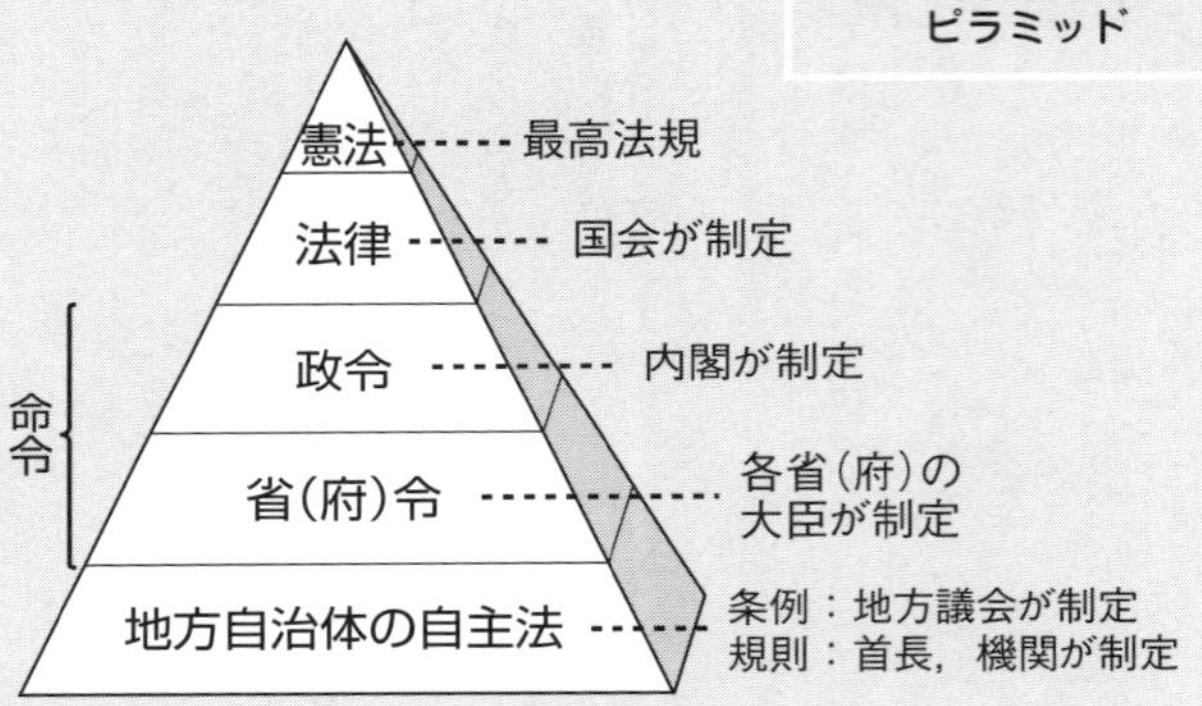

A　憲法

ある国家の最高法規を一般に〝憲法〟と呼ぶ。憲法を最も広く捉える場合、その名称を問わず、一国の統治の在り方を定めた基本的なルールの全てを指す（実質的意味の憲法）。この考え方に立てば、どの時代、いかなる国にも憲法が存在していることになる。これに対し、フランス人権宣言（1789年）は、〝人権の確保と権力の分立が定められているもの〟だけを憲法とする（近代的意味の憲法）。その意味では、日本国憲法は、実質的意味の憲法であり、近代的意味の憲法にも該当する。

全ての法規の最高法規としての性格を有する日本国憲法は、当然、教育法規の最高法規でもある。それゆえに、日本国憲法の規定に違反する教育法規は、全て無効となる。この判断権限は、最高裁判所を頂点とする司法部門にのみ付与されている（違憲法令審査権）。したがって、教員や個人が、自らの判断で憲法違反と考える教育法規を無効なものとして扱ってよいということを意味するものではない。

B　法律

議会が制定する法形式を指して〝法律〟という。近代国家においては、「国民の権利や自由を制限する場合は必ず法律によらなければならない」とする原則が確立している（法の支配・法治主義）。国民の代表者である議員で構成されている議会だけが、国民の権利や自由を制限する権限を持つことが許されると考えられているからである。

日本国憲法は、「すべて国民は、法律の定めるところにより、その能力に応じて、ひとしく教育を受ける権利を有する」と規定している（26条1項）。国民の重要な権利である教育を受ける権利を十全なものにするために、日本国憲法は、「法律の定める」という文言を挿入することによって、教育に関わる基本事項を「法律」で定めるべきことを明文で要求しているのである（教育の法律主義）。そして、その中心に位置するのが教育基本法ということになる。他にも、学校教育法や教育職員免許法、地方公務員法、教育公務員特例法等、学校現場と深く関わりを持つものも多い。

C　命令

行政機関が制定する法形式を総称して命令と呼ぶことがある。内閣が制定する政令と、各省（府）の大臣が制定する省令（府令）が最も代表的なものである。命令には、法律の委任を受けて制定される委任命令と、法律の執行に必要な事項を定める執行命令の２種類がある。命令によって国民の権利や自由を制限することは、原則として認められていない。

教育の法律主義を受けて、教育に関する基本事項は法律によって規定されている。しかし、具体的事項に関しては命令で規定されている場合がほとんどであり、命令は教育法規の体系においてきわめて重要な地位を占めている。学校教育法を例にとると、学校教育法施行令が政令にあたり、学校教育法施行規則が省令にあたる。

D　地方自治体の自主法

地方自治体の自主法とは、地方公共団体の議会、知事や市長といった首長、教育委員会等の機関が制定する法形式の総称である。日本国憲法、地方自治法に

Q　次の法律に関する政令と省令を挙げよ

①教育職員免許法
②学校給食法
③義務教育諸学校の教科用図書の無償措置に関する法律

A

①（政令）教育職員免許法施行令（昭和24年９月19日政令第３３８号）／（省令）教育職員免許法施行規則（昭和29年10月27日文部省令第26号）
②（政令）学校給食法施行令（昭和29年７月23日政令第２１２号）／（省令）学校給食法施行規則（昭和29年９月28日文部省令第24号）
③（政令）義務教育諸学校の教科用図書の無償措置に関する法律施行令（昭和39年２月３日政令第14号）／（省令）義務教育諸学校の教科用図書の無償措置に関する法律施行規則（昭和39年２月14日文部省令第２号）

よって、地方自治体の自主法は「法令」の範囲内においてのみ定めることができるとされ、憲法、法律、政令、省令（府令）と抵触しない範囲において制定することが認められる。

給与条例や勤務時間条例等、公立学校の教員に馴染みのある条例は、地方議会が制定する。地方議会は、地域住民によって選出された地方議員によって構成されている。この点が国会と似ているところから、条例は法律に準じる性格を持っているとか、準法律的性格を有すると説明されることがある。これに対して学校管理規則等は、教育委員会が定める規則の一つである。

判例法

判例法は、裁判所（特に最高裁判所）が過去に扱った類似の事件で下した裁判例（判例）が、法源として機能する場合を指す。判例が積み重なることによって成立する不文法である。イギリスやアメリカ合衆国などでは、現在も、判例法が法源の一つとして重要な役割を演じている。

日本では、制定法の不備を補うものとして、判例法が法源として利用されることがある。婚姻の意思は存在するのに法律上の届出をしない内縁関係については、民法に規定がないためにしばしばトラブルの原因になるが、判例法が事件を扱う裁判官の法源として利用されている。

教育法規の分野では、国家の教育内容に対する介入権を正面から認めた「学テ旭川事件」（最高裁判所大法廷判決昭和51年5月21日）は、この問題に関するリーディングケース（先例）として、以後の事件に対して大きな役割を果たしている。

慣習法

慣習法とは、私たちの社会生活の中で、長年にわたって何度となく繰り返されてきた慣習が法的確信にまで高められたものをいう。社会生活を通じて私たちの心の中に自然とできあがった不文の法規範である。制定法は議会などの国家機関が制定する法であり、判例法は裁判所の下した判例を基に形成される法である。現在の社会は、国家というものを重視するために、慣習法よりも国家の制定した法を、法源としてより重視する傾向にある。しかし、国際法や商取引などの分野においては、慣習法が今も法源として重要な地位を占めている。

国旗及び国歌に関する法律（国旗国歌法）が制定される以前、政府は、日章旗と君が代が国旗・国歌であるとの認識が、慣習法として日本社会に定着しているという立場をとっていた。たとえば、国旗国歌法の審議に際して、「政府としては、国旗が日の丸の旗であり国歌が君が代であるということが国民の間に広く親しみを持って受けとめられているという意味で、定着しているという事実、言いかえれば慣習法として定着しているという事実に立脚」して法制化を図ったという答弁が行われている。

条理

条理とは、ものの道理、筋道等を意味する言葉である。現在の日本の裁判制度では、裁判官は、どんな事件に対しても判断（裁判）を放棄することは許されない。たとえ、その事件を解決するための手がかりがまったく存在しないとしても、何らかの判断を示さなければならないのである。そうした場合に、裁判官の最後の拠り所になるものが条理である。裁判官は、ものの道理に従って合理的で妥当な解釈・判断を行うことになる。

教育法規の解釈にあたって、一部に「条理解釈」ということが強調される傾向にある。極端な論者は、教育法規を文理的に解釈すると条理に反する場合、その効力を否定し、あるいは条理に適するように解釈するべきだとさえ主張している。しかし、何をもって「条理」とするかについては、必ずしも客観的な基準は存在せず、主張する者の価値観に左右される部分が少なくない。それゆえに、法的安定性という観点からは、条理的解釈を優先させるという主張には疑問が多い。

3　法律用語の基礎知識

公法と私法

国または地方公共団体の統治権の発動について定めた法を公法という。簡単にいえば、国・地方公共団体と国民・住民の関係を定めた法のことである。公平性の見地から画一的な処理が必要とされることが多いために、公法の大部分は、当事者の意思に関係なく適用される強行法規としての性質を持っている。憲法や刑法、裁判の手続を定める刑事訴訟法や民事訴訟法が代表的な例である。教育法規も基本的には公法に属することになる。

これに対して、プライベートな個人・団体（私人）の関係を定めた法を私法という。私法は、当事者が対等な立場にあることを前提としている点に特徴がある。法の下の平等の要請を受けて、私法は、権利と義務の双方について個人を平等に扱うことを基本にしている（権利能力平等原則）。民法、商法等は、私法の代表的な存在である。

一般法と特別法

同じことについて定めた二つ以上の法が存在する場合に、法の適用範囲の広狭によって分類することがある。適用範囲が広い方の法を一般法、狭い方の法を特別法と呼ぶ。

売買という行為は、民法にも商法にも規定が存在する。民法の規定は、売買という行為一般を対象としている。これに対して、商法は、商取引にあたる売買だけを対象とする。この場合は、民法が一般法であり、商法が特別法ということになる。

一つの行為が一般法と特別法の双方の適用対象となる場合には、特別法が一般法に優先して適用される。「特別法は一般法を破る」力を持っていることになる（特別法優先原則）。たとえば、公立学校の教員は、地方公務員としての身分を有し、地方公務員法が適用される。しかし、その特則として教育公務員特例法が存在し、研修等に関して特別な取扱いがなされる。したがって、地方公務員法が一般法、教育公務員特例法がその特別法にあたることになる。

前法と後法

法の中には、お互いに矛盾する内容を持ったものが存在する場合がある。効力に差があるときは、より上位の法が当然優先する。法律と条例が内容的に矛盾する場合は、法律の規定が優先することになる。しかし、中には二つの法に上下関係がなく、同じ効力を持っている場合がある。この場合は、後からできた法（後法）が、先にできた法（前法）に優先する。これを後法優位の原則と呼ぶ。

本則と附則

法令は、本則と附則（付則）で構成されている。附則は、施行期日等、経過措置を記載している場合が多い。たとえば、教育基本法には、「この法律は、公布の日から施行する。」という附則が存在している。

「みなす」と「推定す」

「みなす（看做す・見做す）」と「推定す」は、両方とも一定の関係について他の関係と同一視する場合に使用する点で共通している。

「みなす」は、当事者がその関係について、そういう意図ではなかったと反対し、それを証明したとしてもその異議が認められることはない。

これに対して、「推定す」は、当事者が異なっていることを証明すれば、それが認められる。したがって、両者の相違は、当事者による反証を許すかどうかという点に存在することになる。

善意と悪意

ある事柄について知っていることを「悪意」、知らないことを「善意」という。価値判断を前提とする日常的な用法とは異なり、物事に対する価値判断を含むものではない。単に事実を知っているか、知らないかで、区別される点に注意を必要とする。

直ちに・速やかに・遅滞なく

「直(ただ)ちに」は、「速(すみ)やかに」に比べてより即時性・緊急性が高い用語である。即座にという意味で使用されることが多い。一般には、「直ちに」＞「速やかに」という関係が成立する。また、「直ちに」、「速やかに」と類似した用語に「遅滞なく」というものがある。「遅滞なく」は、合理的な理由がない場合には遅れを許さないというときに使用される用語である。

［参考条文］
教育職員免許法

（失効）
第10条2項　前項の規定により免許状が失効した者は、**速やかに**、その免許状を免許管理者に返納しなければならない。

適用と準用

ある規定を、その規定が予定している具体的な事柄にそのままあてはめることを「適用」という。これに対して、「準用」は、規定が本来予定していない本質の異なる事柄に対して、一定の修正を加えたりしながら、あてはめる場合を指す。

教育法規では、学校教育法等に準用規定が多数見られる。小学校に関する規定を、本来性格の異なる中学校や高等学校に多数準用しているからである。たとえば、小学校における教科書の使用義務を定めた学校教育法34条の規定は、他の規定とともに中学校（49条）、高等学校（62条）等で準用されている。

無効・取消・撤回

「無効」は、ある行為が行われたときから、その法律上の効果が生じないことが確定している場合をいう。一方、「取消」は、一度は発生した法律上の効力を、行為のときにさかのぼって改めて消滅させることを意味する。これに対し「撤回」は、ある行為の効力を、将来に向かってのみ消滅させることを指す。

図　無効・取消・撤回の効力比較

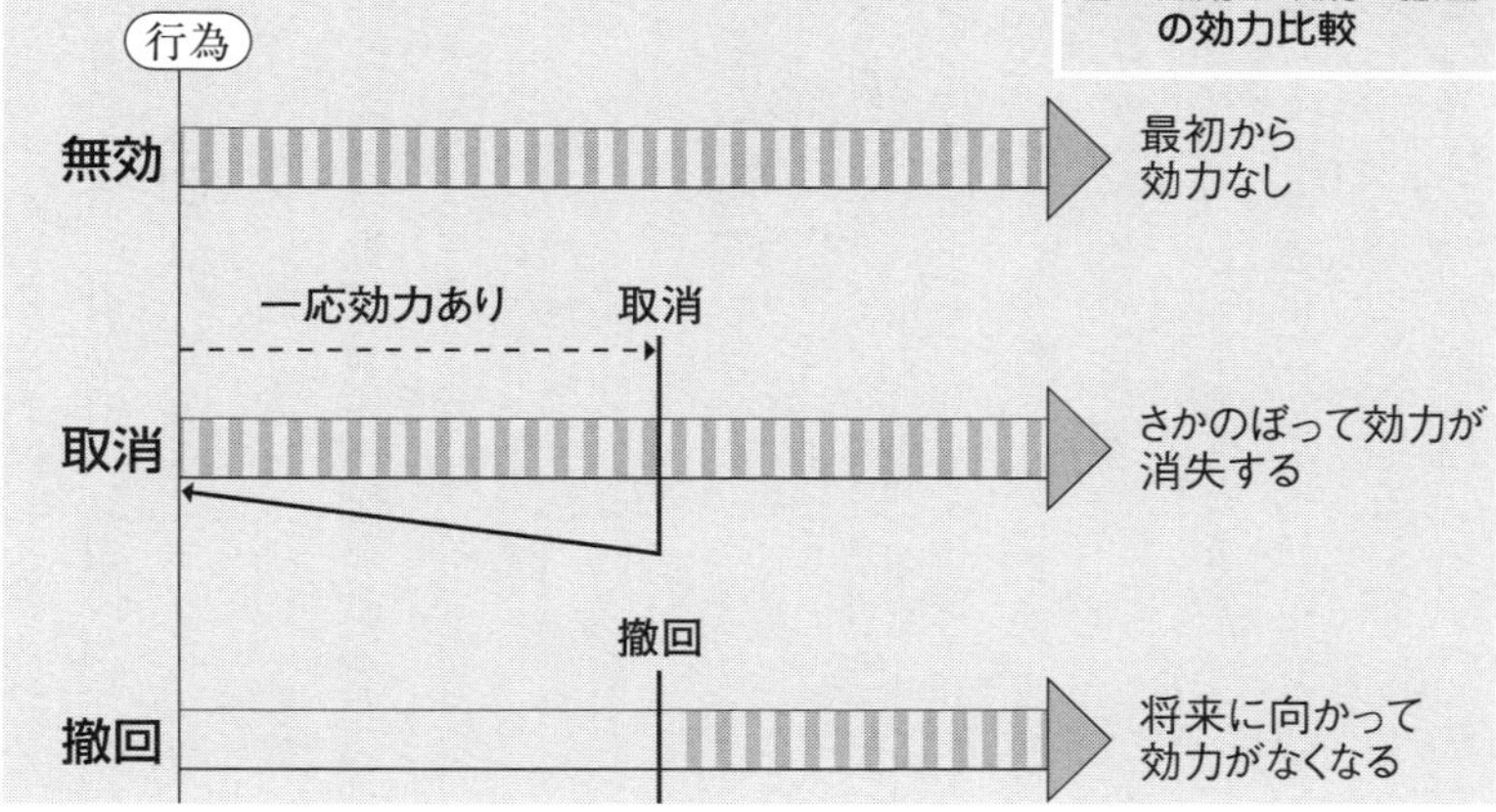

「以上」と「超える」

両方とも、基準になる金額や時間などとの比較に用いられる用語である。「以上」が基準の数値を含むのに対して、「超える」は基準の数値を含まない。２、０００円以上というときは、２、０００円を含んでそれより多い金額を指す。これに対して、２、０００円を超えてという場合には、２、０００円は含まれない。教員との関わりでは、校長・教員の欠格事由（学校教育法９条）や自己啓発等休業制度（地方公務員法26条の５）等にその例が見られる。

「以上」と「超える」の反対の用語が、それぞれ「以下」と「未満」「満たない」である。「以下」は、基準数値を含むが、「未満」「満たない」は、基準の数値を含まないことになる。

［参考条文］
学校教育法

【校長・教員の欠格事由】
第９条　次の各号のいずれかに該当する者は、校長又は教員となることができない。
一　禁錮以上（※）の刑に処せられた者
二　教育職員免許法第10条第１項第二号又は第三号に該当することにより免許状がその効力を失い、当該失効の日から３年を経過しない者
三　教育職員免許法第11条第１項から第３項までの規定により免許状取上げの処分を受け、３年を経過しない者
四　日本国憲法施行の日以後において、日本国憲法又はその下に成立した政府を暴力で破壊することを主張する政党その他の団体を結成し、又はこれに加入した者

（※）2025（令和７）年６月１日から「禁錮以上」は「拘禁刑以上」となる

地方公務員法

（自己啓発等休業）
第26条の5　任命権者は、職員……が申請した場合において、公務の運営に支障がなく、かつ、当該職員の公務に関する能力の向上に資すると認めるときは、条例で定めるところにより、当該職員が、3年を**超えない**範囲内において条例で定める期間、大学等課程の履修……又は国際貢献活動……のための休業……をすることを承認することができる。

公布と施行

成立した法律などを国民が知ることのできる状態にすることを「公布」という。「施行」は、法律などの効力を一般的に発生させることを指す。

法律の公布は、官報への掲載をもって行われるのが通常である。この場合、公布の日から起算して20日を経過した日から施行されるのが原則となっている。これを周知期間という。条例の場合は、周知期間が10日間である。また、改正教育基本法のように、法令のなかには公布の日から施行するという特別の規定を置いているものもある。

〔参考条文〕
教育基本法

附則1　この法律は、**公布**の日から**施行**する。

「又は」と「若しくは」

「又は」と「若しくは（若くは・若は）」は、二つ以上の言葉を選択的につなぐ場合に使用する接続詞である。原則的には「又は」を使用する。しかし、法令の中に二つ以上の選択が存在する場合、一番大きな意味の選択に「又は」を使用し、それ以外の選択には「若しくは」を使用するのが一般的である。

犬と猫と鯛を選択的につなぐと仮定すると、鯛と犬は魚類と哺乳類という差がある。これに対して、犬と猫はどちらも哺乳類であるため、鯛と犬を比べるよりも差が小さいことになる。したがって、大きな差異が存在する鯛と犬の接続に「又は」を、より差異が少ない犬と猫の接続の方に「若しくは」を使用する。それゆえに、「鯛、又は犬、若しくは猫」という文章になる。

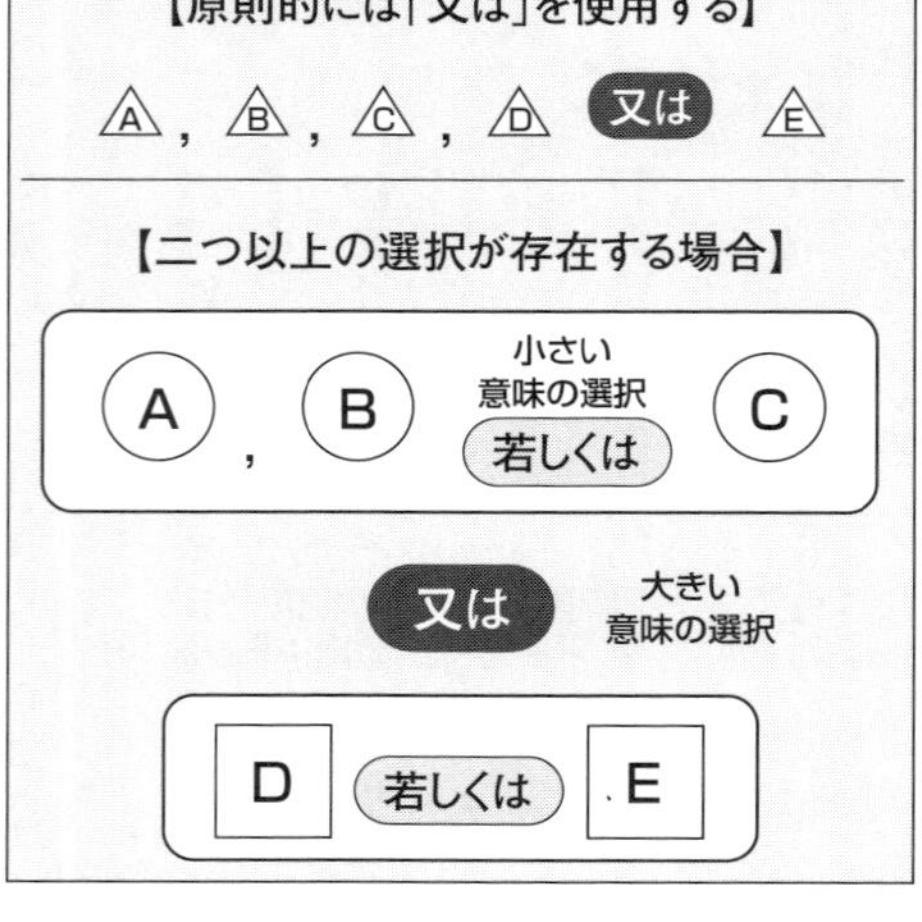

〔参考条文〕
教育公務員特例法

（校長及び教員の給与）
第13条　公立の小学校等の校長及び教員の給与は、これらの者の職務と責任の特殊性に基づき条例で定めるものとする。

２　前項に規定する給与のうち地方自治法（昭和22年法律第67号）第２０４条第２項の規定により支給することができる義務教育等教員特別手当は、これらの者のうち次に掲げるものを対象とするものとし、その内容は、条例で定める。

一　公立の小学校、中学校、義務教育学校、中等教育学校の前期課程**又は**特別支援学校の小学部**若しくは**中学部に勤務する校長及び教員

二　前号に規定する校長及び教員との権衡上必要があると認められる公立の高等学校、中等教育学校の後期課程、特別支援学校の高等部**若しくは**幼稚部、幼稚園**又は**幼保連携型認定こども園に勤務する校長及び教員

「及び」と「並びに」

「及び」と「並びに」は、二つ以上の言葉を併合的につなぐ場合に使用する接続詞である。しかし、法令の中に二つ以上の併合が存在する場合、一番小さな意味の併合には「及び」を使用し、それ以外は「並びに」を使用するのが一般的である。

［参考条文］
学校教育法

【学校の種類】
第１条　この法律で、学校とは、幼稚園、小学校、中学校、義務教育学校、高等学校、中等教育学校、特別支援学校、大学**及び**高等専門学校とする。

教育公務員特例法

（採用及び昇任の方法）
第11条　公立学校の校長の採用……**並びに**教員の採用……**及び**昇任……は、選考によるものとし、その選考は、大学附置の学校にあつては当該大学の学長が、大学附置の学校以外の公立学校……にあつてはその校長**及び**教員の任命権者である教育委員会の教育長が、大学附置の学校以外の公立学校……にあつてはその校長**及び**教員の任命権者である地方公共団体の長が行う。

遡及適用

後から制定した法を、過去にさかのぼって適用することを遡及適用という。刑罰法規について遡及適用が認められ

ると、行為の時には適法であったものが、後の立法によって違法とされ、処罰される可能性が生じてくる。これを認めると、罪刑法定主義は機能しない。したがって、刑罰法規については、遡及適用禁止の原則が適用される。

しかし、遡及適用は全面的に禁止されているというわけではない。遡及適用が行われることによって、国民に利益がもたらされる場合もある。たとえば、減税を行うための立法を事後的に成立させて、さかのぼって実施するというような場合がこれにあたる。刑罰法規を含めて、国民にとって利益になる事後立法については、遡及適用が認められるとするのが一般的である。

規定と規程

「規定」と「規程」は、両方とも人が従わなければならないルールを指す。異なる点は、「規定」が法令のなかの個々の条項を指す場合に用いられるのに対して、「規程」がそのルール全体（条項の集合体）を指して使用されるという点である。

「科す」と「課す」

刑罰などの制裁を加える場合、「科す」という用語を使用する。これに対して、租税の賦課や徴収のように制裁的な色彩を含まない義務の場合には、「課す」を使用することになる。

科料と過料

「科料」とは、刑罰として刑法総則に定められている財産刑の一つである。「科料」は、刑罰であり、裁判所によって訴訟手続を経て科せられることになる。「過料」は、行政処分の一種であり刑罰ではない。法秩序を維持していくために認められている処分であり、秩序罰と執行罰がその代表である。刑罰ではないことから必ずしも裁判所によって科せられるわけではなく、地方公共団体の長によって科せられる場合もある。

［参考条文］
教育職員免許法

【罰則】
第23条　次の各号のいずれかに該当する者は、10万円以下の**過料**に処する。
一　第3条の2第2項の規定に違反して、届出をせず、又は虚偽の届出をした者
二　第10条第2項（第11条第5項において準用する場合を含む。）の規定に違反して免許状を返納しなかつた者

刑法

（刑の種類）
第9条　死刑、懲役、禁錮、罰金、拘留及び**科料**を主刑とし、没収を付加刑とする。（※）

（※）2025（令和7）年6月1日から「懲役、禁錮」は「拘禁刑」となる

第2章 教育法規の体系とトレンド

▶▶▶ 構　成

○教育基本法
○日本国憲法
○学校教育法
○教育職員免許法
○地教行法（地方教育行政の組織及び運営に関する法律）
○地方公務員法
○教育公務員特例法
○学校保健安全法
○私立学校法
○生涯学習振興法
○社会教育法

教育法規の体系とトレンド――

1990年代半ばから続く教育改革の奔流は、止まるところを知らず、学校現場を覆い尽くしている。中央教育審議会は、矢継ぎ早に答申を出し、教育制度、教育法規は、近年、往年の姿を想像できないほどの変貌を遂げている。

特に教育法規の変化は著しい。その象徴が、2006（平成18）年12月の教育基本法の全面改正である。翌年には、学校教育法、地方教育行政の組織及び運営に関する法律（地教行法）、教育職員免許法、教育公務員特例法の大改正が行われた。そして、2008（平成20）年6月には、学校保健法（「学校保健安全法」に改称）、社会教育法、図書館法、博物館法等の改正案が可決、成立した。わずか2年足らずの間に、学校教育、社会教育という日本の教育制度の土台を形成する法制度が全て改正されたことになる。

この大変革は、学校教育、社会教育という垣根を越えて、日本の教育の在り方を根本から揺さぶる効果を発揮するようになっている。それゆえに、教育現場に身を置く全ての者は、この変革に無頓着のままではいられない。今後、教育現場の方向性を規定する教育法規について、その基本構造を理解しておく必要があるといえよう。そこで本章では、学校教育に関わる必要最低限の教育法規に絞って、現時点における骨格と特徴を概観しておくことにしたい。

1 教育基本法

法的位置づけと改正への経緯

教育基本法は、教育を受ける権利を国民に保障した日本国憲法の下、日本の公教育の在り方全般を規定する法律である。最高裁判所は、教育に関わる訴訟のリーディングケースとなっている「学テ旭川事件」（最高裁判所大法廷判決昭和51年5月21日）において、「憲法において教育のあり方の基本を定めることに代えて、わが国の教育及び教育制度全体を通じる基本理念と基本原理を宣明することを目的」として制定されたとしている。そして、この性格を反映し、「形式的には通常の法律規定として、これと矛盾する他の法律規定を無効にする効力をもつものではないけれども、一般に教育関係法令の解釈及び運用については、法律自体に別段の規定がない限り、できるだけ教基法の規定及び同法の趣旨、目的に沿うように考慮が払われなければならない」と判示し、教育基本法に対していわゆる〝準憲法的〟な位置づけを付与した。この性格については、改正後の教育基本法についても基本的に妥当することになる。

旧教育基本法は、戦後教育改革の中で制定された（昭和22年法律第25号）。その前文において、「個人の尊厳を重んじ、真理と平和を希求する人間の育成を期するとともに、普遍的にしてしかも個性ゆたかな文化の創造をめざす教育を普及徹底しなければならない」とした上で、「日本国憲法の精神に則り、教育の目的を明示して、新しい日本の教育の基本を確立するため」に制定されたとし、日本国憲法との一体性を宣言していた。

だが、旧教育基本法には、制定直後から根強い改正論が存在してきた。

まず第一に、日本国憲法の改正論と連動した教育基本法「押しつけ論」である。ＧＨＱの占領下で成立した旧法は、日本国民の自由な意思を体現していないという批判であった。

第二の論拠は、軍国主義的、国家主義的教育と決別し、徹底した「個人主義」的教育観に立脚した旧法が、日本社会にアトム的個人を生み出し、「公共の欠如」をもたらしたとする主張である。

第三の改正論は、改正案の上程にあたって文部科学大臣が強調した社会状況の変化に着目した主張である。「科学技術の進歩、情報化、国際化、少子高齢化など、我が国の教育をめぐる状況は大きく変化するとともに、様々な課題が生じており、教育の根本にさかのぼった改革が求められ」るとする。

今次の改正は、２０００（平成12）年12月の「教育改革国民会議報告―教育を変える17の提案―」にさかのぼることができる。「新しい時代を生きる日本人の育成」、「伝統、文化など次代に継承すべきものを尊重し、発展させていくこと」、「教育基本法の内容に理念的事項だけでなく、具体的方策を規定すること」という三つの観点から、新しい時代にふさわしい教育基本法の制定が求められるとされていた。

２００３（平成15）年には、改正の直接的な契機というべき中央教育審議会答申「新しい時代にふさわしい教育基本法と教育振興基本計画の在り方について」が公にされる。答申は、旧教育基本法が掲げていた「個人の尊厳」、「人格の完成」、「平和的な国家及び社会の形成者」等の基本理念を維持するという基本姿勢を打ち出す。そして、21世紀を切り拓く心豊かでたくましい日本人の育成を目指し、①信頼される学校教育の確立、②「知」の世紀をリードする大学改革の推進、③家庭の教育力の回復、学校・家庭・地域社会の連携・協力の推進、④「公共」に主体的に参画する意識や態度の涵養、⑤日本の伝統・文化の尊重、郷土や国を愛する心と国際社会の一員としての意識の涵養、⑥生涯学習社会の実現、⑦教育振興基本計画の策定を盛り込むことを提言していた。

与党の協議を経て政府は、２００６（平成18）年4月、第１６４回通常国会に「教育基本法案」（閣法89号）を提出する。改正案は、継続審議を経て、同年12月15日、可決・成立し、同年12月22日に公布・施行された（平成18年法律第１２０号）。教育改革国民会議の設置から約7年、改正作業が慎重に進められてきたことがわかる。

教育に対する国家の関与

戦後の教育行政の在り方をめぐる最大の争点は、教育内容に対する国家関与の是非であった。旧教育基本法は、教育は、「不当な支配に服することなく、国民全体に対し直接に責任を負って行われるべきものである」とし、教育行政は、「この自覚のもとに、教育の目的を遂行するに必要な諸条件の整備確立を目標として行われなければならない」ものと規定していた（10条1項、2項）。この「不当な支配」の禁止と国民全体に対する「直接責任」を根拠として、学校・教員の自律が説かれ、教育内容に対する国家の介入を否定する見解が、職員団体を中心に根強く主張されてきた。学習指導要領の法的性質、勤務評定の可否、統一学力テストの適法性、教科書検定の合憲性、教科書使用義務等をめぐり、国論を二分する形で対立を繰り返してきた。

　教育と国家の関わりは、社会の構造によって規定される部分が大きく、国家ごと、時代ごとに変化していく。だが、ある社会が存続、発展していくためには、啓蒙された構成員の存在が不可欠であり、その意味において教育は、〝公共財〟としての性格を有していると考えられる。特に、義務教育に関しては、日本国憲法が前提とする「近代立憲主義を担う将来の市民を育てる」という側面を無視することができない。それゆえに、学校教育には、多様な価値観を有する個人を統合し、現在の制度を次世代を担う子どもに受け継がせていくという側面があり、これを認めないとすることは、「社会に自殺を強いている」といっても過言ではない（A.Oldenquist, "Indoctrination" and Societal Suicide, *The Public Interest*, no. 63, 1981）。

　したがって、原理的側面から見て、国家が一定の範囲で教育内容を含む学校教育の在り方全般に介入できることは自明の理である。最高裁判所は、学テ旭川事件において、「一般に社会公共的な問題について国民全体の意思を組織的に決定、実現すべき立場にある国は、国政の一部として広く適切な教育政策を樹立、実施すべく、また、しうる者として、憲法上は、あるいは子ども自身の利益の擁護のため、あるいは子どもの成長に対する社会公共の利益と関心にこたえるため、必要かつ相当と認められる範囲において、教育内容についてもこれを決定する権能を有する」とし、この考え方に与することを示した。「国民全体に対し直接」責任を負うとしていた旧法を、「教育は、不当な支配に服することなく、この法律及び他の法律の定めるところにより行われるべきもの」と改めた今回の改正は、最高裁判所の判断を踏まえ、従来の実務上の取扱いを整理し、公教育が有する原理に忠実な考え方を明らかにしたものといえる。

2 日本国憲法

　日本国憲法の制定は、第二次世界大戦の敗北とそれに伴うポツダム宣言の受諾に起因する。ポツダム宣言は、日本における「民主主義的傾向の復活強化」、「平和的傾向を有している責任のある政府の樹立」等を要求していた。その後、連合軍総司令部（ＧＨＱ）によって示された天皇制の維持・存続、平和主義の採用、封建制度の廃止を柱とするいわゆる「マッカーサー三原則」を基に草案が作成され、第90回帝国議会での審議、修正を経て、大日本帝国憲法の改正という形で成立した。１９４６（昭和21）年11月３日に公布、翌１９４７（昭和22）年５月３日から施行され、現在に至っている。

　日本国憲法は、「すべて国民は、個人として尊重される」とする規定に象徴されるように、「個人の尊厳」に最大の価値を見いだしている（13条）。西洋近代の国家観は、社会契約論的発想に立ち、国家は平等な個人によって構成され、その個人の尊厳を守ることこそが国家の究極の目的であるとされる。その意味において日本国憲法は、西洋近代の系譜に属することになる。

教育の法律主義

大日本帝国憲法は、「教育」に関する条項を有しておらず、教育に関わる基本事項を天皇の勅令に委ねる「教育の勅令主義」を採用していた。その中心に位置していたのが「教育勅語（教育ニ関スル勅語）」である。

これに対し日本国憲法は、「すべて国民は、法律の定めるところにより、その能力に応じて、ひとしく教育を受ける権利を有する」（26条1項）、「すべて国民は、法律の定めるところにより、その保護する子女に普通教育を受けさせる義務を負ふ。義務教育は、これを無償とする」（26条2項）と規定し、教育に関する基本規定を置いている。その最大の意義は、教育に関する事項が「法律」によって規定されるべきことを、憲法上の要求（必要的法律事項）とした点にある（教育の法律主義）。「教育の勅令主義」を否定し、国民の代表者が制定する「法律」をもって規定することとし、国民主権を貫徹したのである。

義務教育の無償

日本国憲法は、義務教育の無償を明文で定めている（26条2項後段）。この範囲をめぐって、「授業料無償説」と教科書費用等を含む「就学費無償説」が対立している。

授業料無償説は、教科書費用その他についてもそれを無償とすることが「憲法の精神」に合致することは認めながらも、歴史的経緯、財政的な問題等を考慮し、授業料以外の費用を無償とすることについては立法政策に委ねられているとする。これに対し就学費無償説は、「教育を受ける権利」の社会権的性格をより重視し、義務教育で必要となる全ての費用を無償とすることにより、各個人が健康で文化的な最低限度の生活を営むために必要な知識や技術の基礎を習得することが可能になるとする。

確かに、アメリカ合衆国最高裁判所の指摘を待つまでもなく、「教育の機会が奪われるとき、子ども達がその人生において成功を収めることを合理的に期待することは出来ない」（Brown v. Board of Ed. of Topeka, Shawnee County, 347 U.S. 483 (1954)）。それゆえに、学校現場には、就学費無償説にシンパシーを感じる者が少なからず存在する。だが、子どもの教育が長きにわたって「親」の責任で行われてきたこと、義務教育費無償という場合、伝統的に「授業料不徴収」を意味してきたこと等を考慮するとき、授業料無償説がなお妥当だと解すべき余地が多分に存在している。

周知のように、現在、法律レベルで教科書費用の無償化までは実現している。しかし、これはあくまでも立法政策上の判断であり、法律を改正し有償化したとしても憲法違反とはならない。予算編成の時期になると毎年のように浮上する有償化の議論は、この点を反映したものであることに注意を要する。

教育に関連するその他の規定

公立学校の運営と関連する他の規定としては、まず第一に、「国及びその機関は、宗教教育その他いかなる宗教的活動もしてはならない」とする政教分離を求める規定がある（20条3項）。

教育裁判に発展した事例としては、信仰上の理由に基づき、カリキュラム上必修となっている剣道の履修をめぐり争われたことがある。公立高等専門学校の生徒が、信仰上の理由に基づき剣道の授業を拒否した結果、進級不許可処分、退学処分を受けた。受講拒否を認めると特定の宗教を優遇することになり政教分離に違反するという学校側と、受講拒否を理由に進級等を認めないのは信教の自由を侵害すると主張する生徒側が激しく対立した。

これに対し最高裁判所は、学校側に代替措置を取る等の配慮を求める判決を下している（最高裁判所第二小法廷判決平成8年3月8日・第4章ケーススタディ学校教育紛争⑤）。

第二に、私立学校に対する補助金等の支出に関連して、「公の支配に属しない慈善、教育若しくは博愛の事業に対し、これを支出し、又はその利用に供してはならない」とする規定が問題となる（89条）。実務上、「公の支配」に属するか否かは、学校設置者の属性により区別するものではないとするのが一般的である。この解釈に基づき、私立学校法（昭和24年法律第270号）により設置され、学習指導要領その他の関係法令にしたがって運営される学校については、「公の支配」に服するとする取扱いがなされてきた。教育基本法の改正に際してこの点が議論となり、私立学校の振興を求める規定が追加され、疑義の払拭が図られている。

しかし、構造改革特別区域法（平成14年法律第189号）に基づき株式会社等に学校の設置が認められ、公的資金の注入の是非が議論されている現在、教育基本法のレベルを超え、憲法上の課題とすべきという主張も有力になりつつある。

3 学校教育法

学校教育法（昭和22年法律第26号）は、学校教育の基本構造を規定する法律であり、旧教育基本法とともに制定された。第1章「総則」、第2章「義務教育」、第3章「幼稚園」、第4章「小学校」、第5章「中学校」、第5章の2「義務教育学校」、第6章「高等学校」、第7章「中等教育学校」、第8章「特別支援教育」、第9章「大学」、第10章「高等専門学校」、第11章「専修学校」、第12章「雑則」、第13章「罰則」、最後に附則というオーソドックスな構成が採用されている。

学校教育法は、いわゆる6－3－3制を基調とする戦後の学校教育制度を一貫してリードしてきた存在である。同法の下、教育の機会均等を徹底して重視する「単線型」の学校体系が維持されてきたといっても過言ではない。その意味において、学校教育に関する基本法としての性格を多分に有するものといえる。

学校の定義と設置・管理

まず注目する必要があるのは、教育基本法が規定する「法律に定める学校」を定義した1条である。学校教育法は、「幼稚園、小学校、中学校、義務教育学校、高等学校、中等教育学校、特別支援学校、大学及び高等専門学校」がこれに当たるとしている。実務においては、これら学校を指して特に「学校教育法1条校」と呼ぶことがある。

これらの学校は、国、地方公共団体、私立学校法が規定する学校法人だけが設置することを認められている（2条1項）。学校の設置者は、公教育の水準維持、教育の機会均等を保障するため、「学校の種類に応じ、文部科学大臣の定める設備、編制その他に関する設置基準」に従わなくてはならない（3条）。この規定に基づき、小学校設置基準、中学校設置基準、高等学校設置基準等が、文部科学省（文部省）令として制定されている。また、設置者には、設置する学校を管理する権限が認められている（「設置者管理主義」、5条）。その反面、法令に特別の定のある場合を除き、学校運営に必要とされる経費は設置者が負担することになる（「設置者負担主義」、5条）。

就学義務

就学義務の根拠条文も学校教育法に設けられている。日本の義務教育制度は、教育法体系上、微妙なズレが存在してきた。日本国憲法が保護者に義務づけているのは、「普通教育」を受けさせる義務であり、学校への「就学」ではない。準憲法的性格を有する教育基本法は、「別に法律で定めるところにより、普通教育を受けさせる義務を負う」とし、基本的には憲法と同様のスタンスを取っている（5条1項）。教育基本法のいう別の法律の定めに当たるのが、「子に9年の普通教育を受けさせる義務を負う」とした学校教育法16条であり、この段階で初めて「普通教育を受けさせる義務」から、「就学義務」へと転化していく。

ともあれ、学校教育法上、保護者には、子が「満6歳に達した日の翌日以後における最初の学年の初めから、満12歳に達した日の属する学年の終わりまで」、小学校、義務教育学校の前期課程又は特別支援学校の小学部に就学させる義務が課せられている（17条1項）。また、子が「小学校の課程、義務教育学校の前期課程又は特別支援学校の小学部の課程を修了した日の翌日以後における最初の学年の初めから、満15歳に達した日の属する学年の終わりまで」、中学校、義務教育学校の後期課程、中等教育学校の前期課程、特別支援学校の中学部のいずれかに就学させる義務を負う（17条2項）。この義務に応えるため、市町村には、区域内の学齢児童、学齢生徒を就学させるに必要な小学校、中学校の設置義務が課せられている。ただし、教育上有益かつ適切であると認めるときは、義務教育学校の設置をもってこれに代えることができる（38条、49条）。

懲戒

校長、教員には、「教育上必要があると認めるとき」、「文部科学大臣の定め」

に従って、「児童、生徒及び学生に懲戒を加えること」が認められている（11条）。ここでいう「文部科学大臣の定め」にあたるのが、学校教育法施行規則である。学校教育法施行規則によれば、懲戒にあたっては「児童等の心身の発達に応ずる等教育上必要な配慮をしなければならない」とされ、法的効果を伴う退学、停学及び訓告の処分は、校長のみ行うことが認められている（26条1項、2項）。

停学は、公立、私立を問わず、学齢児童、学齢生徒に対しては行うことができない（同規則26条4項）。

また退学は、市町村立の小学校、中学校、義務教育学校、公立の特別支援学校に在学する学齢児童、学齢生徒に対して行うことは認められていない（同規則26条3項）。

市町村立の義務教育諸学校に対する規制が厳しいのは、これらの学校が「義務教育最後の砦」として機能しているからである。私立学校を退学しても、地域の公立学校に通う権利が保障されている。しかし、その逆は必ずしも成立しない。それゆえに、公立学校であっても、義務教育ではない高等学校では、退学処分を行うことが認められているわけである。

■教職員

学校には、「校長及び相当数の教員を置かなければならない」（7条）。小学校を例にとると、校長、教頭、教諭、養護教諭、事務職員が必置とされ、副校長、主幹教諭、指導教諭、栄養教諭等については設置者の判断で置くことができるものとされている（37条1項、2項）。このうち副校長、主幹教諭、指導教諭は教育基本法の改正を受けて行われた学校教育法改正の際、新たに設けられた「職」である。

学校現場でしばしば問題にされてきたのは、校長と教諭の関係をどう捉えるかをめぐってであった。学校教育法上、校長は、「校務をつかさどり、所属職員を監督する」と規定されている（37条4項）。この校務掌理権が、「児童の教育をつかさどる」とされる教諭の教育実践にどの程度及ぶのかという議論である。「校務」には、教諭による教育実践も当然含まれると解され、校長には職務上の上司として教諭の活動を監督する権限が認められると見るのが実務上の取扱いである。

4　教育職員免許法

教育職員免許法（昭和24年法律第147号）は、「教育職員の免許に関する基準を定め、教育職員の資質の保持と向上を図ること」を目的として制定された法律である（1条）。同法により、教員免許状取得は、認定を受けた大学で所定の単位を修得することによって行う開放制の理念が明確にされた（5条）。

教育職員免許法は、第1章「総則」、第2章「免許状」、第3章「免許状の失効及び取上げ」、第4章「雑則」、第5章「罰則」、そして附則で構成されている。まず、各校種、教科に対応した免許を必要とする「相当免許状主義」を採用する旨が明示されている（3条1項）。ただし、非常勤講師については、優れた知識や技術を有する社会人を学校教育に活用するという視点から、相当免許状主義を緩和する規定が別途設けられている（「特別非常勤講師制度」３条の２）。

教員免許状は、普通免許状、特別免許状、臨時免許状に大別される（４条１項）。普通免許状は、義務教育学校、中等教育学校、幼保連携型認定こども園を除く学校種ごとの教諭免許状と、校種を問わない養護教諭免許状、栄養教諭免許状があり、それぞれ修士レベルの専修免許状、学士レベルの一種免許状、準学士レベルの二種免許状（高等学校教諭を除く）に区分されている。特別免許状は、幼稚園、義務教育学校、中等教育学校、幼保連携型認定こども園を除く学校の種類ごとの教諭免許状、また臨時免許状は、義務教育学校、中等教育学校、幼保連携型認定こども園を除く学校種ごとの助教諭免許状と校種を問わない養護助教諭免許状に区分されている。

教員免許状の授与権限は、都道府県の教育委員会が有している。授与にあたっては、18歳未満の者、高等学校を卒業しない者、禁錮以上の刑に処せられた者（刑法改正により、２０２５（令和７）年６月１日以降、「禁錮」は廃止され、「拘禁刑」となる予定である）、免許状失効の日から３年を経過しない者、免許状取上げの処分を受け、その日から３年を経過しない者、日本国憲法又は政府を暴力で破壊することを主張する政党その他の団体を結成し、又はこれに加入した者は欠格事由とされている（５条１項）。

もっとも一般的な普通免許状の場合、教職課程を有する大学において所定の単位を修得した者が中心となる。現在の教職課程は、「生きる力」の重要性を指摘する旧教育職員養成審議会の答申を受けたものである。旧法下において見られた「教科中心主義」から脱却し、「教職専門中心主義」へと舵を切った。その結果、旧法において見え隠れしていた教科に関する知識さえあればよいとする風潮が一掃され、専門的知識量の多寡よりも、それぞれの教科において必要とされる基礎・基本を、いかにして子どもに伝達していくかという指導「技術」を重視する方針が採用されている。２００８（平成20）年に発足した現場実習を重視する教職大学院制度は、今後、この動きをさらに加速させていくことになろう。

なお、２００７（平成19）年の教育職員免許法改正によって２００９（平成21）年４月から導入されていた教員免許更新制は、２０２２（令和４）年の教育職員免許法改正により、同年７月１日から発展的に解消されることとなった。

5　地教行法

地教行法は、正式名称を「地方教育行政の組織及び運営に関する法律」（昭和31年法律第１６２号）という。「教育委員会の設置、学校その他の教育機関の職員の身分取扱その他地方公共団体における教育行政の組織及び運営の基本を定めること」を目的として制定された法律である（１条）。地方公共団体における教育行政が、教育基本法の趣旨に沿い、教育の機会均等、教育水準の維持向上、地域の実情に応じた教育の振興が図られるよう、国との適切な役割分担、相互の協力の下、公正かつ適正に行われるべきことを基本理念としている（１条の２）。

地教行法の前身である教育委員会法（昭和23年法律第170号）は、地方自治、教育行政の独立を具現化し、教育委員の公選制を定めていた。しかし、教育委員公選制が必ずしも理念どおりに機能しなかったこと、また東西冷戦構造に起因する職員団体と旧文部省の政治的対立が激化したこと等を受けて、政府が、一部に存在した強力な反対を押し切り、教育委員は地方自治体の首長が議会の同意を得て任命すること、教育委員の過半数は同一政党に属してはならず、政党その他の政治団体の役員となることを禁止する等といった点を柱とする地教行法を成立させたという経緯がある。

教育委員会制度については、機能不全や形骸化が度々指摘されてきた。特に近年、社会問題化したいじめ事件を契機として、教育委員長と教育長の関係がわかりにくく責任の所在が曖昧である、いじめ等の問題に対して必ずしも迅速に対応できていない等の批判が高まり、2014（平成26）年6月、教育委員会制度の見直しを骨子とする地教行法の改正が行われた（平成26年法律第76号・平成27年4月1日施行）。

これにより、教育委員会を引き続き執行機関として残しつつ、従来の教育委員長と教育長を一本化した新たな教育長を地方公共団体の長が当該地方公共団体の議会の同意を得た上で任命・罷免すること（4条、7条）、地方公共団体の長が教育の振興等に関する総合的な施策の大綱を策定するものとすること（1条の3第1項）、地方公共団体の長と教育委員会によって構成される総合教育会議を設置すること（1条の4第1項、2項）等の規定が設けられた。また、文部科学大臣による教育委員会への是正の指示の要件が明確化されている（50条）。

教育委員会は、原則として教育長及び4人の委員で組織される合議体の機関である（3条）。教育委員は、当該地方公共団体の長の被選挙権を有する者で、人格が高潔で、教育、学術及び文化に関し識見を有するもののうちから、地方公共団体の長が、議会の同意を得て任命する（4条2項）。その際、委員の年齢、性別、職業等に著しい偏りが生じないように配慮するとともに、保護者が含まれなければならない（4条5項）。教育長の任期は3年、委員の任期は4年であり、それぞれ再任が可能である（5条）。

教育委員会の事務局には、指導主事が置かれる（18条1項、2項）。指導主事は、教育に関する識見を有し、学校における教育課程、学習指導その他学校教育に関する専門的事項について教養と経験がある者から選ばれ、学校における教育課程、学習指導その他学校教育に関する専門的事項の指導に関する事務に従事することになる（18条3項、4項）。なお、教育委員会は、当該地方公共団体が処理する教育に関する事務のうち、地教行法が規定する以下の事務を管理・執行する（21条）。

①教育委員会の所管に属する学校その他の教育機関の設置、管理及び廃止に関すること。

②教育委員会の所管に属する学校その他の教育機関の用に供する財産の管理に関すること。

③教育委員会及び教育委員会の所管に属する学校その他の教育機関の職員の任免その他の人事に関すること。

④学齢生徒及び学齢児童の就学並びに生徒、児童及び幼児の入学、転学及び退学に関すること。
⑤教育委員会の所管に属する学校の組織編制、教育課程、学習指導、生徒指導及び職業指導に関すること。
⑥教科書その他の教材の取扱いに関すること。
⑦校舎その他の施設及び教具その他の設備の整備に関すること。
⑧校長、教員その他の教育関係職員の研修に関すること。
⑨校長、教員その他の教育関係職員並びに生徒、児童及び幼児の保健、安全、厚生及び福利に関すること。
⑩教育委員会の所管に属する学校その他の教育機関の環境衛生に関すること。
⑪学校給食に関すること。
⑫青少年教育、女性教育及び公民館の事業その他社会教育に関すること。
⑬スポーツに関すること。
⑭文化財の保護に関すること。
⑮ユネスコ活動に関すること。
⑯教育に関する法人に関すること。
⑰教育に係る調査及び基幹統計その他の統計に関すること。
⑱所掌事務に係る広報及び所掌事務に係る教育行政に関する相談に関すること。
⑲前各号に掲げるもののほか、当該地方公共団体の区域内における教育に関する事務に関すること。

また、いわゆる県費負担教職員の服務上の監督権限は、市町村教育委員会に付与されている（43条1項）。したがって、県費負担教職員は、職務を遂行するに当たって、法令、当該市町村の条例及び規則並びに当該市町村教育委員会の定める教育委員会規則及び規程に従い、かつ、市町村教育委員会その他職務上の上司の職務上の命令に忠実に従わなければならない（43条2項）。ただし、県費負担教職員の任免、分限、懲戒に関しては、地方公務員法の規定により原則として条例で定めるものとされているが、ここでいう条例は、都道府県の条例を指すと解されている。そのため、服務監督権限は市町村レベル、懲戒権等の処分権限は都道府県レベルと、振り分けが行われることに注意が必要である。

6　地方公務員法

地方公務員法（昭和25年法律第261号）は、「地方公共団体の人事機関並びに地方公務員の任用、人事評価、給与、勤務時間その他の勤務条件、休業、分限及び懲戒、服務、退職管理、研修、福祉及び利益の保護並びに団体等人事行政に関する根本基準を確立することにより、地方公共団体の行政の民主的かつ能率的な運営並びに特定地方独立行政法人の事務及び事業の確実な実施を保障し、もつて地方自治の本旨の実現に資すること」を目的として制定された法律である（1条）。

同法は、都道府県、市町村に代表される地方公共団体に勤務する全ての公務員を地方公務員と定義している（3条1項）。そして、地方公務員を「一般職」と「特別職」に二分し、「就任について公選又は地方公共団体の議会の選挙、議決若しくは同意によることを必要とする職」等を特別職、それ以外を一般職とする（3条2項、3項）。そのうえで、地方公務員法が、一般職の地方公務員のみを対象とした法律であることを宣言している（4条）。公立学校教員は、一般職に分類され、地方公務員法の適用を受けることになる。しかしながら、地方公務員法の特別法にあたる教育公務員特例法（昭和24年法律第1号）が別途存在し、重畳的に適用される点に注意を要する。

重要な点としては、まず第一に、給与、勤務時間その他の勤務条件に関わる部分があげられる。一般職の地方公務員の給与、勤務時間その他の勤務条件は条例で定められる（24条5項）。給与は、「その職務と責任に応ずるものでなければならない」とする根本基準が明示され、この基準の下、「生計費並びに国及び他の地方公共団体の職員並びに民間事業の従事者の給与その他の事情を考慮して」決定されていく（24条1項、2項）。他方、職員の勤務時間等、給与以外の勤務条件は、「国及び他の地方公共団体の職員との間に権衡を失しないよう」に考慮する必要があるとされている（24条4項）。

第二に、分限及び懲戒に関する規定がある。職員の分限、懲戒は、「公正でなければならない」（27条1項）。また、地方公務員法が定める事由による場合でなければ、「意に反して、降任され、又は免職されず、この法律又は条例で定める事由による場合でなければ、その意に反して、休職され、又は降給されることがない」（27条2項）。同様に職員は、地方公務員法が定める事由によらなければ、「懲戒処分を受けることがない」（27条3項）。そして、懲戒処分として戒告、減給、停職、免職が法定されており、地方公務員法等の法令違反、職務上の義務違反、職務怠慢、全体の奉仕者たるにふさわしくない非行のあった場合等が処分事由として明記されている（29条1項）。

服務については、全体の奉仕者として公共の利益のために勤務するという根本規範をまず明示するというスタイルが採用されている（30条）。服務宣誓義務（31条）、法令等及び上司の職務上の命令に従う義務（32条）、信用失墜行為の禁止（33条）、守秘義務（34条）、職務専念義務（35条）、政治的行為の制限（36条）、争議行為等の禁止（37条）、営利企業への従事等の制限（38条）がこれに続く。ただ、政治的行為の制限等については、特別法である教育公務員特例法が優先的に適用されることになる点に注意が必要である。

また、一般職の地方公務員と深く関わる制度として、人事委員会、公平委員会の制度がある。都道府県・指定都市には人事委員会、指定都市以外の人口15万人以上の市及び特別区は人事委員会か公平委員会のいずれかが、そして人口15万人未満の市町村には公平委員会が置かれることになっている（7条）。一般職の地方公務員には、勤務条件に関し、人事委員会、公平委員会に対して措置要求を行う権利が保障されている。すなわち、地方公務員法上の職員は、「給与、勤務時間その他の勤務条件に関し、人事委員会又は公平委員会に対して、地方公共団体の当局により適当な措置が執られるべきことを要求する」ことができる（46条）。この場合、申立を受けた人事委員会等は、事案について審査を行い、判定を下し、その結果に基づき、自らの権限に属する事項は自ら実行し、その他の事項については、権限を有する地方公共団体の機関に対して実行に必要な勧告を行わなければならない（47条）。

なお、２０１４（平成26）年の改正で、地方公務員の人事評価制度が法制化された（平成28年４月１日施行）。能力及び実績に基づく人事管理の徹底という観点から、公立学校教員を含めて、この評価が、任用、給与、分限等の基礎とされることになっている。

さらに、２０１７（平成29）年、地方公務員法及び地方自治法の一部を改正する法律（平成29年法律第29号）が公布された。地方の厳しい財政状況が続くなか、多様化する行政需要に対応するため、臨時・非常勤職員が増加していること等を踏まえた改正である。地方公務員法の改正点としては、①特別職の任用及び臨時的任用の厳格化、②一般職の非常勤職員の任用等に関する制度の明確化（法律上、一般職の非常勤職員の任用等に関する制度が不明確であることから、一般職の非常勤職員である「会計年度任用職員」に関する規定を設け、採用方法や任期等を明確化すること）等が挙げられる（令和２年４月１日施行）。

加えて、２０２１（令和３）年には、２０２３（令和５）年度からの国家公務員の定年引上げに伴い、地方公務員法の一部を改正する法律（令和３年法律第63号）が公布された。これにより、２０２３（令和５）年４月１日以降、地方公務員も定年が条例により60歳から65歳まで２年に１歳ずつ段階的に段階的に引き上げられ、これに伴い、「役職定年制」や「定年前再任用短時間勤務制」の導入等の動きが生じている。

７　教育公務員特例法

子どもの将来を左右する教員を法制度上どのように位置づけるべきかは、戦後教育改革において大きな議論となった。まず、１９４６（昭和21）年、公立学校の教員の身分は、「公立学校官制」によって、従来の「待遇官吏」から、官立学校における教員と同様の「純然たる官吏」へと変更された。また教育刷新委員会は、官・公・私立の別を問わず「教員はすべて特殊の公務員」とする「教員身分法」の制定を検討していた。しかし、「国家公務員法」「地方公務員法」制定との調整で見送られることになった。そして、１９４９（昭和24）年１月、「教育を通じて国民全体に奉仕する教育公務員の職務とその責任の特殊性」を考慮し、「国家公務員法」「地方公務員法」の特別法として制定されたのが「教育公務員特例法」である（昭和24年法律第１号）。なお、国立大学附属校園の教員については、国立大学の独立行政法人化に伴い教育公務員特例法の対象外となり、現在に至っている。

教育公務員特例法は、全７章と附則によって構成されている。

第１章「総則」では、教育公務員特例法の制定趣旨（１条）、用語の定義（２条）が明示されている。同法は、教育という営みを通じて「国民全体」に奉仕する教育公務員の「職務とその責任の特殊性」に基づいて、「任免、人事評価、給与、分限、懲戒、服務及び研修等」について規定することを宣言している（１条）。

ここでいう教員とは、公立学校（大

学）の教授、准教授、助教、副校長（副園長）、教頭、主幹教諭……、指導教諭、教諭、助教諭、養護教諭、養護助教諭、栄養教諭、主幹保育教諭、指導保育教諭、保育教諭、助保育教諭及び講師を指す（2条2項）。また、ここでいう講師は、原則として「常時勤務の者」に限定される。

第2章は、「任免、人事評価、給与、分限及び懲戒」に関する事項を規定している。初等、中等教育段階の学校については、まず第一に、校長、教員の採用、昇任が、「選考」によるものとされている（11条）。これに対し地方公務員法では「競争試験」が原則となっている。競争試験とは、受験者の有する職務遂行に関する能力を相対的に判定する方式である。他方、選考は、受験者の職務遂行能力の有無を一定の基準に適合しているかどうかで判定する非競争的な試験方式である。人事院規則等によれば、受験者の職務遂行能力を、経歴、知識又は資格を有すること等を要件とする任命権者が定める基準に適合しているかどうかという点に基づいて判定するとされている（人事院規則8－12第21条）。

第二に、民間企業等における試用期間にあたる「条件付任用期間」に関する特例が設けられている（12条）。地方公務員法が「6月」としているのに対し、教育公務員特例法はこれを「1年」に延長している。これは、1988（昭和63）年の改正により教員について1年間に及ぶ「初任者研修」（23条）が制度化されたことに伴う措置であり、教職不適格者を排除する可能性を留保するために設けられた規定である。

第5章には、大学院修学休業に関する規定が置かれている。この一連の規定は、2000（平成12）年4月に追加された（平成12年法律第52号）。この改正により、教諭等は、「任命権者」の許可を受けて、「3年」を超えない範囲内で、「年を単位」として定める期間、大学院等の課程に在学し、その課程を履修するために休業することが認められることになった（26条1項）。教育職員免許法は、専修免許状、一種免許状、二種免許状という階層的免許制度を採用している。従来、実務経験に応じて上級免許の取得を可能とする制度が設けられていたが、制度改正により、専修免許状の取得にあっては、大学院レベルの単位を一定数修得することが不可欠とされた。大学院修学休業制度は、教員の大学院等における自己研鑽の機会を制度的に確保するとともに、専修免許状の取得を促す方策であると考えられている。

第4章には「研修」に関する規定が設けられている。教育の成否を握る教員にとって、「研究と修養」が不可欠であるとの趣旨に立脚するものである（21条1項）。しかし、その運用をめぐって、長期休業期間中のいわゆる「自宅研修」等が、強い社会的批判を受けていた。

教育公務員特例法は、公立学校教員には「研修を受ける機会が与えられなければならない」とし、一般法である地方公務員法と同様の規定を置いている（22条1項）。しかし、地方公務員法には存在しない「授業に支障のない限り、本属長の承認を受けて、勤務場所を離れて研修を行うことができる」とする規定が追加されている（22条2項）。地方公務員法上の研修が「任命権者が行う」、いわゆる「行政研修（官製研修）」を原則としているのに対して、教員による主体的な研修が容認されていることがわかる。教育活動が子どもとの直接的接触を前提とする人間的営みにあるところから、研修面においても教員の自主性を最大限尊重することが必要だと考えたからである。この規定が拡大解釈され、「自宅研修」の根拠とされてきた。

夏季休業期間等の長期休業期間は、教員の職務の中核である授業が行われない。そのため、教員が研修を行うための条件を整えやすく、勤務地を離れて、まとまった研修を行う最適の機会である。しかし、教育公務員特例法による研修が実体を伴わず、事実上、教員の「第二の特別休暇」に堕しているという批判を受けて、研修の内容等について許可権者である校長等のチェックを厳格にしようとする動きが高まった。裁判所も同様の姿勢を示しており、たとえば、名古屋地方裁判所は、本属長は、教育公務員特例法上の研修承認を行うにあたって、申請された研修の内容・場所、研修と職務の関連性を通じ、教員の資質、人格の向上に寄与するものであるか否か、研修を承認した場合に生じる校務運営上の支障の有無・程度を、「総合的に考慮」したうえで、ケースバイケースで判断すべきであると判示している（名古屋地方裁判所判決平成14年5月22日）。

そして、２０１６（平成28）年の教育公務員特例法の改正により、新たな教員研修の仕組みが導入された（平成29年4月1日施行）。

第一に、文部科学大臣には、公立の小学校等の校長・教員の計画的かつ効果的な資質の向上を図るため、「校長及び教員としての資質の向上に関する指標の策定に関する指針」を定める義務が課せられた（22条の2）。この規定を受けて、２０１７（平成29）年3月、文部科学大臣は、「公立の小学校等の校長及び教員としての資質の向上に関する指標の策定に関する指針」（文部科学省告示第55号）を策定した。そして、２０２２（令和4）年8月、同指針を改正し現在に至っている（令和4年文部科学省告示第115号）。

第二に、公立の小学校等の校長・教員の任命権者は、文部科学大臣の「指針」を参酌し、「その地域の実情に応じ、当該校長及び教員の職責、経験及び適性に応じて向上を図るべき校長及び教員としての資質に関する指標」を定めなければならない（22条の3第1項）。この「指標」を踏まえ、任命権者は、校長・教員の研修について、毎年度、体系的かつ効果的に実施するための「教員研修計画」を定めることになる（22条の4）。

第三に、公立の小学校等の校長・教員の任命権者は、「指標」の策定に関する協議等を行うための「協議会」を組織する必要がある（22条の7第1項）。この「協議会」は、「指標」を策定する任命権者と、研修に協力する大学等をもって構成される（22条の7第2項）。

そして第四に、従来の10年経験者研修が「中堅教諭等資質向上研修」に改められ、実施時期の弾力化等が図られた（24条）。

なお、２０２２（令和4）年の教育公務員特例法の改正により、教育公務員の研修制度に変更が加えられている（令和5年4月1日施行）。教員免許更新制が廃止されたことに伴って生じた変更である。これにより、公立の小学校等の校長及び教員の任命権者は、文部科学省令で定めるところにより、教育公務員の研修等に関する記録を作成することが義務づけられた（22条の5第1項）。

8 学校保健安全法

学校保健安全法は、「学校においては、別に法律で定めるところにより、幼児、児童、生徒及び学生並びに職員の健康の保持増進を図るため、健康診断を行い、その他その保健に必要な措置を講じなければならない」とした学校教育法12条の規定を受けた法律である。

現在の学校保健は、日本社会が高度経済成長期を迎える1958（昭和33）年に制定された学校保健法（昭和33年法律第56号）に基づいて整備されてきた。学校保健法は、「学校における保健管理及び安全管理に関し必要な事項を定め、幼児、児童、生徒及び学生並びに職員の健康の保持増進を図り、もつて学校教育の円滑な実施とその成果の確保に資すること」を目的とし、学校に対して「幼児、児童、生徒又は学生及び職員の健康診断、環境衛生検査、安全点検その他の保健又は安全に関する次項について計画を立て、これを実施」すること等を義務づけていた（1条、2条）。

しかし、2008（平成20）年6月、学校保健及び学校安全に係る国等の責務を明らかにするため、学校保健法が改正され、「学校保健安全法」へとその名称の変更が行われることになった（平成21年4月1日施行）。この改正に際し、養護教諭をはじめとする教職員は、連携して児童生徒等の心身の状況を把握し、必要な指導等を行い、学校で健康相談、保健指導等を行う際には、地域の医療機関等との連携に努めるとされたほか、児童生徒等の安全の確保を図るため、施設設備の安全点検、児童生徒等への通学を含めた学校生活等の安全に関する指導等について、学校安全計画を策定し、実施することが求められている。また、危険等発生時の対処要領を作成し、事故等により児童生徒等に危害が生じた場合、当該児童生徒等及び関係者の心身の健康の回復のために必要な支援を行うことも新たに義務づけられた。

学校には、「健康診断、健康相談、保健指導、救急処置その他の保健に関する措置を行うため、保健室を設ける」ものとされている（7条）。ここでいう健康診断には、就学時の健康診断（11条）、児童生徒等の健康診断（13条）、職員の健康診断（15条）がある。児童生徒等を対象とした健康診断には、定期的に実施するものと、必要に応じて臨時的に実施されるものがある（13条1項、2項）。学校は、その結果に基づき、「疾病の予防処置を行い、又は治療を指示し、並びに運動及び作業を軽減する等適切な措置をとらなければならない」ものとされている（14条）。

他方、就学時の健康診断は、市町村の教育委員会が実施する。すなわち、「学校教育法第17条第1項の規定により翌学年の初めから同項に規定する学校に就学させるべき者で、当該市町村の区域内に住所を有するものの就学に当たつて、その健康診断」が行われる（11条）。そして、この結果に基づき、「治療を勧告し、保健上必要な助言を行い、及び学校教育法第17条第1項に規定する義務の猶予若しくは免除又は特別支援学校への就学に関し指導を行う」などの措置が取られることになる（12条）。

感染症の予防に関しては、「感染症にかかつており、かかつている疑いがあり、又はかかるおそれのある児童生徒等があるとき」、「政令で定めるところにより、出席を停止させる」権限が校長に付与されている（19条）。また、学校設置者は、感染症の予防のために「臨時に、学校の全部又は一部の休業を行うことができる」（20条）。

9　私立学校法

私立学校法は、「私立学校の特性にかんがみ、その自主性を重んじ、公共性を高めることによつて、私立学校の健全な発達を図る」（1条）ことを目的として１９４９（昭和24）年に制定された法律である（昭和24年法律第２７０号）。

教育委員会の強い監督下にある公立学校とは異なり、私学行政を知事部局の担当とした点に最大の特徴が存在している（4条）。そのため、私立学校は、「地方教育行政の組織及び運営に関する法律」や「教育公務員特例法」の対象とはされず、私立学校にのみ適用される「私立学校振興助成法」（昭和50年法律第61号）等の適用を受けることになった。私立学校が、その設置経緯に由来するそれぞれのミッション、校風を有している点を重視したためである。スクール・アイデンティティが侵害された戦前の私学行政に対する反省に立ち、「監督庁」という用語を使用せず、あえて「所轄庁」とする等、行政権限の行使に関して数多くの配慮が行われたと考えられている。たとえば、学校教育法14条が規定する学校設備・授業等の変更命令は適用除外とされ、また、所轄庁が一定の権限を行使する際には私学の代表によって構成される「私立学校審議会」の意見を聴くことが要求されている（私立学校法5条、8条）。

しかし、２００７（平成19）年、この状況に大きな変化が生じた。教育基本法の改正に伴う「地方教育行政の組織及び運営に関する法律」の一部改正で、知事が、私学行政の権限行使にあたって、必要と認めるときは、都道府県教育委員会に対し、「学校教育に関する専門的事項について助言又は援助を求めることができる」とされたからである（地教行法27条の5）。相次いで発覚した学習指導要領を逸脱する私立学校の未履修問題等を重く見た結果であるが、私立学校の自主性が損なわれるのではないかという懸念が示されている。

また、私立学校においては、義務教育段階か否かを問わず、授業料の徴収が認められている（学校教育法6条）。これも公立学校とは大きく異なる点であろう。授業料等の学校納付金と私立学校法を根拠とする私学助成が相まって、私立学校の経営が支えられている。私学助成については、法案審議の段階で、私立学校が日本国憲法89条の「公の支配」に属するかどうかが激しく議論された。そして、私立学校が、日本国憲法、教育基本法、学校教育法などの規制を受けている点を重視し、最終的に公的助成を認める助成条項が挿入されたという経緯が存在している（私立学校法59条(※)）。

なお、私立学校法は、学校の設置を目的とする「学校法人」という特別の法人制度を導入した。それまで私立学校の設置主体は財団法人であったが、その不都合を解消するため新たな制度が創設されたといわれている。しかし、規制緩和の流れの中で、構造改革特別区域法（平成14年法律第189号）により、営利企業である株式会社、NPO法人の私立学校経営への参入が認められ、学校法人独占主義は大きな曲がり角を迎えることになった。

その後、2023（令和5）年の私立学校法の改正により、私立学校のガバナンス改革を推進するための制度改革が行われている（令和7年4月1日施行。ただし、評議員会の構成等については経過措置が設けられることとなっている）。

「執行と監視・監督の役割の明確化・分離」の考え方に基づき、理事・理事会に関わる規定（29条、30条、37条）、監事に関わる規定（31条、45条、46条、48条）、評議員・評議員会に関わる規定（18条、31条、33条、62条、67条、140条）、会計監査人に関わる規定（80～87条、144条）の見直し等が図られた（改正法での条文番号を使用）。

10　生涯学習振興法

日本社会が新しい世紀を迎えてもなお活力ある社会であるためには、「人々が、生涯のいつでも、自由に学習機会を選択して学ぶことができ、その成果が適切に評価される」生涯学習社会となることが不可欠である。科学技術の高度化や情報化、国際化等、社会・経済の変化は従来の知識を瞬く間に陳腐化させていく。また、学歴社会の弊害の是正、自由時間の増加や高齢化の進行など社会の成熟に伴う学習需要の増大に対応することは喫緊の課題であり、いわゆる生涯学習社会の構築は時代の要請するところでもある。この要請に応えるために生涯学習振興法（生涯学習の振興のための施策の推進体制等の整備に関する法律）が制定された（平成2年法律第71号）。

生涯学習という概念は、P・ラングランが、1960年代、ユネスコの成人教育推進国際委員会において展開した考えにさかのぼる。その後、教育開発国際委員会報告書「未来の学習（Learning to be）」の中で、生涯教育を教育政策の基本理念とするべきであるとの勧告が行われる。また、1976年には、ユネスコ総会において「成人教育の発展に関する勧告」が出される等、先進国の間で徐々に受け入れられていった。

日本における嚆矢は、第7期中央教育審議会が1966（昭和41）年に公にした「後期中等教育の拡充整備について」であった。1971（昭和46）年には、社会教育審議会が「急激な社会構造の変化に対処する社会教育のあり方について」において、社会の激しい変化の中で、自己学習の意欲を組織的に高めることと、その機会等を提供することの必要性を指摘する。この流れは、「生涯教育の観点から全教育体系を総合的に整備」すべきとした中央教育審議会答申「今後における学校教育の総合的な拡充整備のための基本的施策について」（「46答申」）へと

（※）2025（令和7）年4月1日から「59条」は「132条」となる

受け継がれていく。そして、中央教育審議会答申「生涯教育について」や臨時教育審議会が提示した「生涯学習体系」を経て、生涯学習振興法制定の直接的な契機である１９９０（平成２）年の中央教育審議会答申「生涯学習の基盤整備について」へと結実していくことになる。

生涯学習振興法は、「国民が生涯にわたって学習する機会があまねく求められている状況にかんがみ、生涯学習の振興に資するための都道府県の事業に関しその推進体制の整備その他の必要な事項を定め、及び特定の地区において生涯学習に係る機会の総合的な提供を促進するための措置について定めるとともに、都道府県生涯学習審議会の事務について定める等の措置を講ずることにより、生涯学習の振興のための施策の推進体制及び地域における生涯学習に係る機会の整備を図り、生涯学習の振興に寄与することを目的に制定された法律である（１条）。

生涯学習振興法は以下の３点を中核に据えている。

まず第一に、生涯学習の振興のための施策における配慮である。国及び地方公共団体は、「学習に関する国民の自発的意思を尊重するよう配慮するとともに、職業能力の開発及び向上、社会福祉等に関し生涯学習に資するための別に講じられる施策と相まって、効果的にこれを行うよう努める」ものとされている（２条）。

第二は、生涯学習の振興に資するための都道府県の事業である。「学校教育及び社会教育に係る学習」（体育に係るものを含む）や「文化活動の機会に関する情報」の収集・整理及びその提供、「住民の学習に対する需要及び学習の成果の評価」に関する調査研究、「地域の実情に即した学習の方法の開発」、「住民の学習に関する指導者及び助言者に対する研修」、「地域における学校教育、社会教育及び文化」に関する機関や団体に、その相互連携のための照会や相談に応じ、助言やその他の援助をすること等が規定されている（３条１項）。また、各都道府県の教育委員会には、「社会教育関係団体その他の地域において生涯学習に資する事業を行う機関及び団体」と連携する努力義務が課せられている（３条２項）。

第三に、地域生涯学習振興基本構想の策定である。学習機会の提供を民間事業者の能力を活用しつつ、都道府県内の特定の地区における地域生涯学習振興基本構想の作成が求められている（５条１項）。

学校教育との関わりとしては、「家庭教育」、「学校教育」、「社会教育」というこれまでの発想を転換し、生涯学習の基盤として学校を捉えていく姿勢が求められる。この点、文部科学省は、「生涯学習は学校教育の基盤の上に展開されるものであり、学校教育、特に小・中学校段階の教育は、生涯にわたる学習を行うために必要な基本的な能力と自ら学ぶ意欲・態度を育てる点で重要な役割を持っている」と指摘している（学制百二十年史）。また、今後は、コミュニティ（地域社会）の生涯学習を支えるという発想が必要となろう。教室、体育館、グラウンド等の物的施設の開放、教員を講師とする地域住民向けの公開講座の開設を通じて、生涯学習拠点としての学校づくりの推進が期待されることになる。

11　社会教育法

社会教育法（昭和24年法律第２０７号）は、教育基本法に則り「社会教育に関する国及び地方公共団体の任務を明らかにすること」を目的としている（1条）。ここでいう社会教育とは、「学校教育法（昭和22年法律第26号）又は就学前の子どもに関する教育、保育等の総合的な提供の推進に関する法律（平成18年法律第77号）に基づき、学校の教育課程として行われる教育活動を除き、主として青少年及び成人に対して行われる組織的な教育活動（体育及びレクリエーションの活動を含む。）」を指す（2条）。しかし、従来、社会教育は、より広義に、教育のうち学校または家庭において行われる教育を除いた教育全般を意味してきた。特に旧教育基本法は、家庭教育に関する条文を置いておらず、教育は一般に「学校教育」と「学校教育以外の教育（＝社会教育）」に大別され、家庭教育は社会教育の条項に組み込まれていた。そのため社会教育の概念が不明確になり、これが社会教育行政の考え方を曖昧にした嫌いがあった。２００６（平成18）年の改正で、教育基本法の社会教育条項から「家庭教育」に関する条文が独立した。その結果、「家庭教育」、「学校教育」、「社会教育」それぞれの性格が明確になり、それをつなぐ概念として生涯学習が存在するという基本構造が明らかとなった。なお、教育基本法の改正によって、国及び地方公共団体によって奨励されるべき社会教育は、「個人の要望や社会の要請」に応えるものへと変化した点に注意を要する（12条1項）。

社会教育法は、第1章「総則」、第2章「社会教育主事等」、第3章「社会教育関係団体」、第4章「社会教育委員」、第5章「公民館」、第6章「学校施設の利用」、第7章「通信教育」、これに附則が追加される形で成り立っている。

まず国及び地方公共団体の任務として、「社会教育の奨励に必要な施設の設置及び運営、集会の開催、資料の作製、頒布その他の方法により、すべての国民があらゆる機会、あらゆる場所を利用して、自ら実際生活に即する文化的教養を高め得るような環境を醸成する」努力義務規定の存在が重要であろう（3条1項）。この規定の下、国に対しては、「地方公共団体に対し、予算の範囲内において、財政的援助並びに物資の提供及びそのあつせんを行う」ことが求められる（4条）。他方、市町村教育委員会に対しては、予算の範囲内において、以下に示す事務を行うことが求められている（5条1項）。

①社会教育に必要な援助を行うこと。
②社会教育委員の委嘱に関すること。
③公民館の設置及び管理に関すること。
④所管に属する図書館、博物館、青年の家その他の社会教育施設の設置及び管理に関すること。
⑤所管に属する学校の行う社会教育のための講座の開設及びその奨励に関すること。
⑥講座の開設及び討論会、講習会、講演会、展示会その他の集会の開催並びにこれらの奨励に関すること。
⑦家庭教育に関する学習の機会を提供するための講座の開設及び集会の開催並

びに家庭教育に関する情報の提供並びにこれらの奨励に関すること。

⑧職業教育及び産業に関する科学技術指導のための集会の開催並びにその奨励に関すること。

⑨生活の科学化の指導のための集会の開催及びその奨励に関すること。

⑩情報化の進展に対応して情報の収集及び利用を円滑かつ適正に行うために必要な知識又は技能に関する学習の機会を提供するための講座の開設及び集会の開催並びにこれらの奨励に関すること。

⑪運動会、競技会その他体育指導のための集会の開催及びその奨励に関すること。

⑫音楽、演劇、美術その他芸術の発表会等の開催及びその奨励に関すること。

⑬主として学齢児童及び学齢生徒（それぞれ学校教育法第18条に規定する学齢児童及び学齢生徒をいう。）に対し、学校の授業の終了後又は休業日において学校、社会教育施設その他適切な施設を利用して行う学習その他の活動の機会を提供する事業の実施並びにその奨励に関すること。

⑭青少年に対しボランティア活動など社会奉仕体験活動、自然体験活動その他の体験活動の機会を提供する事業の実施及びその奨励に関すること。

⑮社会教育における学習の機会を利用して行った学習の成果を活用して学校、社会教育施設その他地域において行う教育活動その他の活動の機会を提供する事業の実施及びその奨励に関すること。

⑯社会教育に関する情報の収集、整理及び提供に関すること。

⑰視聴覚教育、体育及びレクリエーションに必要な設備、器材及び資料の提供に関すること。

⑱情報の交換及び調査研究に関すること。

⑲その他第3条第1項の任務を達成するために必要な事務

学校現場と関わりが深いのは、言うまでもなく第6章「学校施設の利用」である。学校の管理機関は、「学校教育上支障がないと認める限り、その管理する学校の施設を社会教育のために利用に供するように努めなければならない」とする原則が示されている（44条1項）。学校の本来的機能である子どもの教育に対する配慮から、「学校教育上支障がないと認める限り」とする限定が加わっている。社会教育のために学校の施設を利用しようとする者は、当該学校の管理機関の許可を受けなければならない（45条1項）。この場合、管理機関が学校施設の利用を許可しようとするときは、「あらかじめ、学校の長の意見を聞かなければならない」とされている（45条2項）。

※本書掲載法令の条文・条番号等は、特に断りのない限り、２０２４（令和６）年7月1日現在の規定に基づき執筆している。

第3章
《図解・表解》
教育法規・制度

▶▶▶ 構　成

○学校組織
○組織運営
○教育行政
○教職員
○教育課程
○児童生徒
○保健・安全
○特別支援教育

校長の職務と権限

学校組織①

解説――校長は、学校の最高責任者である。学校教育法は、校長の職務を「校務をつかさどり、所属職員を監督する」と規定し、その包括的な職務権限を法定している（37条4項）。

「校務をつかさどる」とは、学校運営に関する一切の事項を自らの担当事項として処理することを意味する。具体的には、学校の管理責任者として、教育活動の管理・運営、施設・設備の維持管理（物的管理）を行い、学校経営の責任者として、教育目標を設定し、その達成に向けて教育活動を展開する。

また、学校の代表者として、学校の意思や方針その他を外部に向かって表明する権限も有している。

他方、「所属職員を監督する」とは、その任命権者に関わりなく学校に配置されている全ての教職員について、職務上（勤務時間中）、身分上（勤務時間の内外を問わない）の監督権限を有することを意味する。職務に専念する義務（地方公務員法35条）、法令等及び上司の職務上の命令に従う義務（同法32条）等の監督権限が前者、信用失墜行為の禁止（同法33条）、秘密を守る義務（同法34条）等の監督権限が後者にあたり、必要に応じ、監視、指導・助言、指揮・命令、調停等を行うことができる。

また、児童生徒に関わっては、個別法令を根拠とし、懲戒権、感染症に関わる出席停止命令権（「性行不良」を理由とする場合は市町村教育委員会の権限）、指導要録の作成権、課程修了の認定権等を有している。

なお、入学式、卒業式等における国旗、国歌の取扱いを巡って、校長の所属職員に対する監督権が問題になることがある。思想良心の自由等と関連して、国歌斉唱時に教員に伴奏を命じたり、起立を命じたりする職務命令の有効性について繰り返し疑義が提起されてきた。この点について最高裁判所は、伴奏を命じる職務命令に関して判断が示された第三小法廷判決平成19年2月27日以降、相次いで職務命令を有効とする判決を下している。

■関連法規・資料

［包括的職務権限］

学校教育法28条3項（現37条4項）は、校長の職務権限を定めたものであり、校長はすべての校務について決定権を有する。

（福岡高裁宮崎支部判決平5・3・22）

［教育活動監督権］

校長は、教職員の指導監督を行うために教室を見廻り、授業を参観できるものであるから、授業中に教室に入って生徒に質問等をしても、直ちに教員の授業を妨害し、その地位を侵害し、名誉を傷つけたとはいえない。

（東京高裁判決昭36・8・7、最高裁第三小法廷判決昭37・10・23）

［学校運営監督権］

問題のある言動等のあった教諭を学級担任及び学年副担任からはずす校務分掌決定に、校長の裁量権の濫用はない。

（名古屋地裁判決昭62・4・15）

学校教育法37条４項

校長は，校務をつかさどり，所属職員を監督する
（校務掌理権）　（所属職員監督権）

校長

包括的職務権限

監督

必要に応じて相談に乗り，指導・助言し，指揮・命令し，調停する行為

所属職員

任命権者にかかわらず，当該学校に所属する全ての教職員

具体的には｛各種法令が守られているか
職務遂行が適正に行われているか

つかさどる

(1)　学校の業務に必要な一切の事務を掌握する
(2)　(1)の事務を処理（調整・管理・執行）する権限と責任を有する

校務 ＝学校業務全般

①所属職員

②児童生徒

③教育活動

④施設・設備

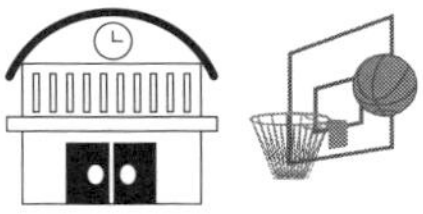

⑤その他学校運営

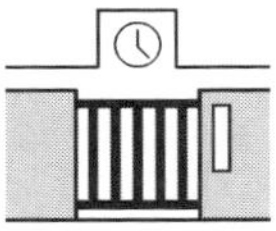

に関すること

参照　第４章ケーススタディ学校教育紛争③・④

副校長の職務

学校組織②

解説――副校長は、２００７（平成19）年の学校教育法改正によって制度化された「職」である（平成19年法律第96号）。小学校のほか、幼稚園（幼稚園は副園長）、中学校、義務教育学校、高等学校、中等教育学校、特別支援学校に、設置者の判断により、「置くことができる」（学校教育法37条2項等）。

副校長の制度化は、２００７（平成19）年1月の教育再生会議第一次報告「社会総がかりで教育再生を―公教育再生への第一歩―」においてはじめて本格的に議論された。すなわち、日常的運営を改善し、また問題が生じた時に迅速な対応を行うには、従来の体制では限界がある。そこで、学校が「校長を中心として、教職員全員が一丸となって責任を持って教育に当たる」という前提に立ち、「校長の校務を補佐し、学校内外の役割と責任体制を明確にし、より良い学校運営を行うため」に新たな管理職として副校長や主幹教諭等の新設を求めたものである。

副校長の主な職務は、校長を助け、命を受けて校務をつかさどること（校長の補佐）と、校長に事故があるときはその職務を代理し、校長が欠けたときはその職務を行うこと（校長の職務代理・代行）の2点である（学校教育法37条5項、6項）。校長（副校長）を「助け」るとされている教頭とは異なり、校長とともに校務掌理権や所属職員監督権を一定の範囲で自らの権限として行使できる点に特徴がある。また、「児童の教育をつかさどる」ことが職務の範疇に含まれておらず、もっぱら学校経営的職務に従事することが予定されている点も教頭と異なる点といえる。

副校長職を規定した改正学校教育法は、２００８（平成20）年4月に施行されている。しかし同法が、副校長を必置とせず、学校設置者の判断に委ねたため、配置を見送っている自治体も存在している。だが、学校の適正な管理・運営体制を確立し、山積する教育課題を解決するためには、教職員間の適切な権限分配と組織マネジメントが不可欠である。その意味においては、副校長の積極的な導入が期待されるといえよう。

関連法規・資料

【学校教育法】

37条5項　副校長は、校長を助け、命を受けて校務をつかさどる。

6項　副校長は、校長に事故があるときはその職務を代理し、校長が欠けたときはその職務を行う。この場合において、副校長が2人以上あるときは、あらかじめ校長が定めた順序で、その職務を代理し、又は行う。

○「学校教育法等の一部を改正する法律について（通知）」（19文科初第５３６号平成19年7月31日）

副校長の法制化

教育再生会議第一次報告（2007年１月）

「社会総がかりで教育再生を―公教育再生への第一歩―」

学校体制：校長に負担が集中 ⇒ **提言** 校長を補佐する副校長を法制度上新設すべき
└学校の適正な管理・運営体制を確立するため

↓

中央教育審議会答申（2007年３月）

「教育基本法の改正を受けて緊急に必要とされる教育制度の改正について」

教育基本法改正による６条２項の新設
学校においては，体系的な教育が組織的に行われなければならない

⇩

提言 副校長を置くことができるようにすべき（目的：学校組織の運営体制の確立）

↓

学校教育法の改正（副校長規定に関わる改正は2008年４月施行）

副校長と教頭の職務の差異

副校長の職務

○校長を助け，命を受けて校務をつかさどる（37条５項）
○校長に事故があるときはその職務を代理し，校長が欠けたときはその職務を行う（37条６項）

①校長の補佐を行う
＝
校務掌理権・所属職員監督権 を有する校長と共に学校経営を担う校長の補佐役

②校長の職務代理・代行権を有する

教頭の職務

○校長（副校長が配置されている場合は，校長及び副校長）を助け，校務を整理し，及び必要に応じ児童の教育をつかさどる（37条７項）

○校長・副校長を **助ける** → 副校長は教頭の上司

副校長の設置

○**小学校には，副校長を置くことができる**（37条２項）

“置くことができる” ＝ 学校設置者の意思に委ねられる（**任意設置主義**）

※小学校のほか，幼稚園（幼稚園は副園長），中学校，義務教育学校，高等学校，中等教育学校，特別支援学校に置くことができる。

教頭の職務

学校組織③

解説――学校教育法は、「教頭は、校長（副校長を置く小学校にあつては、校長及び副校長）を助け、校務を整理し、及び必要に応じ児童の教育をつかさどる」と規定している（37条7項）。この規定から、法制度上、教頭には、校長(※)の補佐、校務の整理という二つの主たる職務と、「児童生徒の教育」という副次的、補充的職務が予定されていることがわかる。実務上、教頭は、学校運営のキー・パーソンであり、期待される役割は多岐にわたる。

まず第一に、校長(※)の「補佐」役として、校長が有する校務掌理権と所属職員監督権が円滑に行使されるように努めることが求められる。

次に、校務の「整理」として、学校運営全般に関して、校長の運営方針を教職員に周知徹底し、校務が円滑に遂行されるように総合的な調整を行うことが求められている。

校長の指揮を受けつつ、学校と保護者、地域住民、校長と教職員、あるいは教職員相互の調整を図り、組織としての学校が最高のパフォーマンスを発揮できる状態を維持することがその最大の職務といえよう。

なお、教頭は、校長(※)の長期にわたる病気療養、海外出張等、校長(※)に事故があるときにはその職務代理者として校長(※)の権限を行使し、校長(※)が死亡した場合など校長(※)が欠けたときにはその職務を代行することが、学校教育法上、別途、規定されている（37条8項）。

２００８（平成20）年4月、学校教育法における副校長規定が施行された。副校長は、教頭が補佐すべき存在という意味において、教頭の上司となることに留意する必要がある。

(※)副校長が配置されている場合は、校長及び副校長

関連法規・資料

【学校教育法】

37条3項　第1項の規定にかかわらず、副校長を置くときその他特別の事情のあるときは教頭を、養護をつかさどる主幹教諭を置くときは養護教諭を、特別の事情のあるときは事務職員を、それぞれ置かないことができる。

7項　教頭は、校長（副校長を置く小学校にあつては、校長及び副校長）を助け、校務を整理し、及び必要に応じ児童の教育をつかさどる。

8項　教頭は、校長（副校長を置く小学校にあつては、校長及び副校長）に事故があるときは校長の職務を代理し、校長（副校長を置く小学校にあつては、校長及び副校長）が欠けたときは校長の職務を行う。この場合において、教頭が2人以上あるときは、あらかじめ校長が定めた順序で、校長の職務を代理し、又は行う。

●学校教育法37条７項

「教頭は，校長(副校長を置く小学校にあつては，校長及び副校長)を助け，
（補佐機能）
校務を整理し，及び必要に応じ児童の教育をつかさどる」
（校務調整機能）

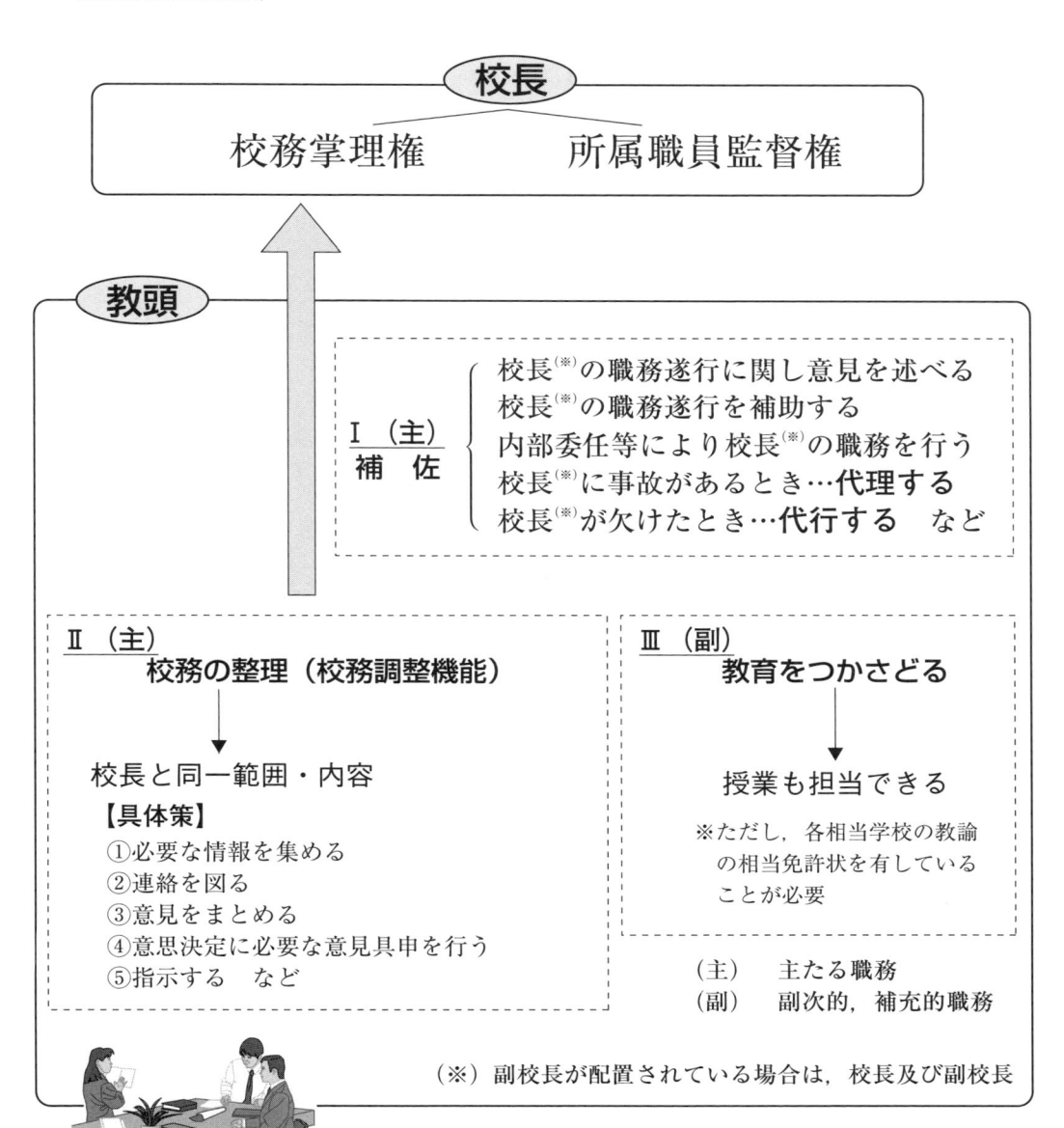

校長

校務掌理権　　所属職員監督権

教頭

Ⅰ（主）
補　佐

- 校長(※)の職務遂行に関し意見を述べる
- 校長(※)の職務遂行を補助する
- 内部委任等により校長(※)の職務を行う
- 校長(※)に事故があるとき…**代理する**
- 校長(※)が欠けたとき…**代行する**　など

Ⅱ（主）
校務の整理（校務調整機能）
↓
校長と同一範囲・内容

【具体策】
①必要な情報を集める
②連絡を図る
③意見をまとめる
④意思決定に必要な意見具申を行う
⑤指示する　など

Ⅲ（副）
教育をつかさどる
↓
授業も担当できる
※ただし，各相当学校の教諭の相当免許状を有していることが必要

（主）　主たる職務
（副）　副次的，補充的職務

（※）副校長が配置されている場合は，校長及び副校長

校長・副校長・教頭の資格要件とその緩和

学校組織④

解説――1998（平成10）年、中央教育審議会は、「今後の地方教育行政の在り方について」（答申）において、児童生徒の個性を尊重し特色ある学校づくりを推進するためには、「校長及びそれを補佐する教頭に、教育に関する理念や識見を有し、地域や学校の状況・課題を的確に把握しながら、リーダーシップを発揮するとともに、教職員の意欲を引き出し、関係機関等との連携・折衝を適切に行い、組織的、機動的な学校運営を行うことができる資質を持つ優れた人材を確保することが重要である」と指摘した。

そして、その具体案の一つとして、「教育に関する職に就いている経験や組織運営に関する経験、能力に着目して、幅広く人材を確保する観点から、任用資格と選考の在り方を見直す」ことを提言したのである。

これを受けて旧文部省は、2000（平成12）年、校長・教頭の資格要件を定める学校教育法施行規則を改正し、その多様化を図った。その結果、公立学校の場合、校長・教頭は、教育職員免許法による教諭の専修免許状又は一種免許状（高等学校及び中等教育学校は専修免許状）を有し、なおかつ教育に関する職に5年以上あったこと、あるいは相当する免許状の有無を問わず教育に関する職に10年以上あったことが基本要件とされた（20条1号、2号）。ここでいう教育に関する職とは、小学校その他の学校教育法1条校等の「教員」等、すなわち校長、副校長、教頭、主幹教諭、指導教諭、教諭、助教諭、養護教諭、養護助教諭、栄養教諭、講師（常勤）、学校事務職員等を意味する（20条1号）。

また、この改正と同時に、地域や学校の実情に応じ、優れた知識や社会経験を有する学校外の多様な人材の登用を図る観点から、いわゆる〝民間人校長〟条項が追加された（22条）。すなわち、学校の運営上特に必要のある場合、任命権者が、学校教育法施行規則20条に示された校長の資格を有する者と同等の資質を有すると認める者を校長に任命する道が開かれたのである。なお、教頭については、当初、〝民間人校長〟条項の準用は見送られ、一定の〝教職経験〟が任命の要件とされたままであった。しかし、2006（平成18）年3月、文部科学省は、校長と同様の理由で、教頭についても〝民間人〟の登用を可能とするよう学校教育法施行規則を改正するに至った（23条）。なお、2008（平成20）年4月からは副校長にも適用されている。

■関連法規・資料

【学校教育法施行規則】

22条　国立若しくは公立の学校の校長の任命権者又は私立学校の設置者は、学校の運営上特に必要がある場合には、前2条に規定するもののほか、第20条各号に掲げる資格を有する者と同等の資質を有すると認める者を校長として任命し又は採用することができる。

●　学校教育法施行規則（～2000年3月31日）　●

校長・教頭の要件

●専修免許状又は一種免許状（高等学校及び中等教育学校は専修免許状）を有し，かつ５年以上「教育に関する職」に従事している者（旧８条）

■中教審答申「今後の地方教育行政の在り方について」（1998年）

提案

校長・教頭任用資格の見直し

●　学校教育法施行規則の一部改正（2000年1月21日）　●

校長・教頭の資格要件が緩和

～2000年４月より施行～

校長には

①「教育に関する職」の拡大（20条１号）
- ○学校教育法１条校の「教員」等（教頭，（助）教諭，養護（助）教諭，栄養教諭，講師（常勤），学校事務職員等）
- ○少年院等において教育を担当する者
- ○教育事務を担当する国家公務員又は地方公務員　など

＋
- ○専修学校の校長及び教員
- ○学校教育法１条校の実習助手，寮母及び学校栄養職員

※なお，2008年度より学校教育法１条校の「教員」に副校長，主幹教諭，指導教諭も含まれている。

②相当免許状主義の例外規定の新設（20条２号）
- ○教員免許状を所持していなくても10年以上「教育に関する職」にある者

③民間人校長条項の新設（22条）
- ○公立学校の校長の任命権者が学校運営上特に必要のある場合，①と②の資格を有する者と同等の資質を有すると認める者を任命・採用できる。

教頭には

校長の規定のうち①と②のみを準用（民間人不可）

●　学校教育法施行規則の一部改正（2006年3月30日）　●

教頭の資格要件がさらに緩和

教頭には

～2006年４月より施行～

民間人教頭条項の追加（23条）

※上記③を教頭にも準用

☆2008年４月より，副校長にも準用

主任制度

学校組織⑤

解説――学校においては、明治期より、学校運営上の必要から「主任」が置かれていた。

現在の形で「主任」が制度化されるきっかけとなったのは、1971（昭和46）年、中央教育審議会が公にした「今後における学校教育の総合的な拡充整備のための基本的施策について（答申）」である。中央教育審議会は、「校長の指導と責任のもとにいきいきとした教育活動を組織的に展開できるよう、校務を分担する必要な職制を定めて校内管理組織を確立すること」を提言し、「学校の種類や規模およびそれぞれの職務の性格に応じて、校長を助けて校務を分担する教頭・教務主任・学年主任・教科主任・生徒指導主任などの管理上、指導上の職制を確立しなければならない」とした。

これを受けて旧文部省は、主任の省令化等について検討を行い、1975（昭和50）年12月、学校教育法施行規則が改正された（昭和51年3月施行）。その結果、全国的にほぼ共通して設置されていた教務主任、学年主任、生徒指導主事等の基本的なものについて、その設置と職務内容が規定され、主任の制度化が実現することになった。

しかし、制度化の過程において、教職員団体等を中心に、主任の制度化は、学校運営の中に「上命下服」の体制を持ち込むことになるとして反対闘争が繰り広げられた。制度化後もこの動きは継続し、「主任手当の拠出運動」等が一部地域において行われることになる。2014（平成26）年、大阪府や兵庫県等において相次いで発覚した「主任選挙」も、校長の任命権を棚上げにしようとする動きとして同様の性格を有している。

主任の省令化にあたり、旧文部省は、主任等の制度化の目的が教育指導面の強化にあること、主任は中間管理職ではない等といった見解を示している。このため、主任等の置かれた地位は極めて曖昧となり、導入直後から機能不全に陥る地域も存在していた。

この問題を解決するため、2007（平成19）年の学校教育法改正において、管理職を補佐するミドルリーダーとして、主幹教諭等の「職」が設置されるに至ったと言われている。

なお、校内研修等の教員同士の学び合いを通じた協働的な学びの機会確保が重要と指摘されるなか、学校教育法施行規則の一部を改正する省令（令和4年文部科学省令第29号）により、新たに、研修主事が法制化された（令和4年8月施行）。

関連法規・資料

【学校教育法施行規則】

44条1項　小学校には、教務主任及び学年主任を置くものとする。

3項　教務主任及び学年主任は、指導教諭又は教諭をもつて、これに充てる。

1971年中央教育審議会答申
「今後における学校教育の総合的な拡充整備のための基本的施策について」

〔提言〕
校長の指導と責任のもとにいきいきとした教育活動を組織的に展開できるよう校務を分担する必要な職制を定めて校内管理組織を確立することを検討すべき。

教職員団体等が学校運営の中に上命下服の体制を持ち込むものとして反対闘争を展開

〈旧文部省の見解〉
●制度化の目的：教育指導面の強化
●主任：いわゆる「中間管理職」ではない

主任の制度化

1975年：学校教育法施行規則の改正
教務主任，学年主任，生徒指導主事等について，設置を規定
（進路指導主事と保健主事については従来から規定あり）

2022年：学校教育法施行規則の改正
研修主事について，設置を規定

小・中学校における主任・主事の例

主任・主事	職　務
教務主任 （小・中）	校長の監督を受け，教育計画の立案その他の教務に関する事項について連絡調整及び指導，助言に当たる　（学校教育法施行規則44条４項）
学年主任 （小・中）	校長の監督を受け，当該学年の教育活動に関する事項について連絡調整及び指導，助言に当たる　（学校教育法施行規則44条５項）
保健主事 （小・中）	校長の監督を受け，保健に関する事項の管理に当たる　（学校教育法施行規則45条４項）
研修主事 （小・中）	校長の監督を受け，研修計画の立案その他の研修に関する事項について連絡調整及び指導，助言に当たる（学校教育法施行規則45条の２第３項）
生徒指導主事 （中）	校長の監督を受け，生徒指導に関する事項をつかさどり，当該事項について連絡調整及び指導，助言に当たる　（学校教育法施行規則70条４項）
進路指導主事 （中）	校長の監督を受け，生徒の職業選択の指導その他の進路の指導に関する事項をつかさどり，当該事項について連絡調整及び指導，助言に当たる　（学校教育法施行規則71条３項）
事務主任 （小・中）	校長の監督を受け，事務に関する事項について連絡調整及び指導，助言に当たる　（学校教育法施行規則46条４項）

職務の負担に見合う処遇を図るため「教育業務連絡指導手当」（いわゆる主任手当）が支給されている（詳細は条例等で規定）

主幹教諭・指導教諭

学校組織⑥

解説——主幹教諭・指導教諭は、多くの教育課題に直面する学校教育の改善を図るため、組織運営体制の確立、指導体制の充実を目指して、副校長とともに、2007（平成19）年の学校教育法改正によって設置された「職」である（平成19年法律第96号）。従来、学校現場は、校長、教頭を管理職とし、主任を含むその他の教員は全て同格とする「なべ蓋（フラット）型」を理想とする考え方が有力であった。しかし、組織の硬直化が指摘される中、効率的な組織運営を図るために、民間企業のような「ピラミッド（垂直）型」に転換すべきとの意見が有力になってきた。2007（平成19）年の学校教育法改正は、この主張に沿ったものであり、校長—副校長—教頭—主幹教諭（—指導教諭）—一般教員という組織構造が登場することになった。

主幹教諭は、校長、副校長、教頭を助け、その命を受けて校務の一部を整理すること、併せて児童生徒の教育をつかさどることを職務とする。管理職を補佐し、他の教員をリードする存在であり、ミドルリーダーの典型といえる。

この主幹教諭に類似した制度は、2002（平成14）年に東京都で導入されて以降、大阪府の首席等、いくつかの自治体で導入されてきた。その多くは、従来の主任制度が形骸化し、機能不全に陥っていたことへの反省から生まれたものであった。にもかかわらず、「主任」との相違が明らかでないとして、その導入を見送った自治体が存在している点は残念である。同様の失敗を繰り返さないためにも、主幹教諭制度の周知徹底が強く求められるところである。

他方、指導教諭は、児童生徒の教育をつかさどることに加えて、他の教諭等に対して、教育指導の改善・充実のために必要な指導・助言を行うことをその職務内容としている。スーパーティーチャー（宮崎県）、エキスパート教員（広島県）等、一部自治体が独自に導入していた類似の先行制度をモデルとして新設された点は、主幹教諭と同様である。

なお、主幹教諭・指導教諭の配置は、必置主義ではなく、学校設置者の裁量を重視する任意設置主義が採用されている。ただし、指定都市を除く公立小・中学校の場合、主幹教諭・指導教諭が県費負担教職員であることから、その設置は、事実上、任命権者である都道府県教育委員会の意思に委ねられることになる。

関連法規・資料

【学校教育法】

37条9項　主幹教諭は、校長（副校長を置く小学校にあっては、校長及び副校長）及び教頭を助け、命を受けて校務の一部を整理し、並びに児童の教育をつかさどる。

10項　指導教諭は、児童の教育をつかさどり、並びに教諭その他の職員に対して、教育指導の改善及び充実のために必要な指導及び助言を行う。

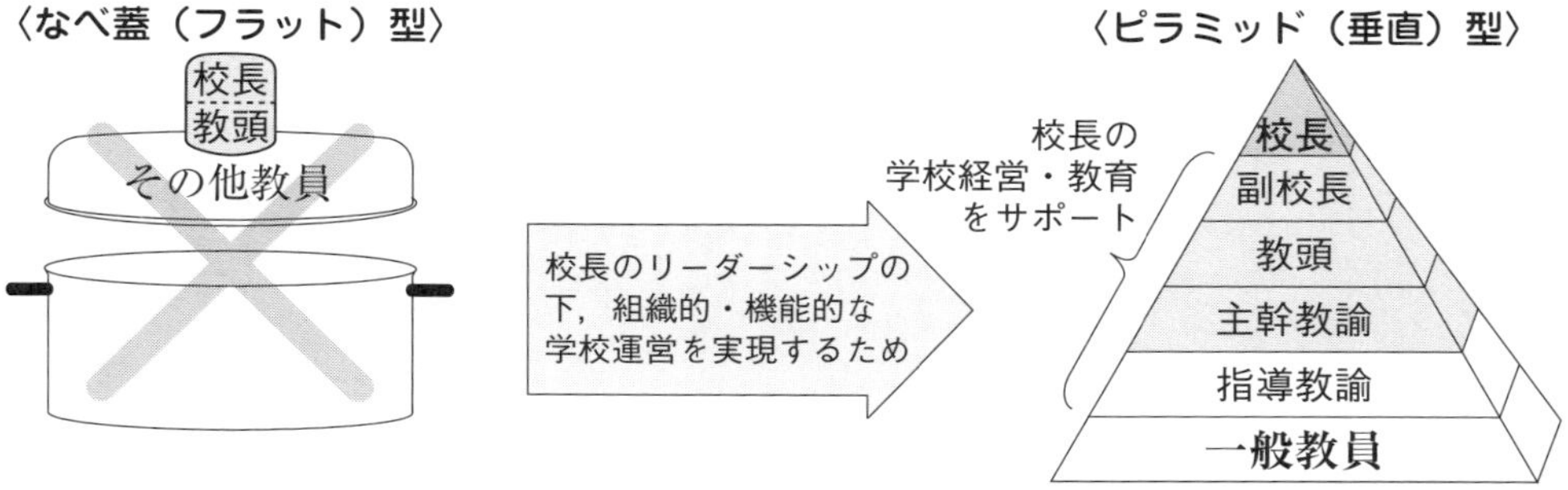

2007年学校教育法改正

（新たな職）

○主幹教諭
○指導教諭

置くことができる（37条２項）

置くか置かないかは学校設置者が自由に決めることができる

主幹教諭とは

（37条９項）

①校長，教頭（副校長）を助ける
②命を受けて校務の一部を整理する
　他の教諭等に指示することができる
③児童生徒の教育をつかさどる

ちなみに
主任 は **職** ではない。教諭等をもって充てることとされている。

指導教諭とは

（37条10項）

①児童生徒の教育をつかさどる
②教諭その他の職員に対して
　教育指導の改善と充実のために指導・助言を行う

ちなみに
指導主事は，教育委員会事務局の職員として，上司の命を受け，学校における教育課程，学習指導その他学校教育に関する専門的事項の指導に関する事務に従事する。（地方教育行政の組織及び運営に関する法律18条３項）

養護教諭の職務

学校組織⑦

解説――小学校等には、学校教育法上、児童の養護をつかさどるため、原則として養護教諭を置かなければならないとされている（学校教育法37条1項等）。養護教諭には、教職に関する専門性と保健に関する専門性を兼ね備えた専門職として、児童生徒が学校生活を円滑に送るためのケアを担うことが期待されている。

養護教諭の主な職務としては、学校保健情報の把握、学校保健に関する活動の計画・実施及びその運営への参画、学校環境衛生の実施、救急処置・救急体制の整備、健康診断、健康相談活動、保健室運営、感染症予防等が一般的である。

不登校児童生徒の増加等を受けて、子どもの心に関するケアの重要性が認識され始めた１９７０年代以降、この問題に対する養護教諭の役割が強調されるようになっていく。その嚆矢となったのが、１９７２（昭和47）年の旧保健体育審議会答申「児童生徒等の健康の保持増進に関する施策について」である。答申は、生活環境や社会環境の複雑化など児童生徒の心の健康をむしばむ要因が増加しているとし、心身の健康に問題を持つ児童生徒に対する個別指導の重要性を強調している。そして、１９９７（平成９）年、以後の養護教諭の在り方に決定的な影響を与えた旧保健体育審議会答申「生涯にわたる心身の健康の保持増進のための今後の健康に関する教育及びスポーツの振興の在り方について」が公にされた。旧保健体育審議会は、児童生徒の薬物乱用、性の逸脱行動、肥満や生活習慣病の兆候、いじめや登校拒否、感染症の新たな課題等の健康に関する現代的課題が近年深刻化しているとし、「これらの課題の多くは、自分の存在に価値や自信を持てないなど、心の健康問題と大きくかかわっている」とした。

カウンセリング等の機能の充実を打ち出した同答申を受け、１９９８（平成10）年、教育職員免許法が改正された。その結果、養護教諭として3年以上の経験年数を有する者等が兼職発令を受け、勤務校において保健の教科を担当することが可能とされ、養護教諭の専門的知識を授業実践に活用する方策が講じられている（附則14項）。この他、養護教諭養成カリキュラムには、「健康相談活動の理論及び方法」が新たに加えられた。

また、２００８（平成20）年、学校保健法が改正され、「学校保健安全法」へと改称された（平成21年4月施行）。この改正により、これまで使用してきた「伝染病」が「感染症」に改められるとともに、法律レベルで保健指導の在り方が明文化された点にも注意を払う必要があろう。

■関連法規・資料

【学校教育法】

37条12項　養護教諭は、児童の養護をつかさどる。

養護教諭の職務

「養護教諭は，児童の養護をつかさどる」（学校教育法37条12項）

主たる職務

- 主として保健管理に関すること
  - ①健康診断，救急処置，感染症の予防及び環境衛生等に関すること
  - ②健康相談及び保健指導に関すること
  - ③保健室経営に関すること
  - ④保健組織活動に関すること
- 主として保健教育に関すること
  - ①各教科等における指導に関すること

文部科学省「養護教諭及び栄養教諭の標準的な職務の明確化に係る学校管理規則の参考例等の送付について（通知）」（５初健食第５号令和５年７月５日）を基に作成

従来の主たる職務：身体的管理・救急処置・学校環境衛生管理　等

↓

旧保健体育審議会答申「**児童生徒等の健康の保持増進に関する施策について**」（1972年）

「心身の健康に問題を持つ児童生徒の個別指導」を提言
‖
児童生徒の「心のケア」の重要性を強調

↓

旧保健体育審議会答申「**生涯にわたる心身の健康の保持増進のための今後の健康に関する教育及びスポーツの振興の在り方について**」（1997年）

健康相談活動（ヘルスカウンセリングの実施を提案）

↓ 実施するために

「教育職員免許法」の改正（1998年）

- **①養護教諭カリキュラムを改訂**
  「健康相談活動の理論及び方法」の設置
- **②保健の教科を担当することが可能**
  〈条件〉（１）養護教諭免許状の保有
  （２）３年以上の養護をつかさどる主幹教諭又は養護教諭勤務経験

保健指導：「学校保健安全法」（９条）

養護教諭を中心として教職員が相互に連携して行う。

法律レベルで養護教諭が行う保健指導の在り方を明文化

児童生徒の心身の状況を把握

遅滞なく → 児童生徒等に対して必要な指導を行う。

必要に応じて → 保護者に対して必要な助言を行う。

栄養教諭の職務と食育の推進

学校組織⑧

解説――栄養教諭の創設は、中央教育審議会答申「子どもの体力向上のための総合的な方策について」（平成14年9月30日）の中で打ち出された。これ以降、子どもの生活習慣の改善に関して食に関する指導の充実が強調され、２００５（平成17）年度から食に関する専門家として「栄養教諭」が制度化された。

栄養教諭は、「市町村立学校職員給与負担法」、「教育公務員特例法」の適用を受ける。したがって、市町村立の義務教育諸学校等の栄養教諭については、栄養職員と同様、給与は都道府県が負担するのが原則である。服務、研修等については、専ら地方公務員法が適用されている学校栄養職員とは異なり、教育公務員特例法上の「教育公務員」としての身分が与えられる。ただし、条件付任用期間の特例（12条1項）、初任者研修（23条）、中堅教諭等資質向上研修（24条）等については養護教諭に準じた措置が講じられている。なお、栄養教諭は、設置を法的に義務づける〝必置主義〟ではなく、学校設置者の判断を尊重する〝任意設置主義〟が採用された。これは、全ての義務教育諸学校が学校給食を実施しているわけではないこと、地方分権に配慮したこと等が考慮された結果だといわれている。しかし、食育の充実という栄養教諭創設の趣旨からは、全校配置に向けた努力を積み重ねることが必要となろう。

２００５（平成17）年、「食育基本法」が制定された。同法は、食育を〝生きる上での基本であって、知育、徳育及び体育の基礎となるべきもの〟と位置づけ、〝様々な経験を通じて「食」に関する知識と「食」を選択する力を習得し、健全な食生活を実践することができる人間を育てる〟ことを食育と定義した。そのうえで、教員、学校等の教育関係者等は、食に関する関心及び理解の増進に重要な役割を担っているとし、〝あらゆる機会〟、〝あらゆる場所〟で、「積極的に食育を推進するよう努める」ことを求めている（11条1項）。また、２００８（平成20）年には、学校給食法が改正され、食育の観点から学校給食の目標が改定された他、栄養教諭による学校給食を活用した食育の推進が求められるようになった（2条、10条）。

近年、食の安全やアレルギー問題等、子どもの食生活を取り巻く環境は大きく変化している。栄養教諭は、「教育に関する資質」と「栄養に関する専門性」を併有する存在であり、学校現場における食育のスペシャリストとしての活躍が期待されることになろう。

■関連法規・資料

【学校教育法】

37条13項 栄養教諭は、児童の栄養の指導及び管理をつかさどる。

○第四次食育推進基本計画（令和3年3月31日食育推進会議決定）

食育の推進

子どもの現状
- ○朝食欠食
- ○食生活の乱れ
- ○肥満傾向

→ 2005年６月（2005年７月施行）「食育基本法」制定

→ 2008年６月（2009年４月施行）「学校給食法」改正

改正の概要（食育関連）

○**学校給食を活用した食に関する指導の充実**

● 食育の観点から学校給食の目標を改定

● 栄養教諭による学校給食を活用した食に関する指導の推進
→ 校長は，当該義務教育諸学校における食に関する「指導の全体的な計画」を作成すること。

食育基本法が掲げる「食育」

「食育」とは
- ○生きる上での基本
- ○知育，徳育及び体育の基礎となるべきもの
- ○様々な経験を通じて「食」に関する知識と「食」を選択する力を習得し，健全な食生活を実践することができる人間を育てること

栄養教諭の創設

栄養教諭：児童の栄養の指導及び管理をつかさどる（学校教育法37条13項）……**任意設置主義**（~~必置~~）

「**教育に関する資質**」　「**栄養に関する専門性**」

栄養教諭の職務

主たる職務
- **主として食育に関すること**
  - ①各教科等における指導に関すること
  - ②食に関する健康課題の相談指導に関すること

- **主として学校給食の管理に関すること**
  - ①栄養管理に関すること
  - ②衛生管理に関すること

文部科学省「養護教諭及び栄養教諭の標準的な職務の明確化に係る学校管理規則の参考例等の送付について（通知）」（５初健食第５号令和５年７月５日）を基に作成

参照　第４章ケーススタディ学校教育紛争⑪

司書教諭の職務と学校司書

学校組織⑨

解説――学校図書館法（昭和28年法律第185号）は、学校図書館を「学校教育において欠くことのできない基礎的な設備」として位置づけている（1条）。ここでいう学校図書館とは、小学校、中学校、高等学校等において、「図書、視覚聴覚教育の資料その他学校教育に必要な資料……を収集し、整理し、及び保存し」、児童生徒、教員の利用に供することによって、「学校の教育課程の展開に寄与するとともに、児童又は生徒の健全な教養を育成することを目的として設けられる」設備である（2条）。学校図書館には、大きく五つの役割が期待されている。まず第一に、資料を収集し、児童生徒、教員の利用に供することである（4条1項1号）。第二に、図書館資料の分類排列を適切にし、及びその目録を整備することである（4条1項2号）。第三に、教育実践との関わりで、読書会、研究会、鑑賞会、映写会、資料展示会等の開催が想定される（4条1項3号）。第四に、資料の利用その他学校図書館の利用に関して、児童生徒に指導を行い、メディアリテラシー教育施設としての役割を担うことがあげられる（4条1項4号）。第五に、生涯学習との関わりにおいて、公共図書館、博物館、公民館等との連携窓口としての役割がある（4条1項5号）。

学校には、司書教諭を置くことになっているが（5条1項）、財政上等の理由から、一部の例外を除きその配置が先送りされてきた。しかし、教育改革の動きの中で学校図書館に対する期待が高まり、2003（平成15）年4月、ようやく司書教諭の必置化が実現した。その後、2014（平成26）年6月の改正では、「学校司書」の法的位置づけが明確にされ、学校には、学校司書を置くという努力義務が新たに課されることになった（6条1項）。

なお、2016（平成28）年11月には、文部科学省が「学校図書館の整備充実について（通知）」を発出し、「学校図書館ガイドライン」等を示している。ガイドラインでは、司書教諭については、「学校図書館の専門的職務をつかさどり、学校図書館の運営に関する総括、学校経営方針・計画等に基づいた学校図書館を活用した教育活動の企画・実施、年間読書指導計画・年間情報活用指導計画の立案、学校図書館に関する業務の連絡調整等に従事」すべきとした。他方、学校司書は、「専門的・技術的職務に従事するとともに、学校図書館を活用した授業やその他の教育活動を司書教諭や教員とともに進めるよう努める」べきとしている。

関連法規・資料

【学校図書館法】

5条1項　学校には、学校図書館の専門的職務を掌らせるため、司書教諭を置かなければならない。

学校図書館の機能

学校図書館

利用対象者：児童生徒，
教員が原則

- 奉仕機関 ── ☆読書センター

- 指導機関 ── ☆学習・情報センター

学校図書館の主な役割

学校図書館法４条１項

(1) 資料を収集して児童生徒，教員の利用に供する
(2) 図書館資料の分類排列を適切にし，及びその目録を整備する
(3) 読書会，研究会，鑑賞会，映写会，資料展示会等を開催する
(4) 学校図書館の利用指導とメディアリテラシー教育を施す
(5) 公共図書館，博物館，公民館等との連携窓口

学校図書館教育の見直し
※教科書中心主義教育からの脱却

→ (1997年) 学校図書館法の改正 → (2003年４月～) **司書教諭の原則必置化**
※原則12学級以上の学校

→ (2014年) 学校図書館法の改正 → (2015年４月～) **学校司書の法制化**

司書教諭の職務

● **総務的職務**

①学校図書館運営計画の立案と実施　②年間計画の作成・管理
③読書指導・利用指導計画の立案と実施　④予算の編成と支出の調整
⑤施設の整備・備品の整備　⑥学校図書館の評価と改善　等

● **技術的職務**

①図書館メディアの選択と構成　②図書館メディアの整理
③蔵書点検と更新　等

● **サービス的職務**

①学校図書館利用指導　②読書相談
③児童生徒の図書委員会運営　④学校図書館行事
⑤教員の授業準備支援　⑥情報検索支援
⑦保護者や地域住民の学校図書館利用支援　等

支援スタッフの新設

学校組織⑩

解説——学校教育法施行規則の一部を改正する省令が、２０２１（令和３）年８月に公布、施行された。「学校や教員が直面する課題が多様化・複雑化し、学校における働き方改革の推進、ＧＩＧＡスクール構想の着実な実施、医療的ケアをはじめとする特別な支援を必要とする児童生徒への対応等が喫緊の課題となっていることを踏まえ、こうした課題に対応する学校の指導・運営体制の強化・充実を図るため、学校において教員と連携協働しながら不可欠な役割を果たす支援スタッフ」について、新たにその名称及び職務内容を規定したものである（「学校教育法施行規則の一部を改正する省令の施行について（通知）」３文科初第８６１号令和３年８月23日）。

今回の改正で、医療的ケア看護職員、情報通信技術支援員、特別支援教育支援員及び教員業務支援員についての規定が新たに整備された。

先の通知によれば、医療的ケア看護職員は、学校において、日常生活及び社会生活を営むために恒常的に医療的ケア（人工呼吸器による呼吸管理、喀痰吸引その他の医療行為）を受けることが不可欠である児童（医療的ケア児）の療養上の世話又は診療の補助に従事する職員である（学校教育法施行規則65条の２）。医療的ケア看護職員は、保健師、助産師、看護師、准看護師をもって充て、医療的ケア児のアセスメント、医師の指示の下、必要に応じた医療的ケアの実施、医療的ケア児の健康管理、認定特定行為業務従事者である教職員への指導・助言等を行うことが想定されている。

情報通信技術支援員は、教育活動その他の学校運営における情報通信技術の活用に関する支援に従事する職員である（65条の５）。教職員の日常的なＩＣＴ活用の支援に当たる職員であり、ＩＣＴを活用した授業支援、校務支援、環境整備支援、校内研修支援等が主な職務内容となる。

特別支援教育支援員は、教育上特別の支援を必要とする児童の学習又は生活上必要な支援に従事する職員である（65条の６）。基本的生活習慣確立のための日常生活上の介助、学習支援、学習活動、教室間移動等における介助、健康・安全確保、周囲の児童生徒の障害理解促進等が主たる業務になると考えられている。

教員業務支援員は、教員の業務の円滑な実施に必要な支援に従事する職員である（65条の７）。学習プリントや家庭への配布文書等の各種資料の印刷、配布準備、採点業務の補助、来客対応や電話対応、学校行事や式典等の準備補助、各種データの入力・集計、掲示物の張替、各種資料の整理等の作業が主たる業務として想定されている。

なお、支援スタッフを活用するためには、管理職によるマネジメントが不可欠である。校長のリーダーシップの下、支援スタッフを含む教職員の協働体制の構築、研修の実施等が課題となるだろう。

専門スタッフの参画

2015年　中央教育審議会「チームとしての学校の在り方と今後の改善方策について」(答申)

(背景)
●新しい時代に求められる資質・能力を育む教育課程を実現するため
●複雑化・多様化した課題を解決するため
●子どもと向き合う時間の確保等のため

「チーム学校」の実現による学校の教職員等の役割分担の転換について（イメージ）

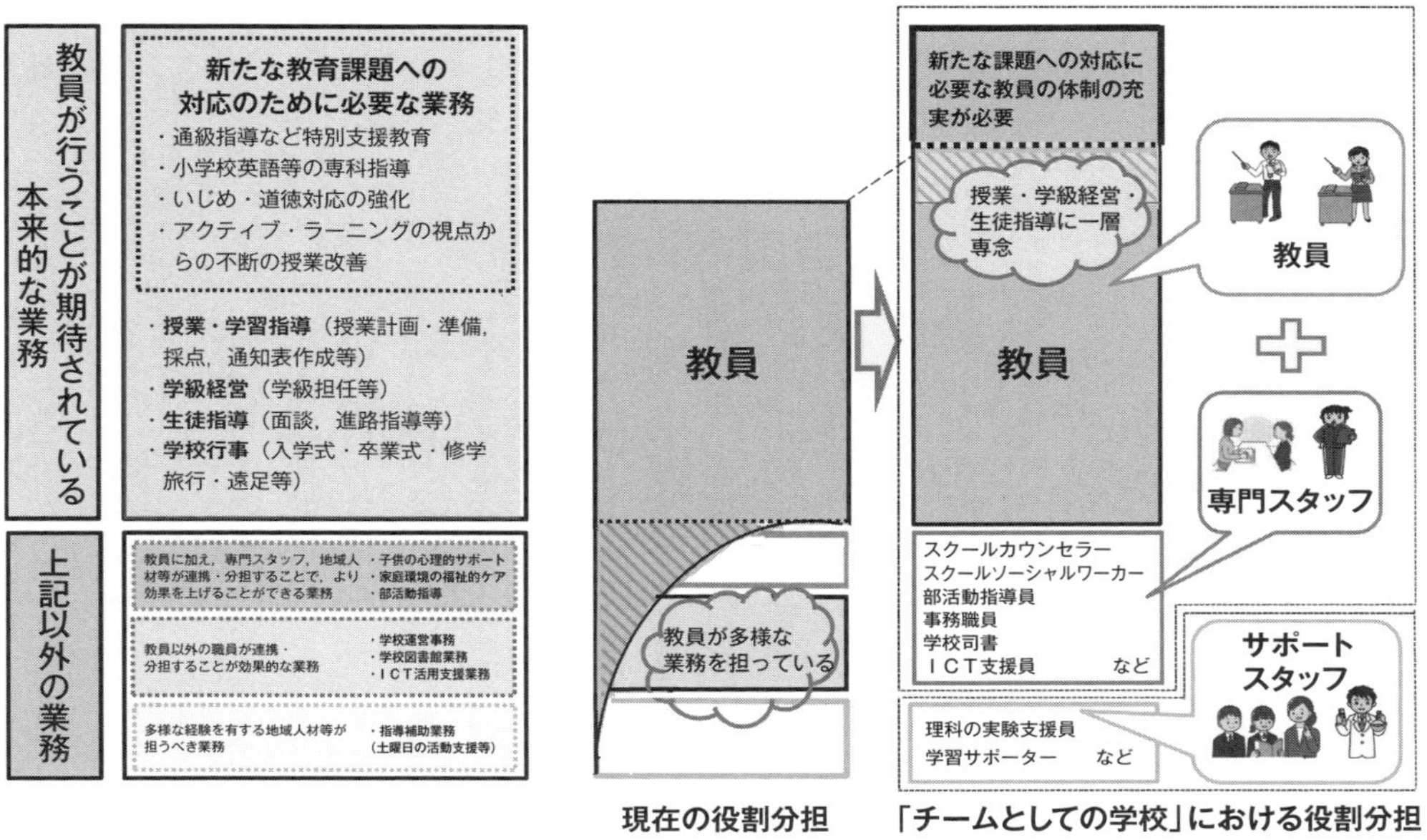

中央教育審議会「チームとしての学校の在り方と今後の改善方策について」(答申)を基に作成

2021年　学校教育法施行規則の改正

医療的ケア看護職員（65条の２）

●各学校で行われる医療的ケアに従事するために看護師等が配置

〈参考〉
2021年「医療的ケア児及びその家族に対する支援に関する法律」が制定

情報通信技術支援員（65条の５）

●教員のICT活用（授業・校務等）の支援に従事
●GIGAスクール構想の本格実施にあたり不可欠

特別支援教育支援員（65条の６）

●食事，排せつ，教室移動など学校における日常生活の介助や学習支援等のサポートに従事

教員業務支援員（65条の７）

●教員が一層児童生徒への指導や教材研究等に注力できるよう，資料準備や印刷，帳合，採点補助をはじめ教員の業務の支援に従事
●今後学校に標準的に配置されるべきスタッフ

文部科学省初等中等教育局特別支援教育課「学校における医療的ケアの充実について」を基に作成

スクールカウンセラー・スクールソーシャルワーカー

学校組織⑪

解説――いじめや不登校、自殺、児童虐待、子どもの貧困問題などの増加を受けて、スクールカウンセラー（ＳＣ）、スクールソーシャルワーカー（ＳＳＷ）への期待が高まっている。この点について中央教育審議会は、「教員を中心として、スクールカウンセラー、スクールソーシャルワーカーがそれぞれの専門性に基づき、組織的に問題の解決に取り組むため、学校においては、スクールカウンセラーやスクールソーシャルワーカーの役割等を明確化し、スクールカウンセラーやスクールソーシャルワーカーを生徒指導や教育相談の組織に有機的に位置付け、教職員に周知徹底することが求められる」と、指摘している（「チームとしての学校の在り方と今後の改善方策について（答申）」平成27年12月）。

２０１７（平成29）年3月、学校教育法施行規則の一部改正が行われ、ＳＣ、ＳＳＷの制度化が図られ、同年4月に施行された。「スクールカウンセラーは、小学校における児童の心理に関する支援に従事する」とする65条の２（現65条の３）と、「スクールソーシャルワーカーは、小学校における児童の福祉に関する支援に従事する」とする65条の３（現65条の４）の規定である。不登校、いじめ等の未然防止、早期発見及び支援・対応等、不登校、いじめ等を学校として認知した場合又はその疑いが生じた場合、災害等が発生した際の援助が主な業務とされている。

なお、ＳＣやＳＳＷは、法制上、資格制度は導入されていないことに注意を要する。ただ、文部科学省の実施するスクールカウンセラー等活用事業においては、ＳＣの選考に当たって、公認心理師、公益財団法人日本臨床心理士資格認定協会の認定に係る臨床心理士、精神科医、児童生徒の心理に関して高度に専門的な知識及び経験を有し、学校教育法1条に規定する大学の学長、副学長、学部長、教授、准教授、講師（常時勤務をする者に限る）又は助教の職にある者又はあった者、都道府県又は指定都市が上記の各者と同等以上の知識及び経験を有すると認めた者を求めている。これが事実上のスタンダードとなっていると言ってよい。

他方、ＳＳＷは、問題を抱える児童生徒が置かれた環境への働き掛け、関係機関等とのネットワークの構築、連携・調整、学校内におけるチーム体制の構築、支援、保護者、教職員等に対する支援・相談・情報提供、教職員等への研修活動等が主な職務となる。スクールソーシャルワーカー活用事業においては、社会福祉士や精神保健福祉士等の福祉に関する専門的な資格を有する者から、実施主体が選考するとされている。しかし、地域や学校の実情に応じて、福祉や教育の分野において、専門的な知識・技術を有する者又は活動経験の実績等がある者であって、職務内容を適切に遂行できる者も可とされている点に留意する必要がある。

経緯

2001年度　スクールカウンセラー活用事業
＋
2008年度　スクールソーシャルワーカー活用事業
↓
現在に至る　例えば2023年度は（スクールカウンセラー等活用事業
スクールソーシャルワーカー活用事業

法制化

2017年　学校教育法施行規則の改正

スクールカウンセラーは，
小学校における児童の心理に関する支援に従事する（65条の３）

スクールソーシャルワーカーは，
小学校における児童の福祉に関する支援に従事する（65条の４）

職務内容

不登校，いじめ，暴力行為
こどもの貧困，児童虐待　等

スクールカウンセラー

未然防止，早期発見，支援・対応のため
- 児童生徒へのカウンセリング，援助
- 教職員に対する助言・研修
- 保護者に対する助言・援助
- 事案に対する学校内連絡・支援チーム体制の構築・支援

等に従事する

スクールソーシャルワーカー

課題を抱える児童生徒の修学支援，
健全育成，自己実現を図るため
児童生徒のニーズを把握し
- 関係機関との連携を通じた支援
- 保護者への支援
- 学校への働きかけ
- 自治体の体制整備への働きかけ

等に従事する

校長の指揮監督の下，教職員と連携して対応する！

校務分掌

学校組織⑫

解説――学校は、いうまでもなく教育の場であり、充実した教育が行われるように運営されなければならない。教育活動を円滑かつ効果的に展開するためには、それを支える組織が不可欠となる。校務分掌は、この点を考慮し、「調和のとれた学校運営が行われるために」整えられる必要がある（学校教育法施行規則43条）。これは具体的には、「学校において全教職員の校務を分担する組織を有機的に編制し、その組織が有効に作用するよう整備すること」を意味する（文部事務次官通達「学校教育法施行規則の一部を改正する省令の施行について」文初地第136号昭和51年1月13日）。

なお、「地方教育行政の組織及び運営に関する法律」によれば、学校の組織編制は教育委員会の職務権限とされている（21条5号）。しかし、学校管理規則その他で、この権限が「校長」に委任されている例が多い。

裁判例においても、校長の職務命令を拒否し、校務分掌を返上したこと等を理由とする懲戒処分の取消訴訟において、「校長は、校務をつかさどり、所属職員を監督する」という学校教育法（現37条4項）の規定（校務掌理権）を根拠に、その「一内容として、校務分掌の組織及び人事を決定し、教師に校務を分掌させ、その職務につき監督権に基づき職務命令を発することは許される」とした先例がある（宮崎地方裁判所判決昭和63年4月28日）。

そもそも校務分掌は、学校が組織として運営されるためにあるともいえるが、これまでの学校組織は、いわゆる「なべ蓋（フラット）型」といわれる組織であった。また、「一人一役」の考え方のもと、担当が細かく分けられていたためか、組織として対応するというより、その場で気が付いた者が処理する傾向があった。しかし、今日の急速な社会の変化の中で、学校も時代の変化に対応した改革を迅速に行う必要に迫られている。学校運営を機動的に行い、学校の自主性、自律性を確立すべきことが中央教育審議会等においてもしばしば指摘されてきた。

これらを踏まえ、組織的な学校運営を実現するため、簡潔で機能的な校内組織の構築を目指した結果、職員会議、主任制の在り方等が見直されるに至ったといえる。学校教育法を改正し、副校長や主幹教諭、指導教諭を新たに置くことを可能としたのも、この流れの一環である。

関連法規・資料

【学校教育法施行規則】

43条 小学校においては、調和のとれた学校運営が行われるためにふさわしい校務分掌の仕組みを整えるものとする。

○「学校教育法等の一部を改正する法律について（通知）」（19文科初第536号平成19年7月31日）

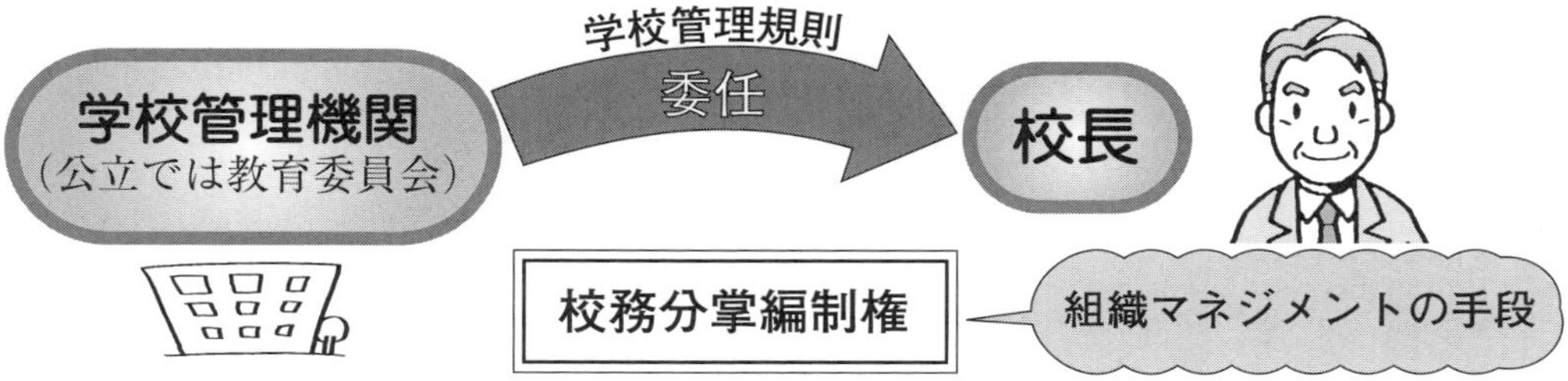

学校組織の構成員

職種	設置の形式		
	小学校	中学校	高等学校
校長	○	○	○
副校長	□	□	□
教頭	●（■）	●（■）	●（◆）
主幹教諭	□	□	□
指導教諭	□	□	□
教諭	●（△）	●（△）	●（△）
司書教諭	●（◇）	●（◇）	●（◇）
養護教諭	●（▽，▲，※）	●（▽，▲，※）	□
栄養教諭	□	□	□
事務職員	●（▼）	●（▼）	○

凡例

○ 必置　● 原則必置　□ 任意設置

【例外規定】
- ◆ 副校長を置くときは置かないことができる
- ■ 副校長を置くときその他特別の事情のあるときは置かないことができる
- △ 特別の事情のあるときは教諭に代えて助教諭又は講師を置くことができる
- ◇ 11学級以下の学校にあっては，当分の間，置かないことができる
- ▽ 養護をつかさどる主幹教諭を置くときは置かないことができる
- ▲ 特別の事情のあるときは養護教諭に代えて養護助教諭を置くことができる
- ※ 当分の間，置かないことができる
- ▼ 特別の事情のあるときは置かないことができる

分掌名	設置の形式		
	小学校	中学校	高等学校
教務主任	●（☆）	●（☆）	●（☆）
学年主任	●（☆）	●（☆）	●（☆）
保健主事	●（☆）	●（☆）	●（☆）
研修主事	□	□	□
生徒指導主事		●（☆）	●（☆）
進路指導主事		●（★）	●（★）
事務長又は事務主任	□	□	
事務長			○
その他の主任	□	□	□

凡例

○ 必置　● 原則必置　□ 任意設置

【例外規定】
- ☆ 担当する校務を整理する主幹教諭を置くときその他特別の事情のあるときは置かないことができる
- ★ 担当する校務を整理する主幹教諭を置くときは置かないことができる

職員会議の機能

学校組織⑬

解説――職員会議は、校務の円滑な運営を支えるための制度であり、学校運営の要として機能している。しかしその性格をめぐっては、「最高議決機関説」「補助機関説」「諮問機関説」の対立が続いてきた。

この疑義を解消するために、２０００（平成12）年1月、学校教育法施行規則が改正され、職員会議の根拠規定が新設された。学校教育法施行規則によれば、職員会議の設置目的は、「校長の職務の円滑な執行に資する」ことにあるとされ、校長の補助機関としての性格が明確になった（48条1項）。ただし、職員会議は、学校設置者の定めるところにより、「置くことができる」とあり、大学における教授会とは異なり、いわゆる必置機関とはなっていない（任意設置主義）。

職員会議は、「校長が主宰」する（48条2項）。単なる「招集」ではなく、「主宰」という用語が用いられている意味は、校長に対して職員会議の運用に関する一切の権限を付与する趣旨である。校長には、職員会議を活用し、①学校の管理運営に関する方針等を周知する、②校務に関する決定等を行うに当たって所属職員等の意見を聞く、③所属職員相互の連絡を図る、といった行動が期待されている。その意味では、職員会議をベースとした教職員の協働体制の確立が、校長に課せられた使命といえる。

■関連法規・資料

○**「学校教育法施行規則等の一部を改正する省令の施行について（通知）」（文教地第２４４号平成12年1月21日）（抄）**

三　留意事項

（職員会議関係）

（1）今回省令において規定した職員会議は、学校教育法第28条第3項(※)等において「校長は、校務をつかさどり、所属職員を監督する」と規定されている学校の管理運営に関する校長の権限と責任を前提として、校長の職務の円滑な執行を補助するものとして位置付けられるものであることに十分留意すること。

（2）職員会議においては、設置者の定めるところにより、校長の職務の円滑な執行に資するため、学校の教育方針、教育目標、教育計画、教育課題への対応方策等に関する職員間の意思疎通、共通理解の促進、職員の意見交換などを行うことが考えられること。

（3）職員会議を構成する職員の範囲については、設置者の定めるところによることとなるが、教員以外の職員も含め、学校の実情に応じて学校の全ての職員が参加できるようその運営の在り方を見直すこと。

（4）職員会議は校長が主宰するものであり、これは、校長には、職員会議について必要な一切の処置をとる権限があり、校長自らが職員会議を管理し運営するという意味であること。

（5）学校の実態に応じて企画委員会や運営委員会等を積極的に活用するなど、組織的、機動的な学校運営に努めること。

○**「校内人事の決定及び職員会議に係る学校内の規程等の状況について（通知）」（26文科初第４２４号平成26年6月27日）**

（※）現第37条第4項

【関係法令等】

●学校教育法施行規則48条

【１項】「小学校には，設置者の定めるところにより，校長の職務の円滑な執行に資するため，職員会議を置くことができる」

【２項】「職員会議は，校長が主宰する」

◎職員会議は，校長が 主宰 する

- ○開催するか否か
- ○何を議論するか
- ○結論を受け入れるか否か

⇒ **校長が決定**

リーダーシップの強化

職員会議の性格が明確化

議決機関説

職員会議＝学校の最高意思決定機関

※決定には校長も従う。

諮問機関説

最終意思決定者は校長

※ただし，会議で示された教職員の意思は尊重される。

補助機関説

校長が学校経営の全権を有する

※職員会議は，意見や情報交換の場として校長の校務を助ける。

勤務時間の割振り

組織運営①

解説―第二次世界大戦前、官吏は無定量の勤務を行う義務を負っていた。戦後の公務員制度においては、勤務時間の概念が採用されるとともに、一部を除き労働基準法の適用を受けることになった（地方公務員法58条）。ここで勤務時間とは、上司の指揮監督の下、職員が職務にのみ従事することを法的に求められる時間を指す。この勤務時間は、勤務時間条例等に基づき勤務時間を割り振られている正規の勤務時間と、超過勤務等、割振りによらない正規以外の勤務時間に二分されることになる。

労働基準法では、休憩時間を除き1週間に40時間、1日8時間の労働時間が上限とされている（32条）。この規定は、最低限の基準を定めたものであり、地方公務員の場合、条例・規則等の定めるところによる。国家公務員の勤務時間にならい、一般的に、1週間に38時間45分、1日に7時間45分としている自治体が多い。

公立学校の教職員の場合、土曜・日曜の週休日以外に、1週につき38時間45分となるよう勤務時間が割り振られるのが原則である。服務監督権を有する教育委員会がその権限も有すると理解されている（いわゆる「本来的割振り権者」）。

しかし、学校ごとに実情が異なることを考慮し、校長に権限を委任し、あるいはその専決を認める例が多い（いわゆる「現実的割振り権者」）。校長に委ねた理由は、画一性を排し、教員の勤務の特殊性、学校の所在地、学校種別の教育活動の差異等に配慮した結果である。

割振りは、勤務時間条例・規則に基づき、文書あるいは口頭等によって行われる。具体的には、まず勤務日を特定し、次に勤務日における勤務時間数を特定し、そして勤務日における勤務終始時刻を決定する。最後に休憩時間の配置を確定するという一連の作業を経ることになる。当然のことながら、勤務時間の割振りは不変のものではなく、他の職員の勤務時間の割振り等の都合により、その変更を行うことも認められると考えてよい。

〝休憩時間〟は、正規の勤務時間には含まれず、給与支払い対象外の時間である。1日7時間45分の勤務時間を割り振る場合、休憩時間を最低45分置くこととなっている。職員は、休憩時間を自由に利用することができ、私用で外出すること等も認められる。

なお、国家公務員については、フレックスタイム制（職員の申告を考慮して1日の勤務時間を決める制度）の拡充が進んでおり、育児や介護等の事情に応じて柔軟で多様な勤務形態の選択肢が用意されている。だが、教員については、授業等の関係上、フレックスタイム制を適用除外としている自治体も存在している。こうしたなか、例えば、横浜市は2021（令和3）年度から、市立学校勤務職員に対し、フレックスタイム制度を導入している。

勤務時間：条例で定める（地方公務員法24条５項）

県費負担教職員の場合，都道府県の条例で定める（地教行法42条）

公立学校の教職員の勤務時間の割振り

服務監督権者（教育委員会）→（各学校ごとに実情が異なる）→ **校長** に 委任 or 専決 を認めている場合が多い

勤務時間の割振りの内容

① 勤務日の特定
② 勤務日における勤務時間数の特定
③ 勤務日における勤務終始時刻の決定
④ 勤務日における休憩時間の配置

休憩時間… 正規の勤務時間に含まれず給与の支給対象外
自由に利用させなければならない
（外出の場合は校長の許可制をとることも可能）

- **６時間を超える場合　……最低45分**
- **８時間を超える場合　……最低60分**

（労働基準法34条）

育児又は介護を行う職員の早出遅出勤務の勤務時間の設定例

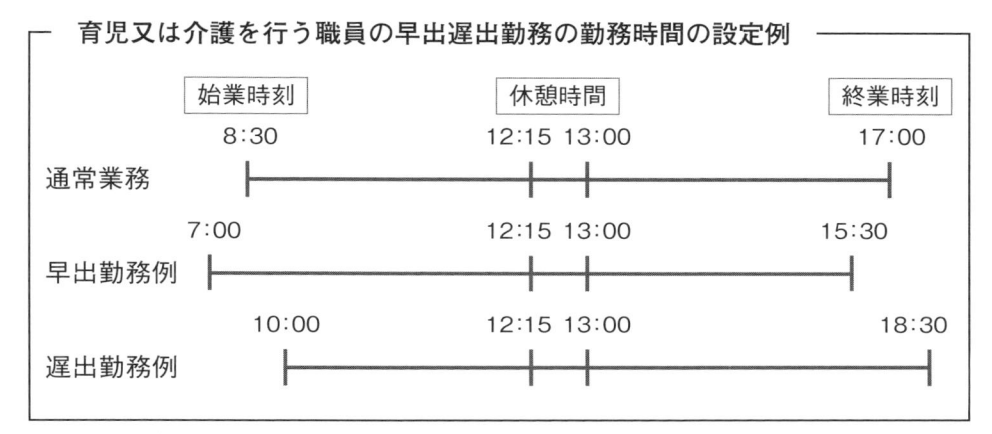

	始業時刻	休憩時間	終業時刻
通常業務	8:30	12:15 13:00	17:00
早出勤務例	7:00	12:15 13:00	15:30
遅出勤務例	10:00	12:15 13:00	18:30

出典）広島県教育委員会「教職員の勤務時間の適正管理について」（2024年４月）を基に作成

時間外勤務と教職調整額

組織運営②

解説――労働基準法は、休憩時間を除き、1週間について40時間、1日につき8時間を労働時間の上限と規定している（32条）。そのため、公務員の場合も、一定時間の勤務を原則とする勤務時間の概念が導入されている。

事務職員や学校栄養職員等、一般行政職員がこれを超えて勤務した場合、いわゆる「超過勤務」として割増の時間外勤務手当が支払われることになる。しかし、教員については、「公立の義務教育諸学校等の教育職員の給与等に関する特別措置法」によって、勤務実態に応じた手当が支給されない。代わって、給料月額の4%相当を基準とし、教職調整額として支給されることになっている（3条1項）。

人事院によれば、教職調整額という特別な制度が導入された理由は「教員の勤務時間については、教育が特に教員の自発性、創造性に基づく勤務に期待する面が大きいことおよび夏休みのように長期の学校休業期間があること等を考慮すると、その勤務のすべてにわたつて一般の行政事務に従事する職員と同様な時間的管理を行なうことは必ずしも適当でなく、とりわけ超過勤務手当制度は教員にはなじまないものと認められる」からだとされている（義務教育諸学校等の教諭等に対する教職調整額の支給等に関する法律の制定についての意見の申出に関する説明（昭和46年2月8日））。

しかし当然のことながら、教職調整額の支給は、教員の時間外勤務を無制約に許容するものではない。教員は、勤務時間の割振りによって確定した正規の勤務時間内においてのみ勤務するのが原則である。そのため「公立の義務教育諸学校等の教育職員を正規の勤務時間を超えて勤務させる場合等の基準を定める政令」によって、時間外勤務を命じることは原則的に禁止となっている。

その例外として、

①校外実習その他生徒の実習に関する業務
②修学旅行その他学校の行事に関する業務
③職員会議（設置者の定めるところにより学校に置かれるものをいう。）に関する業務
④非常災害の場合、児童又は生徒の指導に関し緊急の措置を必要とする場合その他やむを得ない場合に必要な業務

が、いわゆる「超勤4項目」として明示され、学校現場の実態との調整が図られている。

なお、２０２４（令和６）年、中央教育審議会の特別部会は、教職調整額を10%以上にすることを提言した。

■関連法規・資料

【公立の義務教育諸学校等の教育職員の給与等に関する特別措置法】

3条1項　教育職員（校長、副校長及び教頭を除く。以下この条において同じ。）には、その者の給料月額の１００分の４に相当する額を基準として、条例で定めるところにより、教職調整額を支給しなければならない。

行政職員
（例）事務職員，学校栄養職員

公務のため必要と校長が判断
（所属長）

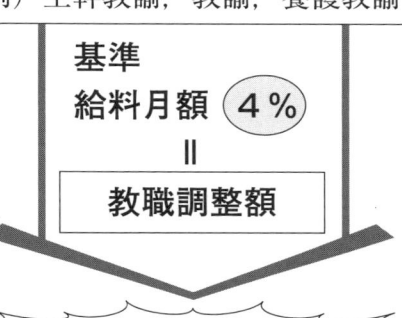

教育職員
（例）主幹教諭，教諭，養護教諭

基準
給料月額 ４％
＝
教職調整額

時間外勤務手当は支給しない!!

ただし

1. 原則　時間外勤務は命じない

正規の勤務時間の割振りを適正に行う

2. 例外　時間外勤務を命じる場合は次に掲げる業務で臨時又は緊急のやむを得ない必要があるときに限る

①校外実習その他生徒の実習に関する業務
②修学旅行その他学校の行事に関する業務
③職員会議に関する業務
④非常災害の場合，児童又は生徒の指導に関し緊急の措置を必要とする場合その他やむを得ない場合に必要な業務

＝ 超勤４項目

勤務時間の上限と1年単位の変形労働時間制

組織運営③

解説――日本社会の長時間勤務が社会問題化する中、勤務時間管理を厳格化する動きが活発化している。この点に関わって、公立学校教員については、２０１９（令和元）年の公立の義務教育諸学校等の教育職員の給与等に関する特別措置法（給特法）の改正により、1年単位の変形労働時間制の導入（5条）と教育職員の業務量の適切な管理等に関する指針の策定（7条）が新たに規定された。

1年単位の変形労働時間制については、民間企業の場合、労働基準法32条の4に規定が置かれている。だが、地方公務員法上、この規定は適用除外（58条）となっており、２０１９年の改正で、それを給特法5条で読み替え、条例の定めにより地方公共団体ごとに導入することができるように改められた（選択的導入）。夏季休業期間中等に休日のまとめ取りを行うことが可能となり、総労働時間を短縮する効果が期待されている。

1年単位の変形労働時間制を導入した場合、連続労働日数は原則6日以内、所定労働時間を1日あたり10時間、週52時間まで拡大することができる。そして、この範囲については、超勤4項目に関わりなく業務を命じることが可能となる。

他方、教育職員の業務量の適切な管理等に関する指針については、「公立学校の教育職員の業務量の適切な管理その他教育職員の服務を監督する教育委員会が教育職員の健康及び福祉の確保を図るために講ずべき措置に関する指針」が、文部科学大臣によって定められている（令和2年文部科学省告示第1号）。

ポイントとなるのは、教職の特性、専門性を踏まえた「在校等時間」という考え方である。教員が在校している時間を外形的に把握することを基本とし、校外における勤務についても、職務として行う研修への参加や児童生徒等の引率等の職務に従事している時間については、時間外勤務命令に基づくもの以外も含めて外形的に把握する。この在校等時間を勤務時間として捉えることが原則となる。これまで「自主的な活動」としてグレーゾーンに置かれてきた時間を勤務時間に取り込んだ点に特徴がある。

指針では、1ヵ月の在校等時間の総時間から条例等で定められた勤務時間の総時間を減じた時間が45時間以内にすること、1年間の在校等時間の総時間から条例等で定められた勤務時間の総時間を減じた時間が３６０時間以内とすることが求められている。ただし、長時間勤務の回避という観点から、上限時間まで業務を行うことを推奨する趣旨ではない点に注意を要する。

なお、服務監督権者である教育委員会は、勤務時間の上限に関する方針等の策定、実施状況を把握した上で勤務時間の長時間化を防ぐための業務の役割分担、必要な環境整備等の取組を実施、上限の目安時間を超えた場合、業務や環境整備等の状況について事後的に検証を行うこと等が必要とされている。

公立学校における 働き方改革！

2019年
給特法の改正

①「公立学校の教育職員の業務量の適切な管理その他教育職員の服務を監督する教育委員会が教育職員の健康及び福祉の確保を図るために講ずべき措置に関する指針」（令和２年文部科学省告示第１号）

対象 給特法２条に規定する公立の義務教育諸学校等（小，中，義務教育学校，高等学校，中等教育学校，特別支援学校，幼稚園）の教育職員の服務を監督する教育委員会及びそこで勤務する教育職員全て

上限 １）１ヵ月の時間外在校等時間　**45時間以内**
２）１年間の時間外在校等時間　**360時間以内**

② **１年単位の変形労働時間制**を地方公共団体の判断により条例で活用可能に（2021年４月施行）　【第５条】

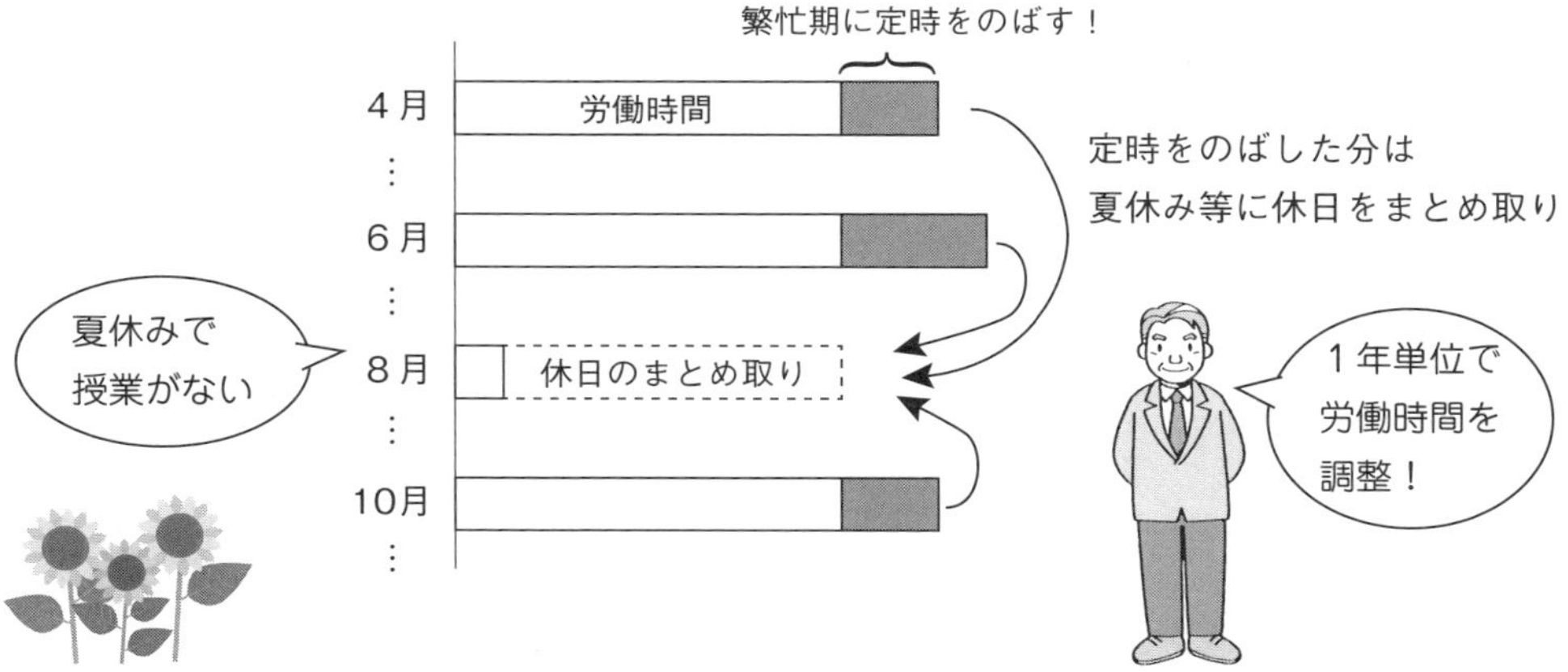

授業日・休業日

組織運営④

解説――「授業日」とは、文字どおり学校において授業が行われる日のことである。小・中学校の各学年における各教科、特別の教科である道徳、特別活動、総合的な学習の時間等の授業時数並びに各学年における総授業時数については、学校教育法施行規則にその標準が示されている（51条、73条）。また、教育課程の基準については、小・中・高等学校ともに、文部科学大臣が別に公示する学習指導要領によるものとされている（52条、74条、84条）。

小・中学校の授業は、年間35週（小学校1年は34週）以上にわたり行うよう計画される（小・中学校学習指導要領・総則）。他方、高等学校の授業は、全日制課程において、年間35週行うことが標準である（高等学校学習指導要領・総則）。

一方、公立学校における「休業日」については、学校教育法施行規則上、①国民の祝日に関する法律に規定する日、②日曜日及び土曜日、③学校教育法施行令29条1項の規定により教育委員会が定める日、と規定されている（61条、79条、79条の8、104条1項、113条1項、135条1項）。学校教育法施行規則が規定する「休業日」は、授業を行わない日を指し、「授業日」の対抗概念であることに注意を要する。ここで言う「休業日」は、労働法制上一般に使用される休業日とは全く異なる概念であり、学校教育法施行規則上の「休業日」と教員の勤務を要する日は必ずしも連動しないという点を見落としてはならない。

したがって、学校教育法施行規則上規定されている「休業日」は、職務専念義務が発生する日と、発生しない日の二つに大別することができる。狭義の「休業日」は、職務専念義務は発生するが、授業は実施されない日を意味し、「勤務を要する日」ということになる。夏季休業日等がこれに該当する。

これに対し、広義の「休業日」とは、職務専念義務が発生せず授業も実施されない日をも含む概念である。週休日（通常、土曜日・日曜日）、国民の祝日、年末年始等も加えたいわゆる授業を行わない日全てを指すことになる。

■関連法規・資料

【学校教育法施行規則】

51条 小学校…の各学年における各教科、特別の教科である道徳、外国語活動、総合的な学習の時間及び特別活動のそれぞれの授業時数並びに各学年におけるこれらの総授業時数は、別表第一に定める授業時数を標準とする。

52条 小学校の教育課程については、この節に定めるもののほか、教育課程の基準として文部科学大臣が別に公示する小学校学習指導要領によるものとする。

61条 公立小学校における休業日は、次のとおりとする。ただし、第三号に掲げる日を除き、当該学校を設置する地方公共団体の教育委員会…が必要と認める場合は、この限りでない。

一　国民の祝日に関する法律（昭和23年法律第178号）に規定する日

二　日曜日及び土曜日

三　学校教育法施行令第29条第1項の規定により教育委員会が定める日

○**授業日**：授業を行う日

●**休業日（広義）**：授業を行わない日

学校教育法施行規則61条

①国民の祝日に関する法律に規定する日
②日曜日及び土曜日
③教育委員会が定める日（学校教育法施行令29条1項の規定に基づく）

※③の例（東京都）
東京都立学校の管理運営に関する規則５条１項
1．夏季休業日　７月21日～８月31日
2．冬季休業日　12月26日～１月７日
3．春季休業日　３月26日～４月５日
4．開校記念日
5．都民の日条例の規定する日
6．その他東京都教育委員会が定める日

狭義の休業日

●**教職員――職務専念義務あり**

〈例〉○夏季休業日
○冬季休業日（年末年始を除く）
○春季休業日
○開校記念日
等

広義の休業日

●**全ての授業を行わない日**
➡教職員の職務専念義務の有無に関係しない。

〈例〉○狭義の休業日（夏季休業日等）
○国民の祝日
○週休日（通常，土曜日・日曜日）
等

休日・週休日・休業日（狭義）

組織運営⑤

解説――労働法制上、1年のそれぞれの日は勤務を要する日と週休日（勤務時間の割振りを行わない日）に区別されている。公立学校教員をはじめとする地方公務員の給与、勤務時間その他の勤務条件は、条例で定めることとなっている（地方公務員法24条5項）。そのため、詳細については、各地方公共団体の条例や規則等を確認する必要がある。

一般的に、《週休日》は、「労働基準法上の休日」を意味する。地方公務員にあっては、多くの場合、土曜日と日曜日がこれに該当する。週休日については、給与支払いの対象から除外される。なお、特に必要な場合は、事前に、勤務時間の同一性を維持したうえで、週休日の変更を命じることが可能とされている。

他方、《勤務を要する日》とは、正規の勤務時間の割振りが行われている日を指す概念である。週休日以外の日は全て勤務を要する日に含まれ、一般には勤務義務があり、給与支払いの対象となる。

しかし、国民の祝日に関する法律に規定されている休日や、12月29日から1月3日までの年末年始は、交代勤務の必要性その他から勤務を命じられた場合以外、職務専念義務が免除され、正規の勤務時間内も勤務を要しない。勤務を命じられた場合は、勤務時間の同一性を維持したうえで、代休日を取得することができる。なお、勤務を要する日には、開校記念日、夏季・冬季・春季の長期休業期間等、授業の行われない日が含まれている。

夏季休業等の《休業日》は、単に授業が行われていないだけであり、週休日等を除き教職員は原則として平常どおりの勤務を要する。だが、しばしば「長期休業期間＝教員の休日」であると誤解している者がいる。これは、１９８０年代以前、特に職員団体の影響力が強い地域において、「労使慣行」という名の下に、いわゆる「自宅研修」が勤務を要しない日と同様かのように扱われてきたことに原因があると考えられる。

（注）本項目において「休業日」とは、組織運営④「授業日・休業日」の示す狭義の休業日を指している。

関連法規・資料

【労働基準法】

35条1項　使用者は、労働者に対して、毎週少くとも1回の休日を与えなければならない。

2項　前項の規定は、4週間を通じ4日以上の休日を与える使用者については適用しない。

【学校教育法施行令】

29条1項　公立の学校……の学期並びに夏季、冬季、学年末、農繁期等における休業日又は家庭及び地域における体験的な学習活動その他の学習活動のための休業日（次項において「体験的学習活動等休業日」という。）は、市町村又は都道府県の設置する学校にあつては当該市町村又は都道府県の教育委員会が、……定める。

［東京都の例］

○学校職員の勤務時間、休日、休暇等に関する条例5条、6条

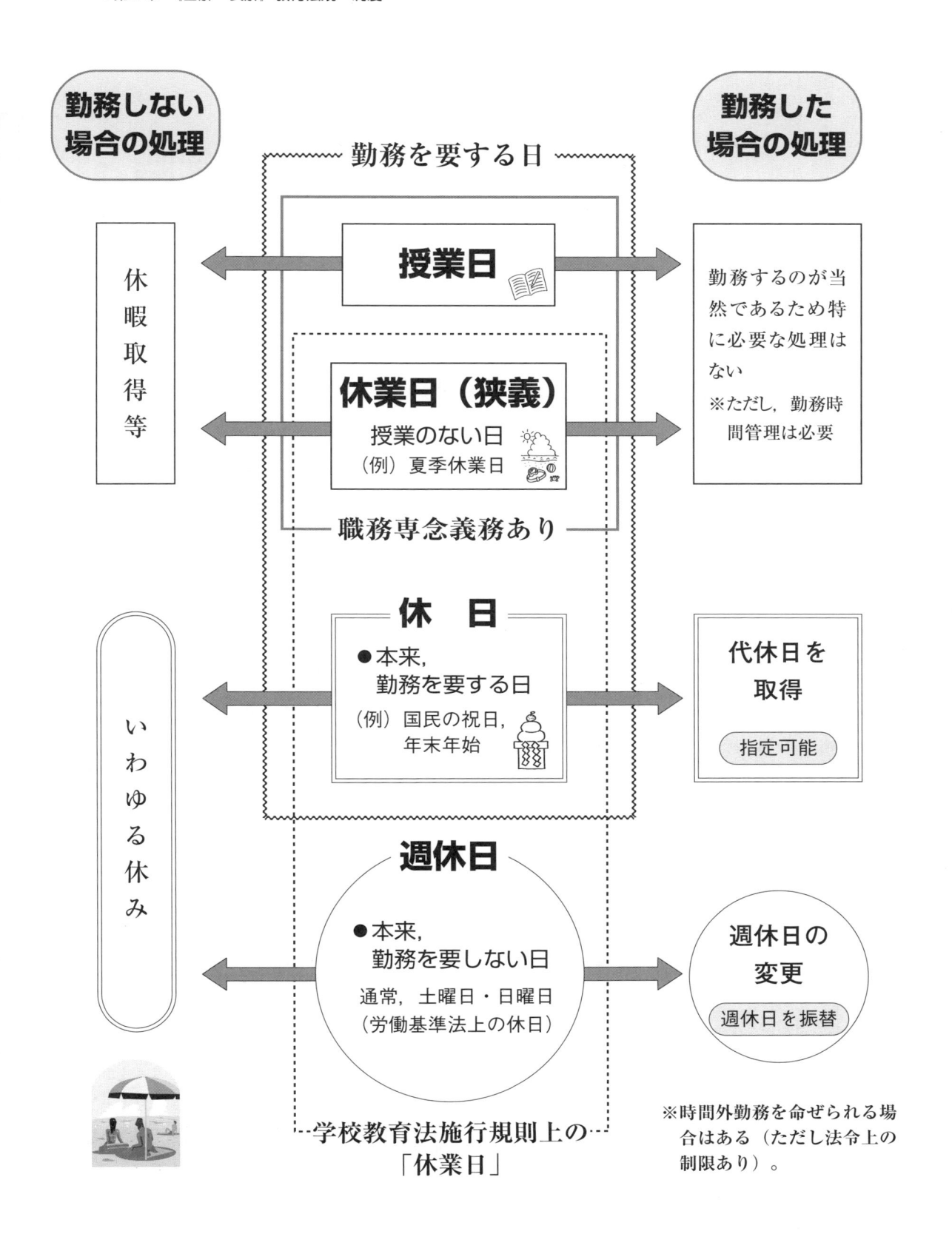

勤務しない場合の処理	勤務を要する日	勤務した場合の処理
休暇取得等	**授業日**	勤務するのが当然であるため特に必要な処理はない ※ただし，勤務時間管理は必要
休暇取得等	**休業日（狭義）** 授業のない日 （例）夏季休業日	勤務するのが当然であるため特に必要な処理はない ※ただし，勤務時間管理は必要
	職務専念義務あり	
いわゆる休み	**休　日** ●本来，勤務を要する日 （例）国民の祝日，年末年始	代休日を取得 指定可能
いわゆる休み	**週休日** ●本来，勤務を要しない日 通常，土曜日・日曜日 （労働基準法上の休日）	週休日の変更 週休日を振替

学校教育法施行規則上の「休業日」

※時間外勤務を命ぜられる場合はある（ただし法令上の制限あり）。

有給休暇と無給休暇

組織運営⑥

解説――休暇とは、一般に、勤務する側に発生する事由に基づき、割振りを受けた正規の勤務時間内において、勤務しないことが正当と認められる場合に、休むことを権利または勤務条件として保障する制度である。休暇は、重要な勤務条件であり、地方公務員の場合、「条例」によって定められることになる（地方公務員法24条5項）。しかし、「職員の勤務時間その他職員の給与以外の勤務条件を定めるに当つては、国及び他の地方公共団体の職員との間に権衡を失しないように適当な考慮が払われなければならない」とされており、ほぼ全ての自治体において類似した制度となっている（24条4項）。

休暇は、その分類基準に応じて、有因休暇と無因休暇、有給休暇と無給休暇に大別される。有因休暇とは、休暇取得に際して特定の理由を要件とするものである。これに対し、無因休暇は特定の理由を必要としない。また、有給休暇と無給休暇は、休暇期間中の給与等の支払いの有無を基準として区別される。

通常、地方公務員には、年次休暇、病気休暇、特別休暇、介護休暇、介護時間の5種類の休暇が認められている。年次有給休暇のみが無因休暇、他の4種は有因休暇であり、介護休暇、介護時間を除いて全てが有給休暇となる。

病気休暇は、職員が負傷又は疾病のため療養する必要があり、勤務しないことがやむを得ないと認められる場合の休暇である（一般職の職員の勤務時間、休暇等に関する法律18条）。一定期間を超える場合は、診断書の提出を義務づけている例がほとんどである。しかし、地方公務員の身分保障が強固であることを「悪用」し、同一あるいはいくつかの病気を理由にその取得を繰り返す「リピーター」公務員の存在が社会問題化した。民間企業と比較し大きく均衡を失しているとして、改善を望む声が強く出されたことから、病気休暇期間の通算規定等を整備した地方公共団体も少なくない。

特別休暇は、選挙権の行使、結婚、出産、交通機関の事故その他の特別の事由により、職員が勤務しないことが相当である場合に取得可能な休暇である（19条）。

介護休暇、介護時間は、配偶者等特定の関係にある者の介護を行うための休暇である。介護休暇は通算6ヵ月、3回まで分割取得が可能であり（20条）、介護時間は連続3年の間に1日2時間まで取得が可能とされている（20条の2）。

関連法規・資料

【地方公務員法】

24条5項　職員の給与、勤務時間その他の勤務条件は、条例で定める。

［大阪府の例］

○職員の勤務時間、休日、休暇等に関する条例

12条　職員の休暇は、年次休暇、病気休暇、特別休暇、介護休暇、介護時間及び子育て部分休暇とする。

地方公務員法24条５項

職員の給与，勤務時間その他の勤務条件は，**条例**で定める

有給休暇

給与が支払われる状態で取得可能な休暇

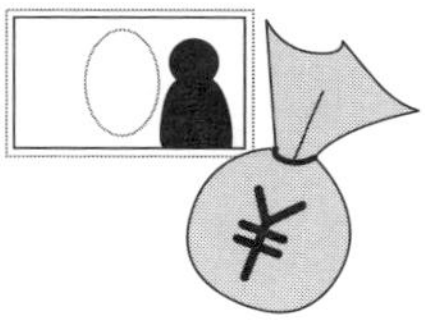

（代表例）

①年次休暇
- ○年間原則20日間保障
- ○残日数20日間を限度として翌年に繰り越し可
- ○原則１日単位で取得

②病気休暇

- ○負傷または疾病のため必要となる療養を行うための必要最小限の休暇
- ○必要に応じ１日単位，また１時間単位で取得が可能
- ○１週間を超える場合は医師の診断書を提出

③特別休暇

- ○選挙権の行使，結婚，出産，交通機関の事故，証人等で裁判所などへの出頭，骨ずい移植の登録・検査，ボランティア活動への参加など
- ○それぞれ定められた日数内での取得が可能

※特別休暇ではなく，出産休暇，慶弔休暇等として規定される例もある。

無給休暇

給与の支払いが途絶える条件付きで取得可能な休暇

（代表例）

介護休暇

- ○父母，子，配偶者の父母などの負傷，疾病，日常生活を営むのに支障がある者の介護のための休暇
- ○３回を超えず，かつ，通算して６ヵ月を超えない範囲内で指定する期間
- ○勤務しない１時間につき１時間あたりの給与額を減額

年次有給休暇と時季変更権

組織運営⑦

解説——労働基準法は、６ヵ月間継続して勤務し全労働日（労働者に対して労働契約上労働義務が課せられる日）の８割以上出勤した労働者に対して最低10日の年次有給休暇（年次休暇）を与え、勤続期間に応じて最高20日までこれを逓増させることを使用者に義務づけている（39条１項、２項）。年次休暇について定めた労働基準法の規定は、最低限の保障を示したものに過ぎず、地方公務員の場合、条例・規則等の定めるところに従い、原則的に20日間の年次休暇が保障されているのが一般的である。取得単位は、原則として一日とされ、未消化分は、次年度に限り繰り越すことが認められている（労働基準法39条１項、１１５条）。

いわゆる年次有給休暇権は、法律上当然に発生する権利であり、客観的要因によって成立する。労働者は、保有する年次休暇の範囲内において、いつでも、どのような理由でも休暇を取得することが認められており、原則として使用者の干渉を許さない労働者の自由に属するものと考えられている（最高裁判所第二小法廷判決昭和48年３月２日）。これを「年次有給休暇自由利用の原則」と呼ぶことが多い。しかし、労働者による年次有給休暇権の行使は、時として「事業の正常な運営を妨げる」ことになる。労働基準法は、この点を考慮し、使用者に対し「時季変更権」を認めている（39条５項但書）。実務上は、単に繁忙であるとか、人員が不足しているといった理由だけでは時季変更権を行使できず、代替要員を探す努力等を使用者側が行ったうえで、総合的に判断する必要があるとされている。公立学校教員の年次休暇の取得に際しては、あらかじめ一定の様式に従った書類を所属長に提出するという手続きが一般的である。これに対する「承認」「不承認」は、時季変更権の「行使」あるいは「不行使」の意思表示としての効力を有すると考えられる。

なお、争議行為の一手段として、一斉に年次休暇を取得し、使用者側の時季変更権の行使を無視して職場から一斉に離脱するという行為が行われる場合がある（一斉休暇闘争）。だが、前記最高裁判決が指摘する通り、一斉休暇闘争は「その実質は、年次休暇に名を藉りた同盟罷業」にほかならず、本来の意味での年次有給休暇権の行使には該当しない。それゆえに、一斉休暇闘争の恐れ等が存在する場合には、使用者側がその利用目的を聴取することが容認される場合もあるといえよう。

■関連法規・資料

［時季変更権行使について］

担当教科の試験日の欠務は、出題教員の役割、その代替性の有無や程度から判断されるべきである。担当教科の教諭が１名しかいない本件については、試験の正常な運営を妨げる蓋然性が認められるため、時季変更権の行使は妥当である。

（最高裁第一小法廷判決昭62・１・29）

労働者には
年次有給休暇 を取得する権利がある
（年次休暇）
（労働基準法39条）

地方公務員である教員には，一般的に条例，規則により
原則年間20日間 の年次休暇
が保障されている
※取得単位：原則１日

さらに

年次休暇の残日数は20日を限度として
次年度に繰り越し可

年次休暇の利用

年次休暇は自由利用が原則・・・・・
（年次有給休暇自由利用の原則）

例外
時季変更権

時季変更権

教員

年次休暇取得申請
（※申請主義）

校長

他の時季にしてください

総合的に判断
- ○学校規模，教員数
- ○教員の職務内容
- ○繁忙度，休暇申請の人数
- ○代替教員確保の難易度
- ○休暇日数　など

時季変更権の行使が可能

請求された時季に休暇を与えると，正常な運営を妨げると判断した場合

※申請主義：労働者が申請してはじめて休暇を取得することができる。

育児休業制度

組織運営⑧

(解説)――近年、少子化対策や労働力の確保が日本社会全体の課題となり、「ワーク・ライフ・バランス」に対して社会的関心が集まりつつある。また、育児休業については、「育児休業、介護休業等育児又は家族介護を行う労働者の福祉に関する法律」が基礎となっている。しかし、公務員については特例が存在し（61条）、地方公務員の身分を有する公立学校教職員は「地方公務員の育児休業等に関する法律」によることとなる。

公立学校教職員の育児休業は、職員が子を養育するため、子が3歳に達する日まで職場を完全に離れ、休業することができる仕組みである（2条1項）。ただし、非常勤職員の場合は、「子の養育の事情に応じ、1歳に達する日から1歳6か月に達する日までの間で条例で定める日」までとなる。

育児休業の取得は、任命権者の承認を受ける必要がある。だが、請求があった場合、任命権者は、「職員の業務を処理するための措置を講ずることが著しく困難である場合を除き、これを承認しなければなら」ず（2条3項）、職員の配置換え等により育児休業を請求した職員の業務処理が困難な場合は、任期付採用又は臨時的任用を行うものとされている（6条1項）。

育児休業中については、ノーワーク・ノーペイの原則に従って、給与は支給されない（4条2項）。ただし、期末手当または勤勉手当を支給することはできる（7条）。また、公立学校共済組合から育児休業手当金が支給されることになる。

「地方公務員の育児休業等に関する法律」には、他に育児短時間勤務や部分休業についても規定されている。小学校就学の始期に達するまでの子を養育する職員は、任命権者の承認を受け、育児短時間勤務を行うことができる（10条1項）。

また、育児短時間勤務職員の並立任用（13条）や任期付短時間勤務職員の任用（18条）に関する規定も設けられている。子を養育する職員が周囲の職員に負担をかけているのではないかという不安を緩和するための措置である。

さらに、子が小学校就学の始期に達するまでは、「部分休業」を活用することが可能である。任命権者は、公務の運営に支障がないと認めるときは、職員が子を養育するため「一日の勤務時間の一部（2時間を超えない範囲内の時間に限る。）について勤務しないこと……を承認することができる」（19条1項）。ただし、部分休業により勤務しない時間分の給与は、減額される（19条2項）。

なお、２０２２（令和4）年、地方公務員の育児休業等に関する法律が改正され、同一の子について、育児休業を取得できる回数が原則1回であったものが、2回以内へと拡大されている（2条1項）。

公立学校教職員の育児休業等に関する制度

「育児休業，介護休業等育児又は家族介護を行う労働者の福祉に関する法律」

↓ 特例

「地方公務員の育児休業等に関する法律」

→ この法律に基づき，必要な事項は各地方公共団体の条例で定める

	育児休業	育児短時間勤務	部分休業
根拠となる法律	地方公務員の育児休業等に関する法律**２条**	地方公務員の育児休業等に関する法律**10条**	地方公務員の育児休業等に関する法律**19条**
対象となる子の年齢等	子が**３歳**に達する日まで	**小学校就学の始期**に達するまで	**小学校就学の始期**に達するまで
勤務のパターン		●週５日勤務　１日につき週間勤務時間の1/10 ●週５日勤務　１日につき週間勤務時間の1/8 ●週３日勤務　１日につき週間勤務時間の1/5 等から選択	正規の勤務時間の始めまたは終わりにおいて，30分を単位として**２時間**を超えない範囲内について勤務しないことが可能
給与	支給されない（期末手当等は支給可） ※**育児休業手当金**は支給	勤務時間数に応じた額を支給	勤務しない時間数に応じた減額

地方公務員の育児休業等に関する法律等を基に作成

育児休業手当金（地方公務員等共済組合法70条の２）

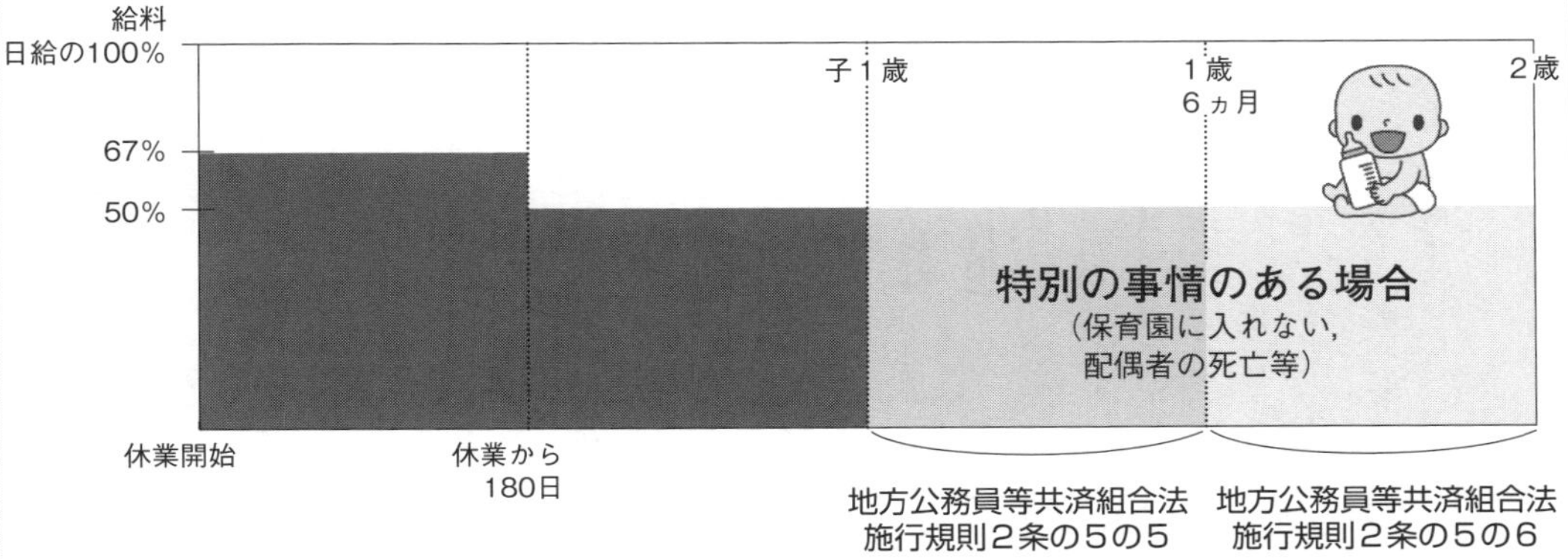

公立学校共済組合ＨＰを基に作成
https://www.kouritu.or.jp/kumiai/tanki/kyugyo/ikuji/index.html（2024年６月８日最終アクセス）

学校評議員

組織運営⑨

解説――中央教育審議会は、「今後の地方教育行政の在り方について」（平成10年9月）において、地域に根ざした子どもの教育を実現するという視点に立ち、地域社会の実情を反映した学校づくりを行えるように、学校の裁量権を拡大すること、学校が地域社会へのアカウンタビリティ（説明責任）を自覚すること等を求めている。学校評議員制度は、この中教審答申を受け、学校、家庭、地域社会という三つの教育主体のネットワークづくりに向けた取組の一つである。〝開かれた学校づくり〟という理念の下、学校運営に関して、①保護者・地域住民等の意向を把握し反映していくこと、②保護者・地域住民等の協力を広く得ること、③学校の実情に関してアカウンタビリティ（説明責任）を十分に果たしていくこと等が、主な目的となる。

学校教育法施行規則は、学校評議員の設置に関して、学校設置者が決定するという〝任意設置主義〟を採用している。学校教育法5条にある「設置者管理主義」の反映といえよう。この規定に基づき、設置者は、地域の特性に応じ、学校評議員の身分、定数、任期、報酬・旅費の支払いの有無等に関して任意に決定することができる。

学校評議員は、校長の推薦に基づき設置者が委嘱する。具体的には、当該学校の教職員以外の者で、教育に関する理解・識見を有する者の中から委嘱されることになる。当該学校の職員は、職員会議等において意見を述べる機会が保障されていること等から対象外となる。一般に保護者及び地域住民が想定されるが、党派的偏重を排し広く人材を求めることが望ましいことはいうまでもない。また、児童生徒は、「教育に関する理解及び識見を有するもの」という点において、委嘱の要件を満たすことができないと考えられている。

学校評議員は、校長の求めに応じて、自己の責任の下で個別に意見を述べるものとされている。したがって、評議員自らが学校評議員会を組織して建議を行ったり、意見を述べる事項を決定することは想定されていない。また、校長は、必ずしも個別に意見を聴く必要はなく、リーダーシップを発揮し、評議員が一堂に会して意見交換を行う場等を設定することも可能である。

関連法規・資料

【学校教育法施行規則】

49条1項 小学校には、設置者の定めるところにより、学校評議員を置くことができる。

2項 学校評議員は、校長の求めに応じ、学校運営に関し意見を述べることができる。

3項 学校評議員は、当該小学校の職員以外の者で教育に関する理解及び識見を有するもののうちから、校長の推薦により、当該小学校の設置者が委嘱する。

学校評議員＝任意設置主義

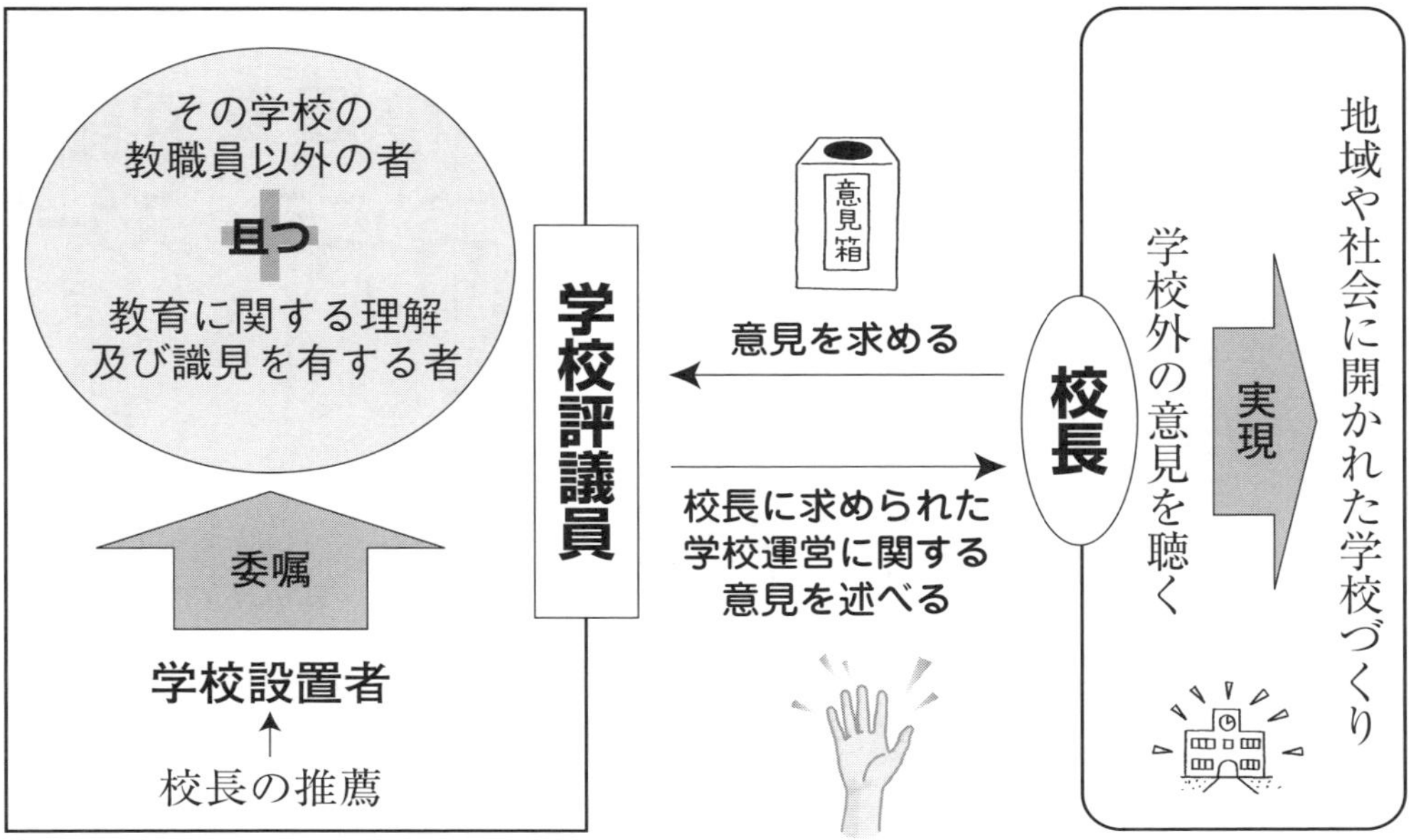

※学校評議員の定数や任期など，具体的なことは学校設置者が教育委員会規則等で定める。

学校評議員制度の現状

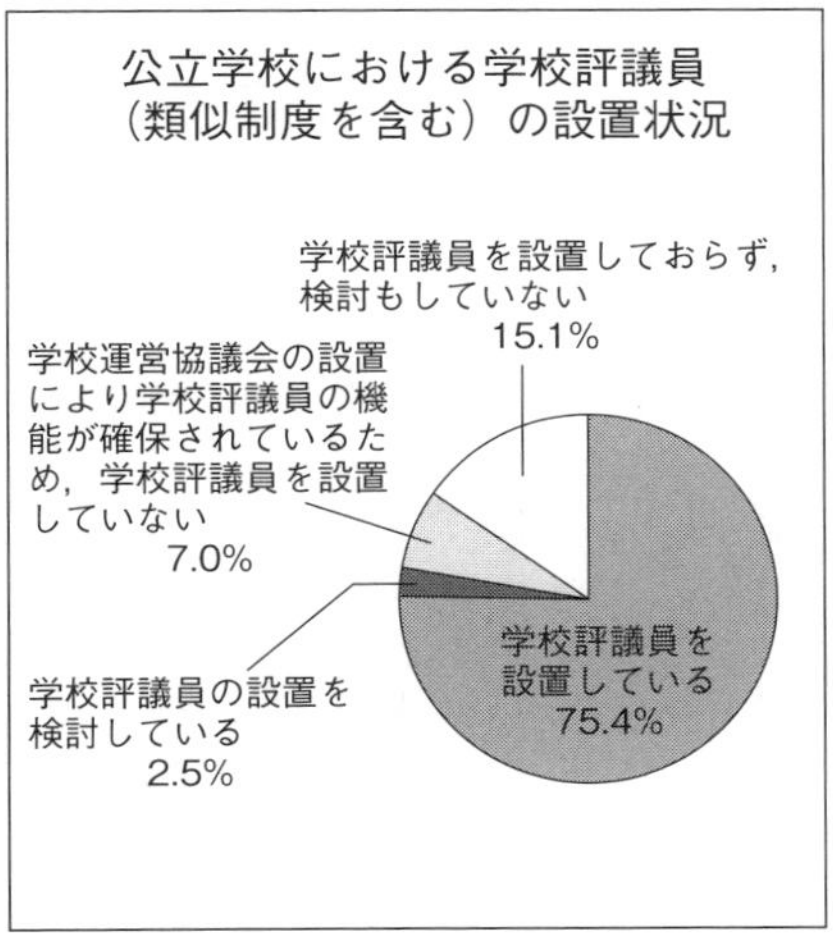

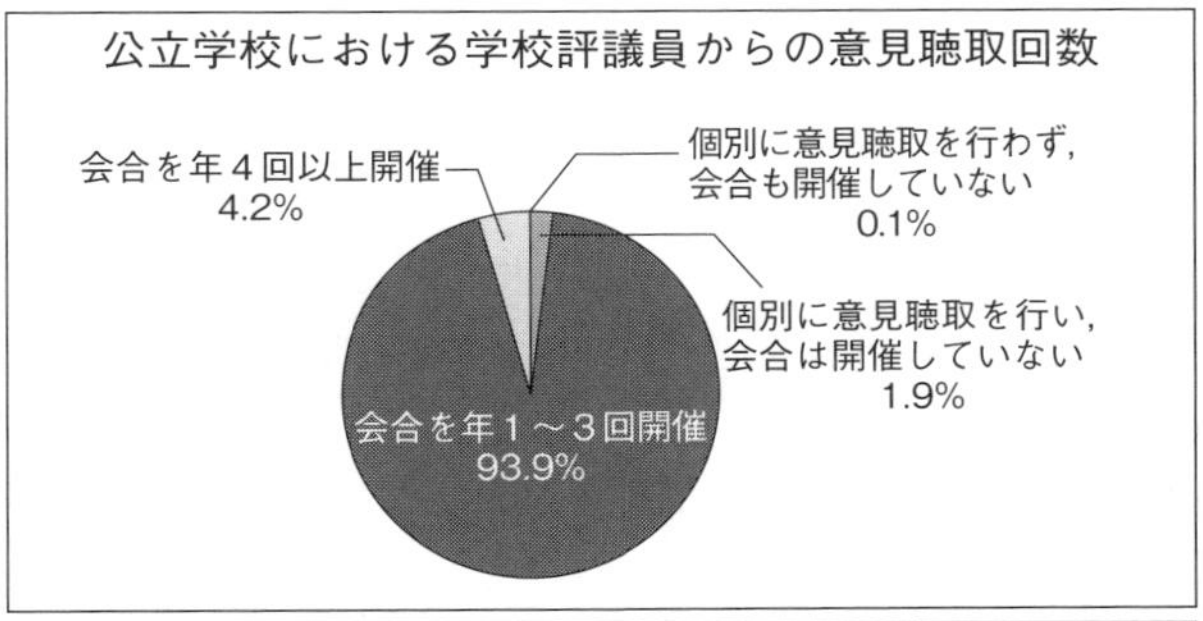

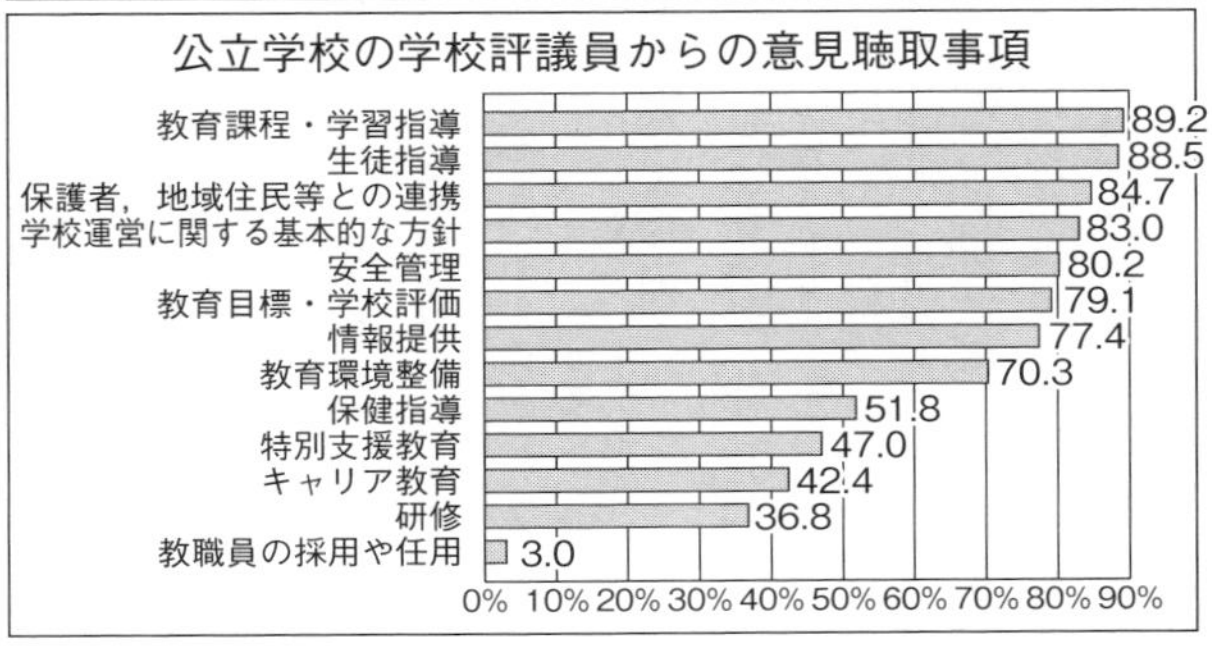

文部科学省「学校評価等実施状況調査（平成26年度間）結果」を基に作成

学校運営協議会（コミュニティ・スクール）

組織運営⑩

解説――２０００（平成12）年12月、教育改革国民会議は、「教育改革国民会議報告―教育を変える17の提案―」において、「新しいタイプの学校（〝コミュニティ・スクール〟等）の設置を促進する」ことを打ち出した。この構想は、総合規制改革会議「規制改革の推進に関する第三次答申」（平成15年12月）等を経て、２００４（平成16）年３月の中央教育審議会答申「今後の学校の管理運営の在り方について」へと受け継がれていくことになる。

　そして、〝地域の力を学校運営そのものに生かすという発想〟のもと提案されたのが、〝保護者や地域住民が一定の権限を持って運営に参画する新しいタイプの公立学校（地域運営学校）〟であった。学校運営協議会は、「教育委員会が、地域運営学校の運営について協議を行う組織」として位置づけられており、「学校の運営への保護者や地域住民の参画を制度的に保障するための仕組み」である。政府は、地方教育行政の組織及び運営に関する法律（地教行法）を改正し（平成16年法律第91号）、学校運営協議会制度は、２００４（平成16）年９月から正式に導入された。

　その後、２０１５（平成27）年、中央教育審議会答申「新しい時代の教育や地方創生の実現に向けた学校と地域の連携・協働の在り方と今後の推進方策について」を受け、学校運営協議会の役割の見直し等が行われることとなった。

　そして、２０１７（平成29）年３月、地教行法が改正され、学校運営協議会の設置が努力義務化された（47条の５第１項）。委員は、①地域住民、②保護者、③社会教育法９条の７第１項に規定する地域学校協働活動推進員その他の学校の運営に資する活動を行う者、④その他教育委員会が必要と認める者について、教育委員会が任命する（２項）。なお、任命にあたり、校長は意見を申し出ることができる（３項）。

　校長は、教育課程の編成その他教育委員会規則で定める事項について基本的な方針を作成し、学校運営協議会の承認を得なければならない（４項）。他方、学校運営協議会には、学校運営に関する協議の結果を積極的に提供する努力義務が課されている（５項）。なお、学校運営協議会は、学校の運営に関する事項や職員の採用その他の任用に関して教育委員会規則で定める事項について、意見を述べる権限が与えられている点についても留意が必要である（６項・７項）。

関連法規・資料

【地方教育行政の組織及び運営に関する法律】

47条の５第１項　教育委員会は、教育委員会規則で定めるところにより、その所管に属する学校ごとに、当該学校の運営及び当該運営への必要な支援に関して協議する機関として、学校運営協議会を置くように努めなければならない。（略）

学校運営協議会制度（コミュニティ・スクール）

地域住民，保護者等が，教育委員会，校長と責任を分かちあい
学校運営に携わっていく

実現

地域に開かれ，地域に支えられ，
地域に信頼される学校づくり

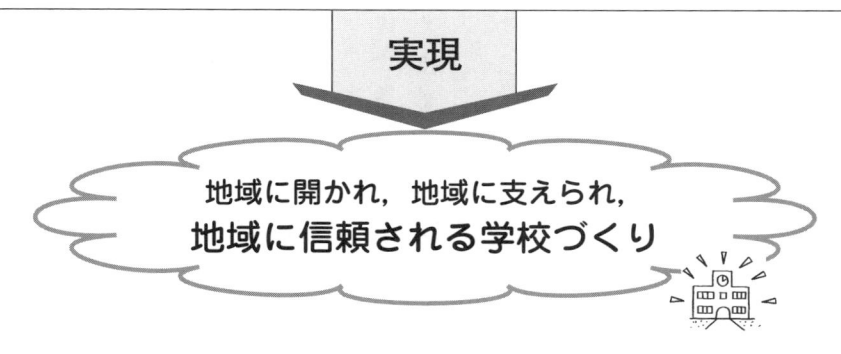

◉コミュニティ・スクールの設置
＝
地方公共団体の
教育委員会が**決定**

導入自治体数：1,347自治体
（38都道府県，15指定都市
1,277市区町村，17学校組合）
設置校数　：18,135校
（2023年５月１日現在導入済み）

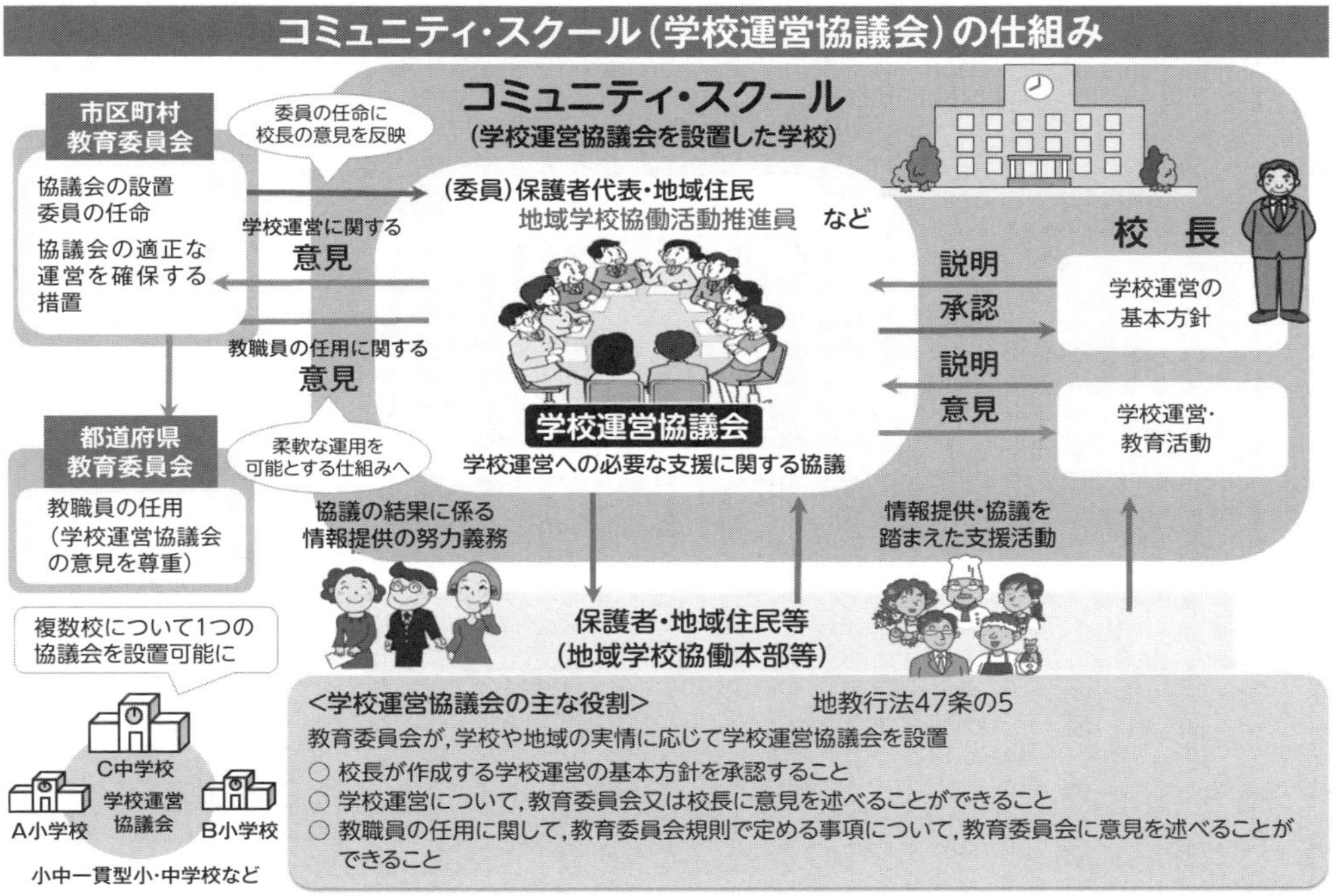

文部科学省HP「コミュニティ・スクール（学校運営協議会制度）」を基に作成

学校評価

組織運営⑪

解説——２００７（平成19）年6月、学校教育法の改正により学校評価に関する規定が整備された（42条）。これを受け、同年10月には学校教育法施行規則が改正され、「自己評価の実施・公表（66条）」、「保護者など学校関係者による評価の実施・公表（67条）」、「それらの評価結果の設置者への報告（68条）」に関する規定が設けられた。

文部科学省は、２００６（平成18）年に「義務教育諸学校における学校評価ガイドライン」を公にし、その後２００８（平成20）年、２０１０（平成22）年、２０１６（平成28）年と三度の改訂を行っている。この中で、学校評価の目的は、①各学校が、自らの教育活動その他の学校運営について、組織的・継続的な改善を図ること、②学校評価の実施・結果の公表・説明により、適切に説明責任を果たすとともに、保護者・地域住民等から理解と参画を得て、その連携協力による学校づくりを進めること、③設置者等が、学校評価の結果に応じて、学校に対する支援や条件整備等の改善措置を講じることにより、教育水準の保証・向上を図ることであるとしている。また、実施手法としては、法的な義務である「各学校の教職員が行う評価（自己評価）」、法令上、努力義務に止まっている「保護者、地域住民等の学校関係者などにより構成された評価委員会等が、自己評価の結果について評価することを基本として行う評価（学校関係者評価）」、そして法的根拠を有していない「学校と直接関係を有しない専門家等による客観的な評価（第三者評価）」の三つをあげている。

そもそも学校評価は、２００２（平成14）年に制定された小学校設置基準等に「自己点検・自己評価」を求める規定が盛り込まれて以降、学校現場に浸透してきたものである。小学校設置基準の制定にあたって出された通知（「小学校設置基準及び中学校設置基準の制定等について」13文科初第１１５７号平成14年3月29日）では、学校が「保護者や地域住民等の信頼に応え、家庭や地域と連携協力して一体となって児童生徒の健やかな成長を図っていくためには、教育活動その他の学校運営の状況について自己評価を実施しその結果を公表するとともに、それに基づいて改善を図っていくことが求められる」とされている。そして、「開かれた学校づくりを推進し、学校としての説明責任を果たしていく上で、小学校等が保護者等に対して積極的に情報を提供することが必要である」とした。したがって、学校評価は、学校のアカウンタビリティ（説明責任）の一環であり、〝開かれた学校づくり〟と表裏一体の関係にあるといえる。

なお、いじめ防止対策推進法では、いじめに関する取組等について適正に学校評価を行うこととされている（34条）。

《近年の教育改革》

学校の裁量権の拡大 ⇔ 一方で… ⇔ **教育水準の向上と保証**

↓ **学校の説明責任**

学校評価

○学校教育法42条
○学校教育法施行規則66条，67条，68条

目的

①各学校が，自らの教育活動その他の学校運営について，目指すべき目標を設定し，その達成状況や達成に向けた取組の適切さ等について評価することにより，学校として組織的・継続的な改善を図ること。

②各学校が，自己評価及び保護者など学校関係者等による評価の実施とその結果の公表・説明により，適切に説明責任を果たすとともに，保護者，地域住民等から理解と参画を得て，学校・家庭・地域の連携協力による学校づくりを進めること。

③各学校の設置者等が，学校評価の結果に応じて，学校に対する支援や条件整備等の改善措置を講じることにより，一定水準の教育の質を保証し，その向上を図ること。

評価の実施

● **自己評価・公表（66条）**
各学校の教職員が行う評価
［法令上，実施義務］

● **学校関係者評価・公表（67条）**
保護者，地域住民等の学校関係者などにより構成された評価委員会等が，自己評価の結果について評価することを基本として行う評価
［法令上，努力義務］

→ **学校設置者への報告（68条）**（自己評価・学校関係者評価）

● **第三者評価・公表**
学校とその設置者が実施者となり，学校運営に関する外部の専門家を中心とした評価者により，自己評価や学校関係者評価の実施状況も踏まえつつ，教育活動その他の学校運営の状況について専門的視点から行う評価
［法令上，実施義務や努力義務はない］

選挙権年齢の引き下げと政治的中立

組織運営⑫

解説――2015（平成27）年6月、選挙権年齢を18歳以上に引き下げること等を内容とする「公職選挙法等の一部を改正する法律」が成立した。選挙権年齢の変更は、1945（昭和20）年に「25歳以上」から「20歳以上」とされて以来、70年ぶりのことである。

この改正により、高等学校等に在籍する生徒も、18歳に達すると同時に有権者として選挙権を行使すること等が認められる。そこで高校生の政治的活動の限界が議論の的になっている。

この点、文部科学省は、「高等学校等における政治的教養の教育と高等学校等の生徒による政治的活動等について（通知）」（27文科初第933号平成27年10月29日）を発出し、学校現場における疑義の払拭に乗り出している。

通知は、選挙権付与年齢の引き下げの意義を強調し、「今後は、高等学校等の生徒が、国家・社会の形成に主体的に参画していくことがより一層期待される」とする。そのうえで、高校生による選挙運動や政治的活動は、「無制限に認められるものではなく、必要かつ合理的な範囲内で制約を受ける」としている。

通知は、授業や部活動等、教育活動の場を利用して行う政治的活動等については、学校はこれを禁止すべきであるとする。また、放課後、休日等に学校外で行われる政治的活動等も、高等学校の教育目的の達成等という観点から必要かつ合理的な範囲内で制約を受けるものと解されており、校則等で届出制とする場合には、その範囲内の制約となるよう各学校等に適切な判断を求めている。

なお、今回の改正により、「学校が政治的中立性を確保しつつ、現実の具体的な政治的事象も取り扱い、生徒が有権者として自らの判断で権利を行使することができるよう、より一層具体的かつ実践的な指導を行うこと」が求められることになる。その反面、教員の政治的中立性の確保についても、これまで以上に注意を払うことが求められることになる。

教育基本法は、政治的教養の尊重を規定する一方で、学校に対し「特定の政党を支持し、又はこれに反対するための政治教育その他政治的活動」を行うことを禁止している（14条2項）。また、教員は、国公私立の区別を問わず、公職選挙法137条及び日本国憲法の改正手続に関する法律103条2項によって、その地位を利用した選挙運動及び国民投票運動が禁止される。加えて、公立学校の教員の場合、教育公務員特例法18条によって、国家公務員の例により政治的行為の制限が課されており、その制限が一般地方公務員よりも厳しいものになっている。

なお、2018（平成30）年6月、民法の一部を改正する法律が成立し、成年年齢が20歳から18歳に引き下げられ（民法4条）、2022（令和4）年4月から施行されている。

2015年 **公職選挙法等の一部を改正する法律** 成立

選挙権年齢 ~~満20歳以上~~ → 引き下げ → **満18歳以上**

2016年６月19日施行

高等学校等の生徒による政治的活動

⇨無制限に認められるものではなく，必要かつ合理的な範囲内で制約を受ける

生徒による選挙運動や政治的活動	高等学校等の留意事項
生徒が教育活動の場を利用して行う選挙運動や政治的活動 （教科・科目等の授業 生徒会活動，部活動等の授業以外の教育活動）	禁止することが必要
生徒が学校の構内で行う選挙運動や政治的活動 （放課後，休日を含む）	制限または禁止することが必要
放課後や休日等に学校の構外で行われる 生徒の選挙運動や政治的活動 ①違法なもの，暴力的なもの，違法または暴力的な政治的活動等になるおそれが高いものと認められる場合	
②生徒が政治的活動等に熱中するあまり，本人あるいは他の生徒の学業や生活などに支障があると認められる場合，または生徒間における政治的対立が生じるなどして学校教育の円滑な実施に支障があると認められる場合	適切に指導を行うことが必要 （必要かつ合理的な範囲内で制限または禁止することを含めて）

文部科学省「高等学校等における政治的教養の教育と高等学校等の生徒による政治的活動等について（通知）」（27文科初第933号平成27年10月29日），文部科学省HP「『高等学校等における政治的教養の教育と高等学校等の生徒による政治的活動等について（通知）』に関するＱ＆Ａ（生徒指導関係）」を基に作成

教員の政治的行為の制限

関係法令	禁止または制限される行為	公立学校	国・私立学校
教育基本法14条２項	特定の政党を支持しまたは反対するための政治教育その他政治的活動の禁止	○	○
教育公務員特例法18条	国家公務員の例による政治的行為の制限	○	×
公職選挙法137条	教育者の地位を利用した選挙運動の禁止	○	○
公職選挙法136条の２	公務員の地位を利用した選挙運動の禁止	○	×
義務教育諸学校における教育の政治的中立の確保に関する臨時措置法３条	職員団体等の組織または活動を利用し，義務教育諸学校に勤務する教育職員が児童生徒に対し特定の政党等を支持または反対させる教育を行うことを教唆またはせん動することの禁止	○	○

文部科学省HP「『高等学校等における政治的教養の教育と高等学校等の生徒による政治的活動等について（通知）』に関するＱ＆Ａ（生徒指導関係）」を基に作成

学校の臨時休業

組織運営⑬

解説——臨時休業とは、学校の一部又は全部が一定期間にわたって臨時に休業することをいう。実務上特に理解を必要とする臨時休業には、〝非常変災その他急迫の事情〟を理由とする臨時休業（学校教育法施行規則63条）と〝感染症予防〟のための臨時休業（学校保健安全法20条）がある。

非常変災その他急迫の事情による臨時休業は、校長の判断により行われる。台風の接近といった気象条件の悪化、地震の発生、凶悪犯罪の発生等の防犯上の安全確保がその典型として想定されている。しかし、その個別的必要性は、学校や校区の状況によって大きく左右される。学校教育法施行規則は、この点を考慮し、最も的確に状況判断を下すことができると考えられる校長に、その権限を委ねているものと考えられる。なお、公立学校の場合、校長は臨時休業を行う旨を教育委員会に報告することが義務づけられている。

一方、感染症予防のための臨時休業は、学校設置者がその権限を有している。感染症を理由とする出席停止が個別的措置であるのに対し、臨時休業はより強度な集団的措置であるという点に特徴がある。

また、学校において予防すべき感染症（学校感染症）については、学校保健安全法施行規則18条に定められている。1998（平成10）年、感染症の予防及び感染症の患者に対する医療に関する法律（感染症法）の制定に伴って全面的な見直しが行われ、現在は、ペストやジフテリアといった第一種の感染症、インフルエンザ（特定鳥インフルエンザを除く）、風しん、水痘等の第二種の感染症、腸管出血性大腸菌感染症、流行性角結膜炎等の第三種の感染症に区分されている（次頁表参照）。他方、O－157による腸管出血性大腸菌感染症やインフルエンザ、新型コロナウイルス感染症等の猛威が学校現場を襲い、学校感染症対策の重要性が再認識されている。校長は、罹患者数その他に常に注意を払い、その数が急激に増加した場合には、学校医等と相談するとともに、教育委員会に連絡し、時期を逸することなく速やかに臨時休業の措置をとれるようにすることが重要といえる。

なお、臨時休業が行われた場合には、その理由に関わりなく、児童生徒の学習指導に関する措置を講じる必要がある。学校側は、授業時間数の確保に向けて最大限の努力を行っていくことが求められよう。

関連法規・資料

【学校教育法施行規則】

63条　非常変災その他急迫の事情があるときは、校長は、臨時に授業を行わないことができる。この場合において、公立小学校についてはこの旨を当該学校を設置する地方公共団体の教育委員会……に報告しなければならない。

臨時休業

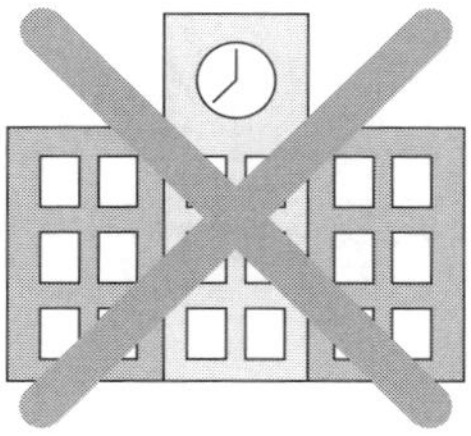

学校の一部又は全部が一定期間休業すること

理由	決定権限	対応
①非常変災その他急迫の事情 (学校教育法施行規則63条)	**校長**	公立学校の場合 〈校長に義務づけられた対応〉 所管の教育委員会への報告 ①臨時休業日の期日 ②事由　③措置 ④その他必要事項など
②感染症予防 (学校保健安全法20条)	**学校設置者**	〈学校設置者に義務づけられた対応〉 ○保健所への連絡

感染症予防のための出席停止と臨時休業の違い

● **出席停止**――当該児童生徒の出席を停止させる個人的措置 ⇒ **校長の判断**

● **臨時休業**――出席停止では予防効果が期待できない場合に行う集団的措置 ⇒ 授業実施の休止という重大な措置であることから**学校設置者が判断**

学校において予防すべき感染症

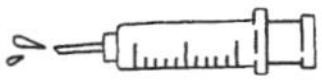

種類	病名
第一種	エボラ出血熱，クリミア・コンゴ出血熱，痘そう，南米出血熱，ペスト，マールブルグ病，ラッサ熱，急性灰白髄炎，ジフテリア，重症急性呼吸器症候群（病原体がベータコロナウイルス属SARSコロナウイルスであるものに限る），中東呼吸器症候群（病原体がベータコロナウイルス属MERSコロナウイルスであるものに限る），特定鳥インフルエンザ
第二種	インフルエンザ（特定鳥インフルエンザを除く），百日咳，麻しん，流行性耳下腺炎，風しん，水痘，咽頭結膜熱，新型コロナウイルス感染症（病原体がベータコロナウイルス属のコロナウイルス（令和２年１月に，中華人民共和国から世界保健機関に対して，人に伝染する能力を有することが新たに報告されたものに限る）であるものに限る），結核，髄膜炎菌性髄膜炎
第三種	コレラ，細菌性赤痢，腸管出血性大腸菌感染症，腸チフス，パラチフス，流行性角結膜炎，急性出血性結膜炎，その他の感染症

（学校保健安全法施行規則18条１項）

会計年度任用職員

組織運営⑭

解説――臨時職員、非常勤職員は、教育、子育て等、多様な分野で活用され、地方行政の重要な担い手となっている。だが、従来の地方公務員制度は、地域住民の生活を支える職員は、任期の定めのない常勤職員が当たるべきとの考え方が存在した。２０１７（平成29）年の地方公務員法の改正は、この制度と実態の乖離について、その解消を目的とするものと言える。

具体的には、一般職の会計年度任用職員（地方公務員法22条の2）を新たに設け、任用、服務規律等の整備を図り、特別職非常勤職員（3条3項）及び臨時的任用職員（22条の3）の任用要件を厳格化することにより、会計年度任用職員制度への移行を促進することが目指されている。今後、地方公共団体は、任期の定めのない常勤職員を中心とするという原則を堅持しつつ、組織として最適と考える任用、勤務形態を選択し、地域住民のニーズに応えていくことが求められる。

公立学校の非常勤講師は、従来、特別職の地方公務員とされてきた。しかし、この改正により、会計年度任用職員として位置づけられることになった。

地方公務員法でいう会計年度任用職員には、①一会計年度を超えない範囲内で置かれる非常勤の職を占める職員であって、その一週間当たりの通常の勤務時間が常時勤務を要する職を占める職員の一週間当たりの通常の勤務時間に比し短い時間であるもの（パートタイム会計年度任用職員）、②会計年度任用の職を占める職員であって、その一週間当たりの通常の勤務時間が常時勤務を要する職を占める職員の一週間当たりの通常の勤務時間と同一の時間であるもの（フルタイム会計年度任用職員）の2種類が存在している（22条の2第1項1号、2号）。公立学校の非常勤講師は、パートタイム会計年度任用職員に該当する。

会計年度任用職員は、採用は競争試験又は選考によるものとされ、地方公務員法上、一般職と同様の規定が適用される。例えば、採用等に当たっては信条、性別、年齢等による差別を禁止する、平等取扱いの原則（13条）が、また、服務に関わっては、信用失墜行為の禁止（33条）や秘密を守る義務（34条）等の服務義務に関する諸規定、人事評価（23条）に関する規定等が適用される。公立学校の非常勤講師の場合、原則として教育公務員特例法も適用されることになる。

なお、会計年度任用職員の任期は、採用の日から同日の属する会計年度の末日までの期間の範囲内で任命権者が定める（22条の2第2項）。この場合、職務の遂行に必要かつ十分な任期を定めるものとし、必要以上に短い任期を定めることにより、採用又は任期の更新を反復して行うことのないよう配慮しなければならない（22条の2第6項）。また、当該会計年度任用職員にその任期を明示しなければならない（22条の2第3項）。

会計年度任用職員

解 消

地方公務員法の改正［2020年４月施行］

新設　一般職の会計年度任用職員

◇一会計年度を超えない範囲内で置かれる非常勤職員

◇１週間当たりの勤務時間

常勤職員と同一の時間：フルタイム会計年度任用職員

常勤職員より短い時間：パートタイム会計年度任用職員

└→公立学校の非常勤講師

任期　◇採用の日から同日の属する会計年度の末日までの期間の範囲内で任命権者が定める。

注意

①職務の遂行に必要かつ十分な任期とする。

↳**明示する！**

②必要以上に短い任期を定め採用・更新を反復して行わない。

社会人活用のための免許制度

組織運営⑮

解説——日本の初等・中等教育においては、校種や教科に対応した免許状を保持する者のみが教壇に立つという〝相当免許状主義〟が採用されている（教育職員免許法3条1項）。だが、日本社会の高度化、情報化、国際化等とそれに伴う教育ニーズの多様化が進行する中、児童生徒の興味・関心に積極的に対応していくうえで、従来の教員養成システムの限界が指摘されている。その対策の一つとして、近年積極的に導入が進められているのが、特定の領域において優れた知識・能力をもつ〝外部人材の登用〟である。

外部人材の登用方法には、文部科学省が実施する教員資格認定試験に合格する方法、教員免許の付与条件を緩和する方法、相当免許状主義自体を緩和する方法の3方式が存在している。なお、〝教員資格認定試験〟は、2024（令和6）年度現在、幼稚園、小学校、高等学校（情報）の3分野について実施されている。

教員免許の付与条件を緩和する方法の典型が、1988（昭和63）年より制度化された、大学等において養成教育を受けていない者に免許状を授与する〝特別免許状制度〟である。特別免許状は、①担当する教科の専門的知識・技能、②社会的信望、熱意と識見のいずれをも持つ者に対し、その者を教員として任命又は雇用しようとする者（教育委員会、学校法人等）の推薦に基づき、都道府県教育委員会が実施する教育職員検定を経て授与される。専任教員としてクラス担任等をもつことも可能である。

だが、全国的に制度の利用が進んでいるとは言いがたい状況であった。そこで、文部科学省は、2021（令和3）年、「特別免許状の授与に係る教育職員検定等に関する指針」を改訂し、積極的な授与を促した。さらに2024（令和6）年には「特別免許状の授与及び活用等に関する指針」を示している。

これに対し〝特別非常勤講師制度〟は、相当免許状主義自体を緩和し、免許状を持たなくとも教科の領域の一部又はクラブ活動等の担任を可能とする制度である。その名称が示すとおり「非常勤講師」としてのみ採用が可能であり、専任教員となることはできない。だが、特別非常勤講師配置事業費補助等の効果もあって、利用は順調に増加している。特に、1998（平成10）年の法令改正により、それまでの都道府県教育委員会の〝許可制〟から、市町村教育委員会等の裁量を重視する〝届出制〟へと改められて以降は、小学校での導入が一気に活性化した。

関連法規・資料

【教育職員免許法】

4条3項　特別免許状は、学校（……）の種類ごとの教諭の免許状とする。

9条2項　特別免許状は、その免許状を授与した授与権者の置かれる都道府県においてのみ効力を有する。

外部人材の登用

学校教育の多様化への対応とその活性化に資する

優れた知識・技術を持つ学校外の社会人を活用

教員資格認定試験

文部科学省が実施する資格試験

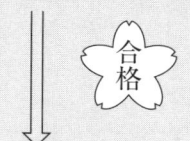

合格

免許状を授与

- 幼稚園
- 小学校
- 高等学校（情報）（令和６年度）

特別免許状制度

教員養成教育を受けていない者

都道府県教育委員会の行う教育職員検定

免許状を授与
専任教員として採用可

授与件数　（単位：件）

年度	平成元～10	11～20	21～30	令和元	2	3	4
件数	42	304	1,132	227	235	334	500

文部科学省HP「特別免許状について」を基に作成

★文部科学省「特別免許状の授与及び活用等に関する指針」（平成26年策定，令和６年改訂）

特別非常勤講師制度

免許状を有しない者

都道府県教育委員会に届出

非常勤講師にのみ採用可

授与件数　（単位：件）

	平成29年度	平成30年度	令和元年度	令和2年度	令和3年度	令和4年度
小学校	4,472	4,235	3,930	3,668	3,710	3,621
中学校	2,384	2,505	2,348	2,348	2,299	2,378
高等学校	11,916	12,324	11,654	11,811	11,990	11,900
特別支援学校	1,604	1,772	1,442	1,430	1,432	1,616
合計	20,376	20,836	19,374	19,257	19,431	19,515

文部科学省HP「特別非常勤講師制度について」を基に作成

学校施設の目的外使用

組織運営⑯

解説――公立学校の施設は、本来、学校教育を行うためのものであり、原則として目的外使用は禁止されている（学校施設の確保に関する政令3条1項）。しかし、法律等に基づく場合、管理者又は学校の長の同意を得て使用する場合には、目的外の使用に供することが認められている。学校教育法は、「学校教育上支障のない限り」、「学校の施設を社会教育その他公共のために、利用させることができる」としている（137条）。公有財産の有効活用という観点から、学校施設の地域開放を想定して設けられた規定である。社会教育法は、学校の「管理機関は、学校教育上支障がないと認める限り、その管理する学校の施設を社会教育のために利用に供するように努めなければならない」とし（44条1項）、この視点をより明確に示している。また、スポーツ基本法上にも努力義務規定が定められている（13条1項）。

なお、講学上は、学校施設の使用形態を、①学校教育のための使用（本来目的の使用）、②行政財産の目的外使用許可を受けてする使用（狭義の目的外使用）、③個別法律を根拠とする目的外使用（広義の目的外使用）に三分することが可能である。社会教育目的の使用は、②に該当する。また③の例としては、公職選挙法に基づく個人演説会場等としての使用（161条1項1号）や、災害対策基本法を根拠とする地域防災計画に基づく非常災害時の学校活用等があげられる。

学校現場においては、目的外使用の許可権限が管理規則その他によって、校長に委任されている例が多い。この場合、使用許可を与えるか否かは、裁量行為と考えられており、常に使用を許可しなければならないというわけではない。その判断にあたっては、学校教育上の支障についてまず考慮する必要がある。授業の実施に支障が出る、盗難や損壊の恐れが強いといった物理的支障のみならず、学校という場を使用するに相応しいものか否かといった点も考慮する必要があろう。たとえば、宗教団体が主催するレクリエーション活動等は、地域住民一般に開放されたものであったとしても、この点から慎重な判断が求められることになろう。なお、2006（平成18）年、職員団体が主宰する教育研究集会への使用の是非をめぐって最高裁判所の判断が示された。最高裁判所は、右翼団体の来襲等により学校や地域に混乱が生じ、児童生徒に教育上悪影響を与え、学校教育に支障を来すとの理由で行われた不許可処分の合理性を否定している（最高裁判所第三小法廷判決平成18年2月7日）。

関連法規・資料

○学校教育法137条
○社会教育法44条
○スポーツ基本法13条
○学校施設の確保に関する政令3条

■学校施設の使用形態

①学校教育のために使用する場合
②行政財産の目的外使用の許可を受けて使用する場合
③個別の法律の規定に基づいて使用する場合（公職選挙法による個人演説会場，非常災害の場合等）

■学校施設の目的外使用

目的外使用

積極的な使用許可
社会教育・スポーツのための使用

その他
公共のための使用等

学校教育法137条
学校教育上支障のない限り，学校には，社会教育に関する施設を附置し，又は学校の施設を社会教育その他公共のために，利用させることができる。

社会教育法44条
学校設置者（私立学校は除く）は，学校教育上支障のない限り，管理する学校施設を社会教育のために利用できるよう努めなければならない。

スポーツ基本法13条
学校設置者（私立学校は除く）は，学校教育上支障のない限り，当該学校のスポーツ施設を一般のスポーツに利用できるよう努めなければならない。

学校教育上考慮すべき支障

物理的な支障
○教室等の余裕はあるか？
○盗難等の恐れはないか？

精神的な支障 ○教育の場で行われるにふさわしいことか？

《具体例》

〈学校体育施設開放事業〉

実施目的 地域住民のスポーツ活動の場として，学校体育施設を有効に利用するため，地域住民に開放し，地方スポーツの普及・振興を図る

実施主体 教育委員会

開放施設 公立の小学校，中学校及び高等学校の運動場，体育館，プール等の体育施設

※教育委員会は，学校体育施設開放事業に必要な事項を定める

学校の個人情報管理
―個人情報保護法―

組織運営⑰

解説――学校には、氏名や性別、生年月日、住所、成績、病歴など、個人のプライバシーに関わる情報が日々蓄積されている。したがって、個人情報の管理は、学校現場にとって避けては通れない課題と言える。

公立学校の場合、従来は個人情報の保護に関する法律（個人情報保護法）を基礎としつつ、学校の設置者である自治体の個人情報保護条例にしたがってその保護と利用が図られてきた。しかし、個人情報保護法の改正により、２０２３（令和５）年４月から、国公私立学校を含む民間、地方自治体等、全ての機関に個人情報保護法が直接適用されるようになっている。

ここでいう個人情報とは、生存する個人に関する情報であって、氏名、生年月日、住所、写真などにより特定の個人を識別できる情報を指す。簡易な方法で他の情報と照合することが可能で、それにより特定の個人を識別することができるものもここに含まれる。ただし、マイナンバーやパスポートナンバーなど、番号、記号等により情報単体から特定の個人を識別できる情報で、政令・規則で定められたものを特に個人識別符号と言い、個人情報保護の対象に含まれることにも注意を払う必要がある。

また、要配慮個人情報というカテゴリーについても注意を払う必要がある。要配慮個人情報とは、「本人の人種、信条、社会的身分、病歴、犯罪の経歴、犯罪により害を被った事実その他本人に対する不当な差別、偏見その他の不利益が生じないようにその取扱いに特に配慮を要するものとして政令で定める記述等が含まれる個人情報」を指す（２条３項）。要配慮個人情報については、原則として予め本人の同意を得ないで取得することは許されていない（20条２項）。

個人情報保護法と個人情報保護委員会が定めたガイドラインには、個人情報を取得したり、保管、利用、あるいは第三者に提供したりする場合に最低限守らなければならないルールが規定されている。

個人情報の取得・利用に当たっては、利用目的を明示した上で、その範囲内で利用することが求められる。個人情報の保管と管理については、漏洩することがないよう注意を払う必要がある。必要がなくなった情報については適切に消去しなければならない。これらの点は、学校（設置者）のみならず、教職員や委託先にも及ぶ。また、本人から開示や訂正、利用停止などの申出があった場合、個人情報保護法とガイドラインを基礎としつつ、自己情報のコントロール権という観点も踏まえて、対応していくことが求められる。

なお、第三者への提供に当たっては、予め本人の同意を得ることが原則である。また、何時、誰の、どのような情報を、誰に対して提供したか等を記録に残す必要がある。また、第三者への提供と関連して、防犯カメラの映像を警察等に提供しようとする場合、同意に関わるトラブルを回避するため、関係事項照会書を求める等、慎重な対応を心掛けるべきであろう。

個人情報保護法の改正

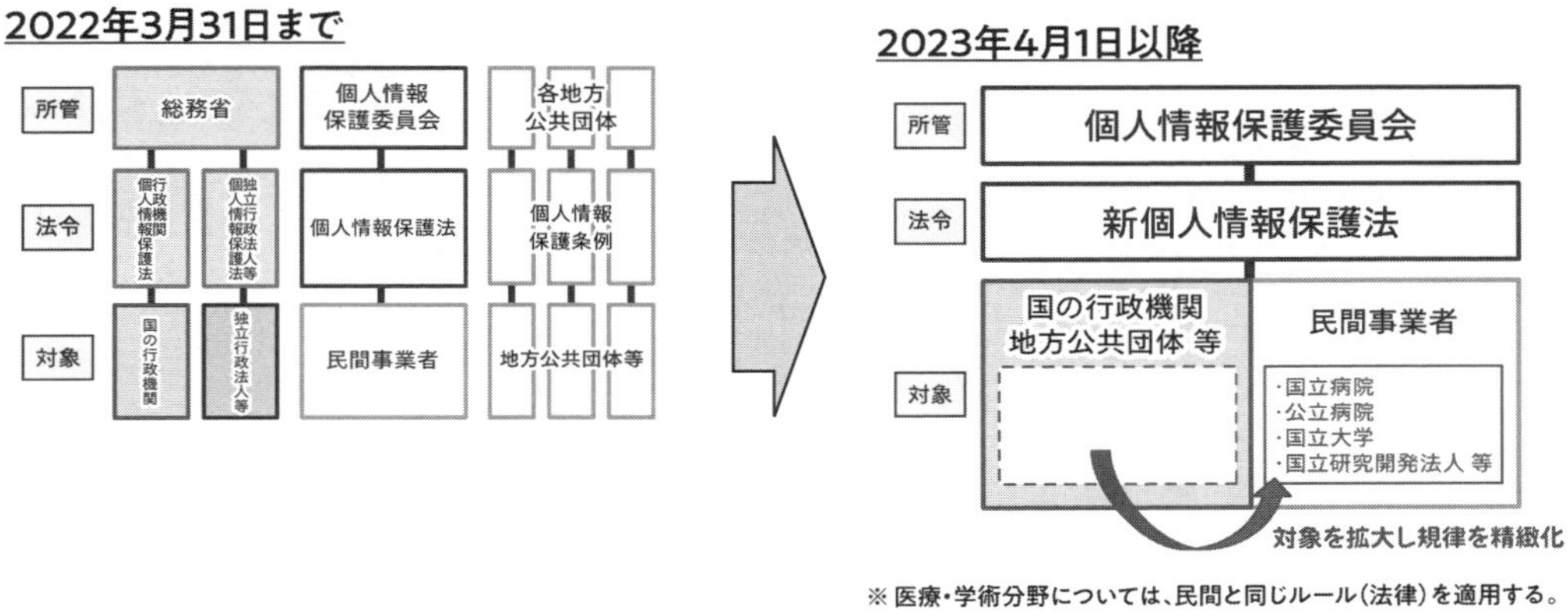

個人情報保護委員会「国・地方公共団体等の個人情報保護法パンフレット」（2023年４月）を基に作成

個人情報　生存する個人に関する情報

個人識別符号

① 身体的特徴を電子計算機の用に供するために変換した符号
② 対象者ごとに異なるものとなるように役務の利用，商品の購入又は書類に付される符号

（例）

など

要配慮個人情報

ⓐ 人種：人種，世系又は民族的若しくは種族的出身を広く意味する
ⓑ 信条：個人の基本的なものの見方，考え方を意味し，思想と信仰の双方を含む
ⓒ 社会的身分：ある個人にその境遇として固着していて，一生の間，自らの力によって容易にそれから脱し得ないような地位
ⓓ 病歴：病気に罹患した経歴
ⓔ 犯罪の経歴：前科，すなわち有罪の判決を受けこれが確定した事実
ⓕ 犯罪により害を被った事実：犯罪の被害を受けた事実
ⓖ その他政令で定めるもの：政令・規則で規定

原則，本人の同意なしに要配慮個人情報を取得してはならない
（20条２項）

個人情報保護委員会「個人情報保護法の概要（地方公共団体職員向け）」を基に作成

学校教育の情報化

組織運営⑱

解説――学校教育の情報化の推進に関する法律（学校教育情報化推進法）は、2019（令和元）年6月に施行された比較的新しい法律である。「デジタル社会の発展に伴い、学校における情報通信技術の活用により学校教育が直面する課題の解決及び学校教育の一層の充実を図ること」を重視し、「全ての児童生徒がその状況に応じて効果的に教育を受けることができる環境の整備を図るため、学校教育の情報化の推進に関し、基本理念を定め、国、地方公共団体等の責務を明らかにし、及び学校教育の情報化の推進に関する計画の策定その他の必要な事項を定めることにより、学校教育の情報化の推進に関する施策を総合的かつ計画的に推進し、もって次代の社会を担う児童生徒の育成に資することを目的」としている（1条）。

同法における「学校教育の情報化」とは、学校の各教科等の指導等における情報通信技術の活用、学校における情報教育の充実、学校事務における情報通信技術の活用を意味する（2条2項）。その推進は、情報通信技術の特性を生かして、個々の児童生徒の能力、特性等に応じた教育、双方向性のある教育等が学校の教員による適切な指導を通じて行われることにより、各教科等の指導等において、情報及び情報手段を主体的に選択し、及びこれを活用する能力の体系的な育成その他の知識及び技能の習得等が効果的に図られるよう行われなければならない（3条1項）。心身の発達に応じて、基礎的な知識及び技能を習得させるとともに、これらを活用して課題を解決するために必要な思考力、判断力、表現力その他の能力を育み、主体的に学習に取り組む態度を養うことが求められることになる。

学校教育情報化推進法上、文部科学大臣は、学校教育の情報化の推進に関する施策の総合的かつ計画的な推進を図るため、学校教育の情報化の推進に関する計画（学校教育情報化推進計画）を定めなければならない（8条1項）。この計画は、学校教育の情報化の推進に関する基本的な方針、学校教育情報化推進計画の期間と目標、学校教育の情報化の推進に関する施策に関し総合的かつ計画的に講ずべき施策に関する事項等について定めるものである（8条2項）。

また、都道府県には、学校教育情報化推進計画を基本として、その都道府県の区域における学校教育の情報化の推進に関する施策についての計画（都道府県学校教育情報化推進計画）を定める努力義務が課されている（9条1項）。なお、市町村も同様の努力義務を負う。市町村は、学校教育情報化推進計画、都道府県学校教育情報化推進計画（定められている場合）を基本として、その市町村の区域における学校教育の情報化の推進に関する施策についての計画（市町村学校教育情報化推進計画）を定めるよう努めなければならないとする規定である（9条2項）。

2019年「学校教育の情報化の推進に関する法律」制定

学校教育の情報化の推進に関する
施策の方向性やロードマップを示す

義務

2022年　文部科学大臣「学校教育情報化推進計画」策定（８条１項）

第１部　我が国における学校教育の情報化の方向性（総論）

1．学校教育の情報化の現状と課題

2．学校教育の情報化に関する基本的な方針（８条２項１号）

☆
- ①ICTを活用した児童生徒の資質・能力の育成
- ②教職員のICT活用指導力の向上と人材の確保
- ③ICTを活用するための環境の整備
- ④ICT推進体制の整備と校務の改善

3．計画期間（８条２項２号）

今後５年間に取り組むべき施策の方向性を示す
策定から３年後を目途に見直し

4．学校教育の情報化に関する目標（８条２項３号）

２で示された４つの方針（☆）を踏まえた目標

5．基本的な方針を実現するために特に留意すべき視点

国，地方公共団体（教育委員会），学校の役割

第２部　総合的かつ計画的に講ずべき施策（各論）

1．基本的な方針を実現するための施策

４つの方針（☆）を各論の柱立てとして，個別の施策を整理

2．施策の遂行に当たって特に留意すべき視点

各施策に共通して留意すべき重要事項を規定

「学校教育情報化推進計画」を参考にして，
都道府県，市町村は独自の推進計画を策定（９条）

努力義務

職員団体

組織運営⑲

解説——職員団体とは、職員がその勤務条件の維持改善を図ることを目的として組織する団体又はその連合体をいう（地方公務員法52条1項）。オープン・ショップ制が法定されており、職員は、職員団体の結成、あるいは加入、脱退の自由を完全に保障されている（52条3項）。いわゆる「管理職員」については、それ以外の職員と、同一の職員団体を組織することが認められず、両者で組織する団体については、地方公務員法上、職員団体としての地位が認められない（52条3項但書）。公立学校の教職員の場合、日本教職員組合（日教組）の組織率が最も高く、これに全日本教職員組合（全教）が続いている。

職員団体は、条例で定めるところにより、理事その他の役員の氏名及び条例で定める事項を記載した申請書に規約を添えて人事委員会又は公平委員会に登録を申請することができる（53条1項）。この規約には、名称、目的及び業務、主たる事務所の所在地、構成員の範囲及びその資格の得喪に関する規定、理事その他の役員に関する規定等、一定の事項が記載されている必要がある（53条2項）。

職員団体から適法な交渉の申入れがなされた場合、交渉事項を適法に管理し、または決定する権限を有する当局は、正当な理由がない限り拒否することができない（55条1項）。交渉の対象となるのは、職員の給与、勤務時間その他の勤務条件に関する事項等に限られており、管理・運営に関する事項はその対象から除外される（55条1項、3項）。問題となるのは、人事異動等、勤務条件に関する事項とも管理・運営事項ともとれる場合である。この点、人事異動について、それが勤務事項と密接に関連している場合は交渉の対象となり得るとした先例が存在している（静岡地方裁判所判決昭和45年3月13日）。なお、学校管理規則によって校長に権限が委ねられている事項に関しては、校長がここでいう当局に該当するものと考えられている。

職員団体と労働組合は、勤務条件（労働条件）の維持改善を目的とする点において同様の性質を有している。両者の差異は、日本国憲法が保障する労働基本権の扱いに現れる。労働者には、一般に、団結権、団体交渉権、団体行動権（争議権）のいわゆる労働三権が保障されている。しかし、地方公務員は、職務の公共性に鑑み、公共の福祉に基づき、団体行動権を中心に大きな規制を受けていることに注意を要する。

関連法規・資料

【地方公務員法】

52条1項　この法律において「職員団体」とは、職員がその勤務条件の維持改善を図ることを目的として組織する団体又はその連合体をいう。

労働基本権（憲法28条）
- ●団結権
- ●団体交渉権
- ●団体行動権（＝争議権）

公務員 …公共の福祉

全体の奉仕者であり，職務の公共性，地位の特殊性を有するため

例外

公務員の労働基本権の制限

	団結権	団体交渉権	団体行動権
警察官・自衛官・刑務所職員	×	×	×
現業国家公務員	○	○	×
一般国家公務員	○	△	×
現業地方公務員	○	○	×
一般地方公務員	○	△	×

△団体協約締結権なし

公立学校教員はここに含まれる

職員団体 … 職員が勤務条件の維持改善を図ることを目的として組織する団体又はその連合体（地方公務員法52条１項）

※職員団体の登録機関：公立学校の場合，都道府県の人事委員会

交渉
- ○職員の給与
- ○勤務時間
- ○その他の勤務条件に関する事項 等

地方公共団体の当局
（校長の権限とされている事項については校長）

教育基本法

教育行政①

解説――旧教育基本法（昭和22年法律第25号）は、戦後日本の教育に関する基本姿勢を示す法律として制定された。日本国憲法が規定する教育を受ける権利を具体化した法律であり、文字どおりの「基本法」として、事実上、学校教育法、社会教育法等、全ての教育関係法令の頂点に位置する根本法として扱われている。旧教育基本法は、日本国憲法の理想の実現は「根本において教育の力にまつべきものである」と前文において宣言するとともに、教育の機会均等、義務教育の無償、男女共学の容認等、11の条文と附則を置いていた。

２００６（平成18）年の改正は、教育改革国民会議が２０００（平成12）年に提出した最終報告に端を発し、２００３（平成15）年の中央教育審議会答申「新しい時代にふさわしい教育基本法と教育振興基本計画の在り方について」を直接の契機とするものである。教育基本法改正案は、２００６（平成18）年４月28日に閣議決定され、第１６４回通常国会に提出されている（閣法89号）。その後、継続審議となり、第１６５回臨時国会で可決成立することになった。

改正教育基本法（平成18年法律第１２０号）は、旧法の改正という形式を採用しながらも、前文を含む全面改正であり、事実上、新教育基本法の制定といっても過言ではない。提案理由によれば、科学技術の進歩、情報化、国際化、少子高齢化など教育を巡る社会状況が大きく変化し、新しい課題に対応するためには、「教育の根本にさかのぼった改革」が不可欠という判断に至ったためとされている。その最大の特徴は、「教育の目標」を規定した２条に見られる。「個人の価値を尊重して、その能力を伸ばし、創造性を培い」という形で旧法に沿った理念を維持しながらも、「公共の精神に基づき、主体的に社会の形成に参画し、その発展に寄与する態度を養う」、「伝統と文化を尊重し、それらをはぐくんできた我が国と郷土を愛するとともに、他国を尊重し、国際社会の平和と発展に寄与する態度を養う」等、〝公共〟〝愛国〟が強調されている。この２点は、戦前の教育のあり方とも関連し、学校現場を二分する形で議論が戦わされてきた部分であり、改正案の審議でも大きな争点となった。また、生涯学習の理念（３条）、家庭教育（10条）に関する条項が追加された点、教育振興基本計画の策定が義務づけられた点（17条）等も重要な変化といえる。

関連法規・資料

○中央教育審議会答申「新しい時代にふさわしい教育基本法と教育振興基本計画の在り方について」（平成15年3月20日）
○文部科学省「新しい教育基本法について（パンフレット）」
○「教育基本法の施行について（通知）」（18文科総第１７０号平成18年12月22日）

教育基本法（平成18年法律第120号）

前文
第一章（1条～4条）
第二章（5条～15条）
第三章（16条・17条）
第四章（18条）
附則

第一章　教育の目的及び理念

教育の目的（1条）
- 人格の完成
- 心身ともに健康な国民の育成

教育の目標（2条）
- 豊かな情操と道徳心を培う
- 勤労を重んずる態度を養う
- 公共の精神に基づき主体的に社会の形成に参画，その発展に寄与する態度を養う
- 環境保全に寄与する態度を養う
- 伝統と文化を尊重する態度を養う

など

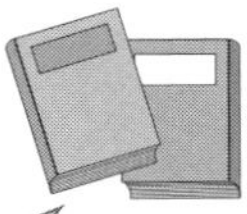

第二章　教育の実施に関する基本

義務教育（5条）
国民：保護する子に普通教育を受けさせる義務を負う
（※学校教育法で定めるところによる）

学校教育（6条）
学校：体系的な教育が組織的に行われなければならない
（2項）

家庭教育（10条）
子の教育の第一義的責任
➡ 保護者

学校―家庭―地域住民等の相互の連携協力（13条）

第三章　教育行政

教育振興基本計画（17条）

詳しくは次頁を参照

教育振興基本計画

教育行政②

㊙解説 教育振興基本計画は、教育基本法に基づき、政府が策定する教育に関する総合計画である。教育基本法は、「政府は、教育の振興に関する施策の総合的かつ計画的な推進を図るため、教育の振興に関する施策についての基本的な方針及び講ずべき施策その他必要な事項について、基本的な計画を定め、これを国会に報告するとともに、公表しなければならない」と規定している(17条1項)。2006(平成18)年の教育基本法改正において義務付けられた比較的新しい制度である。

2023(令和5)年6月16日、第4期の教育振興基本計画が閣議決定され、今後5年間の教育政策が示されている。その基本コンセプトは、「持続可能な社会の創り手の育成」と「日本社会に根差したウェルビーイングの向上」である。将来予測が困難な時代、価値観の多様化が著しい社会にあって、個人が関わり合いを持ちつつ、それぞれの幸せを追求する社会の担い手を形成するという基本姿勢が示されている。

この理念の下、グローバル化する社会の持続的な発展に向けて学び続ける人材の育成、誰一人取り残されず、全ての人の可能性を引き出す共生社会の実現に向けた教育の推進、地域や家庭で共に学び支え合う社会の実現に向けた教育の推進、教育デジタルトランスフォーメーション(DX)の推進、計画の実効性確保のための基盤整備・対話という五つの基本方針が掲げられている。

その上で、16の目標と基本施策、指標が明記されたことが今期の教育振興基本計画の特徴である。すなわち、第一に「確かな学力の育成、幅広い知識と教養・専門的能力・職業実践力の育成」である。第二に、「豊かな心の育成」である。第三に、「健やかな体の育成、スポーツを通じた豊かな心身の育成」である。第四に、「グローバル社会における人材育成」である。第五に、「イノベーションを担う人材育成」である。第六に、「主体的に社会の形成に参画する態度の育成・規範意識の醸成」である。第七に、「多様な教育ニーズへの対応と社会的包摂」である。第八に、「生涯学び、活躍できる環境整備」である。第九に、「学校・家庭・地域の連携・協働の推進による地域の教育力の向上」である。第十に、「地域コミュニティの基盤を支える社会教育の推進」である。第十一に、「教育DXの推進・デジタル人材の育成」である。第十二に、「指導体制・ICT環境の整備、教育研究基盤の強化」である。第十三に、「経済的状況、地理的条件によらない質の高い学びの確保」である。第十四に、「NPO・企業・地域団体等との連携・協働」である。第十五に、「安全・安心で質の高い教育研究環境の整備、児童生徒等の安全確保」である。そして第十六として、「各ステークホルダーとの対話を通じた計画策定・フォローアップ」である。

根拠法

教育基本法17条1項

教育振興基本計画とは？

・政府が策定する教育に関する総合計画
・今後5年間の国の教育政策全体の方向性や目標，施策などを定める

第1期教育振興基本計画（平成20年7月1日閣議決定）計画期間：平成20～24年度

今後10年間を通じて目指すべき教育の姿を示し計画を推進

↓

第2期教育振興基本計画（平成25年6月14日閣議決定）計画期間：平成25～29年度

「自立」「協働」「創造」を基軸とした生涯学習社会の構築に向けて政策を推進

↓

第3期教育振興基本計画（平成30年6月15日閣議決定）計画期間：平成30～令和4年度

第2期の理念を引き継ぎつつ，2030年以降の社会を見据えた政策の在り方を示す

↓

第4期教育振興基本計画（令和6年6月16日閣議決定）計画期間：令和5～9年度

第4期計画の2つのコンセプト

1．持続可能な社会の創り手の育成
2．日本社会に根差したウェルビーイングの向上

・身体的・精神的・社会的に良い状態にあることをいい，短期的な幸福のみならず，生きがいや人生の意義などの将来にわたる持続的な幸福を含む概念。
・多様な個人がそれぞれ幸せや生きがいを感じるとともに，個人を取り巻く場や地域，社会が幸せや豊かさを感じられる良い状態にあることも含む包括的な概念。

学校・地域・社会のウェルビーイング，教師のウェルビーイング

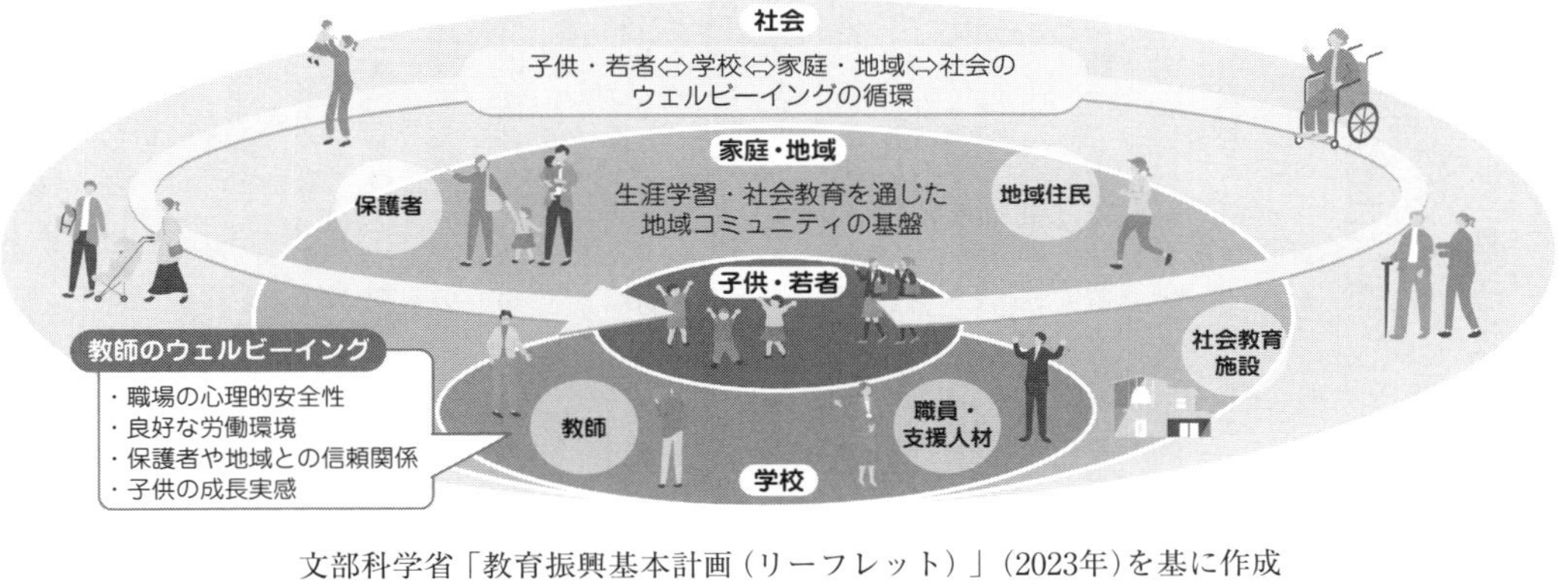

文部科学省「教育振興基本計画（リーフレット）」（2023年）を基に作成

教育委員会の組織・機能

教育行政③

解説──教育委員会制度は、戦後、①政治的中立性の確保、②継続性、安定性の確保、③地域住民の意向の反映を満たすために、⑴首長からの独立、⑵合議制、⑶住民による意思決定（レイマンコントロール）という原理に基づき、導入されたものである。しかし、制度疲労に基づく教育委員会の形骸化が指摘される等、その在り方に対して、様々な議論が行われてきた。

これを受けて、２０１４（平成26）年6月、地方教育行政の組織及び運営に関する法律が改正された（平成27年4月施行）。教育の政治的中立性、継続性・安定性を確保しつつ、地方教育行政における責任の明確化、首長との連携の強化を図ること等が改正の趣旨である。

主たる改正点は、第一に、教育行政の責任を明確化するため、従来の教育委員長と教育長を一本化し、新たな責任者（新教育長）を置いたことである（13条1項）。そして、教育委員会が任命するという教育長の任命方法を改め、首長が議会の同意を得て、直接任命・罷免を行うこととした（4条、7条）。新教育長の職務は、教育委員会の会務を総理し、教育委員会を代表することにある（13条1項）。任期は3年で、教育委員の4年より1年短い設定になっている（5条1項）。

第二に、首長との連携の強化である。教育基本法17条1項の基本的な方針を参酌し、地域の実情に応じた教育、学術、文化の振興に関する総合的な施策の大綱を定め、又は変更を行うために「総合教育会議」が設置されることになった（1条の4第1項）。構成員は、首長、教育委員会である（1条の4第2項）。総合教育会議は首長が招集し（1条の4第3項）、大綱の策定や教育条件の整備等の施策、緊急に講ずべき措置に関する協議が行われることになる。大綱の最終的な策定権限は、首長にある（1条の3第1項）。

なお、文部科学大臣が教育委員会に対して指示ができる場面について、児童生徒の生命又は身体への被害の拡大又は発生を防止する緊急の必要がある場合を含むことが明確化された点にも留意する必要がある（50条）。

教育委員会の職務権限は、地域の公共事務のうち、教育、文化、スポーツ等に関する事務の処理等である。学校教育に関しては、「学校の設置、管理」、「教職員の人事及び研修」、「校舎等の施設・設備の整備」、「教科書その他の教材の取扱いに関する事務の処理」等があげられる（21条）。他に、生涯学習や社会教育の振興、文化財の保護、スポーツ振興に関連する事務がある。

関連法規・資料

【地方教育行政の組織及び運営に関する法律】

13条1項　教育長は、教育委員会の会務を総理し、教育委員会を代表する。

教育委員会制度

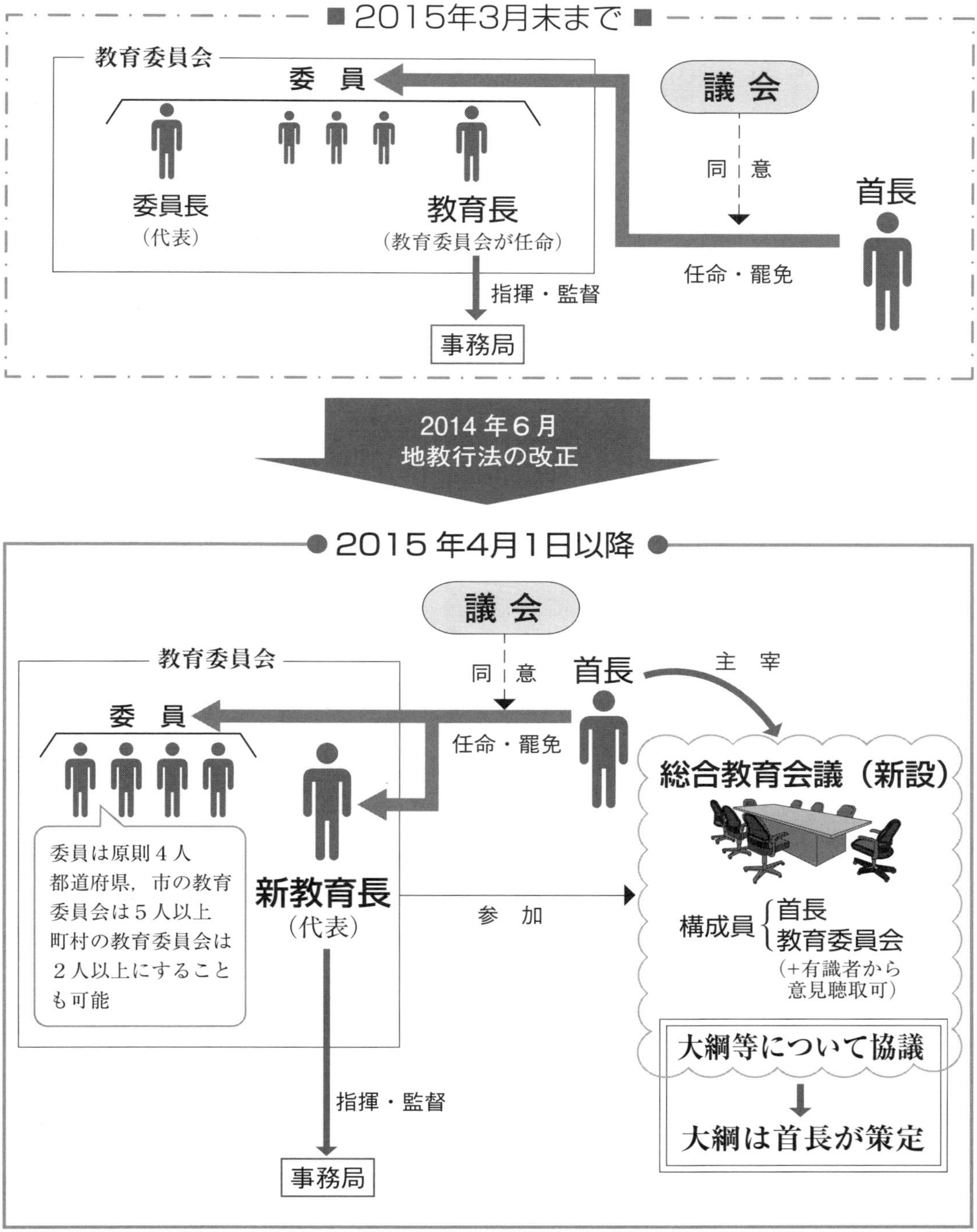

■2015年3月末まで■
教育委員会
委　員
委員長
（代表）
教育長
（教育委員会が任命）
議 会
同　意
首長
任命・罷免
指揮・監督
事務局
2014 年 6 月
地教行法の改正
●2015 年4月1日以降●
議 会
同　意
首長
主　宰
教育委員会
委　員
任命・罷免
委員は原則４人
都道府県，市の教育委員会は５人以上
町村の教育委員会は２人以上にすることも可能
新教育長
（代表）
参　加
総合教育会議（新設）
構成員｛首長
教育委員会
（+有識者から意見聴取可）
大綱等について協議
大綱は首長が策定
指揮・監督
事務局

教職員の人事権

教育行政④

解説──教育委員会の所管に属する学校の教職員は、当該教育委員会が任命するのが原則である（地方教育行政の組織及び運営に関する法律（地教行法）34条）。しかし、市町村立学校職員給与負担法が規定するいわゆる「県費負担教職員」については、都道府県教育委員会が任命権を有している（地教行法37条1項）。ここでいう県費負担教職員とは、特別区を含む指定都市以外の市町村立の小学校、中学校、義務教育学校、中等教育学校の前期課程、特別支援学校に勤務する校長、副校長、教頭、主幹教諭、指導教諭、教諭、養護教諭、栄養教諭、助教諭、養護助教諭、寄宿舎指導員、講師、学校栄養職員、事務職員を指す（市町村立学校職員給与負担法1条）。

その結果、県費負担教職員に関しては、人事権と服務監督権が分離するというデュアル・システムになっており、その一元化の必要性がかねてより指摘されてきた。この点、中央教育審議会は、ローカル・オプティマムの精神を強調し、義務教育の直接の実施主体である市区町村に権限の移譲を進め、地域の実情に応じた教育を実現できるようにしていくことが必要であると指摘するとともに、都道府県は、広域人事など市区町村間の調整や小規模市町村に対する支援にその役割をいっそう重点化していくことが望ましいとした（「新しい時代の義務教育を創造する（答申）」平成17年10月）。

これを受けて文部科学省は、従来の指定都市に加え、中核市、さらには一般市町村にまで教職員の人事権を移譲する方針を発表した（なお、指定都市は人事権者と給与負担者が異なっていたが、２０１７（平成29）年4月に給与負担の権限が道府県から指定都市に移譲された）。だが、人事権の移譲により、都市部に優秀な教員が集中する等、教職員の人事交流が滞り、広域人事による人材育成が十分に図られなくなり、都市部と中山間地域で教育水準に格差が生じるおそれがあるとし、一部から強い反対意見が提起されている。

なお、２００３（平成15）年度より、構造改革特区において、市町村が給与を負担して教職員の任用を可能とする〝市町村費負担教職員任用事業〟が開始されていたが、市町村立学校職員給与負担法の改正により２００６（平成18）年度より全国展開されている。

■関連法規・資料

【地方教育行政の組織及び運営に関する法律】

34条　教育委員会の所管に属する学校その他の教育機関の校長、園長、教員、事務職員、技術職員その他の職員は、この法律に特別の定めがある場合を除き、教育委員会が任命する。

37条1項　市町村立学校職員給与負担法（昭和23年法律第１３５号）第1条及び第2条に規定する職員（以下「県費負担教職員」という。）の任命権は、都道府県委員会に属する。

43条1項　市町村委員会は、県費負担教職員の服務を監督する。

教職員の任命権者

◆教育委員会の所管に属する学校の教職員は，原則として当該教育委員会が任命する （地教行法34条）

ただし

◆市町村立学校職員給与負担法１条・２条に規定する職員
県費負担教職員：都道府県の教育委員会が任命
（地教行法37条１項）

市（指定都市を除き，特別区を含む）町村立の小学校，中学校，義務教育学校，中等教育学校の前期課程，特別支援学校

→ 校長，副校長，教頭，主幹教諭，指導教諭，教諭，養護教諭，栄養教諭，助教諭，養護助教諭，寄宿舎指導員，講師，学校栄養職員，事務職員

県費負担教職員に関するデュアル・システム

◆人事権………都道府県教育委員会

◆服務監督権…市町村教育委員会

人事権移譲に関する動き

中央教育審議会答申「新しい時代の義務教育を創造する」（2005年）

提言

●義務教育の直接の実施主体（市区町村）に権限移譲を進める

↓

●市区町村，学校の裁量，自由度を高める分権改革を推進する

↓

従来 政令指定都市：人事権

→ **2017年４月～** 政令指定都市：人事権 ＋ 給与負担の権限

都道府県から移譲

市町村費負担教職員任用制度

〈市町村費負担教職員任用事業〉

●2003年４月から開始
●構造改革特区において，市町村が給与を負担し，市町村教育委員会が教職員を任用できる

↓

全国展開（2006年度より）

校長の意見具申権

教育行政⑤

解説――1990年代半ばから続く教育改革は、校長のリーダーシップの下、特色ある学校づくりを推進しようとしている点に一つの特徴がある。それを可能にするためには、校長の掲げるビジョン・経営方針を理解し、その実現に向けて邁進する教職員の存在が不可欠となる。その重要な手段として位置づけられているのが、〝校長の意見具申権〟である。

　地方教育行政の組織及び運営に関する法律（地教行法）によれば、学校その他の教育機関の長は、「この法律及び教育公務員特例法に特別の定がある場合を除き、その所属の職員の任免その他の進退に関する意見を任命権者に対して申し出ることができる」（36条）。県費負担教職員の場合、校長は、任免その他の進退に関する意見を市町村教育委員会に申し出ることが認められている（39条）。そして都道府県教育委員会は、「市町村委員会の内申をまって、県費負担教職員の任免その他の進退を行う」ものとされる（38条1項）。

　中央教育審議会は、「校長の教育方針に基づく特色ある教育活動」を展開するために、この規定を積極的に活用することを提言した。その結果、市町村教育委員会は、校長の意見の申出があった県費負担教職員について内申を行うときは、当該校長の意見を付すことが法的に義務づけられることになった（38条3項）。県費負担教職員の人事に関し、任命権者である都道府県教育委員会が、校長のリーダーシップという観点から、その意見を反映したよりきめ細かな人事を行うことができるようにするための措置である。市町村教育委員会は、意見具申があった場合、「申出が文書でなされているときにはその写しを、口頭でなされているときにはその内容を記載した文書を内申に付する等の方法により、当該意見の内容が任命権者である都道府県教育委員会に適切に到達する」よう配慮しなければならない（「地方教育行政の組織及び運営に関する法律の一部を改正する法律の施行について（通知）」13文科初第571号平成13年8月29日）。

　なお、意見具申の範囲は、採用、昇任、降任、転任、休職、免職等、きわめて広範囲に及ぶ。それゆえに、校長は意見具申を行うにあたって、対象となる教職員と十分な面接を行う等、必要な配慮を行うことが強く求められる。

関連法規・資料

【地方教育行政の組織及び運営に関する法律】

36条　学校その他の教育機関の長は、この法律及び教育公務員特例法に特別の定がある場合を除き、その所属の職員の任免その他の進退に関する意見を任命権者に対して申し出ることができる。この場合において、大学附置の学校の校長にあつては、学長を経由するものとする。

校長の権限

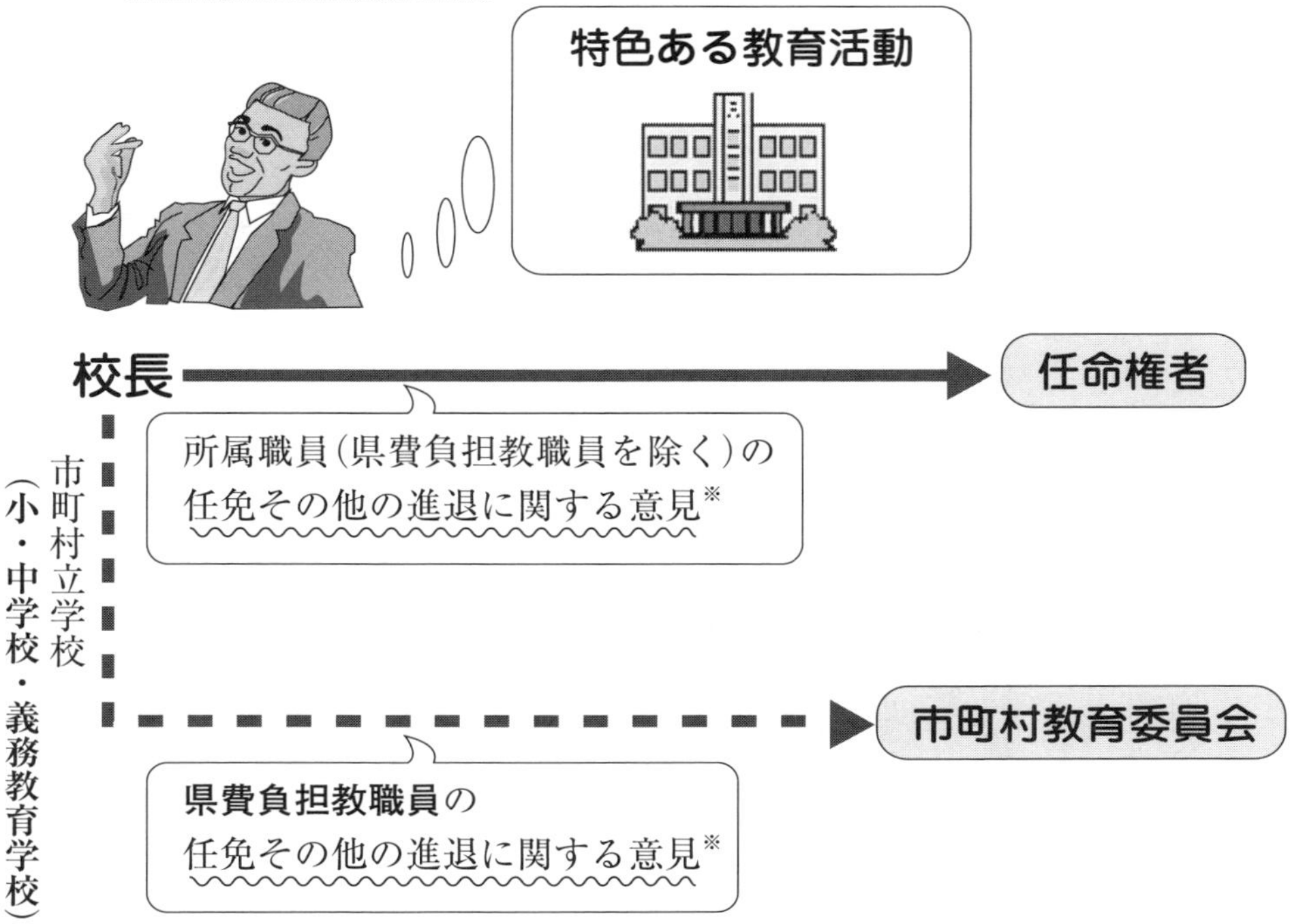

※採用，昇任，転任，降任，休職，免職，退職，停職など，
　身分の取扱いに関する事項

〈市町村立の小・中学校・義務教育学校の場合〉

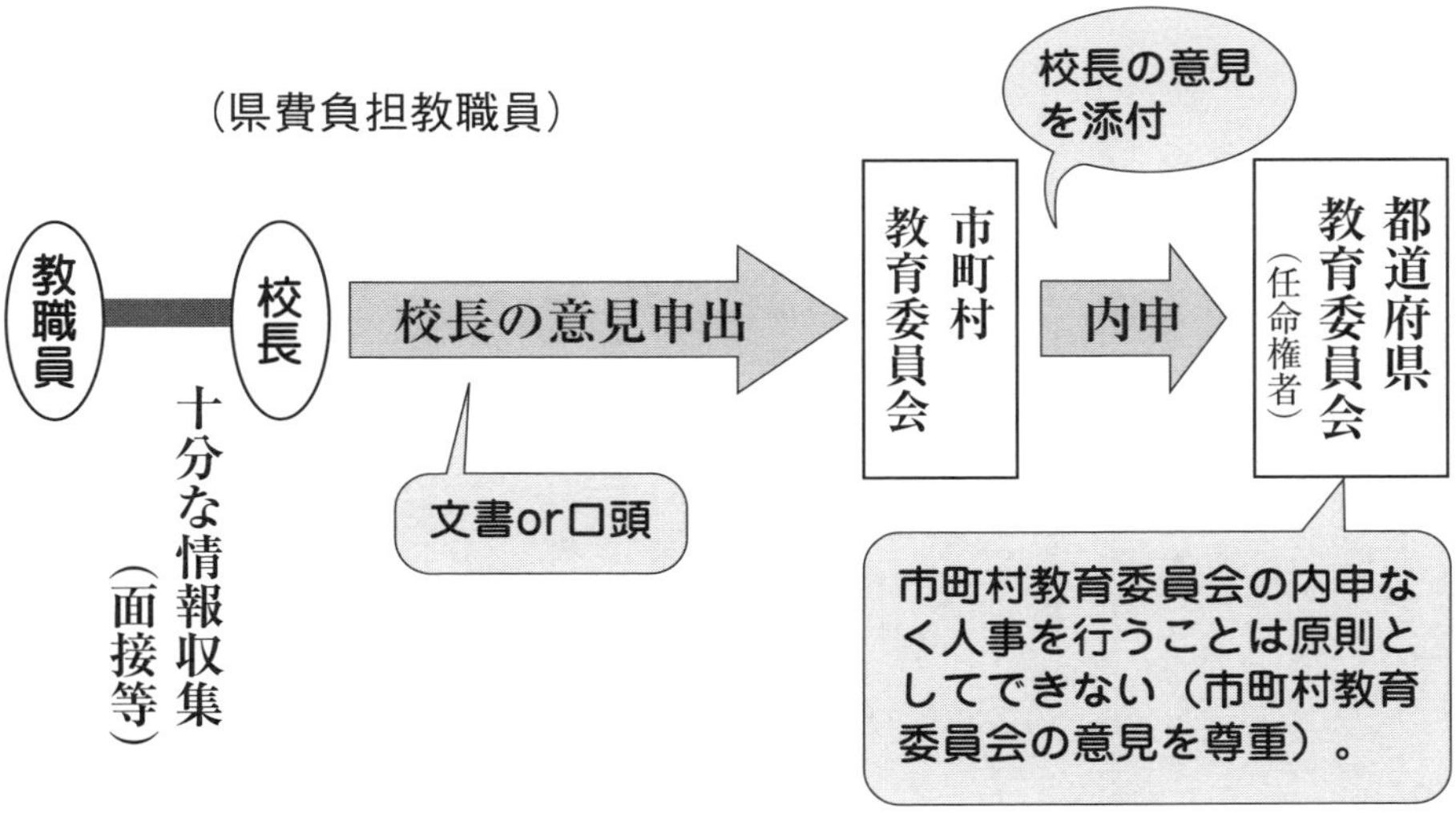

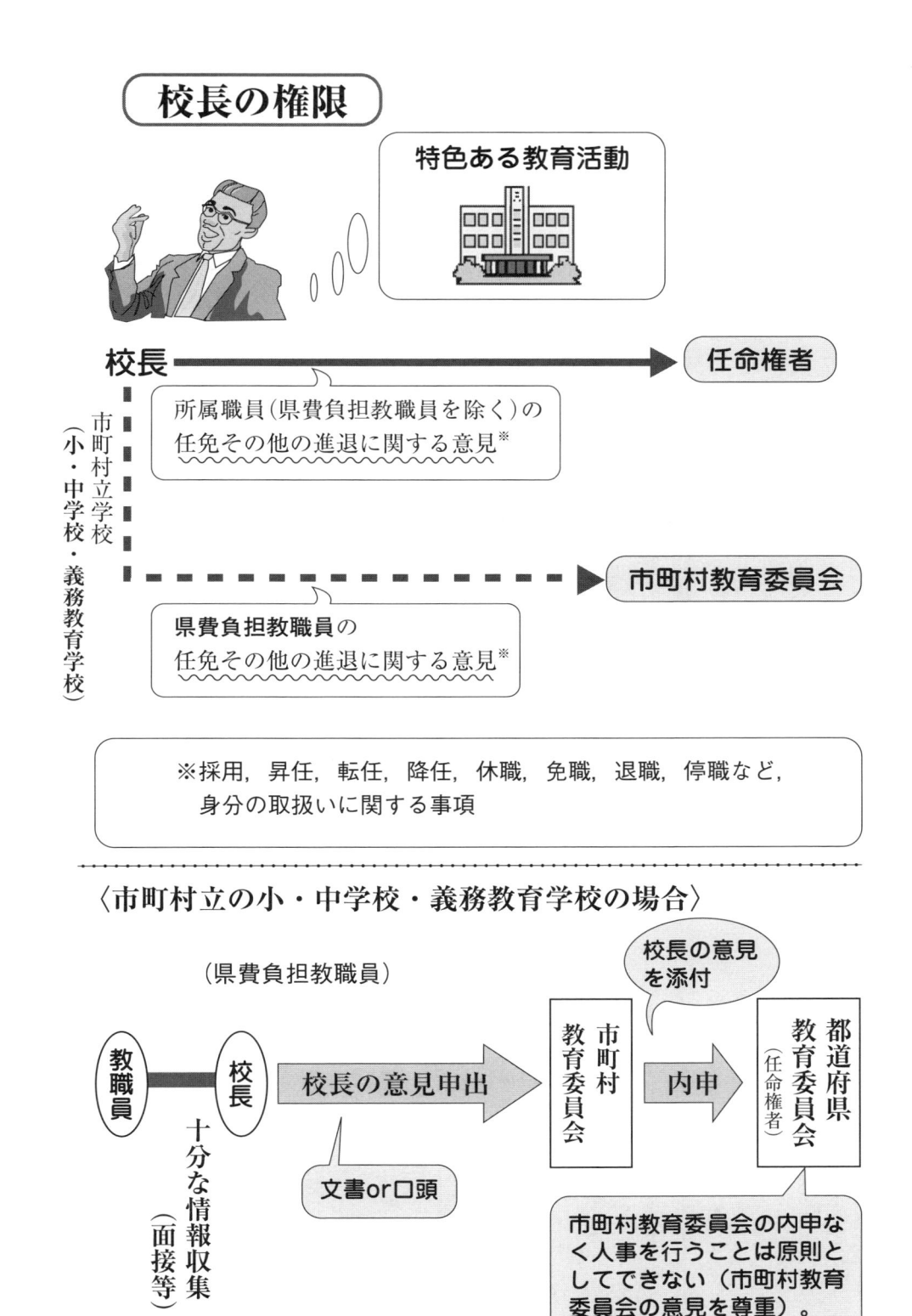

学校選択制と就学校の変更

教育行政⑥

解説――学校選択制は、硬直化した学校教育を批判する文脈において登場してきた。横並び意識の中で停滞する学校教育を打破する手段として、保護者による積極的・能動的な学校選択が目指されている点が特徴といえる。その呼び水となったのが、行政改革委員会の「規制緩和の推進に関する意見（第二次）」（平成8年）である。これを受けて旧文部省は、1997（平成9）年、「通学区域制度の弾力的運用について（通知）」（文初小第78号）を出し、市町村教育委員会に「教育上の影響等に留意しつつ、通学区域制度の弾力的運用に努める」ことを求めた。また、1998（平成10）年には、中央教育審議会答申「今後の地方教育行政の在り方について」が、「小・中学校の通学区域の設定や就学する学校の指定等に当たっては、学校選択の機会を拡大していく観点から、保護者や地域住民の意向に十分配慮し、教育の機会均等に留意しつつ地域の実情に即した弾力的運用に努めること」を促した。さらに、2001（平成13）年には、総合規制改革会議が、「学校選択制度の導入推進」を掲げ、「保護者や児童生徒の希望に基づく就学校の指定の促進」を求めている。その結実点が、学校選択制度の法的根拠となっている学校教育法施行規則32条である。市町村教育委員会は、小学校、中学校又は義務教育学校の就学予定者に対し、当該市町村の設置する小学校、中学校又は義務教育学校が2校以上ある場合、その保護者に対して、入学期日を通知するとともに、就学すべき小学校、中学校又は義務教育学校を指定しなければならないことになっている（学校教育法施行令5条1項、2項）。この就学校の指定に当たって、学校教育法施行規則上、教育委員会が「保護者の意見を聴取することができる」ものとされたのである。

他方、就学校の変更については、保護者から申立てがあり、市町村教育委員会が「相当と認める」とき、その実施が認められている（学校教育法施行令8条）。文部科学省は、従来、地域の実態に即し、保護者の意向に十分配慮することとしていた。2006（平成18）年には、その適切な活用を一層促進するため、該当する全ての保護者に対し、申立てによる就学校の指定の変更制度について明らかにするよう学校教育法施行規則（32条2項）の改正に踏み切った。

関連法規・資料

【学校教育法施行令】

8条　市町村の教育委員会は、第5条第2項……の場合において、相当と認めるときは、保護者の申立てにより、その指定した小学校、中学校又は義務教育学校を変更することができる。この場合においては、速やかに、その保護者及び前条の通知をした小学校、中学校又は義務教育学校の校長に対し、その旨を通知するとともに、新たに指定した小学校、中学校又は義務教育学校の校長に対し、同条の通知をしなければならない。

就学校の決定

(1) 基本

市町村教育委員会 →（就学校通知）→ 保護者

(2) 学校選択制

市町村教育委員会 ― 就学校の指定に際し保護者の意見を聴取 →（就学校通知）→ 保護者

ただし ～指定した就学校が保護者の意向に合わない場合～

保護者 ― 市町村内の他の学校に指定変更申請 → 市町村教育委員会
→ 許可＝「就学校の変更」
理由
○家庭の事情，いじめ，不登校
○通学距離，通学路の安全
○学校の教育方針，部活動等
→ 不許可

就学校指定に関する改正点

「学校教育法施行規則の一部を改正する省令」（平成18年文部科学省令第５号）

市町村教育委員会 → 保護者が就学校の指定の変更申立をできることを示す！（学校教育法施行規則32条２項）＝ 通知に明記

●学校選択制の具体例●

(1) **自由選択制**………当該市町村内の全ての学校のうち，希望する学校に就学を認めるもの

(2) **ブロック選択制**…当該市町村内をブロックに分け，そのブロック内の希望する学校に就学を認めるもの

(3) **隣接区域選択制**…従来の通学区域は残したままで，隣接する区域内の希望する学校に就学を認めるもの

(4) **特認校制**…………従来の通学区域は残したままで，特定の学校について，通学区域に関係なく，当該市町村内のどこからでも就学を認めるもの

(5) **特定地域選択制**…従来の通学区域は残したままで，特定の地域に居住する者について，就学を認めるもの

(6) **その他**……………(1)から(5)以外のもの

文部科学省「就学校の指定・区域外就学の活用状況調査について」(2022年５月１日現在）を基に作成

生涯学習・社会教育

教育行政⑦

解説——2006（平成18）年12月に教育基本法が改正された。この改正において「生涯学習の理念」（3条）が新設されるなど、生涯学習・社会教育関係の規定の充実も図られた。この流れの中で、2008（平成20）年2月に中央教育審議会から「新しい時代を切り拓く生涯学習の振興方策について～知の循環型社会の構築を目指して～（答申）」が出された。この中で、新しい時代においては、「各個人が、自らのニーズに基づき学習した成果を社会に還元し、社会全体の持続的な教育力の向上に貢献するといった『知の循環型社会』を構築すること」の必要性が指摘されている。

これらの議論を受けて、2008（平成20）年6月4日に「社会教育法等の一部を改正する法律」が成立し、同年6月11日に公布・施行された（大学における図書館に関する科目の制定については平成22年4月1日施行）。

これにより、国及び地方公共団体の任務として、生涯学習の振興に寄与することが明記された（社会教育法3条2項）。市町村の教育委員会の事務に関しては、「情報化の進展に対応して情報の収集及び利用を円滑かつ適正に行うために必要な知識又は技能に関する学習の機会を提供するための講座の開設及び集会の開催並びにこれらの奨励に関すること」、主として学齢児童及び学齢生徒に対し、「学校の授業の終了後又は休業日において学校、社会教育施設その他適切な施設を利用して行う学習その他の活動の機会を提供する事業の実施並びにその奨励に関すること」、「社会教育における学習の機会を利用して行つた学習の成果を活用して学校、社会教育施設その他地域において行う教育活動その他の活動の機会を提供する事業の実施及びその奨励に関すること」、「社会教育に関する情報の収集、整理及び提供に関すること」が追加された（社会教育法5条1項）。

また、図書館及び博物館が行う事業には、学習の成果を活用して行う教育活動の機会を提供する事業が加えられている（図書館法3条8号、博物館法3条1項10号）。その他、社会教育施設の運営能力の向上や司書等の専門職員の資質向上と資格要件の見直しに関する規定が整備されている。

関連法規・資料

【教育基本法】

3条　国民一人一人が、自己の人格を磨き、豊かな人生を送ることができるよう、その生涯にわたって、あらゆる機会に、あらゆる場所において学習することができ、その成果を適切に生かすことのできる社会の実現が図られなければならない。

【社会教育法】

3条2項　国及び地方公共団体は、前項の任務を行うに当たつては、国民の学習に対する多様な需要を踏まえ、これに適切に対応するために必要な学習の機会の提供及びその奨励を行うことにより、生涯学習の振興に寄与することとなるよう努めるものとする。

社会の変化に対応した総合的な知の必要性

地域の社会構造の変化

教育基本法の改正

「生涯学習の理念」（３条），「家庭教育」（10条），
「社会教育」（12条），「学校，家庭及び地域住民等の相互の連携協力」（13条）

新しい時代に対応した自立した個人や地域社会の形成に向けた生涯学習振興・社会教育の必要性・重要性

学習成果の活用

「知の循環型社会」の構築

国民一人一人の生涯を通じた学習への支援

個人の要望 ＋ 社会の要請

- ○変化に対し，社会を生き抜く力（「生きる力」等）の育成
  - ー学校外の活動プログラムの検討の充実
- ○多様な学習機会，再チャレンジ可能な環境の整備，相談体制の充実
  - ー生涯学習プラットフォームの形成
- ○学習成果の評価の通用性向上
  - ー検定試験の質保証の仕組みの検討　等

社会全体の教育力の向上

学校 ＋ 家庭 ＋ 地域

～地域の課題・目標の共有化～

- ○身近な地域における家庭教育支援
  - ーきめ細かな学習機会・情報の提供，相談対応
- ○学校を拠点に地域ぐるみで子どもの教育を行う環境づくり
  - ー学校支援の仕組みづくり，放課後の居場所づくり
- ○社会教育施設等のネットワーク化
  - ー公民館，図書館，博物館等の活用

新たな学習の需要

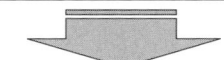

● 新たな施策 ●

〈制度〉

○社会教育関係三法の改正

- ●教育委員会の新たな役割の明確化（学校支援活動や家庭教育支援等）
- ●司書及び学芸員等の資格要件の見直しと研修の充実　等

〈事業による仕組みづくり〉

○地域ぐるみで子どもの教育を行う環境づくり

- ●放課後子どもプラン，学校支援地域本部事業の推進

○学習成果の評価の仕組みづくり

- ●民間事業者が行う検定試験等に関する評価の客観性や質を担保する新たな仕組みづくり　等

中央教育審議会「新しい時代を切り拓く生涯学習の振興方策について～知の循環型社会の構築を目指して～(答申)」(2008年) の概要を基に作成

教員の身分と職務

教職員①

解説――公立学校の教員は、地方公共団体の事務を担当する職員として地方公務員の身分を有し、地方公務員法の適用を受ける（3条、4条）。しかし、国民全体の負託を受けて次世代を担う子どもの教育に携わるという特殊性を考慮し、校長、副校長、教頭、主幹教諭、指導教諭、教諭、教育委員会の指導主事、社会教育主事等の「教育公務員」は、教育公務員特例法において一般の地方公務員とは異なる制約を受けている点に留意する必要がある（2条）。

教員（教諭）の基本的職務は、言うまでもなく、児童生徒の教育活動に従事することである。学校教育法は、この点を指して教諭は、「児童の教育をつかさどる」と規定している（37条11項）。かつて一部においては、教員の職務を教育活動に限定して捉えようとする考え方が有力に主張されていた（狭義説）。しかし、学校運営の実態に即して、教員の職務は、児童生徒の教育活動のみに限定されるわけではなく、効果的な教育活動を展開していくうえで必要となる事務を広く含むものと理解するべきである（広義説）。

この点、学校は、校長の指揮・監督の下、組織として子どもの教育にあたっていることを見逃してはならない。教員には、教育活動に加えて、この組織体としての学校の構成員として役割を果たしていくことが当然期待されることになる。具体的には、教務主任や保健主事、学年主任、司書教諭といった校務分掌上特に割り当てられた職務、出席管理や成績処理その他の教務に関わる事務、保護者や地域住民との連絡・調整、防火責任その他、施設・設備の管理等が想定されることになろう。

近年、地方公共団体が、条例や規則等において、災害時の住民対応を教員の職務に位置づける例が散見されるようになってきている。確かに多くの学校が、災害時における地域住民の避難場所に指定されており、その受け入れをいかにしてスムーズに行っていくかは、危機管理上、重要な課題である。それゆえに、教員の役割をあらかじめ定めておく必要性は高いといえる。ただし、それは、教員という地位に付随する本来的職務ではなく、あくまでも地方公務員としての身分に伴うものであることに留意する必要がある。

関連法規・資料

［教員（教諭）の職務について］

学校教育法上の「児童の教育をつかさどる」とは、教諭の主たる職務を示した規定と解すべきであるため、これを根拠として児童に対する教育活動以外はいっさい教諭の職務に属しないものと解することは許されない。

（東京高裁判決昭42・9・29）

地方公務員
||　（地方公務員法３条）
地方公共団体の公務を担当する
地方公共団体の職員

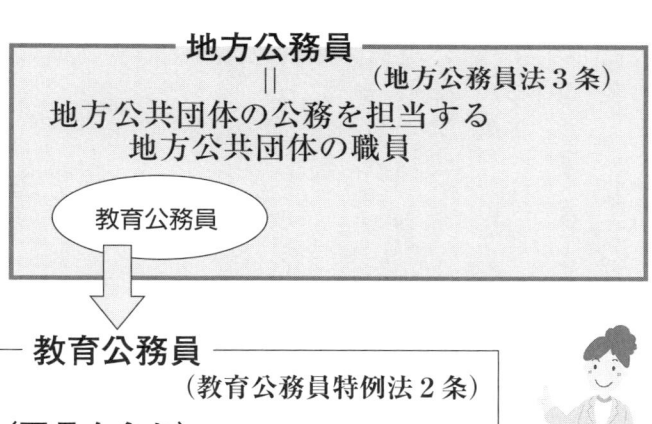

教育公務員

↓

教育公務員
（教育公務員特例法２条）

- 校長（園長も含む）
- 教員
- 指導主事
- 社会教育主事　等

《教員の職務の範囲》

【教員】
●学校教育法37条11項
「教諭は，児童の教育をつかさどる」

校長
||
●学校教育法37条４項
「校務をつかさどる」
↓ 学校運営上，実質は，
所属職員に分掌させて行う
↓ したがって，

教員の職務
~~直接，児童生徒の教育活動を行うことのみ~~

教員の職務
①直接，児童生徒の教育活動を行う
→主たる職務
②分掌しているその他の校務
③教務事務
④教育課程外の教育活動
⑤文書作成
⑥保護者・地域住民との連絡・調整
⑦施設及び設備の管理　等

教員の服務

教職員②

解説――地方公務員としての身分を有する公立学校の教員は、一般公務員と同様、〝全体の奉仕者〟である（日本国憲法15条2項、地方公務員法30条）。全体の奉仕者とは、一般に、特定の集団の利益のために奉仕するのではなく、全国民（住民）の利益のために奉仕する存在を意味すると考えられている。最高裁判所は、この全体の奉仕者としての地位を、労働基本権の制約や政治的中立性の確保を導き出す根拠として使用する傾向にある。教育基本法では、2006（平成18）年の改正により、旧法に存在した国公私立の区別なく教員は全て「全体の奉仕者」であるという規定が削除された。また、学校教育の重要性、特殊性を考慮し、教員の養成と研修の充実等に関する条項が新設された（9条2項）。これまで教育公務員特例法で規定されていた事項を教育基本法レベルに引き上げ、その意義を強調するとともに、私立学校の教員にまで適用を拡大している。

公務員は、その身分に伴い職務の内外を問わず遵守すべき義務（身分上の義務）と、職務の遂行にあたって遵守すべき義務（職務上の義務）を負っている。身分上の義務としては、信用失墜行為の禁止、秘密を守る義務（退職後も継続する）、政治的行為の制限、争議行為等の禁止、兼職・兼業の制限等がある。

他方、職務上の義務としては、法令等及び上司の職務上の命令に従う義務、職務専念義務等がその代表例である。

公立学校の教員の政治的活動に関しては、義務教育諸学校における教育の政治的中立の確保に関する臨時措置法、教育公務員特例法等によって一般の地方公務員と比較してより厳しい制限が加えられている。これに対し、教育に関する兼職・兼業については、教育公務員特例法により逆に制限が緩和されている。その理由は、①兼務によって、教員としての職務遂行に有意義な経験を積む可能性があること、②長期休業期間中等、本務に支障を来さず兼務に必要な時間を確保できること、に求められるのが一般的である。

なお服務監督に関しては、任命権者が監督権限を有するのが原則である。したがって、都道府県立学校の教員については任命権者である当該都道府県の教育委員会が服務監督者となる。市町村立学校の教員に関しては、地方教育行政の組織及び運営に関する法律（地教行法）に例外規定が存在している点に注意を向ける必要がある。いわゆる〝県費負担教職員〟については、任命権者ではなく、当該市町村の教育委員会が服務監督者となる（43条1項）。

関連法規・資料

［上司の職務上の命令に従う義務に関連した判例］

入学式の国歌斉唱の際に音楽の教員にピアノ伴奏を命じた職務命令は、その目的や内容において不合理ということはできない。教員の思想及び良心を侵すものとして憲法19条に反するとはいえないと解するのが相当である。

（最高裁第三小法廷判決平19・2・27）

【根本基準】

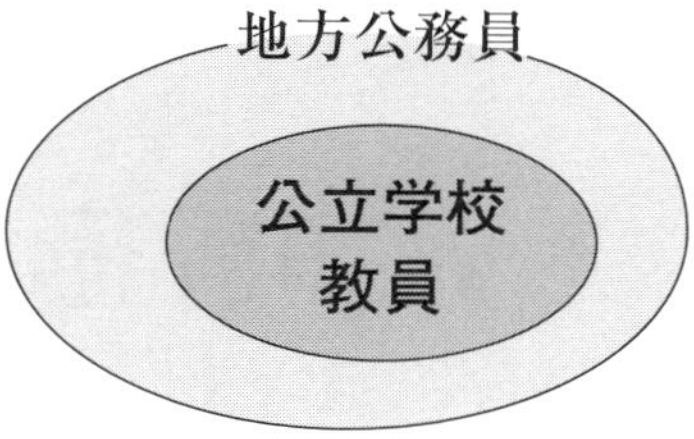

○全体の奉仕者
（×一部の奉仕者）

服務の内容

身分上の義務

①**信用失墜行為の禁止**（地方公務員法33条）

②**秘密を守る義務**（地方公務員法34条）
→在職中のみならず退職後も遵守

③**政治的行為の制限**（地方公務員法36条→教育公務員特例法18条が優先）
→教育公務員は国家公務員に準じる扱いとなっており，一般の地方公務員と比べ政治的行為に関する制約が厳しい

④**争議行為等の禁止**（地方公務員法37条）

⑤**兼職・兼業の制限**（地方公務員法38条→教育公務員特例法17条が優先）
→教育公務員が，
- １）教育に関する他の職を兼務
- ２）教育に関する他の事業に従事
- ３）教育に関する他の事務に従事

する場合 ⇒ 他の地方公務員に比べ兼職・兼業の制限は緩和されている

職務上の義務

①**服務の宣誓義務**（地方公務員法31条）

②**法令等及び上司の職務上の命令に従う義務**（地方公務員法32条）

- 法令等 → ○法令・条例・地方公共団体の規則・地方公共団体の機関の定める規程
- 上司の職務上の命令 →
  - ○指揮監督の権限を有する上司から発せられた命令
  - ○職員の職務の範囲に関する命令
  - ○法律上，事実上実行可能な命令

③**職務に専念する義務**（地方公務員法35条）
→法律または条例の定めによる例外規定あり
※免除承認権――教育委員会（県費負担教職員については市町村教育委員会）

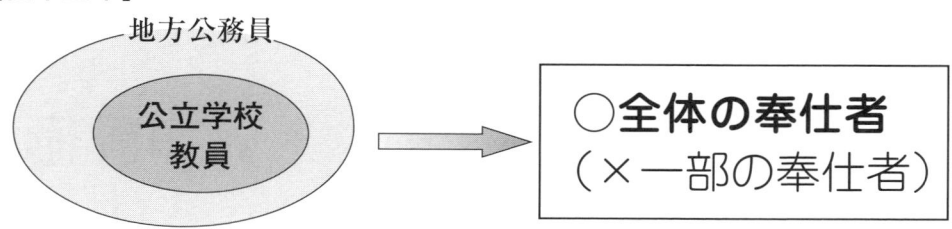

人事評価

教職員③

解説——公務員法制上、人事評価とは、職員がその職務を遂行するに当たり発揮した能力及び挙げた業績を把握した上で行われる勤務成績の評価を意味する。能力及び実績に基づく人事管理の徹底という観点に立ち、評価結果を、任用、給与、分限等の基礎とすることに主たる目的が置かれている。また、人材の育成、組織の活性化・パフォーマンスの向上等に副次的な目的があるとされている。

公立学校教員を含む地方公務員については、２０１４（平成26）年の地方公務員法の改正で、人事評価制度の法制化が図られた（平成26年法律第34号）。東京都や大阪府等、先行する自治体の例を見ると、最初に教員自らが目標を設定し、いわゆる自己申告書を提出する。次いで、これを基礎に目標設定のための面談が実施される。そして、指導・助言を核とする中間面談を経て、自己評価書の提出と、これに基づく「評価・調整・確認」の作業が続く。その後、最終段階の期末面談が実施されることになる。

人事評価のプロセスにおいては、評価・調整・確認の作業が重要な位置を占める。評価は、評価者が、被評価者の目標等の達成状況や実際にとられた具体的な職務上の行動を踏まえて実施する。次いで、調整者が、評価者の評価に不均衡があるかどうかの観点から調整を行う。そして、実施権者が、公正性の確保の観点等から評価結果を確認し、評価を確定する運びとなる。

だが、「評価結果に納得がいかない者」は、当然出現する。その救済手段として、審査請求等の制度が用意されているのが一般的である。しかし、マネジメントの観点からは、評価者と被評価者が日常的にコミュニケーションを密にし、評価に対する疑義が生じることのないようにしておくことが重要となろう。

なお、目標設定に重要な役割を担う自己申告書であるが、「教員の教育活動に対して評価は馴染まない」等として、その提出を拒否する動きが一部に存在している（自己申告書提出拒否闘争）。この点が主たる争点となった代表的な訴訟として、大阪府評価・育成システム訴訟がある。判決は、「システムに違憲性、違法性は認められず」、教員には「自己申告票を提出すべき法的義務が認められる」等として、正面から提出義務の存在を肯定している（大阪高等裁判所判決平成22年2月19日）。

関連法規・資料

【地方公務員法】

23条1項　職員の人事評価は、公正に行われなければならない。

2項　任命権者は、人事評価を任用、給与、分限その他の人事管理の基礎として活用するものとする。

2014年 地方公務員法の改正 ➡ 人事評価制度の法制化（2016年４月施行）

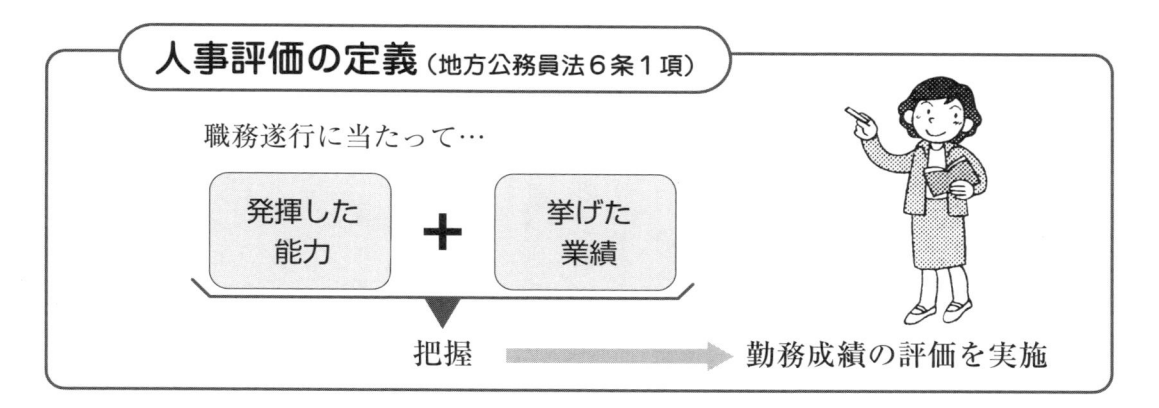

人事評価の定義（地方公務員法６条１項）

職務遂行に当たって…

発揮した能力 ＋ 挙げた業績

▼

把握 ➡ 勤務成績の評価を実施

相乗効果

人事評価
⬇
任用，給与，分限等の人事管理の基礎として活用

人材育成
⬇
組織パフォーマンスの向上

評価の流れ

〈国家公務員の例〉

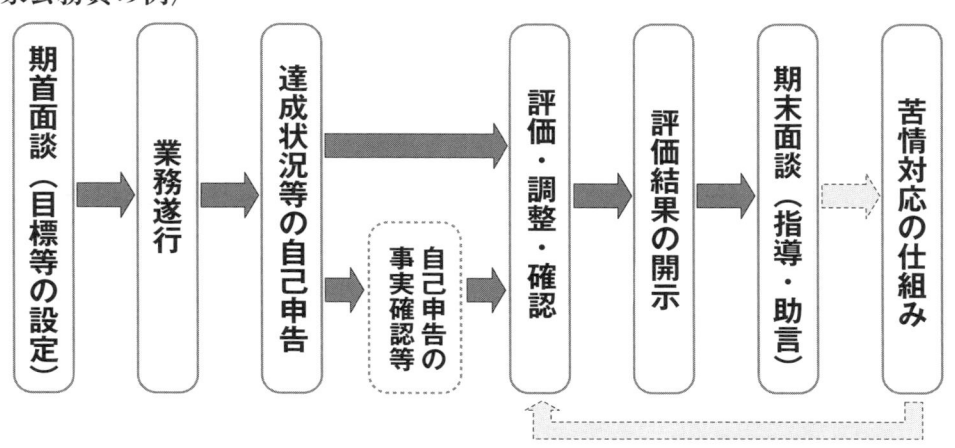

期首面談（目標等の設定）➡ 業務遂行 ➡ 達成状況等の自己申告 ➡ 評価・調整・確認 ➡ 評価結果の開示 ➡ 期末面談（指導・助言）⇨ 苦情対応の仕組み

達成状況等の自己申告 ➡ 自己申告の事実確認等 ➡ 評価・調整・確認

苦情対応の仕組み ⇨ 評価・調整・確認（再評価・再調整）

内閣官房HP「国家公務員制度 人事評価」を基に作成

教員の分限処分と懲戒処分

教職員④

解説——分限処分と懲戒処分は共に一定の事由に該当する場合、任命権者がその権限に基づき免職等の処分を行うことを指し、共通点が多い。最大の相違は、懲戒処分が対象者の義務違反を理由として公務の秩序維持という観点から行われるのに対し、分限処分が対象者の帰責性を問わず、主として公務の能率性確保という観点から行われ、制裁としての性質を有しない点にある。

地方公務員法上、分限処分には、降任、免職、休職、降給の4種がある。降任、免職は、①人事評価又は勤務の状況を示す事実に照らして、勤務実績がよくない場合、②心身の故障のため、職務の遂行に支障があり、又はこれに堪えない場合、③その他、その職に必要な適格性を欠く場合、④職制若しくは定数の改廃又は予算の減少により廃職又は過員を生じた場合に行う（28条1項）。休職は、①心身の故障のため、長期の休養を要する場合、②刑事事件に関し起訴された場合に行われる（28条2項）。

分限処分を任命権者の自由裁量とすることは、公務員に萎縮効果をもたらし、職務の活性化を阻害する要因となる。それゆえに、分限は全て公正でなければならず、その発動に関して一定の客観的基準が求められる。特に「職に必要な適格性を欠く場合」については、それを判断する者の視点によって結論が異なることも多い。一般論としては、最高裁判所の先例に従い、「当該職員の簡単に矯正することのできない持続性を有する素質、能力、性格等に基因してその職務の円滑な遂行に支障があり、または支障を生ずる高度の蓋然性が認められる場合をいう」と考えるべきである（最高裁判所第二小法廷判決昭和48年9月14日）。教員の場合、指導能力が他と比較して著しく劣る、協調性や責任感の著しい欠如等、能力、性格に関わる一切の要素が総合的に勘案されることになろう。

他方、懲戒処分には、戒告、減給、停職、免職の処分がある（29条1項）。①地方公務員法、教育公務員特例法等の法律、地方公共団体の条例・規則・規程に違反した場合、②職務上の義務に違反し、又は職務を怠った場合、③全体の奉仕者たるにふさわしくない非行（非違行為）のあった場合に処分が行われる。なお、いわゆる訓告や諭旨免職等は、地方公務員法上の懲戒処分ではなく、基本的にはこれに至らない非違行為等に対して服務監督者が行う事実上の措置である。

■関連法規・資料

［分限処分と懲戒処分の関係性］

分限処分と懲戒処分とは、その目的、要件、効果を異にするので、非違行為を行った公務員に対してその責任を追及するにあたって、目的、要件を全く異にする分限処分をもって代用することはできない。

（東京高裁判決昭49・5・8）

	分限処分	懲戒処分
職員の道義的責任	問題にしない	問題にする
事由に本人の故意または過失によることを必要とするか	必要としない ↓ 公務能率の維持向上の見地から行うため	必要とする ↓ 職員の義務違反に対する制裁として行うため
処分事由の捉え方	一定期間にわたり継続している状態	必ずしも継続した状態ではなく個々の行為または状態

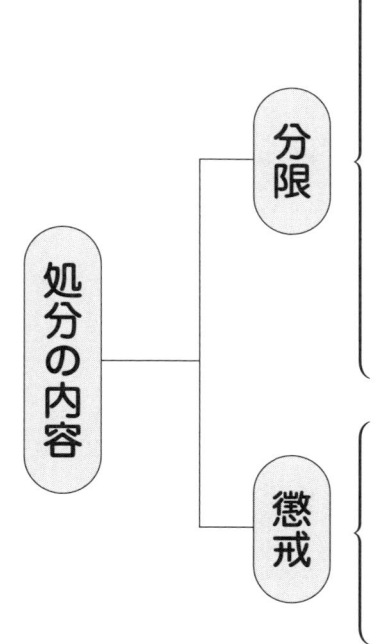

処分の内容

- **分限**
  - ①**免職**…職員の意に反して退職させる処分
  - ②**降任**…吏員の級の降ること，職制上の上位の職から下位の職に降ることなどの処分
  - ③**休職**…身分を保有したまま職員を職務に従事させない処分
    1）病気休職　2）結核休職　3）起訴休職，等
  - ④**降給**…決定されている給料の額より低い額の給料に変更する処分
- **懲戒**
  - ①**免職**…職員としての地位を失わせる処分
  - ②**停職**…一定期間，職務に従事させない処分
  - ③**減給**…一定期間，給料の一定額を減ずる処分
  - ④**戒告**…服務義務責任を確認し将来を戒める処分

◉事実上の措置：地方公共団体が内部的に行う処分（懲戒に当たらない）
※訓告，始末書の提出，厳重注意，等

※なお，諭旨免職は，公務員としての身分を失わせることになるので，懲戒処分ではないが，広い意味で行政上の「処分」にあたる。

参照　第４章ケーススタディ学校教育紛争⑨，⑰

指導が不適切な教員の人事管理

〈指導改善研修〉

教職員⑤

解説――公立学校教員は、公務員法制上、強い身分保障を有している（地方公務員法27条2項）。だが、学校教育の成否は、教員の資質・能力に負うところが大きく、指導力不足教員の存在は児童生徒の被害と直結することになる。この点を憂慮した教育改革国民会議は、「教育改革国民会議最終報告―教育を変える17の提案―」の中で、その対策を強く求めた。その結果、２００１（平成13）年、地方教育行政の組織及び運営に関する法律（地教行法）が改正され、都道府県教育委員会は、一定の要件に該当する場合、地方公務員法の規定にかかわらず、その任命に係る市町村の県費負担教職員（教諭、養護教諭等）を免職し、引き続き当該都道府県の常時勤務を要する職に採用する道が開かれた（47条の2）。この場合、都道府県教育委員会が任命権を有する教育委員会事務局及び所管の学校その他の教育機関の職に採用される。

　また２００７（平成19）年6月には、教育公務員特例法が改正され、指導が不適切な公立学校の教諭等に対する人事管理について必要な事項が制度化された（25条、25条の2）。これにより、任命権者に対し、児童生徒に対する指導が不適切であると認定した教員に対して、指導の改善を図るために必要な事項に関する研修（指導改善研修）を実施することを義務づけた。

　児童生徒に対する「指導が不適切である」事例として、①教える内容に誤りが多かったり、児童生徒の質問に正確に答え得ることができない等、教科に関する専門的知識、技術等が不足しているため、学習指導を適切に行うことができない場合、②ほとんど授業内容を板書するだけで、児童生徒の質問を受け付けない等、指導方法が不適切であるため、学習指導を適切に行うことができない場合、③児童生徒の意見を全く聞かず、対話もしないなど、児童生徒とのコミュニケーションをとろうとしない等、児童生徒の心を理解する能力や意欲に欠け、学級経営や生徒指導を適切に行うことができない場合等が想定されている（「教育職員免許法及び教育公務員特例法の一部を改正する法律について（通知）」19文科初第５４１号平成19年7月31日）。

　指導が不適切な教員の認定は、「教育委員会規則」で定められる手続きに従い、客観性を担保するとともに個々のケースに即して適切に判断しなければならないが、自治体ごとに運用のばらつきがあるとの指摘も存在している。これを受けて文部科学省は、各教育委員会における人事管理システムが教育公務員特例法の趣旨に則り適切に整備・運用されるよう「指導が不適切な教員に対する人事管理システムのガイドライン」（平成20年２月、令和4年8月一部改定）を策定し、各地方公共団体に示している。

指導改善研修　指導が不適切な教員の人事管理

対象　公立学校の教諭，助教諭，講師で
児童生徒に対する指導が不適切であると認定された者

〈具体例〉

■教科に関する専門的知識，技術等が不足しているため，学習指導を適切に行うことができない場合
（教える内容に誤りが多かったり，児童等の質問に正確に答え得ることができない等）

■指導方法が不適切であるため，学習指導を適切に行うことができない場合
（ほとんど授業内容を板書するだけで，児童等の質問を受け付けない等）

■児童等の心を理解する能力や意欲に欠け，学級経営や生徒指導を適切に行うことができない場合
（児童等の意見を全く聞かず，対話もしないなど，児童等とのコミュニケーションをとろうとしない等）

期間　１年を超えない期間
※特に必要があると認める場合は，研修開始日から２年を超えない範囲内で延長可能

○指導が不適切な教員の人事管理システムの流れ（イメージ）

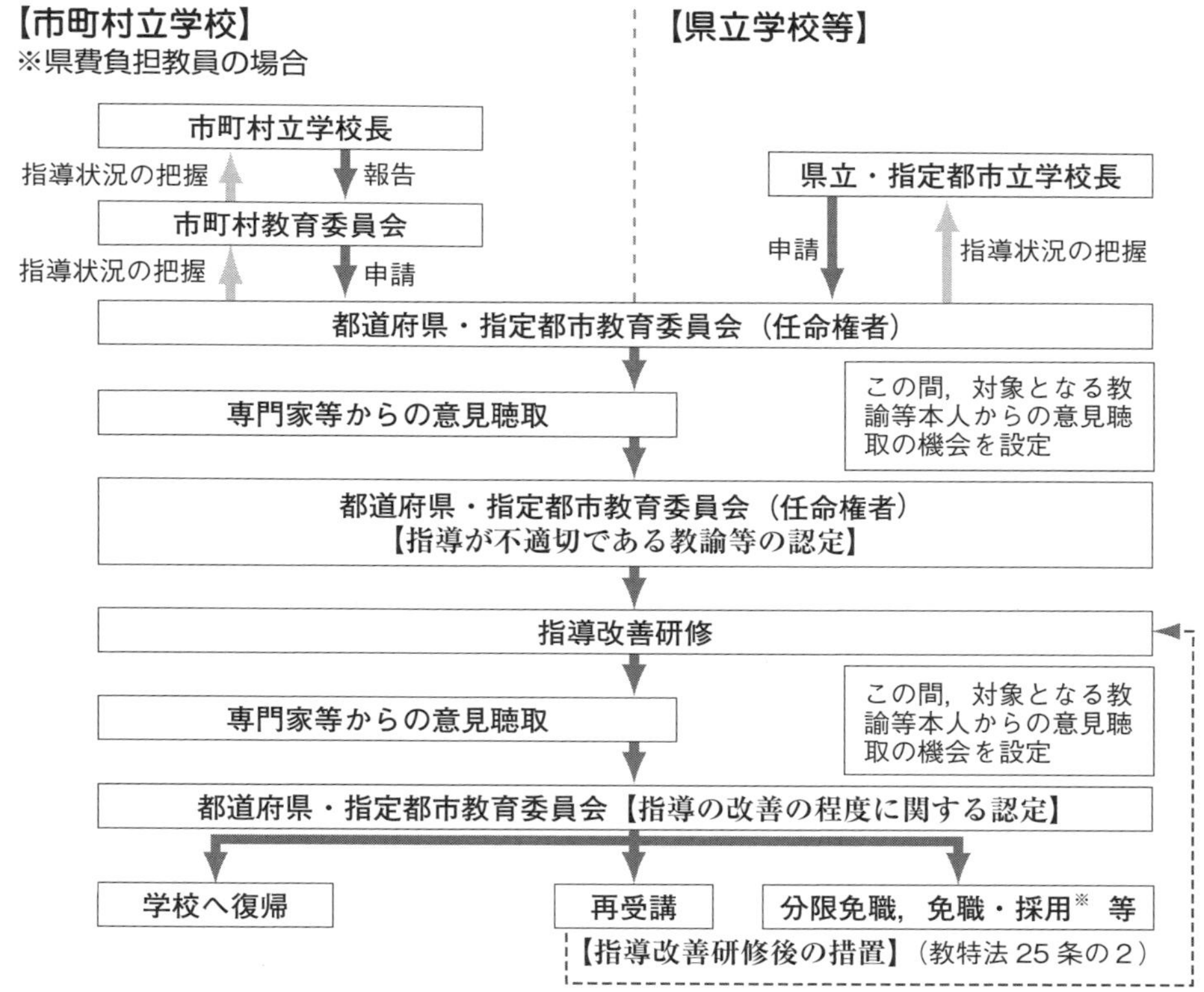

※「免職・採用」とは，地方教育行政の組織及び運営に関する法律47条の２に基づく県費負担教職員の免職及び都道府県の職への採用をいう。

文部科学省「指導が不適切な教員に対する人事管理システムのガイドライン」（2008年〈2022年一部改定〉）を基に作成

教員の研修体系

教職員⑥

解説——教員には、その職責遂行のために、常に研修（研究と修養）に励む努力義務が課せられている（教育公務員特例法21条1項）。一般法である地方公務員法が義務的研修に主眼を置くのに対して、教育公務員特例法は、研修を教員の権利と義務の双方から捉えている点に特徴がある。任命権者は、教員の研修が充実したものとなるよう、研修施設やその奨励方法等の計画を作成し、その実施に努めなければならない（21条2項）。

２０１６（平成28）年の教育公務員特例法の改正により、任命権者が行う教員の研修に新たな仕組みが導入された（平成29年４月施行）。第一に、文部科学大臣は、教員の計画的かつ効果的な資質の向上を図るため、「公立の小学校等の校長及び教員としての資質の向上に関する指標の策定に関する指針」（以下、指針）を定めなければならない（22条の２第１項）。この規定を受けて、２０１７（平成29）年３月に指針が策定され、その後２０２２（令和４）年に改正されている（文部科学省告示第１１５号）。

第二に、校長・教員の任命権者は、教育委員会と研修に協力する大学等とで構成する「協議会」を組織する必要がある。この協議会では、校長・教員の職責、経験、適性に応じて、その資質の向上を図るための必要な指標（以下、指標）の策定に関する協議等が行われる（22条の７）。

第三に、この協議を経て、任命権者は、文部科学大臣の指針を参酌しつつ、その地域の実情に応じた指標を定めなければならない（22条の３第１項）。校長・教員の研修実施者は、この指標を踏まえ、「教員研修計画」を定める義務を負う（22条の４第１項）。

なお、研修の種類は、①職務命令による研修、②職務専念義務の免除による研修（職専免研修）、③勤務時間外に行う研修（自主研修）に分類することができる。

①職務命令による研修は、職務の一環として位置づけられ、法制上は参加を強制することも可能である。教育公務員特例法は、初任者研修、中堅教諭等資質向上研修、指導改善研修についてのみ明文で根拠規定を置いている（23～25条）。

②職専免研修は、授業に支障のない限り、本属長（校長）の承認を受け、勤務場所を離れて行うことができる研修である（22条２項）。

そして、③自主研修は、教員が勤務時間外に自己啓発や職務上のスキルアップのために自発的に行う研修である。研修を行うか否かはもとより、内容についても教員の自律的判断に委ねられている。

関連法規・資料

【教育公務員特例法】

22条１項　教育公務員には、研修を受ける機会が与えられなければならない。

２項　教員は、授業に支障のない限り、本属長の承認を受けて、勤務場所を離れて研修を行うことができる。

【研修に関する規定】

教育公務員

教育公務員特例法21条，22条　義務　権利

その職務を遂行するために，絶えず研究と修養に努めなければならない

教員研修のスキーム（イメージ）

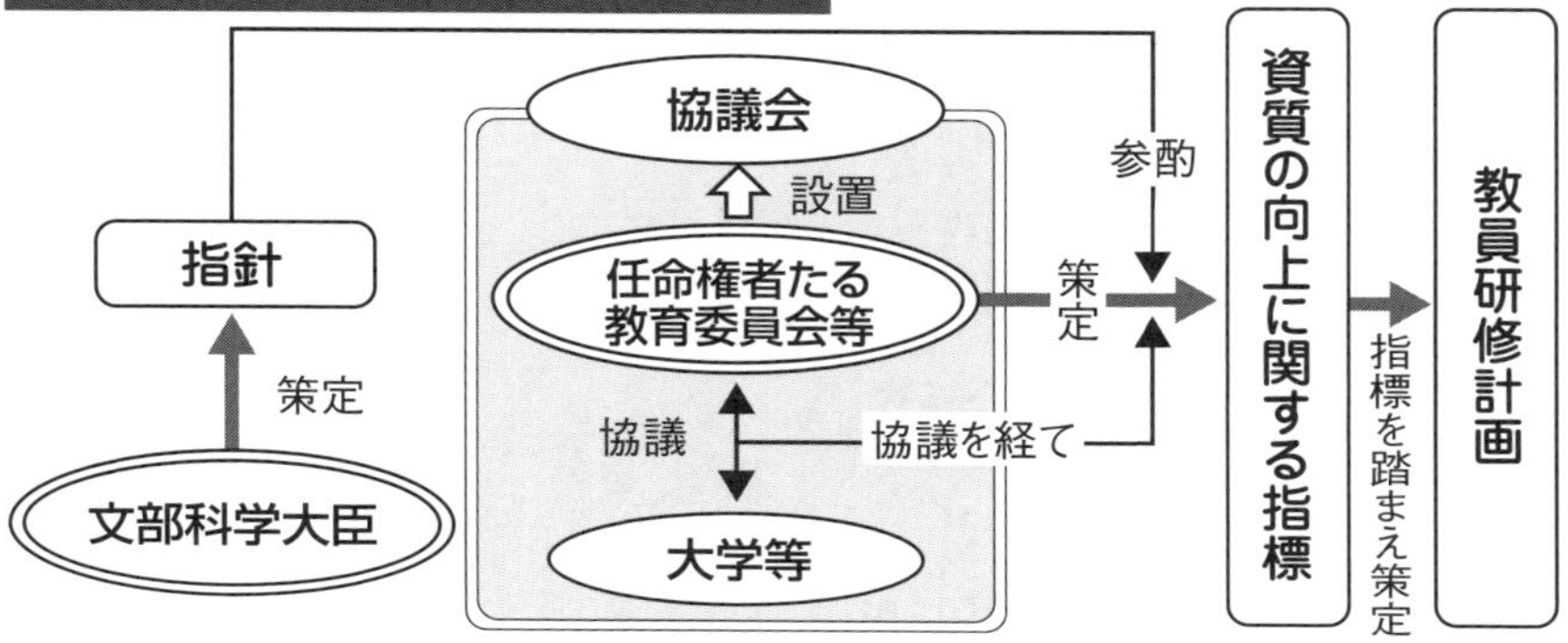

文部科学省HP「教育公務員特例法等の一部を改正する法律の概要」を基に作成

研修の種類

職務命令による研修　（主に国・都道府県・市町村が実施）

例（初任者研修
中堅教諭等資質向上研修
指導改善研修）

★ポイント
- ●参加への強制可能
  ↓
  研修＝職務の遂行

職務専念義務の免除による研修

例（勤務場所を離れて行う研修）

★ポイント
- ●勤務場所以外において研修が可能
  └勤務を要しない日とは異なる（休みではない！）
- ●本属長（校長）の承認が必要
  └研修にふさわしい内容か等をチェック

勤務時間外に行う研修　：各教員の意向が最優先

研修記録等の義務化

教職員⑦

解説――2022(令和4)年5月、「教育公務員特例法及び教育職員免許法の一部を改正する法律」が公布された。これを受けて、公立の小学校等の校長及び教員としての資質の向上に関する指標の策定に関する指針の改正、研修履歴を活用した対話に基づく受講奨励に関するガイドラインの策定等が進められ、教育公務員の研修制度が大きく変化することになった。

特に注目を集めているのは、研修等に関する記録が義務付けられたことである。公立の小学校等の校長及び教員の任命権者は、文部科学省令で定めるところにより、当該校長及び教員ごとに、研修の受講その他の当該校長及び教員の資質の向上のための取組の状況に関する記録(研修等に関する記録)を作成しなければならない、とする規定が新設された(教育公務員特例法22条の5第1項)。

研修等に関する記録には、当該校長及び教員が受講した研修実施者実施研修に関する事項、教育公務員特例法26条1項に規定する大学院修学休業により当該教員が履修した大学院の課程等に関する事項、教育職員免許法が規定する認定講習等のうち当該任命権者が開設したものであって、当該校長及び教員が単位を修得したものに関する事項、その他当該校長及び教員が行った資質の向上のための取組のうち当該任命権者が必要と認めるものに関する事項を記載することが求められている(22条の5第2項)。

文部科学省は、研修等に関する記録の義務化に関わって以下の点を強調している(「改正教育公務員特例法に基づく公立の小学校等の校長及び教員としての資質の向上に関する指標の策定に関する指針の改正等について(通知)」4文科教第816号令和4年8月31日)。

・研修の管理を強化するものではなく、研修履歴を活用した対話を繰り返す中で、教師が自らの研修ニーズと、自分の強みや弱み、今後伸ばすべき力や学校で果たすべき役割などを踏まえながら、必要な学びを主体的に行っていく。

・研修履歴を記録・管理すること自体を目的化しない意識を十分に持ち、適切な現状把握と主体的・自律的な目標設定の下で、新たな学びに向かうための「手段」として研修履歴を活用する。

・研修レポートなど教員個人から報告を求めるものは、真に必要なものに厳選し、簡素化を図るとともに、研修履歴の記録の方法についても、できる限り教師個人に負担のかからないような効率的な方法とする。

・研修履歴を活用した対話に基づく受講奨励の仕組みを実効あるものとすべく、特に教科指導に係る指導助言などを含む効果的な対話に基づく受講奨励のためには、研修推進体制の整備と同時に、指導主事や主幹教諭の配置充実も含め、国と地方が一丸となって、指導体制の充実を図るとともに、学校における働き方改革を強力に進めていく必要がある。

経緯

2022年５月 「教育公務員特例法及び教育職員免許法の一部を改正する法律」公布
（2023年４月施行）

趣旨

校長及び教員の資質の向上のための施策をより合理的かつ効果的に実施するため，公立の小学校等の校長及び教員の任命権者等による研修等に関する記録の作成並びに資質の向上に関する指導及び助言等に関する規定を整備し，普通免許状及び特別免許状の更新制に関する規定を削除する

新たな研修制度のイメージ

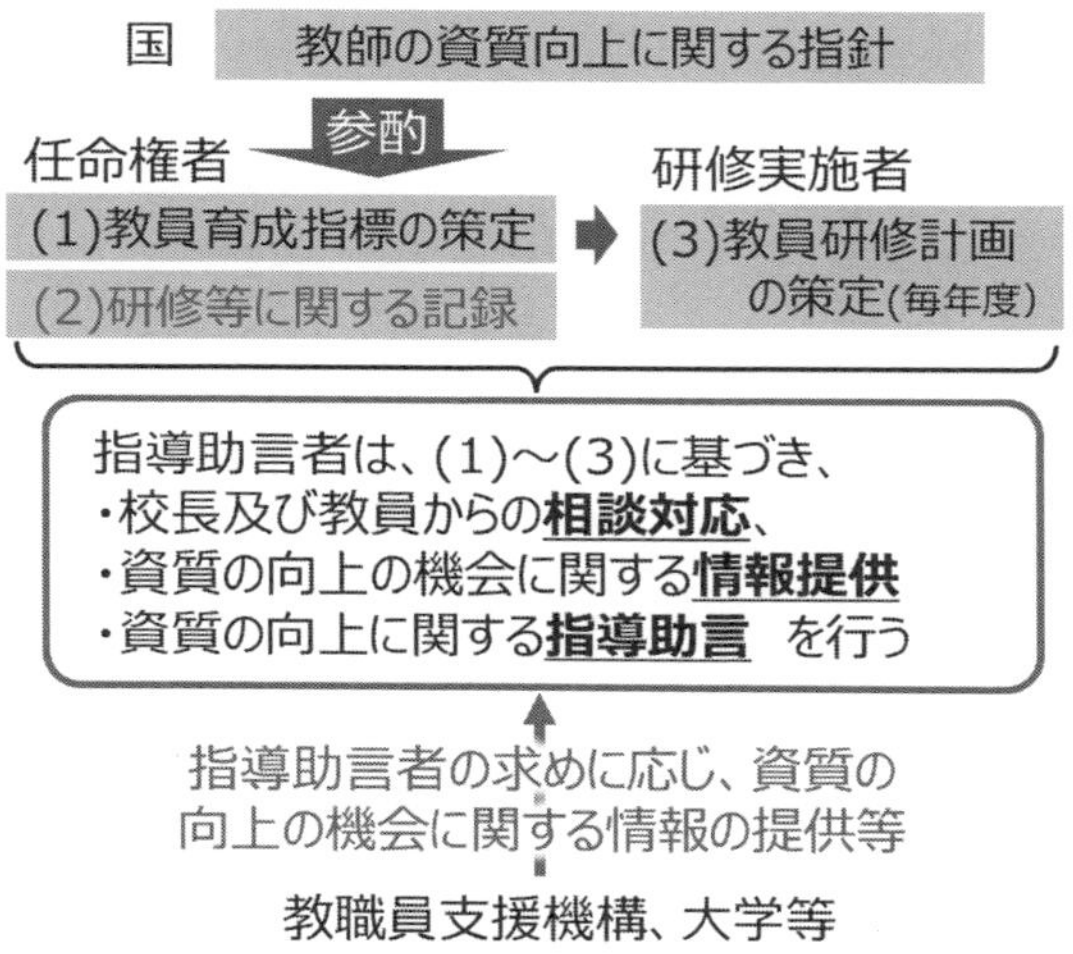

研修履歴の記録の目的

対話に基づく受講奨励（22条の６）の際に当該記録を活用することにより，教師が自らの学びを振り返るとともに，学校管理職等が研修の奨励を含む適切な指導助言を行うことにより，効果的かつ主体的な資質向上・能力開発に資すること

✕ 記録すること自体が目的化 ➡

- 研修レポートなど教師個人から報告を求めるものは厳選し，簡素化を図る
- 記録の方法についても，効率的な方法とする

研修履歴の記録の範囲

①必須記録研修等

ⅰ）研修実施者が実施する研修（22条の５第２項１号）
ⅱ）大学院修学休業により履修した大学院の課程等（同上２号）
ⅲ）任命権者が開設した免許法認定講習及び認定通信教育による単位の修得（同上３号）

②その他任命権者が必要と認めるものに含まれ得る研修等（同上４号）

- 職務研修として行われる市町村教育委員会等が実施する研修等
- 学校現場で日常的な学びとして行われる一定の校内研修・研究等
- 教師が自主的に参加する研修等

文部科学省「研修履歴を活用した対話に基づく受講奨励に関するガイドライン」（2023年３月一部修正）を基に作成

初任者研修

教職員⑧

解説――新任教員の時期は、大学等における教員養成段階と学校現場における教育実践をつなぐ重要な時期にあたる。それゆえに、教職への自覚を高め、自立した教育活動を展開していく素地をつくるために、組織的、計画的な研修を実施する必要性が高い。そこで、実践的指導力と使命感を養うとともに、幅広い知見を得ることを目的として導入されたのが初任者研修である。１９８８(昭和63)年、「教育公務員特例法及び地方教育行政の組織及び運営に関する法律の一部を改正する法律」の成立により導入が決定された。このとき初任者研修の期間に合わせて、条件付任用期間を1年とする法改正も同時に行われた（教育公務員特例法12条1項)。その後、試行を経て、１９８９(平成元）年度から小学校で本格実施、校種ごとに段階的に実施に移され現在に至っている。

公立学校の教諭等の研修実施者は、採用の日から1年間の教諭又は保育教諭の職務の遂行に必要な事項について、「実践的な研修」を実施する義務を負う(23条1項)。対象となるのは、教諭、助教諭、保育教諭、助保育教諭、常勤講師である(臨時的に任用された者、国公私立学校で教諭等として1年を超える期間勤務した経験を有し、研修実施者が初任者研修の対象とする必要がないと認める者等を除く)。対象者の所属する学校の教員の中から「指導教員」を任命し、指導教員は、職務遂行に必要な事項に関し、指導・助言を行うことになる(23条2項、３項)。初任者研修の実施に関し非常勤講師の手当が必要な場合、市町村教育委員会は、都道府県教育委員会に対して、当該都道府県教育委員会事務局の非常勤の職員の派遣を求めることができる（地教行法47条の3第1項)。

以前は、国の補助の下、１９７０（昭和45）年度から「一般研修」が、１９７７（昭和52）年度から「授業研修」が実施されてきた。初任者研修制度の確立により、校内研修を週２日程度、校外研修を週1日程度行うものとされた。初任者研修として、現在、校内研修が週10時間以上、年間３００時間以上、教育センター等における講義、社会奉仕体験等を行う校外研修が年間25日以上行われている。また、実施方式としては、拠点校方式やメンター方式が採用されている。研修内容は、職務の遂行に必要な事項とされるが、基礎的素養はもとより、学級経営、教科指導、道徳、特別活動、生徒指導等、その範囲はきわめて広範囲に及ぶ。

■関連法規・資料

【教育公務員特例法】

23条1項　公立の小学校等の教諭等の研修実施者は、当該教諭等……に対して、その採用……の日から1年間の教諭……の職務の遂行に必要な事項に関する実践的な研修（次項において「初任者研修」という。）を実施しなければならない。

初任者研修

目　的　実践的指導力と使命感を養わせるとともに幅広い知見を習得させる

対象者　公立の小学校等の教諭等のうち，新規に採用された者

実施者　研修実施者（都道府県教育委員会，指定都市教育委員会，中核市教育委員会　等）
（ただし，幼稚園，特別支援学校の幼稚部，幼保連携型認定こども園の教諭等の研修実施者については，当分の間適用しない）

根拠法　教育公務員特例法23条，附則5条

内　容

校内研修

■［**実施時間数**］週10時間以上，年間300時間以上
■［**講師**］指導教員を中心とする教諭等
■［**指導方法例**］
　○教員に必要な素養等に関する助言を行う
　○授業のようすを初任者に見せる
　○初任者の授業を観察して助言を行う

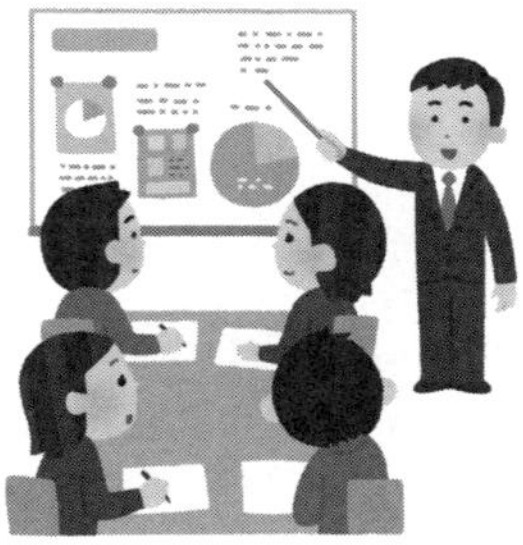

校外研修

■［**実施日数**］年間25日以上
■［**研修例**］
　○教育センター等での講義・演習受講
　○企業・福祉施設等での体験研修
　○社会奉仕体験や自然体験に関わる研修
　○青少年教育施設等での宿泊研修

文部科学省HP「初任者研修とは」等を基に作成

中堅教諭等資質向上研修

教職員⑨

解説――中堅教諭等資質向上研修とは、「中堅教諭等としての職務を遂行する上で必要とされる資質の向上を図るため」に、公立学校の教員の研修実施者に対し、その実施義務が課された研修である（教育公務員特例法24条1項）。2016（平成28）年の教育公務員特例法改正により、従来の10年経験者研修に代わって導入された（平成29年4月施行）。

10年経験者研修との大きな違いは、研修の実施時期について制限を設けていない点にある。10年経験者研修では、教員としての在職期間が「10年（特別の事情がある場合には、10年を標準として任命権者が定める年数）に達した後相当の期間内」に実施すべきことが法令上明記されていた。これは、教員が中堅段階に進んでいく過程において特に重要な通過点が経験10年目であるという考えに基づくものである（中央教育審議会「今後の教員免許制度の在り方について（答申）」平成14年2月）。

しかし、教員の年齢や経験年数の不均衡により、各地域や学校においてミドルリーダーとなる教員の不足が問題視されるとともに、10年経験者研修とかつての教員免許状更新講習の時期の重複に伴う負担感を指摘する声が上がっていた。そこで、中央教育審議会は、「教員免許更新制の意義や位置付けを踏まえつつ、10年経験者研修を10年が経過した時点で受講すべき研修から、学校内でミドルリーダーとなるべき人材を育成すべき研修に転換」すべきと提言したのである（「これからの学校教育を担う教員の資質能力の向上について～学び合い、高め合う教員育成コミュニティの構築に向けて～（答申）」平成27年12月）。

この提言等を踏まえ、教育公務員特例法が改正され、その実施時期を一律に設定することなく、研修実施者の判断に委ねられることになった。現在のところ10～11年目で実施している任命権者が多いようであるが、例えば東京都教育委員会では、在職期間が11～13年に達した教員に対して「中堅教諭等資質向上研修Ⅰ」を実施し、在職期間が21～23年に達した教員に対しては「中堅教諭等資質向上研修Ⅱ」を実施している（令和6年度現在）。

■ 関連法規・資料

【教育公務員特例法】

24条1項　公立の小学校等の教諭等（臨時的に任用された者その他の政令で定める者を除く。……）の研修実施者は、当該教諭等に対して、個々の能力、適性等に応じて、公立の小学校等における教育に関し相当の経験を有し、その教育活動その他の学校運営の円滑かつ効果的な実施において中核的な役割を果たすことが期待される中堅教諭等としての職務を遂行する上で必要とされる資質の向上を図るために必要な事項に関する研修（次項において「中堅教諭等資質向上研修」という。）を実施しなければならない。

10年経験者研修（2003年度～2016年度）

原則として教職経験10年経過後，相当の期間内に実施

教員免許更新講習との時期の重複，負担感

教員の年齢や経験年数の不均衡によるミドルリーダーの不足

↓

NEW

2016年11月　教育公務員特例法改正

中堅教諭等資質向上研修の創設（2017年度～）

ポイント　**実施時期の弾力化**

➡任命権者の権限で実施時期を決定

中堅教諭等資質向上研修

目　的	教育活動，その他の学校運営の円滑かつ効果的な実施において，中核的な役割を果たすことが期待される中堅教諭等としての職務を遂行する上で，必要な資質の向上を図る
対象者	公立の小学校，中学校，義務教育学校，高等学校，中等教育学校，特別支援学校，幼稚園，幼保連携型認定こども園の教諭，助教諭，保育教諭，助保育教諭，講師（臨時的に任用された者等を除く）
実施者	研修実施者（都道府県教育委員会，指定都市教育委員会，中核市教育委員会　等）
実施時期	研修実施者が指定する時期
根拠法	教育公務員特例法24条，附則６条

修学部分休業・自己啓発等休業・大学院修学休業

教職員⑩

解説――変化する社会情勢に的確に対応するため、教員には柔軟な発想と広い視野が不可欠となっている。政府は、公立学校の教員等が、社会の要請に応え、自主的に能力開発に取り組むことを支援する制度を積極的に整備しつつある。その典型が〝修学部分休業制度〟、〝自己啓発等休業制度〟、〝大学院修学休業制度〟である。

修学部分休業制度は、公立学校の教員を含む全職員（臨時、任期付、非常勤職員を除く）に適用される「有給（減額支給）」の休業制度である（地方公務員法26条の2）。その適用は本人の申請に基づいて行われるが、任命権者は、①公務の運営に支障がなく、②職員の公務に関する能力の向上に資すると認められるとき、条例の定めに基づきこれを承認するものとされている。大学その他の条例で定める教育施設に修学する場合、修学に必要と認められる期間として条例で定める期間中、1週間の勤務時間の一部について、勤務しないことが認められる。

自己啓発等休業制度も公立学校教員を含む全職員（臨時、任期付、非常勤職員を除く）に適用される。任命権者は、①公務の運営に支障がなく、②職員の公務に関する能力の向上に資すると認めるときは、条例で定めるところにより、3年を超えない範囲内において大学等課程の履修又は国際貢献活動のために休業することを承認するものとされている（地方公務員法26条の5）。この期間の給与は支給されない。

他方、大学院修学休業制度は、教育公務員特例法に基づくものであり、公立学校の教員（主幹教諭、指導教諭、教諭、講師等）に限って認められる制度である。公立学校の教員で、一種免許状、特別免許状を所持している者（最低在職年数3年）は、任命権者の許可を受け、専修免許状の取得を目的として、大学院等の課程を履修するために休業することができる。休業期間は、3年を超えない範囲内で1年単位で決定され、その延長は認められない。在学する大学院等は、国の内外を問わず、任意に決定することが可能である。また、休業期間中は、労働法制上の〝ノーワーク・ノーペイの原則〟に従い、原則的に給与は支給されない（公立学校共済組合員資格等は継続する）。その一方で、在学する大学等において、教員養成教育の補助的業務に従事する等、大学院修学休業と矛盾しない業務に従事することは可能であると解されている。

これまで現職教員の大学院進学は、職務研修の一つとして任命権者が研修命令を出す〝派遣研修〟がほとんどであった。だが、大学院修学休業制度の導入により、自らの意思で、教職を辞することなくその身分を保有したまま、大学院にフルタイムで在学することが可能となった。

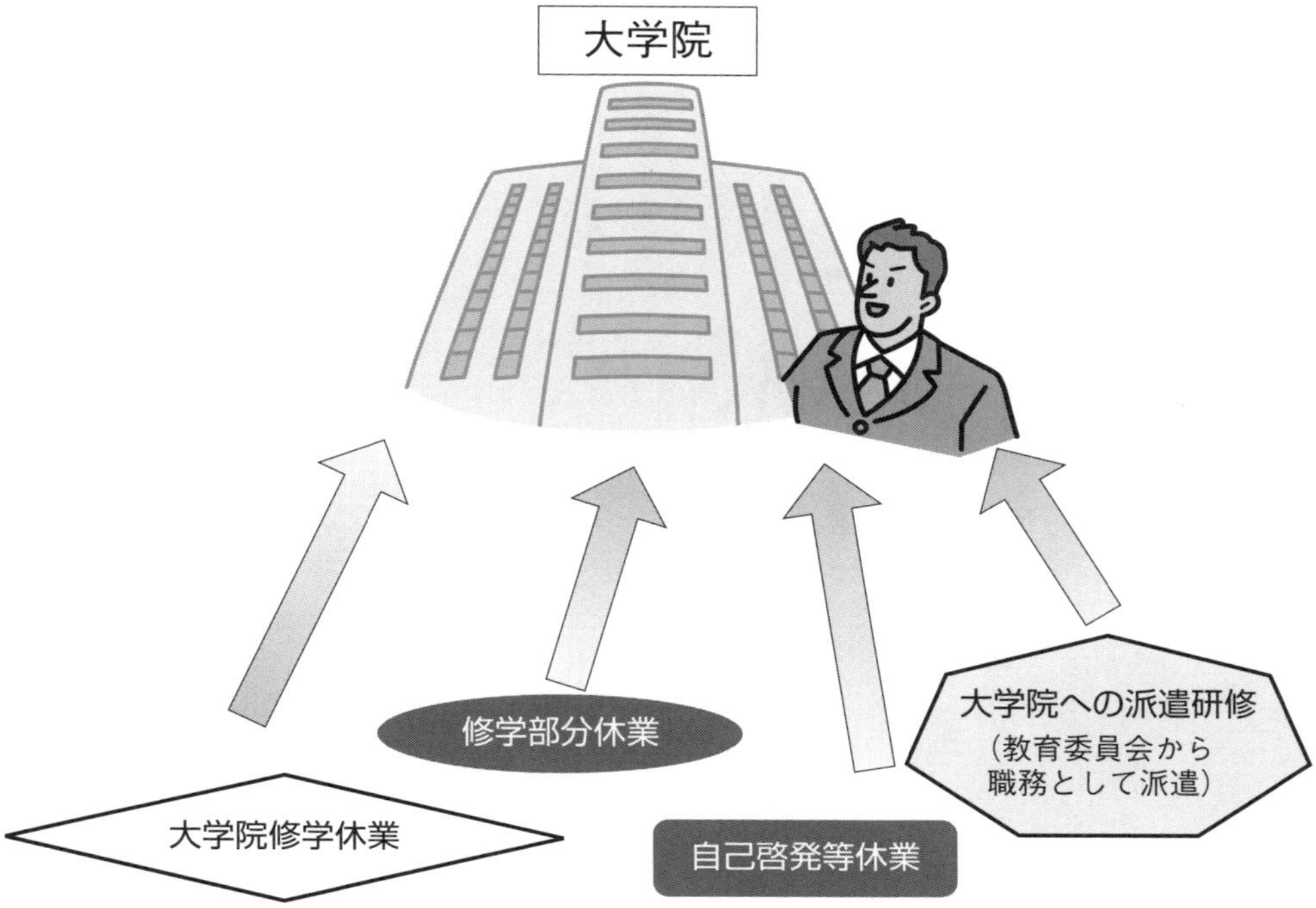

	大学院修学休業	修学部分休業	自己啓発等休業
要　件	専修免許状の取得を目的としている場合	公務の運営に支障がなく，公務に関する能力の向上に資すると認められる場合	公務の運営に支障がなく，公務に関する能力の向上に資すると認められ，大学等課程の履修，国際貢献活動を目的としている場合
休業期間	３年を超えない範囲内（年を単位として）	修学に必要と認められる期間として条例で定める期間中の１週間の勤務時間の一部	３年を超えない範囲内において条例で定める期間
効　果	地方公務員の身分を保有するが職務には従事しない	勤務時間の一部において職務には従事しない	開始していた時に就いていた職（自己啓発等休業の期間中に異動した職）を保有するが職務に従事しない
給　与	支給なし	条例の定めるところにより減額して支給	支給なし
対　象	公立学校教員 主幹教諭 指導教諭 教諭 養護教諭 栄養教諭 講師　等	地方公務員（臨時職員，任期付職員，非常勤職員を除く）	地方公務員（臨時職員，任期付職員，非常勤職員を除く）
根拠法	教育公務員特例法26条～28条	地方公務員法26条の２	地方公務員法26条の５
備　考		必要な事項は条例で定める	必要な事項は条例で定める

教員免許状の種類と失効要件

教職員⑪

解説――日本の学校（幼稚園、小学校、中学校、義務教育学校、高等学校、中等教育学校及び特別支援学校）においては、原則として校種や教科に対応した免許状を保持する者しか教壇に立つことを許されていない（教育職員免許法3条1項）。これを一般に〝相当免許状主義〟と呼ぶ。現行法制上、免許状には、普通免許状、特別免許状、臨時免許状の3種類が存在し、いずれも都道府県の教育委員会が授与権者と定められている（4条1項、5条6項）。

普通免許状は、教諭の免許状、養護教諭の免許状、栄養教諭の免許状に分かれ、それぞれ専修免許状、一種免許状、二種免許状（高等学校を除く）がある。いずれも文部科学省の指定する大学等（教職課程）において必要な単位を修得するか、教育職員検定（教員資格認定試験）に合格した者に授与される。ただし、二種免許状は上級免許への切り替えが努力義務となっている（9条の2）。特別免許状は、社会の有為な人材を登用するための制度として、1988（昭和63）年に制度化された。臨時免許状は、普通免許状を有する者を採用することができない場合に限って、教育職員検定に合格した者に授与されるものである。なお、これらの免許状には、共通の欠格条項が存在し、①18歳未満の者、②高等学校を卒業していない者、③禁錮以上の刑に処せられた者（※）、④免許状が失効し3年を経過していない者、⑤免許状取上げの処分を受け3年を経過していない者、⑥日本国憲法又はその下に成立した政府を暴力で破壊することを主張する政党等を結成し、又は加入した者には、免許状を授与することは認められていない（5条1項）。

教育職員免許法によれば、免許状を有する者が一定の事由に該当するに至った場合、免許状が失効（10条）し、あるいはその取上げ（11条）が行われる。すなわち、前記欠格要件の③⑥に新たに該当したとき、公立学校の教員が懲戒免職処分、分限免職処分を受けたときは、免許状は失効する。また、免許管理者は、ⓐ国立学校、公立大学法人が設置する学校又は私立学校の教員が公立学校教員の懲戒免職の事由に相当する事由により解雇されたと認められるとき、ⓑ国立学校、公立大学法人が設置する学校又は私立学校の教員が公立学校教員の分限免職の事由に相当する事由により解雇されたと認められるとき、ⓒ条件付採用又は臨時的任用の公立学校の教員が分限免職の事由に相当する事由により免職の処分を受けたと認められるとき、ⓓ教育職員以外の免許状保持者が法令の規定に故意に違反し、又は教育職員たるにふさわしくない非行があって、その情状が重いと認められるときは免許状を取り上げることができる。

（※）2025（令和7）年6月1日より、拘禁刑以上の刑に処せられた者。

教員免許状

◉普通免許状　──　効力　・全ての都道府県

（専修免許状，一種免許状，二種免許状）

◉特別免許状　──　効力　・授与権者の置かれる都道府県のみ

◉臨時免許状　──　効力　・授与から３年間
・授与権者の置かれる都道府県のみ

ただし次に該当すると

- 禁錮以上の刑に処せられた者 (※)
- 日本国憲法又はその下に成立した政府を暴力で破壊することを主張する政党その他の団体を結成し，又はこれに加入した者
- 公立学校の教員であって懲戒免職の処分を受けたとき
- 公立学校の教員であって分限免職の処分を受けたとき

⇒ **失効**

- 国立学校，公立大学法人が設置する学校又は私立学校の教員であって，公立学校教員の懲戒免職の事由に相当する事由により解雇されたと認められるとき
- 国立学校，公立大学法人が設置する学校又は私立学校の教員であって，公立学校教員の分限免職の事由に相当する事由により解雇されたと認められるとき
- 条件付採用又は臨時的任用の公立学校の教員であって，分限免職の事由に相当する事由により免職の処分を受けたと認められるとき
- 免許状を有する者（教育職員以外の者に限る）が，法令の規定に故意に違反し，又は教育職員たるにふさわしくない非行があって，その情状が重いと認められるとき

⇒ **取上げ**

教職大学院の役割・機能

教職員⑫

解説――中央教育審議会は、２００６（平成18）年「今後の教員養成・免許制度の在り方について（答申）」を公にし、学校教育が抱える課題の複雑・多様化、教員に対する信頼の揺らぎ、教員の多忙化と同僚性の希薄化、退職者の増加に伴う量及び質の確保を課題とした。「教職大学院」は、〝教職課程の質的水準の向上〟、〝教員免許更新制の導入〟と共に打ち出された具体的対応の一つである。

　教職大学院は、〝新規学卒者〟を対象とする新人教員の養成と、〝現職教員〟を対象とするスクールリーダーの養成という「双子の目標」を有している。すなわち、学部段階で教員としての基礎的・基本的な資質能力を修得した者の中から、より実践的な指導力・展開力を備え、学校づくりの有力な一員となり得る新人教員を養成することと、一定の教職経験を有する現職教員を対象に、地域や学校における指導的役割を果たし得る教員として不可欠である確かな指導理論と優れた実践力・応用力を備えた「スクールリーダー」の養成が目指されることになる。

　教職大学院は、高度な専門的職業能力を備えた人材の育成を目指すいわゆる専門職大学院として位置づけられている。この観点から、教育委員会や学校現場など教員を受け入れる側（デマンド・サイド）との連携を重視するという基本理念に立ち、〝実践力〟の養成に重点が置かれる。具体的には、第一に、45単位以上とされる必要単位数のうち、10単位以上が学校実習に割り当てられた（実務経験による代替可）。また、教育課程については、①教育課程の編成・実施に関する領域、②教科等の実践的な指導方法に関する領域、③生徒指導、教育相談に関する領域、④学級経営、学校経営に関する領域、⑤学校教育と教員の在り方に関する領域が必須とされている。したがって学校実習は、授業実習にとどまるものではなく、学校運営、学級経営、生徒指導、教育課程経営等、学校の教育活動全体について総合的に体験・考察する機会となる。なお、理論と実践の融合を目指すという観点から、専任教員のうち４割以上を、教員や指導主事、医療・福祉関係者、企業関係者等の実務家教員とすべきことが義務づけられている。

　なお、２０２２（令和４）年の中央教育審議会「「令和の日本型学校教育」を担う教師の養成・採用・研修等の在り方について～「新たな教師の学びの姿」の実現と、多様な専門性を有する質の高い教職員集団の形成～（答申）」における提言を踏まえ、学部教育と教職大学院教育との有機的な連携・接続を図る観点から、２０２３（令和５）年、専門職大学院設置基準が改正された。これにより、学部学生を含む大学院入学資格を有さない者が教職大学院入学前に科目等履修生として修得した単位についても、教職大学院入学後の単位認定及び修業年限の通算が可能となった（30条）。

●・・教職大学院の主な目的と機能・・●

①学部段階で教員としての基礎的・基本的な資質能力を修得した者の中から，さらにより実践的な指導力・展開力を備え，新しい学校づくりの有力な一員となり得る新人教員の養成

②一定の教職経験を有する現職教員を対象に，地域や学校における指導的役割を果たし得る教員等として不可欠である確かな指導理論と優れた実践力・応用力を備えた「スクールリーダー」の養成

※「スクールリーダー」：校長・教頭等の管理職などの特定の職位を指すものではない。
社会的背景の中で，将来管理職となる者も含め，学校単位や地域単位の教員組織・集団の中で，中核的・指導的な役割を果たすことが期待される教員を指す。

教職大学院の教育課程・授業内容

㊎ コース（分野）別選択科目部分

〔教科教育系〕	〔生徒指導系〕	〔学校経営系〕など
共通科目（基本科目）部分		
学校における実習		

授業内容の注意点

①教員に必要な実践的な指導技術を獲得させるものであること
②その指導技術を活用する背景・必要性・意味について説明できるものであること
③授業観察・分析，模擬授業，現場における実践活動，フィールドワーク等教育現場における検証を含むものであること

指導者

大学院専任教員
- 研究者
- 実務家教員（専任教員の４割以上）

～実務家教員の例～

◆教員，教員経験者
◆教育センター職員
◆指導主事
◆医療機関関係者（医師など）
◆家庭裁判所関係者（調査官など）
◆福祉関係者（児童相談所職員，児童福祉司）など

中央教育審議会「今後の教員養成・免許制度の在り方について（答申）」（2006年）を基に作成

公務上の災害と災害補償

教職員⑬

解説――労働災害補償（いわゆる「労災」）は、自己の労働力を提供し、その対価を得て生活を営む勤労者を保護するための制度である。勤労者が労働災害によって収入を得る道が絶たれたとき、その生活を保障することは、労働法制の永遠の課題であり、その一般法として労働者災害補償保険法が制定されている。

地方公務員としての身分を有する公立学校教員については、地方公務員法に根拠規定が設けられている。職員が公務に因り死傷した場合等には、「その者又はその者の遺族若しくは被扶養者がこれらの原因によって受ける損害は、補償されなければならない」（45条1項）。地方公務員災害補償法は、これを具体化した法律であり、労働者災害補償保険法の特別法としての性格を有している。同法は、地方公務員が、公務上、負傷、疾病、障害、死亡に至った場合、あるいは合理的な経路に基づく通勤途上に同種の災害に見舞われた場合に適用される。同法に基づき、地方公共団体に代わって補償を行う地方公務員災害補償基金が設けられており（3条）、その本部を東京都に置くとともに、各都道府県及び地方自治法上の〝指定都市〟ごとに支部を設置している（4条）。適用対象は、一般職、特別職を問わず原則として常勤職員の全てに及ぶ。しかし、非常勤職員であったとしても再任用短時間勤務職員等、適用対象となる場合もある。

また、補償は、①療養補償、②休業補償、③傷病補償年金、④障害補償、⑤介護補償、⑥遺族補償、⑦葬祭補償の7種類に区分されている（25条）。災害の発生により自動的に給付が行われるわけではなく、③の傷病補償年金を除き、被災者等の請求に基づき給付の可否が決定されることになる（請求主義）。

なお、公務災害と認定されるためには、「公務遂行性」と「公務起因性」の二つの要件を満たす必要がある。公務遂行性とは、災害が任命権者の支配・管理下で生じたことを指す。他方、公務起因性は、公務と災害の発生の間に「相当因果関係」が存在していることを意味する。負傷の場合は因果関係の認定が比較的容易であるが、過労死等、疾病に基づく場合はその認定をめぐって紛争が生じることも少なくない。

関連法規・資料

【地方公務員法】

45条1項　職員が公務に因り死亡し、負傷し、若しくは疾病にかかり、若しくは公務に因る負傷若しくは疾病により死亡し、若しくは障害の状態となり、又は船員である職員が公務に因り行方不明となつた場合においてその者又はその者の遺族若しくは被扶養者がこれらの原因によつて受ける損害は、補償されなければならない。

労働者としての教員　＝　自らの労働力を提供することで対価を得て生活を営む

↓ 労働の過程で

災害の危険

生活できなくなるおそれ

↓ そこで，

○予防措置
○事後的救済　→

負傷，疾病，障害又は死亡

公務上の災害又は通勤による災害に対する補償の迅速かつ公正な実施

↓

地方公務員及びその遺族の生活の安定と福祉の向上に寄与する

公務上の災害又は通勤による災害の認定基準

公務上の災害

公務遂行性　＋　**公務起因性**

公務遂行性：任命権者の支配管理下にある状況で災害が発生した場合

公務起因性：公務と災害の間に相当因果関係がある場合

負傷　→公務と災害の因果関係の認定が比較的容易

疾病　→公務に起因して発生したかの判断が困難

通勤による災害

勤務のため，住居と勤務場所との間を合理的な経路，方法により往復する時に災害が発生した場合

参照　第４章ケーススタディ学校教育紛争⑩

セクシュアル・ハラスメントの防止

教職員⑭

解説――セクシュアル・ハラスメントとは、「相手の意に反し不快にさせるような性的な言動若しくは行為」をいう。性的関係の強要や故意に身体に触れる、ストーカー類似行為はもとより、「女のくせに」といった固定的性別役割分担意識に基づく発言や相手の容姿に関わる発言に至るまで、その内容は多様である。この点、人事院規則10－10は、「他の者を不快にさせる職場における性的な言動及び職員が他の職員を不快にさせる職場外における性的な言動」と定義している（2条1号）。職場におけるセクシュアル・ハラスメントは、①対価型と②環境型に二分される。性的な誘い、性的行為の要求、性的な意味を含む発言や行為に従うことが明示的、黙示的に雇用上の条件とされ、あるいは採否の決定的要因となる場合が対価型に当たる。これに対して環境型とは、労働者の意に反する性的な言動により労働者の就業環境が不快なものとなったため、能力の発揮に重大な悪影響が生じ、就業上看過できない程度の支障が生じる場合である。

雇用の分野における男女の均等な機会及び待遇の確保等に関する法律（男女雇用機会均等法）は、事業主に対してセクシュアル・ハラスメントの防止義務を課している。「職場において行われる性的な言動に対するその雇用する労働者の対応により当該労働者がその労働条件につき不利益を受け、又は当該性的な言動により当該労働者の就業環境が害されることのないよう」、「雇用管理上必要な措置を講じなければならない」（11条1項）。管理職は、この規定に留意し、教職員の勤務環境に常に注意を払い、ミーティング、研修会等を通した注意喚起、意識の向上に努めるとともに、相談に対して、迅速かつ真摯に対応する姿勢が求められる。学校教育にあっては、児童生徒、保護者もセクシュアル・ハラスメントの被害者となる可能性を有している。したがって、教職員相互間のセクシュアル・ハラスメントの防止に努めるだけではなく、教職員と保護者、教職員と児童生徒間の関係にも留意する必要がある。

なお、２０１６（平成28）年の男女雇用機会均等法の改正により、事業主に対し、職場における妊娠・出産等に関するハラスメント（いわゆるマタニティ・ハラスメント）の防止措置義務が新設された（11条の3）。その後、２０１９（令和元）年の改正では、セクシュアル・ハラスメント等の防止対策の強化が行われ、国・事業主・労働者の責務が明確化されると共に、労働者が事業主に相談をしたこと等を理由とする不利益取扱いが禁止されたことにも注意を要する（11条の2、11条2項）。

■関連法規・資料

○事業主が職場における性的な言動に起因する問題に関して雇用管理上講ずべき措置等についての指針（平成18年厚生労働省告示第615号）〔令和2年6月1日適用〕

雇用の分野における男女の均等な機会及び待遇の確保等に関する法律

11条1項 事業主は，職場において行われる性的な言動に対するその雇用する労働者の対応により当該労働者がその労働条件につき不利益を受け，又は当該性的な言動により当該労働者の就業環境が害されることのないよう，当該労働者からの相談に応じ，適切に対応するために必要な体制の整備その他の雇用管理上必要な措置を講じなければならない。

職場 とは

労働者が業務を遂行する場所

〈職場の例〉

取引先の事務所，取引先との打合せをするための飲食店，顧客の自宅，出張先，業務で使用する車中，取材先

性的な言動 とは

1．性的な内容の発言 ―― 性的な事実関係を尋ねること
性的な内容の情報(噂)を意図的に流布すること
性的な冗談やからかい
食事やデートへの執拗な誘い 等

2．性的な行動 ―― 性的な関係を強要すること
必要なく身体へ接触すること
わいせつ図画を配布・掲示すること
強制わいせつ行為・強姦 等

注意 （性別等に関係なく以下の全ての関係においてセクハラとなりうる）

職場におけるセクシュアル・ハラスメントの態様

① **対価型**
○望まない性的な誘い
○性的行為の要求
○性的な意味を含む発言や行為
に従うことが **明示的・黙示的** に雇用上の条件，採否の決定的要因

② **環境型**
○労働者の意に反する性的な言動により労働者の就業環境が不快なものとなり，就業上看過できない程度の支障が生じる場合

パワーハラスメントの防止

教職員⑮

解説――2020（令和2）年6月、改正労働施策総合推進法（労働施策の総合的な推進並びに労働者の雇用の安定及び職業生活の充実等に関する法律）が施行された。パワハラ防止法として知られる法律である。同法の施行によって、事業主には、「職場において行われる優越的な関係を背景とした言動であつて、業務上必要かつ相当な範囲を超えたものによりその雇用する労働者の就業環境が害されることのないよう、当該労働者からの相談に応じ、適切に対応するために必要な体制の整備その他の雇用管理上必要な措置を講じ」ること等が義務づけられた（30条の2第1項）。いわゆるパワハラ防止義務であり、民間企業のみならず、地方公共団体についても同様の義務が生じることに留意する必要がある。

ここでいうパワハラとは、職場において行われる、①優越的な関係を背景とした言動であって、②業務上必要かつ相当な範囲を超えたものにより、③労働者の就業環境が害されるものを指す。この三つの要件が揃ってはじめてパワハラとなる。ただし、客観的にみて、業務上必要かつ相当な範囲で行われる適正な業務指示や指導はパワハラには該当しない。

まず、「優越的な関係」とは、言動を受ける職員が抵抗又は拒絶することができない蓋然性が高い関係を背景として行われるものをいい、単に上司の言動だけに止まらない。同僚・部下の言動であっても、その者が業務上の高い知識・技能を有していたり、その者の協力なしでは業務の円滑な遂行が困難であったり、集団による行為でこれに抵抗又は拒絶することが困難である場合等を含むと解されている。

次に、「業務上必要かつ相当な範囲を超える」とは、明らかに業務上必要性がない言動のみならず、業務の目的を大きく逸脱した言動や業務の目的を達成するための手段として不適当な言動等を指す。当該行為の回数・時間、当該言動の行為者の数等も判断材料となり、最終的には社会通念によって決定される。

第三の要件である、「就業環境が害される」とは、労働者の能力の発揮に大きな影響が生じる場合を指す。身体的苦痛か、精神的苦痛かの区別は問わず、一般的な労働者を基準に影響が生じる程度に達していたか否かをもって判断することになる。

なお、「職場」とは、労働者が業務を遂行する場所を意味し、通常就業している場所のみならず、出張先等、業務を遂行する場所は全て含まれることに注意を要する。また、「労働者」とは、正規雇用の労働者に限定されない。パートタイム労働者や契約職員等、非正規雇用の労働者を含めて、事業者が雇用する者全てを含む概念である。

■関連法規・資料

○事業主が職場における優越的な関係を背景とした言動に起因する問題に関して雇用管理上講ずべき措置等についての指針（令和2年厚生労働省告示第5号）

状況

都道府県労働局への相談内容
→職場でのいじめ・嫌がらせが多い

⇒ **職場のパワーハラスメント対策の強化が必要！**

パワーハラスメント防止対策の法制化（2019年）

労働施策の総合的な推進並びに労働者の雇用の安定及び職業生活の充実等に関する法律（労働施策総合推進法）の改正

（2020年６月施行）

◇職場におけるパワーハラスメントの３要素◇

①優越的な関係を背景とした言動
②業務上必要かつ相当な範囲を超えた言動
③就業環境が害される

◇代表的な言動の類型◇

①身体的な攻撃（暴行・傷害）
②精神的な攻撃（脅迫・名誉棄損・侮辱・ひどい暴言）
③人間関係からの切り離し（隔離・仲間外し・無視）
④過大な要求
⑤過小な要求
⑥個の侵害（私的なことに過度に立ち入ること）

事業主

パワーハラスメント防止のための雇用管理上の措置を講じること
⋮
義務化

》》》

地方公共団体にも同様の義務が生じる！

教員による性暴力の防止

教職員⑯

解説――2021（令和3）年6月、わいせつ教員対策法（教育職員等による児童生徒性暴力等の防止等に関する法律）が公布された。改めて指摘するまでもなく、子どもを守り育てる立場にある教員が児童生徒に対してわいせつ行為を行うことは、あってはならない。「教育職員等は、児童生徒性暴力等をしてはならない」（3条）と宣言する同法には、その抑止力としての期待が寄せられている。

わいせつ教員対策法は、教育職員等による児童生徒性暴力等が児童生徒等の権利を著しく侵害し、児童生徒等に対し生涯にわたって回復し難い心理的外傷その他の心身に対する重大な影響を与えることを重視し、その尊厳を保持するため、教育職員等による児童生徒性暴力等の防止等に関する施策を推進し、もって児童生徒等の権利利益の擁護に資することを目的としている（1条）。文部科学大臣が定める基本指針（12条）の下、児童生徒等の安心の確保、被害児童生徒等の保護、適正かつ厳格な懲戒処分等を基本に据え、その実現が目指されることになる。

同法で言う「児童生徒等」には、学校に在籍する幼児児童生徒と、学校に在籍していない18歳未満の者が含まれる。そして、児童生徒等に対し、懲戒免職処分の対象となり得る行為を行うこと、例えば刑法177条1項の不同意性交等罪が規定する性交等をすること（させること）や、衣服その他の身に着ける物の上から又は直接に人の性的な部位その他の身体の一部に触れること等を「児童生徒性暴力等」と定義している。

同法の最大の特徴は、児童生徒性暴力等を行い、教員免許状が失効・取上げとなった者（特定免許状失効者等）に対し、教育職員免許法よりも厳格な手続きを求め、再免許を限定的なものにした点にある。

同法の下、特定免許状失効者については、その後の事情から再び免許を授与するのが適当である場合に限り、免許を授与することができる。

授与権者が再び免許状を授与するに当たっては、あらかじめ都道府県の教育委員会に置かれる「都道府県教育職員免許状再授与審査会」の意見を聴くことが求められる（22条2項）。再免許の特例が職業選択の自由に対する制約となるところから、公正を期すための手続きといえる。また、特定免許状失効者等に関する正確な情報を把握するため、データベースが整備されている（15条）。なお、2024（令和6）年6月、こどもと接する仕事に就く際に性犯罪歴がないことを証明する「日本版DBS」（Disclosure and Barring Service）制度を導入するため、こども性暴力防止法（学校設置者等及び民間教育保育等事業者による児童対象性暴力等の防止等のための措置に関する法律）が成立した。今後、学校や認可保育所などは性犯罪歴照会が義務とされ、認可外保育所や放課後児童クラブ、学習塾などは一定の要件を満たし認定を受けた場合に性犯罪歴照会の対象となる。

教育職員等による児童生徒に対する
わいせつ行為に関する問題の頻発

教育職員等による児童生徒性暴力等の防止等に関する法律の制定
（2021年６月４日公布，2022年４月１日施行）

☆文部科学大臣：基本指針を策定

児童生徒等とは

①学校に在籍する幼児児童生徒 **又は** ②18歳未満の者

在学している子ども
だけが対象ではない！

児童生徒性暴力等とは

①児童生徒等に性交等をすること，させること
②児童生徒等に性交等を除くわいせつな行為をすること，させること など

再免許の特例

◇児童生徒性暴力等を行い，教員免許状が失効・取上げの処分を受けた教員

＝

「特定免許状失効者等」

◇処分の原因となった児童生徒性暴力の内容等を踏まえ，再び免許状を授与するのが適当な場合に限り授与する。

都道府県教育委員会は再授与にあたり，
都道府県教育職員免許状再授与審査会の意見を聴かなければならない

データベースの整備

◇国：特定免許状失効者等の氏名，失効・取上げの原因となった事実等に関する情報に係るデータベースの整備を講ずる！
◇都道府県教育委員会：データベースに特定免許状失効者等について迅速に記録する。

平成29・30年版 学習指導要領の要点

教育課程①

解説――2016（平成28）年12月、中央教育審議会は、「幼稚園、小学校、中学校、高等学校及び特別支援学校の学習指導要領等の改善及び必要な方策等について（答申）」を発表した。これを受けて、2017（平成29）年3月、小学校・中学校の学習指導要領が公示され、高等学校学習指導要領は、2018（平成30）年3月に公示された。

今回の改訂の基本的な考え方は、①教育基本法、学校教育法等を踏まえ、子どもたちが社会を切り拓くための資質・能力を一層確実に育成すること、②平成20・21年版学習指導要領の枠組みや教育内容を維持した上で、知識の理解の質をさらに高め、確かな学力を育成すること、③道徳教育の充実、体験活動の重視、体育・健康に関する指導の充実によって豊かな心や健やかな体を育成することにある。

基本的な考え方のうち、知識の理解の質を高め、「主体的・対話的で深い学び」を実現するため、①どのような知識及び技能を身に付けさせるのか、②学習活動を通じてどのように思考力、判断力、表現力等を育成するのか、③学びに向かう力や人間性等の涵養に関し、どのような態度を養うのかという三つの柱で記述内容の整理が行われた。子どもが、「何ができるようになるか」という点を明確化させるための変更点といえる。

また、学習効果の最大化を図るため、各学校が、カリキュラム・マネジメントを確立することが重要であることも示されている。このほか、今回の改訂から新たに、学習指導要領等を定めるに当たっての考えが「前文」として設けられた点も注目に値すると言えよう。

教育内容の主な改善事項は、平成20・21年版学習指導要領の方向性を引き継いだものと、今回の改訂でその他重要事項として掲げられたものがある。

前者としては、①言語能力の確実な育成、②理数教育の充実、③伝統や文化に関する教育の充実、④道徳教育の充実、⑤体験活動の充実、⑥外国語教育の充実がある。一方、後者としては、①初等中等教育の一貫した学びの充実、②主権者教育、消費者教育、防災・安全教育などの充実、③情報活用能力の育成（プログラミング教育を含む）、④部活動の運営の適正化、⑤子どもたちの発達の支援（障害に応じた指導、日本語の能力等に応じた指導、不登校等）等があげられる。

また、授業時数など教育課程の基本的枠組みについては、小学校5・6年生に教科「外国語」が、3・4年生に外国語活動が導入され、これを受けて3年生以上の総授業時数が増加することになった。中学校については、平成20年版学習指導要領に示されているそれと変化はない。

2017年３月――小学校学習指導要領，中学校学習指導要領の公示
（全面実施：小学校…2020年度，中学校…2021年度）

標準授業時数の変化

◇小学校

教科「外国語」の新設 ➡ ５年生・６年生 標準授業時数70ずつ増加

外国語活動 ➡ ５・６年生での実施から３・４年生での実施へ

~~５年生・６年生 標準授業時数35ずつ減少~~ ➡ ３年生・４年生 標準授業時数35ずつ増加

◇中学校は平成20年版学習指導要領に示された時数と<u>変化なし</u>

教育内容の改善

- 言語能力の確実な育成
- 理数教育の充実
- 伝統や文化に関する教育の充実
- 道徳教育の充実
- 体験活動の充実
- 外国語教育の充実

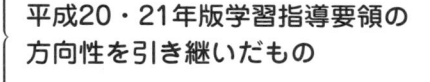

→ 平成20・21年版学習指導要領の方向性を引き継いだもの

- その他の重要事項
  - ① 初等中等教育の一貫した学びの充実
  - ② 主権者教育，消費者教育，防災・安全教育などの充実
  - ③ 情報活用能力の育成（プログラミング教育を含む）
  - ④ 部活動の運営の適正化
  - ⑤ 子どもたちの発達の支援
（障害に応じた指導，日本語の能力等に応じた指導，不登校等）

今回の改訂で
その他重要事項として掲げられたもの

学習指導要領の法的拘束力と基準性

教育課程②

解説――学校教育法は、小学校の教育課程に関する事項は、「文部科学大臣が定める」と規定し、教育課程に関する事項を規定する権限を文部科学大臣に付与した（33条）。学校教育法施行規則は、この規定を受け、小学校の教育課程については、「教育課程の基準として文部科学大臣が別に公示する小学校学習指導要領による」として、文部科学大臣が公示する〝学習指導要領〟を教育課程の基準とすべきことを示している（52条）。

学習指導要領の法的拘束力については、教育内容の決定権は〝教師〟を中心とする〝国民〟にあるとするいわゆる「国民の教育権」論者から強力な疑義が提起されてきた。しかし、最高裁判所は、旭川学力テスト訴訟（最高裁判所大法廷判決昭和51年5月21日）以降、徐々に学習指導要領が法規としての性質を有するとの立場を強め始めた。特に、福岡伝習館高等学校訴訟（最高裁判所第一小法廷判決平成2年1月18日）以後は、学習指導要領が学校現場に対して法的拘束力を有するとの立場を明確に支持し、今日に至っている。

平成10年版の学習指導要領は、〝ゆとり〟ある教育環境の創造と、特色ある学校づくりの推進を前面に打ち出した。そして、この目標を達成するために、教育内容を基礎・基本に関わる事項に〝厳選〟することを明記している。だが、学力低下批判が激化する中、2002（平成14）年1月の「確かな学力の向上のための2002アピール『学びのすすめ』」や、同年に出された「個に応じた指導に関する指導資料―発展的な学習や補充的な学習の推進―」等において、文部科学省は、学習指導要領の〝最低基準性〟を強調し、「発展的な学習」を容認する姿勢を強めていくことになる。その終着点が、発展的な学習に対する「はどめ規定」の記述の見直しを含む学習指導要領の部分改訂である（平成15年改訂）。平成10年版学習指導要領の本格実施からわずか2年弱（高等学校は1年弱）という異例の出来事であった。この部分改訂により学習指導要領は、全ての学校が取り扱い、誰もが学ぶべき事項を定めた、文字どおりの〝最低基準〟となった。なお、平成20年版の学習指導要領において、「はどめ規定」は原則削除され、指導要領が国の〝最低基準〟であることが確認された。現在、学校の裁量によって必要に応じ、この基準以上の学習を行うことが可能となっている。

関連法規・資料

【学校教育法】

33条　小学校の教育課程に関する事項は、第29条及び第30条の規定に従い、文部科学大臣が定める。

【学校教育法施行規則】

52条　小学校の教育課程については、この節に定めるもののほか、教育課程の基準として文部科学大臣が別に公示する小学校学習指導要領によるものとする。

◉学校教育法33条

「小学校の教育課程に関する事項は，……**文部科学大臣**が定める」

委任

◉学校教育法施行規則52条

「小学校の教育課程については，……教育課程の基準として**文部科学大臣**が別に公示する小学校学習指導要領によるものとする」

学習指導要領に法的拘束力あり！

法的拘束力をめぐる判例

●福岡伝習館高等学校訴訟
最高裁第一小法廷判決
平成２年１月18日

●旭川学力テスト訴訟
最高裁大法廷判決
昭和51年５月21日

学習指導要領の「最低基準性」に関する規定の変更

改　正　前
平成10年12月告示

※最低基準性を示すような記述あり

しかしながら…

教科書検定において
学習指導要領は上限規定
として扱われてきた

改　正　後
平成15年12月一部改正

①*学習指導要領≠絶対基準*

②*最低基準性の明確化*

さらに…

③*発展的な学習の容認*

※平成20年版，平成29年版学習指導要領においても，学習指導要領の最低基準性が確認されている。

参照　第４章ケーススタディ学校教育紛争①・②

道徳の教科化

教育課程③

解説——2015（平成27）年3月、学校教育法施行規則の一部改正により、従来の「道徳」が「特別の教科である道徳」へ改められることになった。これに伴い、小学校、中学校及び特別支援学校小学部・中学部学習指導要領が一部改正され、これまでの道徳の時間に代えて「特別の教科 道徳」が新たに位置づけられた。

ただし、道徳専門の教員免許状の創設は見送られた。そのため「特別の教科 道徳」は、引き続き学級担任が担当することが原則とされている。

また、他の「教科」とは異なり、「特別の教科 道徳」の評価は記述式であり、「他の児童との比較による評価ではなく、児童がいかに成長したかを積極的に受け止めて認め、励ます個人内評価」を行うことになる。「道徳性は、児童の人格全体に関わるものであり、数値などによって不用意に評価してはならない」ことが『小学校学習指導要領解説 特別の教科 道徳編』（文部科学省、平成29年7月）に明記されている。

「特別の教科 道徳」が全面的に実施されたのは、小学校等は2018（平成30）年度、中学校等は2019（平成31）年度からである。しかし、2015（平成27）年度からは、学習指導要領の一部改正の趣旨を踏まえた取組が可能とされており、そこで課題となっていたのが「教科書」であった。全面実施に向けて2016（平成28）年度に教科書検定が実施された。

道徳が教科化された背景には、深刻ないじめ問題の発生等がある。教育再生実行会議が第一次提言「いじめの問題等への対応について」（平成25年2月）において、「道徳を新たな枠組みによって教科化し、人間性に深く迫る教育を行う」ことを提言した。

これを受けて、2013（平成25）年3月、「道徳教育の充実に関する懇談会」が文部科学省に設けられ、同年12月に出された報告「今後の道徳教育の改善・充実方策について」において、道徳の時間を「特別の教科 道徳」と位置づけたうえで、道徳教育の目標や指導方法等について改善を行う必要性が打ち出された。

2014（平成26）年10月には、中央教育審議会より「道徳に係る教育課程の改善等について（答申）」が公にされている。答申では、①道徳の時間を「特別の教科 道徳」（仮称）として位置づけること、②目標を明確で理解しやすいものに改善すること、③道徳教育の目標と「特別の教科 道徳」（仮称）の目標の関係を明確にすること、④道徳の内容をより発達の段階を踏まえた体系的なものに改善すること、⑤多様で効果的な道徳教育の指導方法へと改善すること、⑥「特別の教科 道徳」（仮称）に検定教科書を導入すること、⑦一人一人のよさを伸ばし、成長を促すための評価を充実することなどの改善の方向性が示されていた。

教科化の流れ

1958年　学習指導要領（小･中学校）
「道徳」を特設

↓ 道徳教育の充実

2013年２月　教育再生実行会議
「いじめ問題等への対応について」（第一次提言）
道徳を新たな枠組みにより教科化する

2013年３月　「道徳教育の充実に関する懇談会」　＜文部科学省に設置
12月　「今後の道徳教育の改善・充実方策について」（報告）
「特別の教科 道徳」とし，目標や指導方法等についても改善する

2014年10月　中央教育審議会
「道徳に係る教育課程の改善等について」（答申）

2015年３月　学校教育法施行規則の一部改正
学習指導要領の一部改正

2018年４月　小学校等
2019年４月　中学校等
｝「特別の教科 道徳」全面実施

道徳教育の指導方法と目標（小学校）

第１章 総則　第１　小学校教育の基本と教育課程の役割

学校における道徳教育は，特別の教科である道徳（以下「道徳科」という。）を要として学校の教育活動全体を通じて行うものであり，道徳科はもとより，各教科，外国語活動，総合的な学習の時間及び特別活動のそれぞれの特質に応じて，児童の発達の段階を考慮して，適切な指導を行うこと。

道徳教育は，教育基本法及び学校教育法に定められた教育の根本精神に基づき，自己の生き方を考え，主体的な判断の下に行動し，自立した人間として他者と共によりよく生きるための基盤となる道徳性を養うことを目標とすること。

「特別の教科 道徳」の目標

道徳教育の目標に基づき，よりよく生きるための基盤となる道徳性を養うため，道徳的諸価値についての理解を基に，自己を見つめ，物事を多面的・多角的に考え，自己の生き方についての考えを深める学習を通して，道徳的な判断力，心情，実践意欲と態度を育てる。

平成29年版小学校学習指導要領を基に作成

教科書の使用義務

教育課程④

解説——教科書とは、「小学校、中学校、義務教育学校、高等学校、中等教育学校及びこれらに準ずる学校において、教育課程の構成に応じて組織排列された教科の主たる教材として、教授の用に供せられる児童又は生徒用図書であつて、文部科学大臣の検定を経たもの又は文部科学省が著作の名義を有するもの」をいう（教科書の発行に関する臨時措置法2条1項）。学校教育法は、「文部科学大臣の検定を経た教科用図書又は文部科学省が著作の名義を有する教科用図書を使用しなければならない」と規定し、その使用義務を明らかにしている（34条1項、49条、49条の8、62条、70条1項、82条）。この規定を素直に読む限り、学校教育法1条に規定される学校で、およそ初等・中等教育段階に位置する学校は、基本的に教科書の使用義務を負うことになる。

　この解釈に対しては、主に教育法学の立場から、教育条理上、教科書を使用するか否かは教員の任意の選択に委ねられており、仮に使用するとした場合にのみ学校教育法34条1項等の規定に拘束されると解釈すべきとの反論がなされてきた。だが最高裁判所は、福岡伝習館高等学校訴訟において、教科書使用義務違反等を理由とした同校教諭に対する懲戒免職処分を支持し、「教育条理解釈」を退けている（最高裁判所第一小法廷判決平成2年1月18日）。そして、教科書の一般的使用義務を肯定し、その理解が「憲法26条、（旧）教育基本法10条に違反するものでない」ことは明らかであると判示している。教育法学においては、運動論として「教育条理解釈」が多用される傾向にある。だが条理解釈は、解釈を行う者がそこから何を読み込むかで解釈結果が大幅に異なることになり、これを否定した最高裁判所の判断は評価に値するものといえよう。

　しかしながら、教科書は、あくまでも「主たる教材」であり、教育実践にあたっては補助教材等の使用も認められていることに留意する必要がある（学校教育法34条4項）。現在の教育改革の特徴は、児童生徒の興味・関心を引き出し、児童生徒が主体的に取り組む授業展開を重視するところに存在している。これを実現するためには、教科書に書かれた内容を基礎としつつ、それが児童生徒の生きる力を育むものとなるように教えていくことが必要となる。その意味においては、「教科書を教える」のではなく、「教科書で教える」という姿勢が何よりも求められることになろう。

■関連法規・資料

【学校教育法】

34条1項　小学校においては、文部科学大臣の検定を経た教科用図書又は文部科学省が著作の名義を有する教科用図書を使用しなければならない。

4項　教科用図書及び第2項に規定する教材以外の教材で、有益適切なものは、これを使用することができる。

とは，

◉小学校，中学校，義務教育学校，高等学校，中等教育学校及びこれらに準ずる学校において，教育課程の構成に応じて組織排列された教科の主たる教材として，教授の用に供せられる児童又は生徒用図書であること。
◉文部科学大臣の検定を経たもの又は文部科学省が著作の名義を有するものであること。
（教科書の発行に関する臨時措置法２条１項参照）

《教科書の使用義務とその特例》

●学校教育法34条１項

「小学校においては，文部科学大臣の検定を経た教科用図書又は文部科学省が著作の名義を有する教科用図書を使用しなければならない」

※福岡伝習館高等学校訴訟（学校教育法34条１項の教科書の使用義務を肯定）

教科用図書

教科書

①**文部科学大臣の検定を経た教科用図書**
（＝文部科学省検定済教科書）

②**文部科学省が著作の名義を有する教科用図書**
（＝文部科学省著作教科書）

【高等学校等の教科用図書の特例】（学校教育法施行規則89条等参照）

上記①，②がない場合には，設置者の定めるところにより，他の適切な（教科書以外の）教科用図書を使用することができる。

「教科用図書」：教科用図書検定規則２条参照

教科書の無償給付，給与

国 は，義務教育諸学校の児童生徒が使用する教科用図書を購入し，義務教育諸学校の設置者に無償で給付するものとする。

義務教育諸学校の設置者 は，国から無償で給付された教科用図書を，それぞれ当該学校の校長を通じて児童生徒に給与するものとする。

（義務教育諸学校の教科用図書の無償措置に関する法律３条，５条１項）

参照 第４章ケーススタディ学校教育紛争②

教科書採択制度

教育課程⑤

解説――地方教育行政の組織及び運営に関する法律（地教行法）は、教育委員会の職務権限の一つとして、「教科書その他の教材の取扱いに関すること」を定めている（21条6号）。この規定に基づき、公立学校の場合には、その学校を設置する市町村や都道府県の教育委員会が、教科書の採択権限を有している。また、国・私立学校で使用される教科書については、教科書の発行に関する臨時措置法（発行法）7条1項により、校長が採択権限を有していると解されている。

　義務教育段階で使用される教科書については、義務教育諸学校の教科用図書の無償措置に関する法律（無償措置法）や、発行法によって採択方法が定められている（次頁図参照）。公立の義務教育諸学校に特徴的な仕組みとして、無償措置法に基づく「共同採択制」がある。この制度の下、市町村教育委員会は、都道府県教育委員会が設定する広域の採択地区内において、同一の教科書を採択しなければならないとされている。

　ここで問題となるのが、教科書採択権限を有する市町村教育委員会が、採択地区内で協議により選定された教科書とは異なる教科書を採択した場合である。従来、無償措置法は、採択地区内の市町村の教育委員会が「協議して」同一の教科書を採択することを規定するだけで、市町村間における意思統一の手続き等については、特段の定めを置いていなかった。

　しかし、２０１１（平成23）年、採択地区内での協議の結果を尊重せず、単独路線をとる教育委員会が現れた。沖縄県八重山地区教科書問題である。採択地区内の決定に反した教育委員会は国の無償給付の対象外となり、文部科学大臣が地方自治法に基づく法令違反の是正要求を行う等の混乱が生じた。

　こうした事態の再発を防止するため、２０１４（平成26）年4月、無償措置法の改正が行われた。これにより、共同採択地区内の市町村教育委員会には、協議により規約を定め、「採択地区協議会」を設けることが法的に義務づけられることになった（13条4項）。市町村教育委員会は、その協議の結果に基づいて「種目ごとに同一の教科用図書を採択しなければならない」（同条5項）。これまでも採択地区内の多くの市町村教育委員会が採択地区協議会を設けていたが、改正により、この手続きが法定化された形である。ただし、違法と知りながら採択地区協議会の決定に反する採択を行う教育委員会に対し、新たな手立てが整備されたわけではない。

　このほか、都道府県教育委員会が設定する採択地区の設定単位が「市郡」から「市町村」に改められ（12条）、15条では教科書採択の結果及び理由等の公表に関する努力義務規定が新設されている。

教科書採択の権限

公立学校の場合

〈市町村・都道府県教育委員会〉
地方教育行政の組織及び
運営に関する法律21条６号

国・私立学校の場合

〈校　長〉
教科書の発行に関する
臨時措置法７条１項

義務教育諸学校用教科書の採択の仕組み

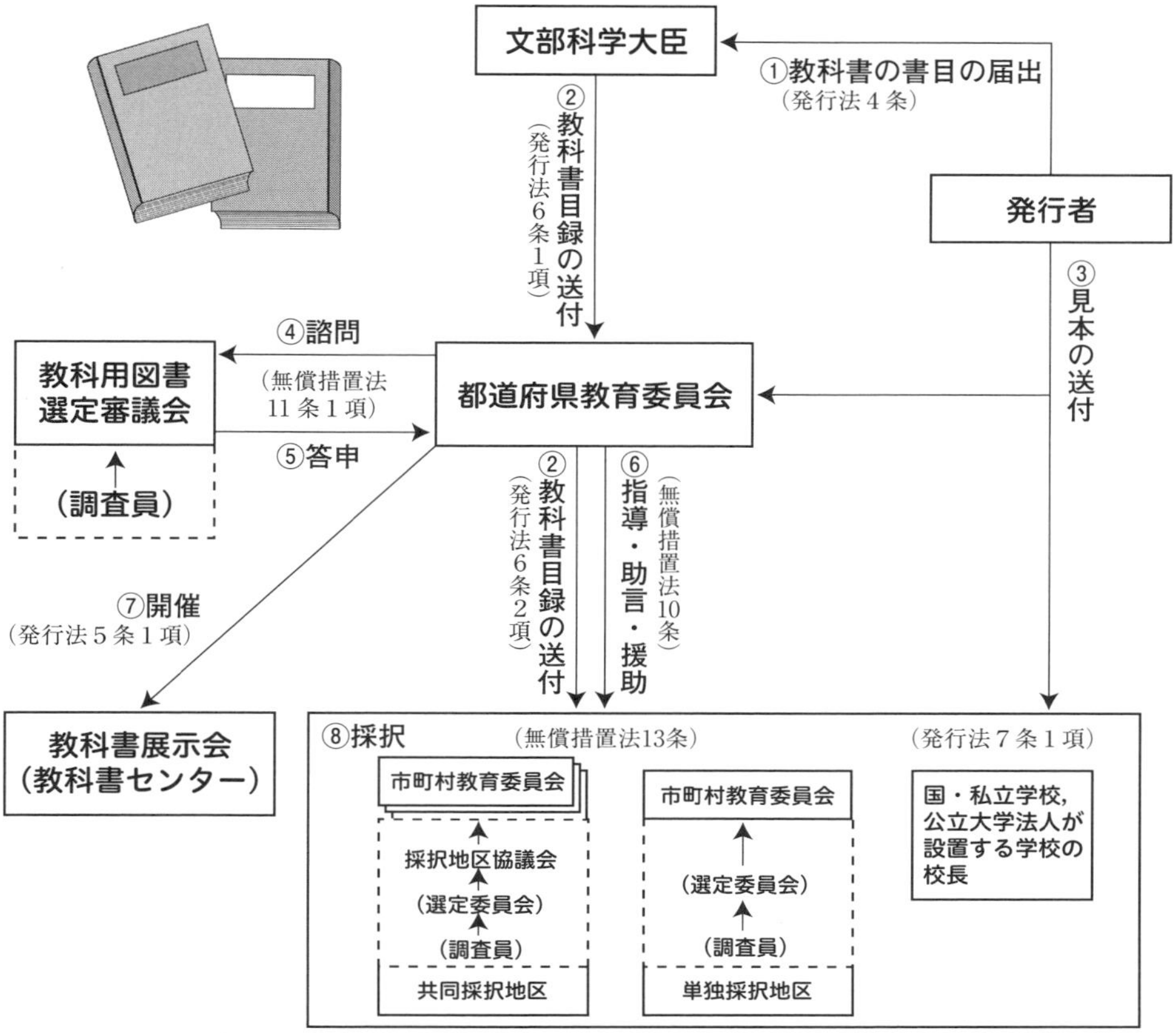

文部科学省HP「教科書採択の方法」を基に作成

デジタル教科書

教育課程⑥

解説——デジタル教科書は、２０１８（平成30）年、学校教育法、著作権法、文部科学省著作教科書の出版権等に関する法律、義務教育諸学校の教科用図書の無償措置に関する法律等の一部を改正することにより実現した制度である（平成31年4月施行）。改正に際し、「情報通信技術の進展等に鑑み、児童生徒の教育の充実を図るため必要があると認められる教育課程の一部において、教科用図書に代えてその内容を記録した電磁的記録である教材を使用することができることとする等の措置を講ずる必要がある」との提案理由が付されている。

ここでいうデジタル教科書とは、紙媒体の教科用図書（教科書）に掲載された内容の全てを、デジタル化に伴い必要な変更を除き、そのまま記録した電磁的記録である教材を意味する（学校教育法34条2項、同施行規則56条の5）。したがって、教科用図書とデジタル教科書の内容が同一であることが求められ、動画やアニメーション等、教科用図書に含まれている内容以外のものについてはデジタル教科書には該当しない。これらを使用する場合には、これまでと同様、学校教育法34条4項に規定する教材、いわゆる補助教材として扱うことになる（文部科学省「学校教育法等の一部を改正する法律の公布について（通知）」30文科初第４９６号平成30年6月25日）。

周知のように、小中高等学校等においては、学校教育法上、「文部科学大臣の検定を経た教科用図書又は文部科学省が著作の名義を有する教科用図書を使用」することが義務づけられている（34条1項等）。しかし、今回の改正により、教科用図書の使用を基本としつつ、デジタル教科書を併用することが可能となった。

まず、「文部科学大臣の定めるところにより、児童の教育の充実を図るため必要があると認められる教育課程の一部において、教科用図書に代えて当該教材を使用することができる」（34条2項）。

また、「視覚障害、発達障害その他の文部科学大臣の定める事由により教科用図書を使用して学習することが困難な児童に対し、教科用図書に用いられた文字、図形等の拡大又は音声への変換その他の同項に規定する教材を電子計算機において用いることにより可能となる方法で指導することにより当該児童の学習上の困難の程度を低減させる必要があると認められるとき」は、やはり文部科学大臣の定めるところにより、「教育課程の全部又は一部において、教科用図書に代えて当該教材を使用することができる」（34条3項）。

教科用図書との併用が原則であることから、教科用図書の採択はこれまで通り行う必要があり、また義務教育諸学校においては教科用図書の無償給与も引き続き行われる。なお、２０２４（令和６）年度から小学校5年生〜中学校3年生を対象に「英語」のデジタル教科書が提供され、「算数・数学」についても段階的に導入される予定である。

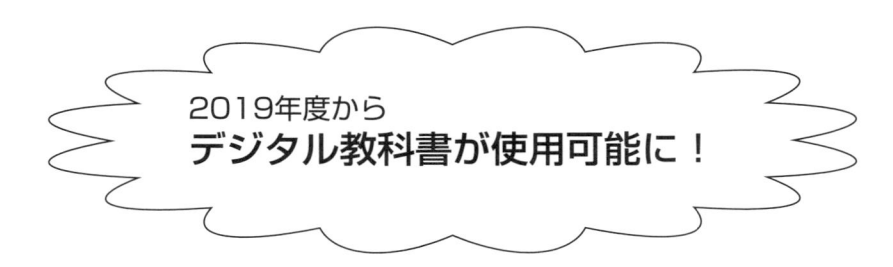

2019年度から
デジタル教科書が使用可能に！

学習者用デジタル教科書とは？

紙の教科書　　学習者用コンピュータ

	学校教育法	使用義務	無償給与	検定制度
紙の教科書	34条１項	○	○ （義務教育段階）	○
学習者用 デジタル教科書	34条２・３項	× （紙の教科書に代えて使用可）	×	× （紙の教科書と同一であるため改めて検定は行わない）

出典）文部科学省「学習者用デジタル教科書の効果的な活用の在り方等に関するガイドライン」（2018年12月，2021年３月改訂）を基に作成

学習者用デジタル教科書を使用する際の基準

「学校教育法第34条第２項に規定する教材の使用について定める件」 平成30年文部科学省告示第237号
（※令和３年文部科学省告示第55号による改正を反映したもの）

１．教育の充実を図るため に使用する場合（34条２項）

①紙の教科書と学習者用デジタル教科書を適切に組み合わせた教育課程を編成すること。
②児童生徒がそれぞれ紙の教科書を使用できるようにしておくこと。
③児童生徒がそれぞれのコンピュータにおいて学習者用デジタル教科書を使用すること。
④採光・照明等に関し児童生徒の健康保護の観点から適切な配慮がなされていること。
⑤コンピュータ等の故障により学習に支障が生じないよう適切な配慮がなされていること。
⑥児童生徒の学習及び健康の状況の把握に特に意を用いること。
⑦学習者用デジタル教科書を使用した指導方法の効果を把握し，その改善に努めること。

２．学習上の困難を低減させるため に使用する場合（34条３項）

（１．の基準に加え）

児童又は生徒の学習上の困難の程度を低減させる観点から，障害等の事由に応じた適切な配慮がなされていること。

補助教材の使用と著作権

教育課程⑦

解説――補助教材とは、一般に、児童生徒が使用する教科用図書以外の教材を指す。具体的には、副読本、年鑑、雑誌、ＶＴＲ、ＰＣ用ソフト等がこれに該当する。学校教育法は、いわゆる「教科書の使用義務」を規定するとともに、教科用図書及びデジタル教科書以外の教材で、「有益適切なものは、これを使用することができる」とし、「補助教材」の使用を明文で容認している（34条4項）。

また、地方教育行政の組織及び運営に関する法律（地教行法）は、学校の管理運営事項の一環として補助教材を教育委員会規則の対象とし、その使用に関し「あらかじめ、教育委員会に届け出させ、又は教育委員会の承認を受けさせることとする定めを設けるものとする」としている（33条2項）。この届け出や承認は、①内容的に問題のある教材の排除、あるいは優れたものの奨励、②保護者の経済的負担に対する考慮等を目的に行われる。なお旧文部省によれば、各校が選定し使用している補助教材に関して不適切であると判断した場合、教育委員会は、事後的に使用禁止措置を取ることも可能であるとされている（文部省初中局地方課長回答昭和28年7月10日）。

近年、学校現場における補助教材の使用に関し、著作権法上の問題が指摘されている。著作権法は、学校その他の教育機関で教育を担任する者及び授業を受ける者に関しては、例外規定を設けている（35条1項前段）。

著作権法上の例外規定は、著作権者の利益を不当に害することを許容するものではない。にもかかわらず、これが拡大解釈され、学校現場では、市販の楽譜やドリル等の大量コピーが行われてきたことは学校関係者にとって周知の事実であろう。知的財産に対する認識が深まる中、現在、その反省が迫られているといえる。

なお、２００４（平成16）年1月からは、授業担当者に加えて、「授業を受ける者」も無許可複製が認められている。この改正の背景には、インターネットその他の多様な情報ツールを駆使し主体的に学習に取り組むことが可能な体制を構築すること、氾濫する情報を収集し判断するメディアリテラシー教育を効果的に行えるようにすることという二つの狙いが存在している。

２０１８（平成30）年には、著作権法改正により、授業目的公衆送信補償金制度が創設された。これは、学校等の教育機関が「一般社団法人授業目的公衆送信補償金等管理協会」（ＳＡＲＴＲＡＳ）に補償金を払うことで、個別に著作者の許諾を得なくても、著作物を利用した授業映像を録画して配信したりすることを可能にする制度である。この改正により、教員が他人の著作物を用いて作成した教材を児童生徒の端末に送信すること等について、補償金を支払えば無許諾で行うことが可能となった。

教科用図書及びデジタル教科書以外の教材で,
「有益適切なものは,これを使用することができる」
(学校教育法34条4項)

Q 当該学校において採用していない教科書準拠の問題集のコピーを授業において教材として配布できますか?

✕ 利用できない!

〈理由〉

著作権法により著作権が保障

例外規定あり

学校その他の教育機関における複製等に関する例外(35条)

授業の教材として使う

＋且つ

豆知識 コピー機による複写はもちろん,手書きや写真による複製もダメ

①営利を目的としない教育機関であること
②授業を担当する教員やその授業等を受ける児童生徒がコピーして配布したりEメールなどインターネットを介して送信したりすること
③本人(教員又は児童生徒)の授業のために使用すること
④コピーの部数やインターネットを介した送信先は,授業で必要な限度内の部数とすること
⑤既に公表された著作物であること
⑥その著作物の種類や用途などから判断して,著作権者の利益を不当に害しないこと
⑦原則として著作物の題名,著作者名などの「出所の明示」をすること(48条)
※メールやクラウドサービス等へのアップロードを含むインターネットを介した送信などをする場合には,教育機関の設置者が補償金を支払う必要がある(授業目的公衆送信補償金制度)。

児童生徒を対象として出版されているドリル等はこれに該当するため ✕

『学校における教育活動と著作権 令和5年度改定版』(文化庁著作権課)を基に作成

全国学力・学習状況調査

教育課程⑧

解説――２００６（平成18）年４月、文部科学省は、全国学力・学習状況調査（全国的な学力調査）を、２００７（平成19）年４月に実施すると発表した。「経済財政運営と構造改革に関する基本方針２００５」（平成17年６月21日閣議決定）や中央教育審議会答申「新しい時代の義務教育を創造する」（平成17年10月26日）を受けた動きである。文部科学省によれば、義務教育の機会均等や一定の教育水準が確保されているか否かを把握し、教育成果、課題等を検証するとともに、教育委員会、学校等が広い視野で教育指導等の改善を図る機会を提供し、一定以上の教育水準を確保するという「双子の目標」を有しているという。確かに、子どもの学力実態を明らかにすることによって、はじめて制度や施策が適切であるかを見直すことが可能となる。そのため、全国学力・学習状況調査の実施は、義務教育段階における「ＰＤＣＡサイクル」を確立するために不可欠なものといえる。

義務教育各校の到達度を把握するために、調査対象には最終学年である小学校６年生と中学校３年生が選ばれた。また、実施教科は、小学校は国語・算数、中学校は国語・数学となった。これは、ＯＥＣＤのＰＩＳＡテストや教育課程実施状況調査等において課題が見られること、いわゆる「読み・書き・計算」が日常生活や全学習の基礎となっている点等を考慮したためである。出題形式は、２０１９（平成31・令和元）年度より、①身に付けておかなければ後の学年等の学習内容に影響を及ぼす内容や、実生活において不可欠であり、常に活用できるようになっていることが望ましい知識・技能等と、②知識・技能を実生活の様々な場面に活用する力や、様々な課題解決のための構想を立て、実践し、評価・改善する力などにかかわる内容を一体的に問うこととされている。

また、文部科学省は、全国学力・学習状況調査の意義を踏まえ、対象教科の検討を行ってきた。その結果、２０１２（平成24）年度には「理科」が追加され、３年に一度程度実施されている。２０１９（平成31・令和元）年度からは、中学３年生に英語が追加され、３年に一度程度実施される。

英語においては、「聞くこと」、「読むこと」、「話すこと」、「書くこと」に関する問題を出題し、記述式の問題を一定割合で導入するとともに、「話すこと」に関する問題の解答は、原則として口述式による（令和５年度全国学力・学習状況調査に関する実施要領）。

なお、調査結果の公表・提供について文部科学省は、①国全体、各都道府県・指定都市、地域の規模等における調査結果を公表する、②教育委員会及び学校に当該教育委員会・学校の調査結果を提供する、③児童生徒に個人票を提供する、としている。

1956〜1966年　全国学力調査実施

旧文部省

学習指導要領改善に役立てる資料を得るために実施

VS

教職員組合

全国学力調査実施は反対！
行政当局による学校運営への介入は排除すべき

旭川学力テスト訴訟最高裁判所判決（最高裁大法廷判決昭和51年５月21日）

○PISA調査結果による学力低下懸念の噴出
○「経済財政運営と構造改革に関する基本方針2005」
○中央教育審議会「新しい時代の義務教育を創造する（答申）」（2005年）

全ての学校に対して児童生徒の学習到達度・理解度を把握し検証する必要性を強調

2006年　文部科学省“全国的な学力調査”の2007年４月実施を発表

全国学力・学習状況調査

調査の目的

◇義務教育の機会均等とその水準の維持向上の観点から，全国的な児童生徒の学力や学習状況を把握・分析し，教育施策の成果と課題を検証し，その改善を図る
◇学校における児童生徒への学習指導の充実や学習状況の改善等に役立てる
◇そのような取組を通じて，教育に関する継続的な検証改善サイクルを確立する

調査内容

◆教科に関する調査（国語，算数・数学）

①身に付けておかなければ後の学年等の学習内容に影響を及ぼす内容や，実生活において不可欠であり常に活用できるようになっていることが望ましい知識・技能　等
②知識・技能を実生活の様々な場面に活用する力や，様々な課題解決のための構想を立て実践し評価・改善する力　等
調査問題では，上記①と②を一体的に問うこととする。

★2012（平成24）年度から理科が追加。３年に一度程度実施。
★2019（平成31・令和元）年度から英語が追加。
３年に一度程度実施。

「聞く」「読む」「話す」「書く」
４技能

◆生活習慣や学習環境等に関する質問調査

児童生徒に対する調査	学校に対する調査
学習意欲，学習方法，学習環境，生活の諸側面等に関する調査 （例）学習に対する興味・関心，授業内容の理解度，基本的生活習慣，家庭学習の状況　など	指導方法に関する取組や人的・物的な教育条件の整備の状況等に関する調査 （例）授業の改善に関する取組，指導方法の工夫，学校運営に関する取組，家庭・地域との連携の状況　など

※上記「本体調査」に加えて，年度により「経年変化分析調査」「保護者に対する調査」等が実施される。

文部科学省「令和６年度　全国学力・学習状況調査リーフレット」を基に作成

参照　第４章ケーススタディ学校教育紛争①

義務教育学校・小中一貫教育

教育課程⑨

解説——２０１４（平成26）年、中央教育審議会は、「子供の発達や学習者の意欲・能力等に応じた柔軟かつ効果的な教育システムの構築について（答申）」を公にした。そこで、一体的な組織体制の下、9年間の一貫した系統的な教育課程を編成・実施しうる小中一貫教育の制度化が提案された。これを受けて、２０１５（平成27）年、学校教育法が改正され、２０１６（平成28）年度から「義務教育学校」がスタートした。

義務教育学校の目的は、心身の発達に応じて、義務教育として行われる普通教育を基礎的なものから一貫して施すことにある（49条の2）。小・中学校の教育と同様、学校教育法21条に規定する義務教育の目標を達成するように行われる（49条の3）。

義務教育学校の設置は学校設置者の判断に委ねられており（任意設置主義、3条）、義務教育学校の設置をもって小・中学校の設置に代えることができる（38条、49条）。

修業年限は9年とされ、小学校段階に相当する6年の前期課程と、中学校段階に相当する3年の後期課程に分かれるのが原則である（49条の4、49条の5）。ただし、1年生から9年生までの児童生徒が一つの学校に通う特質を生かし、9年間の教育課程において、「4・3・2」や「5・4」等の柔軟な学年段階の区切りを設定することも認められている。

なお、市区町村立の義務教育学校については、就学指定や「学校選択制」の下、児童が入学する学校を保護者に選択させる場合であっても、市町村教育委員会が、入学者選抜を行うことは認められていない。

設置については、①同一敷地に一体的に設置する場合、②隣接する敷地に分割して設置する場合（施設隣接型）、③隣接していない異なる敷地に分割して設置する場合（施設分離型）が考えられる。

教員については、原則として、小学校と中学校の両方の教員免許状を保有する者でなければならないとされている。

また、２０１６（平成28）年度から義務教育学校に準じて、同一の設置者が設置する小学校・中学校が一貫して教育を施すことができる「中学校併設型小学校」と「小学校併設型中学校」も創設され、教育課程の基準の特例が規定されている（学校教育法施行規則79条の9、79条の10）。さらに、異なる設置者が小学校と中学校との一貫性に配慮した教育を施す道も開かれており、中学校連携型小学校、小学校連携型中学校にかかわる法制度も整備されている（同施行規則52条の2、74条の2等）。

■関連法規・資料

○「小中一貫教育制度の導入に係る学校教育法等の一部を改正する法律について（通知）」（27文科初第５９５号平成27年7月30日）

小中一貫教育制度の導入

◆中央教育審議会「子供の発達や学習者の意欲・能力等に応じた柔軟かつ効果的な教育システムの構築について（答申）」（2014年）

- 小・中学校段階の接続の円滑化を図る
- 柔軟な区切りを設定する等の多様な教育実践を可能にする

提案 → 小中一貫教育の選択的導入

↓

2015年　学校教育法の改正

↓

point！
2016年度より
学校設置者の判断により義務教育学校の設置が可能

義務教育学校制度の概要

名　称	義務教育学校	義務教育学校（施設隣接型）	義務教育学校（施設分離型）
設置方法	●同一敷地に一体的に設置	●隣接する敷地に分割して設置	●隣接していない異なる敷地に分割して設置
入学者選抜	〈市区町村立の場合〉就学指定／学校選択制 → どちらの場合でも 入学者選抜 ✕		
教育課程	●前期課程は小学校学習指導要領，後期課程は中学校学習指導要領を準用。教育課程の特例や配慮すべき事項については省令等で定める。		

義務教育学校の目的・目標

目　的：心身の発達に応じて，義務教育として行われる普通教育を基礎的なものから一貫して施すこと　〔学校教育法49条の２〕

目　標：小学校教育及び中学校教育と同様に，学校教育法21条に規定する義務教育の目標を達成するよう行われるものとすること　〔学校教育法49条の３〕

中高一貫教育

教育課程⑩

解説――私立学校の多くが、長きにわたり事実上の「中高一貫教育」を実践してきたことは周知である。しかし、法的根拠を明確に有した中高一貫教育が制度化されたのは、1999（平成11）年度からに過ぎない。それまでにも公立学校を含めた中高一貫教育の実施が提言されてきたが、受験競争の低年齢化を招くおそれがあることなどを理由に、最終的な結論が持ち越されてきた。

1997（平成9）年、中央教育審議会は、「21世紀を展望した我が国の教育の在り方について（第二次答申）」において、子どもの個性を伸ばしていく中でじっくり学ばせることができる、高等学校入学者選抜の改善につながる等の理由から、中高一貫教育の導入を提言した。これを受けて、学校教育法等の一部を改正する法律（平成10年法律第101号）が制定され、1999（平成11）年度以降、学校設置者は、中高一貫教育を選択的に導入することが可能となった。

中高一貫教育の実施形態は、新しいタイプの学校である「中等教育学校」、「併設型中学校・併設型高等学校」と、既存の中学校・高等学校の発展型である「連携型中学校・連携型高等学校」の三つが存在している。中等教育学校は、中高6年間（前期課程3年間、後期課程3年間）を一つの学校で一体的に行うタイプである（学校教育法63条）。公立の中等教育学校は、受験競争の低年齢化を防ぐ目的から、入学者選考において学力検査を行うことは認められていない。

併設型中学校・併設型高等学校は、同一の学校設置者が設置する中学校と高等学校において中高一貫教育を行うタイプである（学校教育法71条）。公立の併設型中学校においては、中等教育学校と同様の理由から、入学者選抜における学力検査が認められていない。また、併設型中学校の生徒に対して、併設型高等学校の入学者選抜を行うことはできない。

第三のタイプである連携型中学校・連携型高等学校は、既存の市町村立中学校と都道府県立高等学校が、教育課程の編成や教員・生徒間交流等の面で連携を深める形で中高一貫教育を実施する（学校教育法施行規則75条）。連携型中学校・連携型高等学校は、例えば、複数の中学校と一つ（または複数）の高等学校が連携するタイプ、中学校と高等学校の特定の学科が連携するタイプ等、様々な実施方法が存在している点が特徴である。

なお、特色ある教育課程を編成することができるようにするため、教育課程の基準の特例が、中等教育学校及び併設型中学校・併設型高等学校については1999(平成11)年度から、連携型中学校・連携型高等学校については2004（平成16）年度から認められている。

中高一貫教育制度の導入

◆中央教育審議会「21世紀を展望した我が国の教育の在り方について（第二次答申）」（1997年）
- ●子どもや保護者などの学校選択の幅を広げる
- ●学校制度の複線化構造を進める

提案 → **中高一貫教育の選択的導入**

↓

学校教育法の改正

↓

POINT!!
1999年度より学校設置者の判断により中高一貫教育を導入可能

中高一貫教育制度の概要

		新しいタイプの中高一貫教育校		既存の中高の発展型
実施形態	名称	**中等教育学校**	**併設型中学校・併設型高等学校**	**連携型中学校・連携型高等学校**
実施形態	実施方法	●６年間（前期課程３年，後期課程３年）を１つの学校で一体的に教育を行うもの	●同一の設置者による中学校と高等学校を接続することにより中高一貫教育を行うもの	●既存の市町村立中学校と都道府県立高等学校が連携して中高一貫教育を行うもの（◆教育課程の編成 ◆教員・生徒間交流　等）
実施形態	イメージ	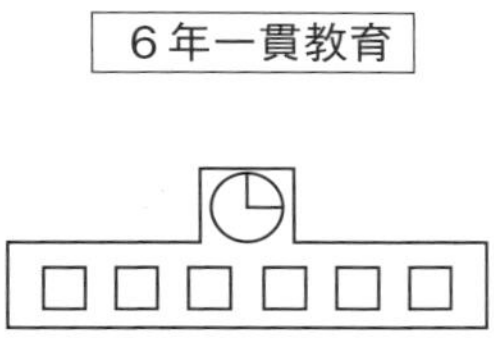	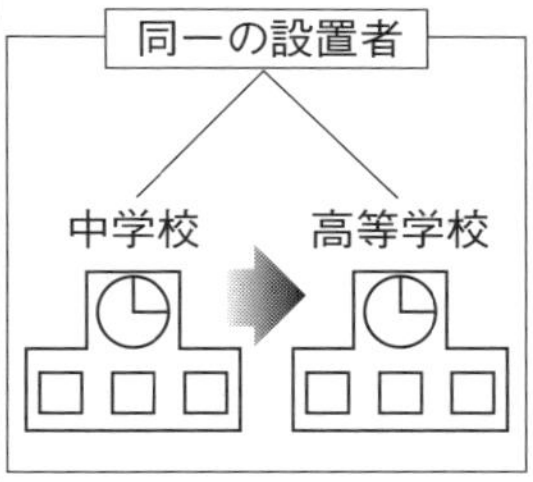	色々なタイプあり ◆複数の中学校と１つの高等学校が連携するタイプ ◆複数の中学校と複数の高等学校が連携するタイプ ◆中学校の一部の生徒と高等学校が連携するタイプ ◆中学校と高等学校の特定の学科が連携するタイプ　等
入学者選抜の方法		公立の中等教育学校は学力検査は行わない	公立の併設型中学校は学力検査は行わない	
理由		受験競争の低年齢化につながるため		
高等学校進学の際の選抜方法			選抜しない	●調査書及び学力検査の成績以外の資料により行うことができる（簡便な入試）
教育課程の基準の特例		1999年度から	1999年度から	2004年度から

新たなタイプの中高一貫教育校の目的

中等教育学校：小学校における教育の基礎の上に，心身の発達及び進路に応じて，義務教育として行われる普通教育並びに高度な普通教育及び専門教育を一貫して施すこと
〔学校教育法63条〕

併設型中学校・併設型高等学校：中等教育学校に準じる
〔学校教育法71条〕

他校種免許状による専科担任

教育課程⑪

解説――小学校は、従来、学級担任制を基本とし、学級担任が全ての教科を担当することが所与の前提とされてきた。学校種と教科に対応する相当免許状主義が採用されている教員免許制度においても同様であり、音楽、美術、保健体育、家庭の教科の中学校教諭免許状を有する者についてのみ、小学校においてそれぞれの免許状に係る教科に相当する教科を担任するいわゆる「専科教員」制度が経過措置的に認められているに過ぎなかった（教育職員免許法旧附則3項）。しかし、2002（平成14）年、中央教育審議会は、「今後の教員免許制度の在り方について」において、小学校高学年では、専科指導の充実も含めた指導方法の多様性が求められているとし、「小学校における各教科及び総合的な学習の時間の指導充実を図るため、教科に関する専門性の高い教員が担当できるよう免許制度上の措置を講じることが重要である」と指摘した。そして、小学校の専科担任をさらに拡大すべきことを提言したのである。これを受けて政府は、教育職員免許法の改正に踏み切った（平成14年法律第55号）。その結果、国語、社会、算数、理科、生活、総合的な学習の時間についても専科担任が可能となり、高等学校教諭免許状の保持者についても新たに小学校専科への道が開かれることになった（16条の5第1項）。その後、外国語活動、特別の教科である道徳、総合的な学習の時間、特別活動、宗教についても小学校専科担任が可能となっている（教育職員免許法施行規則66条の3第1項）。総合的な学習の時間については、所有免許状の教科に関する事項の担任が可能であり、外国語活動については、英語の教員免許状を所有する者のみ担任が可能とされている。

しかしながら、他校種の免許状を保持する者であれば誰でも専科担任になることができるというわけではない点に注意を要する。文部科学省によれば、個々の教員の適性を見極めたうえで個別に判断すべきものとされている。また、専科担任制度の導入にあたっては、個々の児童に関する情報交換を十分に行うことも重要となる。

■関連法規・資料

【教育職員免許法】

16条の5第1項　中学校又は高等学校の教諭の免許状を有する者は、第3条第1項から第4項までの規定にかかわらず、それぞれその免許状に係る教科に相当する教科その他教科に関する事項で文部科学省令で定めるものの教授又は実習を担任する小学校若しくは義務教育学校の前期課程の主幹教諭、指導教諭、教諭若しくは講師又は特別支援学校の小学部の主幹教諭、指導教諭、教諭若しくは講師となることができる。ただし、特別支援学校の小学部の主幹教諭、指導教諭、教諭又は講師となる場合は、特別支援学校の教員の免許状を有する者でなければならない。

従来

《基本》

小学校：学級担任制
＝
全教科を学級担任が担当

ただし

《特例》

以下の教科の
中学校教諭免許状
保有者

小学校
における
専科担当

音楽 → 音楽

美術 → 図画工作

保健体育 → 体育

家庭 → 家庭

【教育職員免許法旧附則３項】

中央教育審議会「今後の教員免許制度の在り方について」（2002年）

○全教科担任制や小学校教員の専門性を
否定するものではない
○教科専門性の高い教員を小学校で活用

目的→
・児童一人ひとりの学習が進展する
・学級担任が学習や生活への全体的な
支援に専念できる

→ 小学校専科担任の
拡大
を提言

教育職員免許法の一部改正（2002年）

※附則３項を削除し，16条の５を新設

□変更点□

①**専科担任できる教科の限定をはずす**
→音楽，図画工作，体育，家庭に加えて国語，社会，算数，理科，生活，総合的な学習の時間が適用教科となる。
（※外国語活動，特別の教科である道徳，総合的な学習の時間，特別活動，宗教についても専科担任が可能）

②**許容される免許状の校種拡大**
→高等学校教諭免許状でも小学校の専科担任ができる。

③**特別支援学校の小学部においても小学校と同様に専科担任ができる**
（※ただし，特別支援学校の小学部の主幹教諭，指導教諭，教諭又は講師となる場合は，特別支援学校の教員の免許状が必要）

個に応じた指導と少人数学級編制

教育課程⑫

解説――個に応じた指導とは、学校や児童生徒の実態に応じ、指導方法や指導体制を工夫改善し、児童生徒が学習内容を確実に身に付けることができるよう配慮して実施する指導のことである。旧文部省は、平成元年版学習指導要領において、〝学習集団〟と〝学級集団〟の区別を強調していたが、個に応じた指導は、その延長線上に位置するものといえる。個に応じた指導の例としては、児童生徒の興味・関心等に応じた課題学習・習熟度別学習・発展的な学習・補充的な学習の積極的活用、選択学習の拡大等がその典型として考えられている。

だが、個に応じた指導を真に充実させるためには、まず何よりも学級編制の弾力化、言い換えるならばクラス・サイズの縮小が課題となる。一時期社会問題化した「すし詰め学級」状態は解消されたとはいえ、クラス・サイズの縮小は、いわゆる〝小1プロブレム〟や学力低下問題への対策としてその重要性が繰り返し指摘されているところである。

従来、学級編制及び教職員定数の標準に関する法律（義務標準法）により40人がその〝標準〟とされ、教育の機会均等と教育水準の維持向上という観点から、都道府県が定める学級編制の〝基準〟は、これと同一とされてきた。２００１（平成13）年、個に応じた指導の充実に向けてこの規定が緩和され、「児童又は生徒の実態を考慮して特に必要があると認める場合」、都道府県教育委員会は、義務標準法の〝標準〟を下回る数を〝基準〟とすることが可能となった（義務標準法3条2項）。２００４（平成16）年度からは、義務教育費国庫負担制度に「総額裁量制」が導入され、都道府県教育委員会は、財政面からも少人数学級編制の導入がさらに容易となっている。

２０１１（平成23）年4月には、義務標準法の改正により、小学校第一学年の児童で編制する学級にあっては、その標準が40人から35人に引き下げられると共に、学校の実態に応じ柔軟に学級編制を行うことを可能とするため、都道府県教育委員会が定める学級規模の「基準」について、市町村教育委員会が「従うべき」としていた拘束性を緩め、「標準」としての基準とされた（4条）。

その後、２０２１（令和3）年3月には、小学校の全ての学年で35人学級化を実現する義務標準法の改正が行われた。２０２１（令和3）年度にまず2年生を35人以下として段階的に引き下げ、２０２５（令和7）年度には、全学年で35人学級化が実現する。

■関連法規・資料

【義務標準法】

4条1項　都道府県又は市町村の設置する義務教育諸学校の学級編制は、……都道府県の教育委員会が定めた基準を標準として、当該学校を設置する地方公共団体の教育委員会が、当該学校の児童又は生徒の実態を考慮して行う。

[義務標準法の改正（2011年）による学級編制の権限に係る見直し]

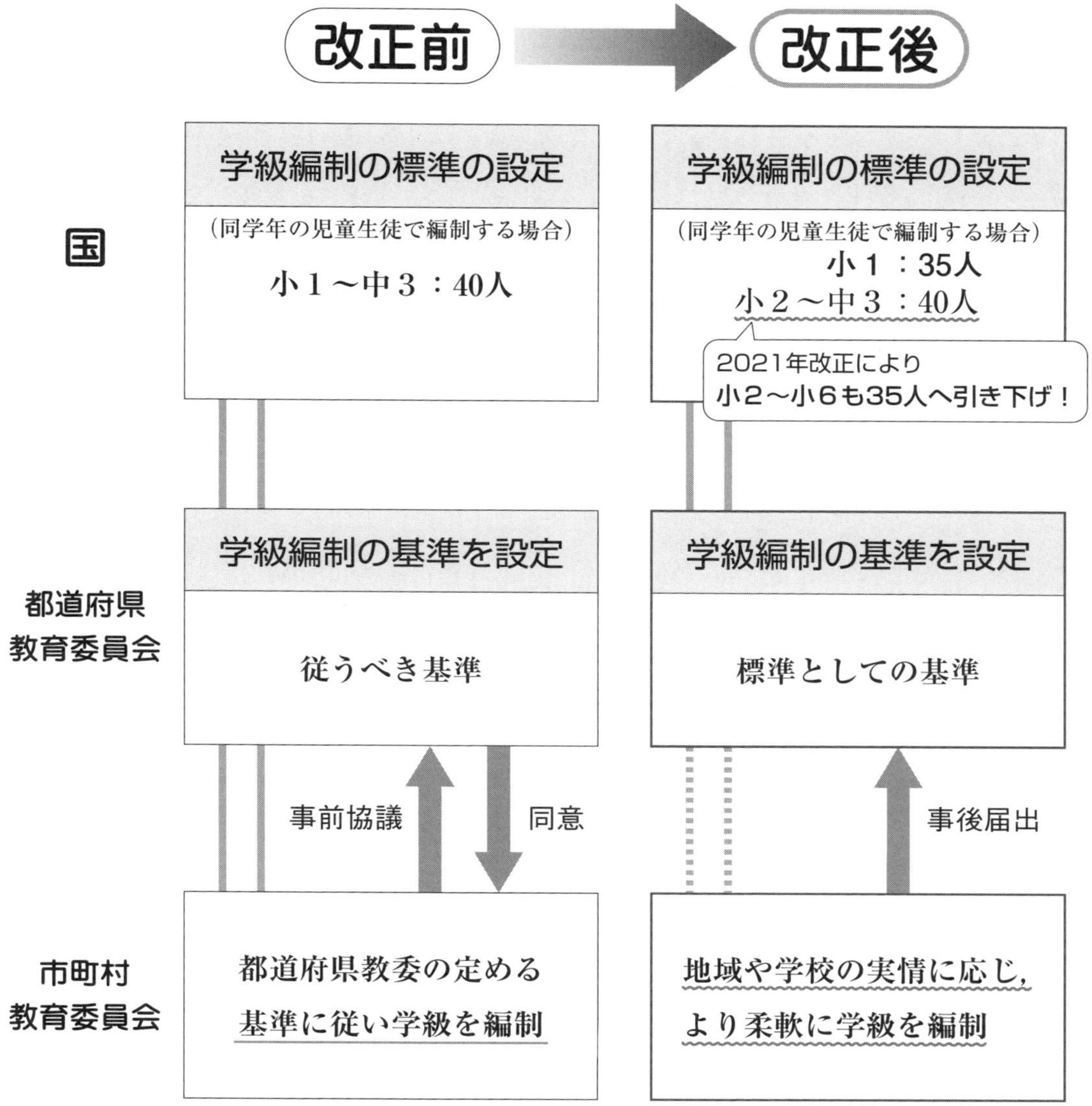

[総額裁量制] 給与水準の引き下げにより生じる財源をもとに
教職員数を増やすことが可能

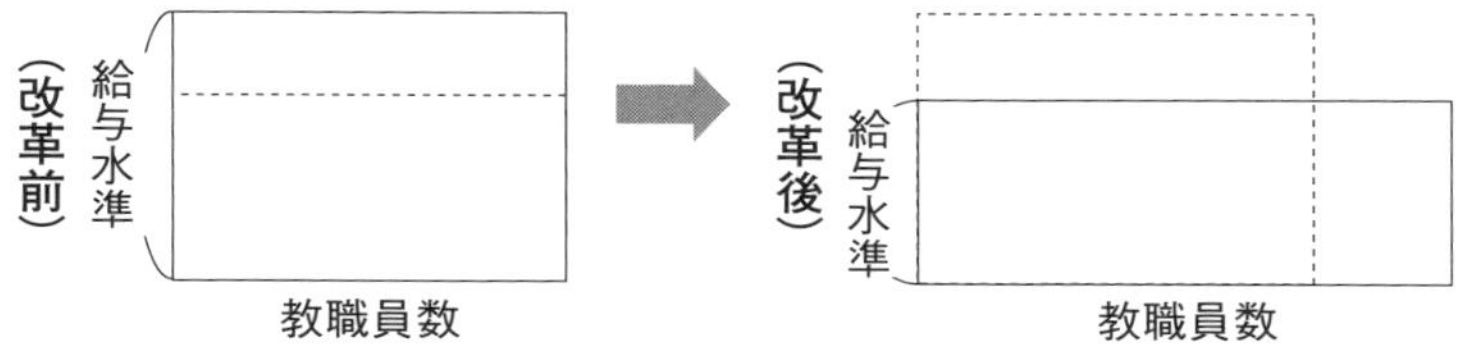

キャリア教育

教育課程⑬

解説――文部科学行政関連の審議会等で、「キャリア教育」という用語が初めて登場したのは、中央教育審議会答申「初等中等教育と高等教育との接続の改善について」（平成11年12月）のことであった。学校教育と職業生活の円滑な接続を図るため、「望ましい職業観・勤労観及び職業に関する知識や技能を身に付けさせるとともに、自己の個性を理解し、主体的に進路を選択する能力・態度を育てる教育」をキャリア教育と位置づけ、キャリア教育と進路指導をほぼ同義のものとみなしていた。

その後、キャリア教育の重要性は、日本社会の産業構造の変化による雇用の多様化・流動化に伴う若者の早期離職率の上昇や社会問題化しているフリーター・ニートの広がりという視点からも強調されるようになった。特に、フリーター・ニート対策については、２００４（平成16）年12月、文部科学大臣、厚生労働大臣等により組織される若者自立・挑戦戦略会議が、「若者の自立・挑戦のためのアクションプラン」を策定するなどし、小学校段階から各種の仕事と触れ合う機会を充実するべきとした点は重要であろう。

２００６（平成18）年には、教育基本法が改正され、義務教育として行われる普通教育の目的に「各個人の有する能力を伸ばしつつ社会において自立的に生きる基礎」を培うことが掲げられた（５条２項）。この規定を実現するために学校教育法では、義務教育の目標の一つとして「職業についての基礎的な知識と技能、勤労を重んずる態度及び個性に応じて将来の進路を選択する能力を養うこと」が規定され（21条10号）、学校教育の場において体系的なキャリア教育を展開する法的根拠が整備されるに至った。

その後、中央教育審議会答申「幼稚園、小学校、中学校、高等学校及び特別支援学校の学習指導要領等の改善について」（平成20年）において、学習指導要領上でのキャリア教育の充実が提言され、平成20年版・21年版学習指導要領に生かされることになった。また、中央教育審議会答申「今後の学校におけるキャリア教育・職業教育の在り方について」（平成23年）では、学校から社会・職業への移行が円滑に行われていないことを指摘した上で、若者個人のみの問題ではなく、社会が一体となり対応することが必要であるという認識の下、特に学校で行うキャリア教育・職業教育を充実しなければならないとされている。これを受けて、文部科学省は「高等学校キャリア教育の手引き」を、キャリア教育における外部人材活用等に関する調査研究協力者会議は「学校が社会と協働して一日も早くすべての児童生徒に充実したキャリア教育を行うために」を相次いで発表した。

なお、平成29年版学習指導要領では、キャリア教育の充実が小学校段階から明記されるに至っている。

「キャリア教育」という用語の登場

中央教育審議会答申「初等中等教育と高等教育との接続の改善について」（1999年12月）

学校教育

接続を改善 →

職業生活

◆日本社会の産業構造が変化
◆雇用の多様化・流動化

フリーター・ニートの増加　**対策** →

2003年４月　若者自立・挑戦戦略会議の発足
2003年６月　若者自立・挑戦プラン

↓強化

2004年12月　若者自立・挑戦のためのアクションプラン
2005年６月　基本方針2005…

↓強化・推進

2005年10月　「若者の自立・挑戦のためのアクションプラン」の強化
2006年１月　「若者の自立・挑戦のためのアクションプラン」（改訂版）

キャリア教育関連法規

2006年　教育基本法の改正

義務教育の目的：「各個人の有する能力を伸ばしつつ社会において自立的に生きる基礎」を培う　（５条２項）

→

2007年　学校教育法の改正

義務教育の目標：「職業についての基礎的な知識と技能，勤労を重んずる態度及び個性に応じて将来の進路を選択する能力を養うこと」　（21条10号）

POINT!!

小学校から体系的なキャリア教育を行う**法的根拠**

キャリア教育関連資料

◇2011年１月　中央教育審議会答申

「今後の学校におけるキャリア教育・職業教育の在り方について」

キャリア教育とは　一人一人の社会的・職業的自立に向け，必要な基礎となる能力や態度を育てることを通して，キャリア発達を促す教育

問題関心　~~学校→社会・職業への移行~~

↓

○　社会全体の問題
×　若者個人の問題

※学校教育は重要な役割を果たす
※キャリア教育・職業教育を充実していかなければならない

【学習指導要領（平成29年・30年告示）準拠】
◇文部科学省「小学校キャリア教育の手引き」（2022年３月）
◇文部科学省「中学校・高等学校キャリア教育の手引き」（2023年３月）

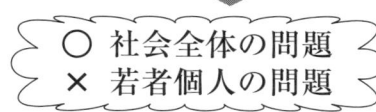

人権教育

教育課程⑭

解説——人権教育とは、「人権尊重の精神の涵養を目的とする教育活動」を意味する（人権教育及び人権啓発の推進に関する法律2条）。他方、人権教育の国際的スタンダードである国連「人権教育のための世界計画」は、人権教育を「知識の共有、技術の伝達、及び態度の形成を通じ、人権という普遍的文化を構築するために行う、教育、研修及び情報」であると定義している。両者を総合的に捉えると、人権教育においては、人権や人権擁護に関する基本的な知識を確実に学び、その内容と意義についての知的理解を徹底し、深化すること、人権が持つ価値や重要性を直感的に感受し、それを共感的に受けとめるような感性や感覚を育成するとともに、自分と他者との人権擁護を実践しようとする意識、意欲や態度を助長すること、そしてその意欲や態度を実際の行為に結びつける実践力を育成すること、の3点が求められることになる（文部科学省人権教育の指導方法等に関する調査研究会議「人権教育の指導方法等の在り方について［第三次とりまとめ］」平成20年3月）。

個人の尊厳から派生する人権という思想は、最終的に、自己と他者、双方の権利・自由を最大限保障していこうという考え方に帰着していく。それゆえに、人権教育においては、「他者を理解する想像力、共感力」、「他者とのコミュニケーション能力」、「人間関係を取り結ぶ社会性」という三つの能力をバランスよく養成することからスタートする必要がある。これを可能とするために、まず学校現場から人権侵害を一掃するという作業が求められることはいうまでもない。人権教育を学校全体の問題として位置づけ、教職員の人権感覚を高め、教材開発等に努力するとともに、何よりも体罰その他いかなる人権侵害も一切許容しないという意識の共有に努めることが重要となろう。第二に、人権教育は、学校教育だけで完結するものではないという点を自覚する必要がある。人権教育を効果的に実践していくためには、学校、家庭、地域社会が一体となり、人権侵害の駆逐に向けたスクラムを組むことが不可欠である。この観点からは、問題意識の共有に向けて、プライバシー等に配慮しつつ、教職員、保護者、地域住民の全てを対象とした人権啓発研修の実施が求められることになる。

なお、国連「人権教育のための世界計画」は、現在第4フェーズ行動計画に入っている。そこでは、人権教育の定義について、人権という普遍的文化を構築するために行うあらゆる学習、教育、研修又は情報に関する取組が含まれるとした上で、(a)知識及びスキル（人権について学び、日常生活で人権を行使するスキル等）、(b)姿勢（人権尊重の姿勢等）、(c)行動（人権を擁護し、促進する行動）を育成する、生涯にわたるプロセスであると整理されている。

人権教育の定義

「人権尊重の精神の涵養を目的とする教育活動」

（人権教育及び人権啓発の推進に関する法律２条）

人権感覚養成のポイント

①人権教育を学校全体の問題とし，教職員の人権感覚を高める。

➡ **学校現場から人権侵害を一掃**

②人権教育は学校教育だけで完成するものではない。

➡ **学校，家庭，地域社会が一体となり問題意識を共有**

↓

研修，啓発活動の充実

人権教育の方向性

※第三次とりまとめでは，第二次とりまとめが示した理論の理解を深めるため，具体的な実践事例等の資料を収集・掲載【「指導等の在り方編」と「実践編」の２編に再編】

指導等の在り方編

第Ⅰ章　学校教育における人権教育の改善・充実の基本的考え方

人権教育の目標

児童生徒が，発達段階に応じ，人権の意義・内容等について理解するとともに，**「自分の大切さとともに他の人の大切さを認めること」ができるようになり**，それが，様々な場面等で具体的な態度や行動に現れるようにすること。

【人権教育を通じて育てたい資質・能力】

自分の人権を守り他の人の人権を守るための実践的な行動

↑

自分の人権を守り他の人の人権を守ろうとする意識・意欲・態度

↑

人権に関する知的理解（知識的側面）　／　人権感覚（価値・態度的側面/技能的側面）

↑

人権が尊重される教育の場としての学校・学級

第Ⅱ章　学校教育における人権教育の指導方法等の改善・充実

第１節　学校としての組織的な取組と関係機関等との連携

1．学校の教育活動全体を通じた人権教育の推進
2．学校としての組織的な取組とその点検・評価
3．家庭・地域，関係機関との連携及び校種間の連携

第２節　人権教育の指導内容と指導方法

1．指導内容の構成
2．効果的な学習教材の選定・開発
3．指導方法の在り方

第３節　教育委員会及び学校における研修等の取組

1．教育委員会における取組
2．学校における研修の取組

↕

実践編

「指導等の在り方編」の理解を助ける43の実践事例等

Ⅰ　学校としての組織的な取組と関係機関等との連携（事例１～９）

Ⅱ　人権教育の指導内容と指導方法（事例10～30）

Ⅲ　教育委員会及び学校における研修等の取組（事例31～43）

文部科学省人権教育の指導方法等に関する調査研究会議「人権教育の指導方法等の在り方について［第三次とりまとめ］」を基に作成

こども基本法とこども大綱

児童生徒①

解説——こども基本法は、「日本国憲法及び児童の権利に関する条約の精神にのっとり、次代の社会を担う全てのこどもが、生涯にわたる人格形成の基礎を築き、自立した個人としてひとしく健やかに成長することができ、心身の状況、置かれている環境等にかかわらず、その権利の擁護が図られ、将来にわたって幸福な生活を送ることができる社会の実現を目指して、社会全体としてこども施策に取り組むことができるよう、こども施策に関し、基本理念を定め、国の責務等を明らかにし、及びこども施策の基本となる事項を定めるとともに、こども政策推進会議を設置すること等により、こども施策を総合的に推進することを目的」とした法律である（1条）。２０２３（令和5）年4月に施行された。

基本理念は以下の6点である（3条）。

①全てのこどもについて、個人として尊重されること、基本的人権が保障されること、差別的取扱いを受けることがないようにすること

②全てのこどもについて、適切に養育されること、生活を保障されること、愛され保護されること等の福祉に係る権利が等しく保障されるとともに、教育基本法の精神にのっとり教育を受ける機会が等しく与えられること

③全てのこどもについて、年齢及び発達の程度に応じ、自己に直接関係する全ての事項に関して意見を表明する機会、多様な社会的活動に参画する機会が確保されること

④全てのこどもについて、年齢及び発達の程度に応じ、意見の尊重、最善の利益が優先して考慮されること

⑤こどもの養育は家庭を基本として行われ、父母その他の保護者が第一義的責任を有するとの認識の下、十分な養育の支援を行い、家庭での養育が困難なこどもにはできる限り養育環境を確保すること

⑥家庭や子育てに夢を持ち、それに伴う喜びを実感できる社会環境を整備すること

こども基本法は、こども施策を総合的に推進するため、政府に対し、こども施策に関する大綱（こども大綱）の策定を義務付けている（9条1項）。内閣総理大臣は、こども大綱の案について閣議の決定を求め、閣議決定があったときは、これを遅滞なく公表しなければならない（9条5項、6項）。こども大綱は、こども施策に関する基本的な方針とこども施策に関する重要事項のほか、こども施策を推進するために必要な事項について定めるものである（9条2項）。加えて、少子化社会対策基本法7条1項に規定する総合的かつ長期的な少子化に対処するための施策、子ども・若者育成支援推進法8条2項が掲げる「子ども・若者育成支援施策に関する基本的な方針」等に関する事項、こどもの貧困の解消に向けた対策の推進に関する法律9条2項が掲げる「こどもの貧困の解消に向けた対策に関する基本的な方針」等に関する事項について含めなければならない（9条3項）。

※「子どもの貧困対策の推進に関する法律の一部を改正する法律」（令和６年法律第68号）の施行（公布の日<令和６年６月26日>から起算して三月を超えない範囲内において政令で定める日）後の「こども基本法」の条文番号を使用している。

こども基本法制定の経緯

背景

少子化の進行，人口減少
児童虐待相談や不登校の件数が過去最多

急務

こどもの最善の利益を第一に考え，
こどもに関する取組や政策を真ん中に据え，
強力に進めること

2023年４月　こども基本法　施行

目的（1条）　すべてのこどもが幸せな生活を送ることができる社会を目指して社会全体で「こども施策」を進める

定義（2条1項）　こども＝心と身体の発達の過程にある者

年齢で必要なサポートがとぎれないようにするため

こども施策の推進

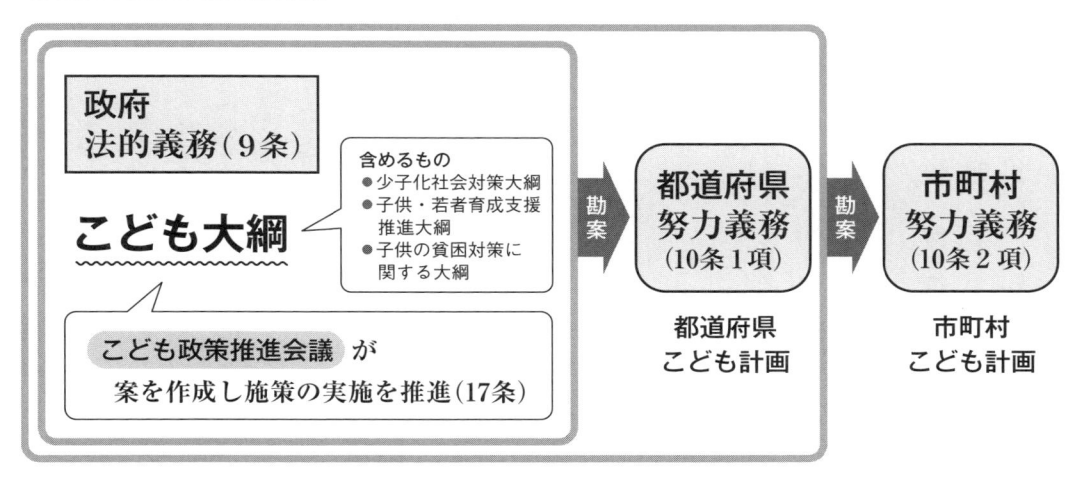

政府
法的義務（9条）

こども大綱

含めるもの
- 少子化社会対策大綱
- 子供・若者育成支援推進大綱
- 子供の貧困対策に関する大綱

こども政策推進会議が
案を作成し施策の実施を推進（17条）

→ 勘案 → **都道府県　努力義務（10条１項）**　都道府県こども計画

→ 勘案 → **市町村　努力義務（10条２項）**　市町村こども計画

こども家庭庁「こども基本法パンフレット」
内閣官房こども家庭庁設立準備室「こども基本法説明資料」を基に作成

こども大綱とアクションプラン

2023年　「こども大綱」閣議決定
2024年　「こどもまんなか実行計画2024」こども政策推進会議決定

こども家庭庁

児童生徒②

解説――こども家庭庁は、「こども政策の新たな推進体制に関する基本方針」（令和３年12月21日閣議決定）を基礎とし、こども家庭庁設置法、こども家庭庁設置法の施行に伴う関係法律の整備に関する法律により設置・整備された内閣府の外局である（こども家庭庁設置法２条１項）。２０２３（令和５）年４月に発足した。

「心身の発達の過程にある者（以下「こども」という。）が自立した個人としてひとしく健やかに成長することのできる社会の実現に向け、子育てにおける家庭の役割の重要性を踏まえつつ、こどもの年齢及び発達の程度に応じ、その意見を尊重し、その最善の利益を優先して考慮することを基本とし、こども及びこどものある家庭の福祉の増進及び保健の向上その他のこどもの健やかな成長及びこどものある家庭における子育てに対する支援並びにこどもの権利利益の擁護に関する事務を行うことを任務」（３条１項）としている。

こどもの「意見を尊重し、その最善の利益を優先して考慮することを基本とし」、「こどもの権利利益の擁護に関する事務を行う」という文言からも、こども家庭庁は、こども基本法の理念と軌を一にするものといえる。こどもの権利利益の擁護に関する重要事項などの事務をつかさどるため、こども家庭審議会がこども家庭庁の下に置かれている。

こども家庭庁の所掌事務は多岐にわたる。学校現場と関わりが深い事務としては、小学校就学前のこどもの健やかな成長のための環境の確保及び小学校就学前のこどものある家庭における子育て支援に関する基本的な政策の企画及び立案並びに推進に関すること（４条１項１号）、こどもの保育及び養護に関すること（４号）、独立行政法人日本スポーツ振興センターが行う災害共済給付に関すること（10号）、こどもの虐待の防止に関すること（16号）、いじめ防止対策推進法の規定によるいじめの防止等に関する相談の体制その他の地域における体制の整備に関すること（17号）、こども基本法に規定するこども大綱の策定及び推進に関すること（18の２号）、こどもの貧困の解消に向けた対策の推進に関する法律に規定する大綱の策定及び推進に関すること（22号）などがある。

なお、こども家庭庁の設置によって、児童福祉法の所管が厚生労働省からこども家庭庁に移管された。それに伴い、保育所保育指針、認定こども園教育要領の策定もこども家庭庁となっている。ただし、幼稚園は、従来通り文部科学省の所管のままであり、幼稚園教育要領の策定権限も同様である。こどもにとって必要不可欠な教育は文部科学省の下で充実させ、こども家庭庁と文部科学省が密接に連携しつつ推進していくことが目指されている。それ故、学校教育法１条が規定する幼稚園については従来通りとしたと考えられている。

※「子どもの貧困対策の推進に関する法律の一部を改正する法律」（令和６年法律第68号）の施行（公布の日<令和６年６月26日>から起算して三月を超えない範囲内において政令で定める日）後の「こども家庭庁設置法」の条文番号を使用している。

こども家庭庁設置の経緯

2021年　「こども政策の新たな推進体制に関する基本方針」閣議決定

2022年　「こども家庭庁設置法」成立

2023年　「こども家庭庁」設置

こどもまんなか社会の実現のための新たな行政組織として，

（こどもの健やかな成長
こどものある家庭における子育てに対する支援
こどもの権利利益の擁護）

に関する事務を行うことを任務とする

こども家庭庁の組織・事務・権限について（イメージ）

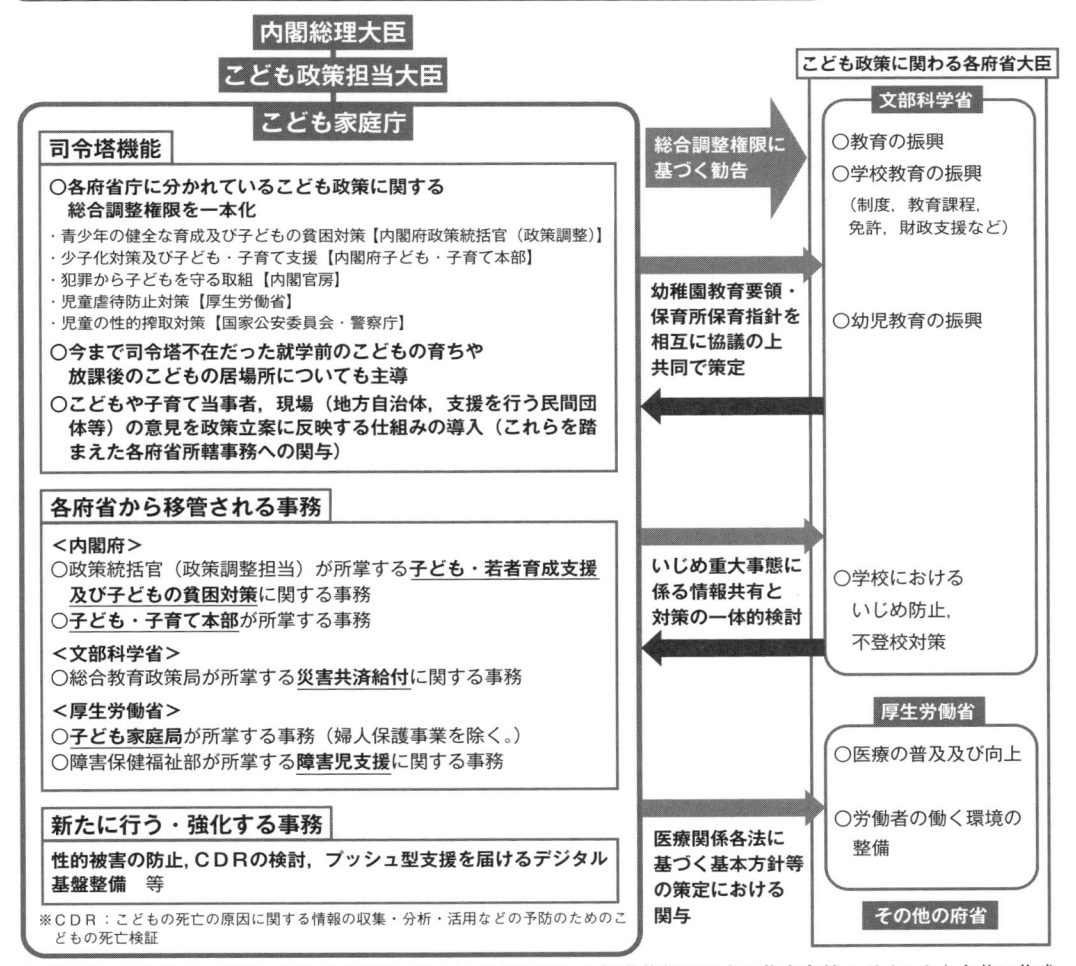

内閣総理大臣

こども政策担当大臣

こども家庭庁

司令塔機能

○各府省庁に分かれているこども政策に関する総合調整権限を一本化

・青少年の健全な育成及び子どもの貧困対策【内閣府政策統括官（政策調整）】
・少子化対策及び子ども・子育て支援【内閣府子ども・子育て本部】
・犯罪から子どもを守る取組【内閣官房】
・児童虐待防止対策【厚生労働省】
・児童の性的搾取対策【国家公安委員会・警察庁】

○今まで司令塔不在だった就学前のこどもの育ちや放課後のこどもの居場所についても主導

○こどもや子育て当事者，現場（地方自治体，支援を行う民間団体等）の意見を政策立案に反映する仕組みの導入（これらを踏まえた各府省所轄事務への関与）

各府省から移管される事務

＜内閣府＞
○政策統括官（政策調整担当）が所掌する**子ども・若者育成支援及び子どもの貧困対策**に関する事務
○**子ども・子育て本部**が所掌する事務

＜文部科学省＞
○総合教育政策局が所掌する**災害共済給付**に関する事務

＜厚生労働省＞
○**子ども家庭局**が所掌する事務（婦人保護事業を除く。）
○障害保健福祉部が所掌する**障害児支援**に関する事務

新たに行う・強化する事務

性的被害の防止，ＣＤＲの検討，プッシュ型支援を届けるデジタル基盤整備　等

※ＣＤＲ：こどもの死亡の原因に関する情報の収集・分析・活用などの予防のためのこどもの死亡検証

総合調整権限に基づく勧告

幼稚園教育要領・保育所保育指針を相互に協議の上共同で策定

いじめ重大事態に係る情報共有と対策の一体的検討

医療関係各法に基づく基本方針等の策定における関与

こども政策に関わる各府省大臣

文部科学省
○教育の振興
○学校教育の振興
（制度，教育課程，免許，財政支援など）
○幼児教育の振興
○学校における
いじめ防止，
不登校対策

厚生労働省
○医療の普及及び向上
○労働者の働く環境の整備

その他の府省

内閣官房こども政策の推進に係る作業部会「こども政策の新たな推進体制に関する基本方針のポイント」を基に作成

就学義務と就学援助

児童生徒③

解説——就学義務とは一般に、保護者に対して課せられる、子を就学させる義務をいう。ここでいう保護者とは、子に対して親権を行う者、もしくは親権を行う者のないときは未成年後見人を指す。

日本国憲法26条2項や教育基本法5条1項は「普通教育を受けさせる」義務を定めており、これを学校教育法16・17条で「就学」義務に転化している。

具体的には、義務を負う普通教育の期間を「9年」とし（16条）、「保護者は、子の満6歳に達した日の翌日以後における最初の学年の初めから、満12歳に達した日の属する学年の終わりまで、これを小学校、義務教育学校の前期課程又は特別支援学校の小学部に就学させる義務を負う」（17条1項）としている。

ただし、満12歳に達した日の属する学年の終わりまでに小学校等の課程を修了しないときは、最長で満15歳に達した日の属する学年の終わりまでである。

さらに、「保護者は、子が小学校の課程、義務教育学校の前期課程又は特別支援学校の小学部の課程を修了した日の翌日以後における最初の学年の初めから、満15歳に達した日の属する学年の終わりまで、これを中学校、義務教育学校の後期課程、中等教育学校の前期課程又は特別支援学校の中学部に就学させる義務を負う」（17条2項）としている。

インターナショナルスクールやフリースクール等のように、学校教育法1条に定める学校でない場合は、就学義務を履行したことにはならない。また、就学義務の履行の督促を受け、なお履行しない者は、10万円以下の罰金が科せられる（144条1項）。注意を要するのは、就学義務が日本国民に限定された義務という点である。したがって、外国人は就学義務の対象とはならず、就学義務違反という問題は理論上生じ得ない。

なお、経済的な理由により就学が困難な場合は、市町村が、学齢児童・学齢生徒の保護者に対して、必要な援助を行う（就学援助）こととされている（19条）。

援助の対象者は、①生活保護法6条2項に規定する要保護者（現に保護を受けているといないとにかかわらず、保護を必要とする状態にある者）、②市町村教育委員会が生活保護法6条2項に規定する要保護者に準ずる程度に困窮していると認める者である（準要保護者）。

就学援助とかかわって、2013（平成25）年に成立した「子どもの貧困対策の推進に関する法律」に留意する必要がある。2024（令和6）年の改正により、法律名に「解消」という言葉が入り、「こどもの貧困の解消に向けた対策の推進に関する法律」へと変更されることとなった。同法の「目的」（1条）には、貧困により、こどもが適切な養育、教育、医療を受けられないこと、多様な体験の機会を得られないこと、社会から孤立することがないようにすることが追加されている。

※「子どもの貧困対策の推進に関する法律の一部を改正する法律」（令和6年法律第68号）の施行（公布の日<令和6年6月26日>から起算して三月を超えない範囲内において政令で定める日）後の「こどもの貧困の解消に向けた対策の推進に関する法律」の条文番号を使用している。

就 学 義 務

保護者が子を就学させる義務のこと
（学校教育法16条・17条）

義務を負う期間

子が満６歳に達した日の翌日以後における最初の学年の初め
～
子が満12歳に達した日の属する学年の終わりまで
→ **小学校（☆）**

ここまでに小学校（☆）を修了しないときは，満15歳に達した日の属する学年の終わりまで
（それまでの間に修了したときは，修了した日の属する学年の終わりまで）

子が小学校（☆）を修了した日の翌日以後における最初の学年の初め
～
子が満15歳に達した日の属する学年の終わりまで
→ **中学校（★）**

〈注〉小学校（☆）＝小学校，義務教育学校の前期課程または特別支援学校の小学部
中学校（★）＝中学校，義務教育学校の後期課程，中等教育学校の前期課程または特別支援学校の中学部

就学援助制度

経済的な理由により，義務教育諸学校（小学校や中学校等）への就学が困難な学齢児童・学齢生徒の保護者に対し，学用品等の就学上必要な経費の一部を市町村が援助する制度

※要保護者への援助に対しては国からの補助がある。（学校教育法19条）

	要保護者	準要保護者
対象者	生活保護法６条２項に規定する要保護者（現に保護を受けているといないとにかかわらず）	市町村教育委員会が「生活保護法６条２項に規定する要保護者」に準ずる程度に困窮していると認める者
支援内容	**補助対象品目** 学用品費，体育実技用具費，通学費，新入学児童生徒学用品費等，通学用品費，修学旅行費，校外活動費，医療費，学校給食費，クラブ活動費，生徒会費，PTA会費　等 **国庫補助率** １／２（予算の範囲内で補助）	各市町村が単独で実施 （国の補助はなし） 

文部科学省HP「就学援助制度について（就学援助ポータルサイト）」を基に作成

指導要録の取扱い

児童生徒④

解説——指導要録とは、一般に、児童生徒の在学中の学習及び健康等の状況を記録した書類の原本をいい、学校が備え付けなければならない表簿の一つである（学校教育法施行規則24条1項、28条1項4号）。校長がその作成権限を有し、学籍に関する記録（保存期間20年）と指導に関する記録（保存期間5年）から構成されている（28条2項）。

小学校を例にとると、学籍に関する記録は、学齢簿の記載に基づいて作成され、学年当初及び異動の生じたときに記録される。他方、指導に関する記録には、出欠、各教科の学習、外国語活動、総合的な学習の時間、特別活動、行動等の記録、総合所見等が記載される。なお、各教科の学習に関する記録の記載にあたっては、観点別学習状況（観点別評価）と評定という異なる手法が併用されることになる。観点別評価が学習指導要領に示された目標に照らした観点ごとの〝分析的評価〟であるのに対して、評定は、各教科の学習状況を総括的に評価することを目的としている。観点別評価を基礎としつつ、これをどのように総括し評定に繋げていくかが、各校の課題となっている。

指導要録は、対内的と対外的の二つの用途が存在している。すなわち、内部的には、児童生徒の指導を継続的に行うための資料として用いられ、対外的には、児童生徒に関する在学時の記録を外部に向けて証明する際、その原簿としての機能を果たすことになる。

指導要録は、児童生徒が進学あるいは転学しようとする場合に重要な役割を担うことになる。進学（転学）の際、当該児童生徒の指導の継続性を確保し、円滑な引き継ぎを行うためには、その児童等に関する多くの情報が必要となる。学校教育法施行規則は、そのメッセンジャーとしての役割を指導要録に付与しているのである。

小学校の場合、校長は、児童が進学（転学）しようとする場合、その作成に係る指導要録の抄本又は写しを作成し、これを進学（転学）先の校長に送付することが義務づけられている（24条2項、3項）。また、転学の場合には、当該児童が過去において転学してきた者である場合、その際に送付を受けた指導要録の写し等についてもこの送付の対象に加えられることになる。

■関連法規・資料

［指導要録の開示］

小学校児童指導要録の裏面のうち「各教科の学習の記録」欄中の「Ⅲ所見」欄、「特別活動の記録」欄及び「行動及び性格の記録」欄の記録は、非開示情報にあたるが、「Ⅰ観点別学習状況」欄及び「Ⅱ評定」欄の記録は、非開示情報にあたらない。（最高裁第三小法廷判決平成15・11・11）

○「指導要録の原本の電子保存による校務の情報化の推進について」（事務連絡令和5年4月17日）

作成責任者 ＝ **校長**

指導要録の３機能：①法的公簿　②指導機能　③証明機能

指導要録

＝

★児童等の学習及び健康の状況を記録した書類の原本

「学籍に関する記録」 → 保存期間は20年

○児童生徒の「氏名」「性別」「生年月日」「現住所」
○保護者の「氏名」「現住所」
○入学前の経歴
○入学・編入学等
○転入学
○転学・退学等
○卒業
○進学先
○学校名及び所在地
○校長氏名印，学級担任者氏名印　等

「指導に関する記録」 → 保存期間は5年

○各教科の学習の記録
○特別の教科 道徳の記録
○外国語活動の記録
○総合的な学習の時間の記録
○特別活動の記録
○行動の記録
○総合所見及び指導上参考となる諸事項
○出欠の記録　等

【学校教育法施行規則24条１項，28条２項】

【児童等が進学した場合】

校長が作成した指導要録の抄本又は写し → 送付 → 進学先の校長

【学校教育法施行規則24条２項】

【児童等が転学した場合】

①一般児童生徒等の場合

校長が作成した指導要録の写し
及び
進学により送付を受けた
指導要録の抄本又は写し
→ 送付 → 転学先の校長

【学校教育法施行規則24条３項】

②転学してきた児童生徒等の場合

校長が作成した指導要録の写し
及び
進学により送付を受けた
指導要録の抄本又は写し
《さらに》
転学により送付を受けた指導要録の写し
→ 送付 → 転学先の校長

【学校教育法施行規則24条３項】

生徒指導提要の改訂

児童生徒⑤

解説――2022（令和4）年12月、文部科学省の生徒指導提要が全面改訂された。従来の生徒指導提要は、2010（平成22）年に策定されたものであった。旧生徒指導提要の策定以降、特別支援教育に関わる法整備、校則に対する社会的批判の台頭など、学校、生徒指導を取り巻く環境は大きく変化しており、今次の改訂はこれら変化に対応すべくなされたものである。

生徒指導提要において、「生徒指導とは、児童生徒が、社会の中で自分らしく生きることができる存在へと、自発的・主体的に成長や発達する過程を支える教育活動のことである。なお、生徒指導上の課題に対応するために、必要に応じて指導や援助を行う」と、定義されている。その目的は、「児童生徒一人一人の個性の発見とよさや可能性の伸長と社会的資質・能力の発達を支えると同時に、自己の幸福追求と社会に受け入れられる自己実現を支える」ことにあるとされている。

生徒指導提要は、児童生徒の自己指導能力の獲得を支える生徒指導が重要であるとし、自己存在感の感受、共感的な人間関係の育成、自己決定の場の提供、安全・安心な風土の醸成という四つの視点を掲げている。そして、「多様な教育活動を通して、児童生徒が主体的に課題に挑戦してみることや多様な他者と協働して創意工夫することの重要性等を実感すること」が大切であるとされている。

今次の改訂の主柱とも言えるのが、生徒指導の2軸3類4層構造である。2軸とは、常態的・先行的（プロアクティブ）生徒指導と即応的・継続的（リアクティブ）生徒指導をいう。児童生徒の課題への対応の時間軸に着目した概念である。他方、生徒指導の3類は、発達支持的生徒指導、課題予防的生徒指導、困難課題対応的生徒指導を指す。生徒指導の課題性（「高い」・「低い」）と課題への対応の種類に着目した分類である。

最後に生徒指導の4層は、第1層「発達支持的生徒指導」、第2層「課題予防的生徒指導：課題未然防止教育」、第3層「課題予防的生徒指導：課題早期発見対応」、そして、第4層「困難課題対応的生徒指導」から成る生徒指導の重層的支援構造を意味する。生徒指導の対象となる児童生徒の範囲に着目した概念と言える。

そして、生徒指導提要のもう一つの特徴が、学校教育の法化現象への対応である。生徒指導の領域は、従来、教育の専門性という観点から、専ら学校現場の裁量に委ねられてきた。しかし、ブラック校則等、生徒指導における裁量が社会的批判に晒され、いじめ防止対策推進法に代表されるように法令やガイドラインを用いて一定の規制をかけようとする動きが加速している。生徒指導提要は、教育基本法や学校教育法といった学校教育に直接関わる法のみならず、刑法や民法、性同一性障害者の性別の取扱いの特例に関する法律など多くの法令への言及が見られる。

経緯

時代の変化に対応した生徒指導
「小学校段階からの組織的・体系的な取組の必要性」

↓

「生徒指導提要の作成に関する協力者会議」の設置
（2009年６月２日〜2011年３月31日）

↓

2010年３月　『生徒指導提要』

↓

2022年12月 改訂

- □ 積極的な生徒指導の充実
- □ 個別の重要課題を取り巻く関係法規等の変化の反映
- □ 学習指導要領やチーム学校等の考え方を反映

〈目次〉

第１部　生徒指導の基本的な進め方
- 第１章　生徒指導の基礎
- 第２章　生徒指導と教育課程
- 第３章　チーム学校による生徒指導体制

第２部　個別の課題に対する生徒指導
- 第４章　いじめ
- 第５章　暴力行為
- 第６章　少年非行
- 第７章　児童虐待
- 第８章　自殺
- 第９章　中途退学
- 第10章　不登校
- 第11章　インターネット・携帯電話に関わる問題
- 第12章　性に関する課題
- 第13章　多様な背景を持つ児童生徒への生徒指導

生徒指導の２軸３類４層構造

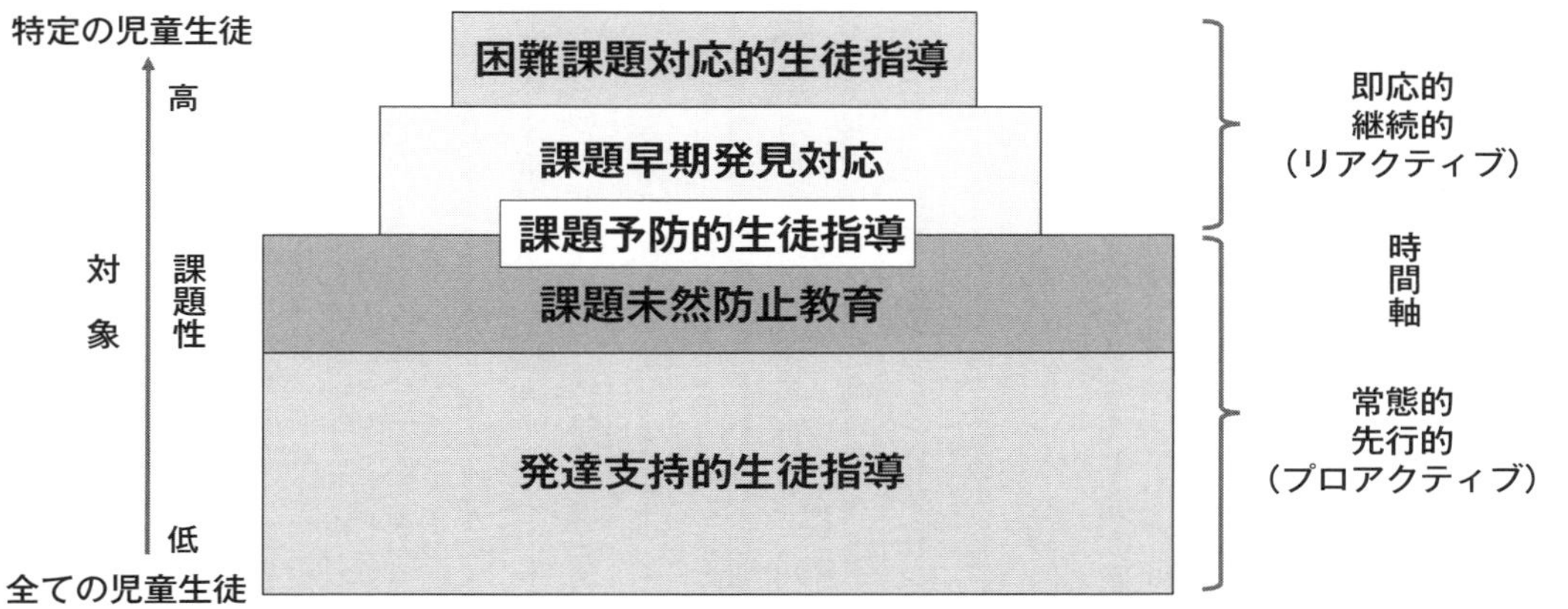

文部科学省『生徒指導提要（改訂版）』（2022年）を基に作成

懲戒の範囲と体罰

児童生徒⑥

解説――校長及び教員は、「教育上必要があると認めるとき」、「文部科学大臣の定め」にしたがって懲戒を加えることが認められている（学校教育法11条）。ここでいう懲戒は、〝事実上の懲戒〟と〝法的懲戒〟に大別することができる。事実上の懲戒とは、叱責や訓戒、起立、罰当番といった学校生活において日常的に見られる「戒め」を意味し、校長はもとより一般教員もこれを行うことが認められている。これに対し、法的懲戒は、退学、停学、訓告の3種類が法定されており、校長の専決事項となっている（学校教育法施行規則26条2項）。

　懲戒にあたっては、児童生徒の「心身の発達」に応じる等、教育上必要な配慮を行うことが要求される。事実上の懲戒とするか法的懲戒とするか、退学か停学かの選択等は、教育の専門家としての校長・教員の裁量に委ねられているとするのが一般的な考え方である。ただし、市町村立の小学校、中学校（併設型中学校を除く）、義務教育学校、公立の特別支援学校に在籍する学齢児童・学齢生徒には「退学」処分を行うことが認められていない。また、公立、私立を問わず、学齢児童・学齢生徒には「停学」処分を命じることができない。義務教育の貫徹を考慮して設けられた法的制限である。

　懲戒の重要な限界として、〝体罰絶対禁止〟の原則がある（学校教育法11条但書）。だが、２０１２（平成24）年、部活動における体罰を背景とした体罰自殺事件が発生し、学校現場に未だ体罰が根強く残っていることが浮き彫りとなった。文部科学省は、２０１３（平成25）年3月、「体罰の禁止及び児童生徒理解に基づく指導の徹底について（通知）」を発出し、〝体罰絶対禁止〟の原則を改めて強調している。懲戒・体罰に関する解釈・運用については、今後、この通知によることとなった。また、部活動指導で体罰が行われないよう、指導を行う際に考慮すべき基本的な事項等をまとめた「運動部活動での指導のガイドライン」が作成されている（平成25年5月）。

　体罰は、長らくの間、法制度と現実が著しく乖離してきた領域である。かつては、一定の体罰なくして血の通った学校教育の実現は困難であると断言した裁判例すら存在していたが、１９９０年代以降、裁判所はこの姿勢を転換し、ほぼ一貫して被害児童生徒の側を支持する判決を下している。だが、２００９（平成21）年、最高裁判所は、教員の有形力の行使が、学校教育法が禁止する体罰には該当しないとする判決を下した（最高裁判所第三小法廷判決平成21年4月28日）。

関連法規・資料

○「体罰の禁止及び児童生徒理解に基づく指導の徹底について（通知）」（24文科初第１２６９号平成25年3月13日）「学校教育法第11条に規定する児童生徒の懲戒・体罰等に関する参考事例」（別紙）

◉学校教育法11条

校長及び教員は，教育上必要があると認めるときは，文部科学大臣の定めるところにより，児童，生徒及び学生に懲戒を加えることができる

懲戒の種類

（学校教育法施行規則26条２項）　（教育委員会規則等）

	法的懲戒	事実上の懲戒
種類	退学，停学，訓告	訓戒，叱責等
懲戒権者	校長	校長，教員

退学 市町村立の小学校，中学校（併設型中学校を除く），義務教育学校，公立の特別支援学校の学齢児童・学齢生徒には行うことができない。

停学 公立・私立を問わず学齢児童・学齢生徒には行うことができない。

＊日本国籍を有しない子どもについては議論の余地がある。

◉学校教育法11条（但書）

ただし，体罰を加えることはできない

■「体罰の禁止及び児童生徒理解に基づく指導の徹底について（通知）」（2013年３月）

体罰はいかなる場合も行ってはならない

ただし

体罰にあたるかは，
- ○児童生徒の年齢，健康，心身の発達状況
- ○行為が行われた場所的，時間的環境
- ○懲戒の態様　等

総合的に考え，個々の事案ごとに判断

体罰に該当

身体に対する侵害を内容とする懲戒（殴る，蹴る等），児童生徒に肉体的苦痛を与えるような懲戒（正座・直立等特定の姿勢を長時間にわたって保持させる等）に当たると判断された場合

正当防衛及び正当行為の場合

刑事上又は民事上の責めを免れうる

部活動

学校教育の一環 ➡ 体罰は当然禁止！

参照 第４章ケーススタディ学校教育紛争⑥・⑭

児童生徒の出席停止

児童生徒⑦

解説――児童生徒の出席停止に関しては、〝感染症予防〟を理由とする学校保健安全法上の出席停止と〝性行不良〟を理由とする学校教育法に基づく出席停止が、実務上特に重要である。

１９９０年代後半から、学校現場を襲った〝新しい荒れ〟との関係で注目されたのが、性行不良に基づく出席停止である。学校教育法は、従来、性行不良に基づく出席停止を容認していた。だが、何らの具体的基準が示されておらず、加害児童生徒の「教育を受ける権利」に対する配慮から、学校現場においてはその発動に慎重な意見が大勢を占めていた。

これに対し、教育改革国民会議は、「問題を起こす子どもによって、そうでない子どもたちの教育が乱されないようにする」とし、「出席停止など適切な措置をとる」ことを求めた（「教育改革国民会議最終報告―教育を変える17の提案―」平成12年12月）。この提案を受けて政府は、「学校教育法の一部を改正する法律」を成立させ、性行不良に該当する行為を明記する等の改正を行い、その発動要件を明確にした（「出席停止制度の運用の在り方について（通知）」13文科初第７２５号平成13年11月６日）。

性行不良に基づく出席停止は、市町村立の小・中学校、義務教育学校等に在籍する学齢児童・学齢生徒を対象とし、市町村の教育委員会から保護者に対して命じられる。その要件は、次頁①～④の四つの行為を繰り返し、〝他の児童生徒の教育に妨げがある〟と認められる場合である（学校教育法35条1項、49条、49条の8）。性行不良に基づく出席停止を命じるにあたって、市町村教育委員会は、「あらかじめ保護者の意見を聴取」するとともに、その「理由及び期間を記載した文書」の交付が義務づけられている（35条2項）。また、その他の手続事項は、教育委員会規則で定められることになっている（35条3項）。なお、この出席停止が義務教育を受ける権利と衝突するところから、市町村教育委員会は、出席停止期間中、当該児童生徒の「学習に対する支援その他の教育上必要な措置」を講じなければならない（35条4項）。

また、文部科学省は、２００７（平成19）年2月に「問題行動を起こす児童生徒に対する指導について（通知）」（18文科初第１０１９号平成19年2月5日）を発表した。そこでは、⑴市町村教育委員会及び学校は、制度の趣旨を十分理解し、日頃から規範意識を育む指導やきめ細やかな教育相談等を行う、⑵学校の指導によっても改善が見られない場合は、市町村教育委員会はためらわず出席停止措置をとることを検討する、⑶制度運用においては、教員や学校が孤立することがないよう、教職員・教育委員会・地域による必要な支援が行われるよう十分配慮する、という3点が指摘されている。

●２つの出席停止●

理由	決定権限	指示対象者	根拠法令
①感染症予防のため	校長	小・中学校の場合 当該児童生徒の保護者 高等学校の場合 当該生徒	学校保健安全法19条
②性行不良のため（※）	市町村教育委員会	当該児童生徒の保護者	学校教育法35条

（※）この制度は，「本人に対する懲戒という観点からではなく，学校の秩序を維持し，他の児童生徒の義務教育を受ける権利を保障するという観点から設けられている」（「公立の小学校及び中学校における出席停止等の措置について（通知）」文初中第322号昭和58年12月５日）

《性行不良に基づく出席停止措置に関する要点》

POINT!!

要件の明確化

これらの行為の１つか２つ以上を繰り返し行うなど ＝ **性行不良**

①他の児童生徒に傷害，心身の苦痛又は財産上の損失を与える行為
②職員に傷害又は心身の苦痛を与える行為
③施設又は設備を損壊する行為
④授業その他の教育活動の実施を妨げる行為

＋ 他の児童生徒の教育に妨げがあると認められる場合

CHECK!!

校種別に考える

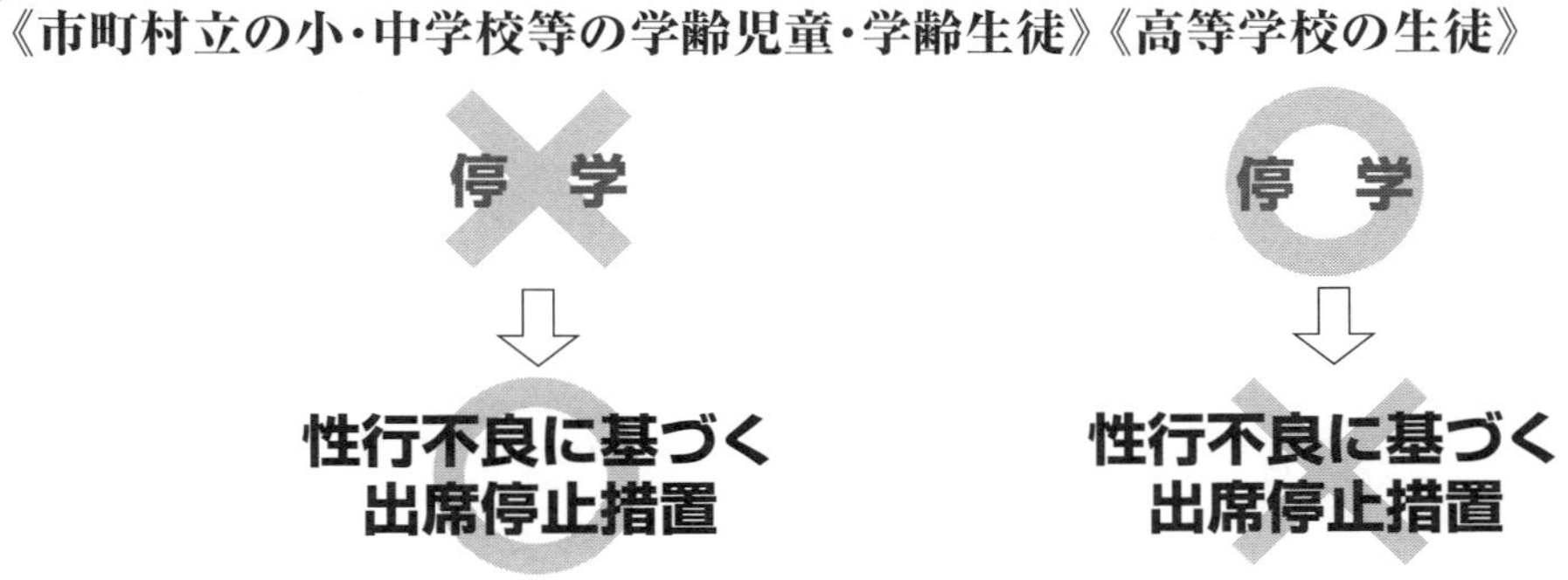

CHECK!!

出席停止を命じる際の要点

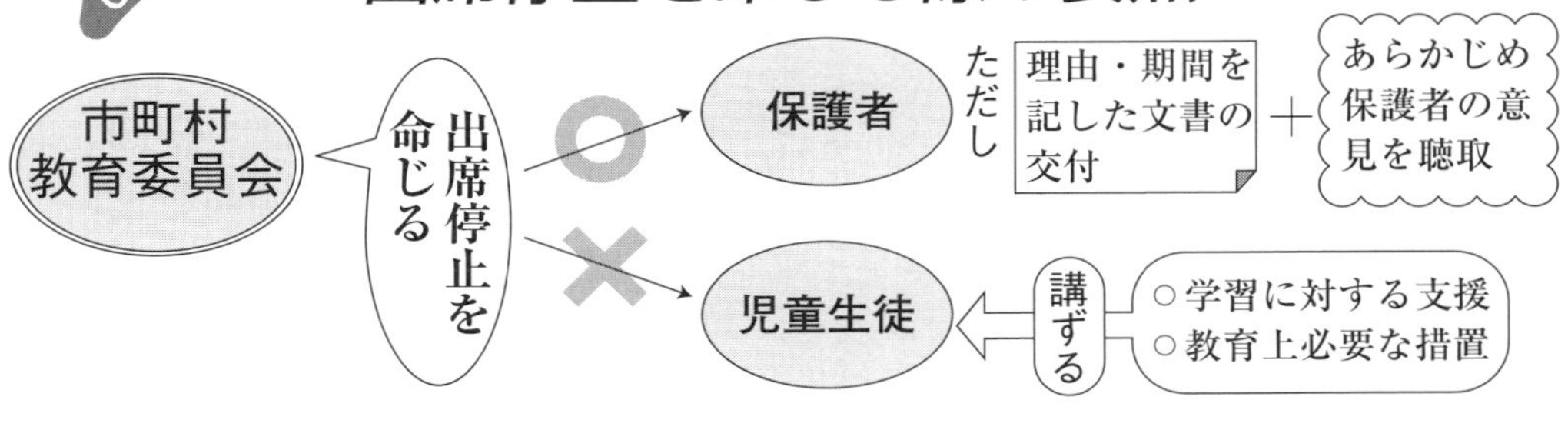

いじめの防止等の法制化

児童生徒⑧

解説――2013（平成25）年6月、いじめ防止対策推進法が制定された。生徒指導上、長きにわたり憂慮すべき課題とされてきた「いじめ」への対策に特化した法律である。制定の背景には、2011（平成23）年に滋賀県大津市で発生したいじめ自殺事件等が存在している。この事件を受けて、当時の文部科学大臣は、「すべての学校・教育委員会関係者の皆様へ」（平成24年）と題する談話を発表し、学校、教育委員会、国等の関係者が一丸となっていじめの問題に取り組む必要性を強調した。その翌年、教育再生実行会議は「いじめの問題等への対応について」（第一次提言）（平成25年）を公にし、「社会総がかりでいじめに対峙していくための法律の制定」を提言する。これを受けて、議員立法によりいじめ防止対策推進法が成立することとなった。

いじめ防止対策推進法は、「いじめの防止等」のための対策に関し、①基本理念、②国・地方公共団体等の責務、③いじめの防止等のための対策に関する基本的な方針、④いじめの防止等のための対策の基本となる事項を定めることにより、「いじめの防止等のための対策を総合的かつ効果的に推進することを目的」としている（1条）。ここで言う「いじめの防止等」とは、いじめの防止、いじめの早期発見、いじめへの対処を指す。

同法は、「いじめ」を「児童等に対して、当該児童等が在籍する学校に在籍している等当該児童等と一定の人的関係にある他の児童等が行う心理的又は物理的な影響を与える行為（インターネットを通じて行われるものを含む。）であって、当該行為の対象となった児童等が心身の苦痛を感じているもの」と定義している（2条1項）。いじめの範囲が被害児童等の主観的判断に依拠している点や、深刻化するSNS等によるネットいじめを反映し、「インターネットを通じて行われるものを含む」ことが明記された点に注目する必要がある。

国、地方公共団体、学校に対しては、それぞれに「いじめの防止等のための対策に関する基本的な方針」を策定することが求められている。学校は、文部科学大臣が策定義務を負う「いじめ防止基本方針」（11条）、地方公共団体が策定の〝努力義務〟を負う「地方いじめ防止基本方針」（12条）を参酌し、「学校いじめ防止基本方針」を定めるものとされている（13条）。国公私立を問わず、学校の実情に応じた具体的な方針の策定が義務づけられることになった。

なお、国や地方公共団体等の責務と並んで、保護者の責務が定められた点も特筆に値する。「保護者は、子の教育について第一義的責任を有する」という教育基本法の内容を確認し、子に対し規範意識を養うための指導その他の必要な指導を行う努力義務や、子をいじめから保護する義務等を明記している（9条）。

学校病理としてのいじめの顕在化

2011年　大津市いじめ自殺事件の発生等

↓

2012年　すべての学校・教育委員会関係者の皆様へ〔文部科学大臣談話〕

✓ いじめは，どの学校でもどの子どもにも起こりうる
✓ 子どもの生命を守るため，学校，教育委員会，国などの関係者が一丸となって取り組む

↓

2013年　教育再生実行会議「いじめの問題等への対応について」（第一次提言）

✓ 社会総がかりでいじめに対峙していくための法律の制定を提言

↓

2013年６月　いじめ防止対策推進法　成立
（2013年９月28日施行）

目的

いじめの防止等のための対策を総合的かつ効果的に推進する（１条）

①いじめの防止…………	全ての児童生徒を対象とした いじめの未然防止
②早期発見………………	いじめの積極的な認知
③いじめへの対処………	○被害児童生徒を守り通す ○加害児童生徒に対する毅然とした指導

基本方針の策定

①　〈義務〉　【文部科学大臣】いじめ防止基本方針（11条）

「いじめの防止等のための基本的な方針」
2013年10月11日
文部科学大臣決定
（最終改定2017年３月14日）

↓ 参酌

②〈努力義務〉【地方公共団体】地方いじめ防止基本方針（12条）

↓ 参酌

③　〈義務〉　【学校】学校いじめ防止基本方針（13条）

保護者の責務

子の教育について第一義的責任を有する（９条１項）

〈Check〉
教育基本法の内容を改めて確認！

努力義務
いじめを行うことのないよう，規範意識を養うための指導等を行う
（９条１項）

子がいじめを受けた場合
↓
いじめから適切に保護する
（９条２項）
義務

いじめの防止等と学校の責務

児童生徒⑨

解説——いじめ防止対策推進法上、学校の設置者・学校が講ずべき基本的施策としては、①道徳教育・体験活動等の充実（15条1項）、②早期発見のための定期的な調査等の措置（16条1項）、③児童・保護者等がいじめに係る相談を行うことができる体制の整備（同条3項）、④インターネットを通じたいじめに関する啓発活動（19条1項）等がある。

また、国・地方公共団体が講ずべき基本的施策としては、①関係機関等との連携等（17条）、②いじめの防止等の対策に従事する人材の確保等（18条1項）、③調査研究の推進等（20条）、啓発活動（21条）等が挙げられる。

いじめ防止対策推進法において、その役割に大きな期待が寄せられているのが、「いじめの防止等の対策のための組織」である（22条）。この組織は、複数の教職員、心理、福祉等の専門家その他の関係者により構成される常設の組織である。いじめの相談・通報窓口となり、いじめの疑いに関する情報等を収集・記録・共有すること、いじめの疑いに係る情報を得た場合に緊急会議を開き、迅速な対応を行うこと等が想定されている。学校が組織的にいじめの問題に取り組むにあたり、中核的役割を担うことになる。

いじめに対しては、まず、教職員、保護者等は、児童等からいじめに係る相談を受けた場合で、いじめの事実があると思われるときは、その児童等が在籍する学校への通報その他の適切な措置をとらなければならない（23条1項）。学校は速やかに事実確認を行い、その結果を設置者に報告する必要がある（同条2項）。

事実確認の結果、いじめがあったことが確認された場合には、いじめをやめさせ、その再発を防止するため、いじめを受けた児童等とその保護者に対する「支援」、いじめを行った児童等に対する「指導」、その保護者に対する「助言」を継続的に行うものとされている（同条3項）。その際、学校は、被害児童等の保護者と加害児童等の保護者との間で争いが起きることのないよう、情報共有のための措置等を講ずる必要がある（同条5項）。また、学校は、いじめが犯罪行為として取り扱われるべきものであると認めるときは所轄警察署と連携して対処し、児童等の生命、身体又は財産に重大な被害が生じるおそれがあるときは直ちに通報しなければならない（同条6項）。

なお、重大事態（①いじめにより児童等の生命、心身又は財産に重大な被害が生じた疑いがあると認めるとき、②いじめにより相当の期間学校を欠席することを余儀なくされている疑いがあると認めるとき）が発生した場合、学校の設置者又はその設置する学校は、速やかに当該学校の設置者又は学校の下に組織を設け、質問票の使用その他の適切な方法により、事実関係を明確にするための調査を行うものとされている（28条1項）。

学校におけるいじめの防止等の対策のための組織（22条）

常設

〈構成員(例)〉

教職員

- ○管理職
- ○生徒指導担当教員
- ○学年主任
- ○養護教諭
- ○部活動指導に関わる教職員　等

＋

外部人材

- ○スクールカウンセラー
- ○スクールソーシャルワーカー　等

〈想定される役割〉

（「いじめの防止等のための基本的な方針」2013年10月11日文部科学大臣決定，最終改定2017年３月14日）

- ✓ 学校いじめ防止基本方針に基づく取組の実施や具体的な年間計画の　作成 ➡ 実行 ➡ 検証 ➡ 修正　の中核となる
- ✓ いじめの相談・通報の窓口
- ✓ いじめの疑いや問題行動等に係る情報の　収集　記録　共有
- ✓ 緊急会議の開催
  - ➡ 情報の迅速な共有　関係児童生徒への事実関係の聴取　指導や支援の体制・対応方針の決定　保護者との連携　｝組織的に実施するための中核となる

いじめに対する措置(23条)

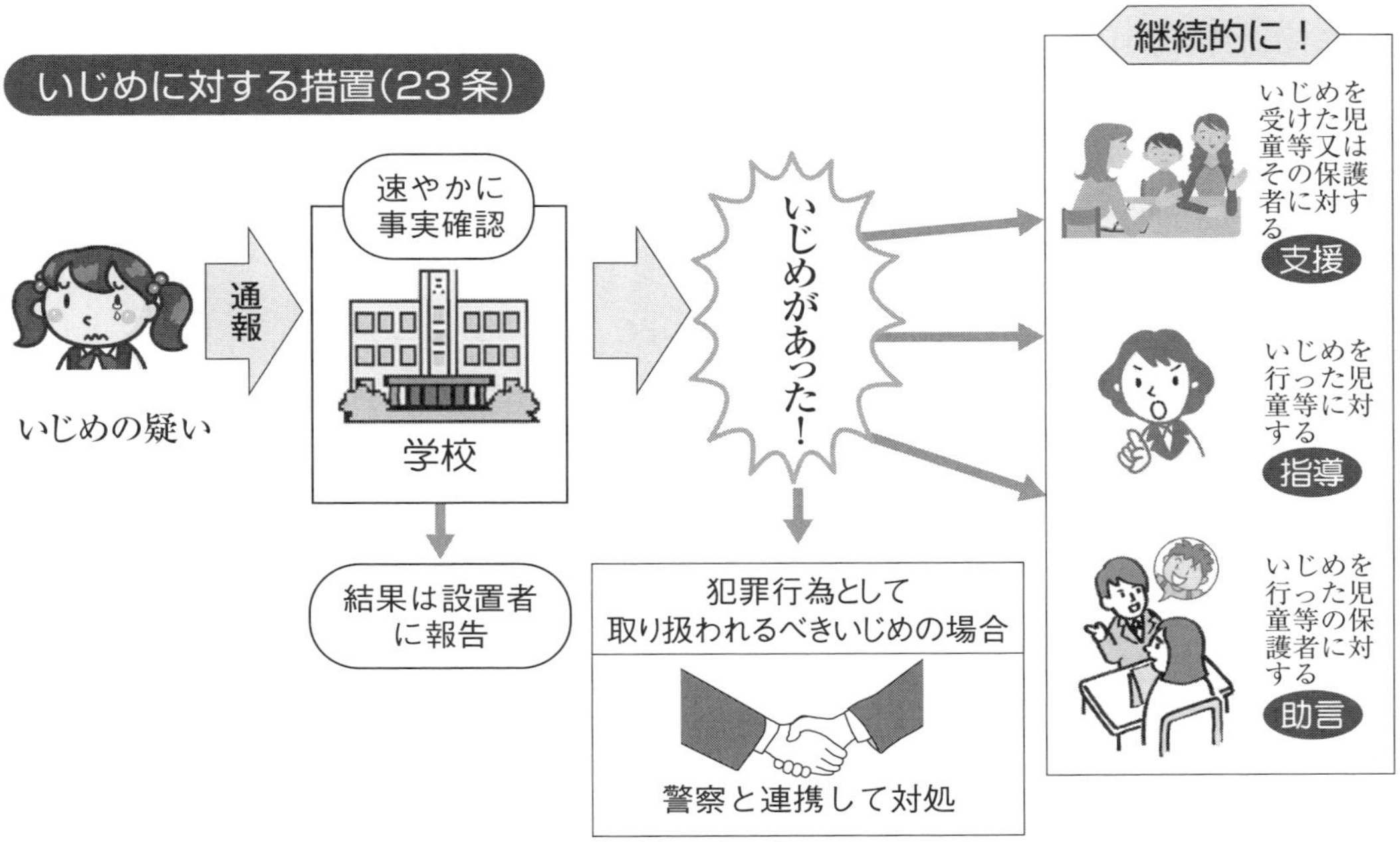

いじめの重大事態への対処

児童生徒⑩

解説――いじめ防止対策推進法は、いじめの中でも特に被害が深刻なケースを「重大事態」として扱い、特別な対処を求めている。ここで言う「重大事態」とは、次の二つを指す。

第一に、「いじめにより当該学校に在籍する児童等の生命、心身又は財産に重大な被害が生じた疑いがあると認めるとき」である（28条1項1号）。たとえば、児童生徒が自殺を企図した場合や身体に重大な傷害を負った場合、金品等に重大な被害を被った場合等が想定される。

第二に、「いじめにより当該学校に在籍する児童等が相当の期間学校を欠席することを余儀なくされている疑いがあると認めるとき」である（28条1項2号）。「相当の期間」とは、年間30日が目安とされている（「いじめの防止等のための基本的な方針」最終改定平成29年3月）。

重大事態が発生した場合、公立学校は教育委員会を通じて地方公共団体の長へ、私立学校は都道府県知事へ報告しなければならない（30条1項、31条1項）。そして、学校設置者又は学校は、速やかに、「組織を設け、質問票の使用その他の適切な方法により当該重大事態に係る事実関係を明確にするための調査」を行う必要がある（28条1項）。

調査の主体は、従前の経緯や事案の特性、いじめられた児童生徒や保護者の訴え等を踏まえて判断される。学校主体の調査では重大事態への対処等に「必ずしも十分な結果を得られないと学校の設置者が判断する場合や、学校の教育活動に支障が生じるおそれがあるような場合には、学校の設置者において調査を実施する」ことになる（「いじめの防止等のための基本的な方針」最終改定平成29年3月）。調査組織の構成員には、弁護士や精神科医、学識経験者、心理・福祉の専門家等であって、いじめ事案の関係者と直接の人間関係又は特別の利害関係を有しない者が想定されている。

調査の実施を受けて学校設置者又は学校は、いじめを受けた児童生徒やその保護者に対し、「事実関係等その他の必要な情報を適切に提供」しなければならない（28条2項）。いじめ行為がいつ、誰によって、どのような態様で行われ、学校がどのように対応したのか等について説明を行う必要がある。

公立学校の場合、地方公共団体の長は、重大事態への対処又は当該重大事態と同種の事態の発生の防止のため必要があると認めるときは、附属機関を設けて調査を行う等の方法により、学校設置者又は学校による調査の結果について再度調査を行うことができる（30条2項）。再調査の結果は、地方公共団体の長が、議会に報告することとされている（30条3項）。

関連法規・資料

○文部科学省「いじめの重大事態の調査に関するガイドライン」（平成29年3月）

重大事態の定義

①いじめにより当該学校に在籍する児童等の生命，心身又は財産に重大な被害が生じた疑いがあると認めるとき（28条１項１号）

〔（例）児童生徒が自殺を企図した場合や身体に重大な傷害を負った場合，金品等に重大な被害を被った場合，精神性の疾患を発症した場合等〕

②いじめにより当該学校に在籍する児童等が相当の期間学校を欠席することを余儀なくされている疑いがあると認めるとき（28条１項２号）

〔相当の期間……年間30日が目安〕

重大事態が発生したら…

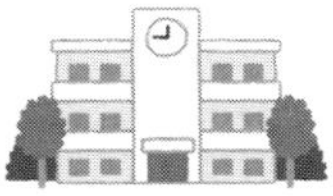

	重大事態発生の報告	調査組織の設置	調査の実施と情報提供		調査結果の報告	再調査
						重大事態への対処又は同種の事態の発生の防止のため必要がある場合に実施
公立学校	教育委員会を通じて，地方公共団体の長へ　（30条）	教育委員会 or 学校 →	事実関係を明確にするための調査を実施 →	いじめを受けた児童生徒や保護者への調査に係る情報提供	地方公共団体の長へ	地方公共団体の長が再調査を判断
私立学校	学校を所轄する都道府県知事へ（31条）	学校法人 or 学校 →	事実関係を明確にするための調査を実施 →	いじめを受けた児童生徒や保護者への調査に係る情報提供	学校を所轄する都道府県知事へ	都道府県知事が再調査を判断
国立学校	国立大学法人の学長を通じて，文部科学大臣へ（29条）	国立大学法人 or 学校 →	事実関係を明確にするための調査を実施 →	いじめを受けた児童生徒や保護者への調査に係る情報提供	文部科学大臣へ	文部科学大臣が再調査を判断

ネットいじめへの対応

児童生徒⑪

解説――子どもが携帯電話等でメールやインターネットを利用する機会が増加し、「ネット上のいじめ（ネットいじめ）」という課題が生じている。

　ネットいじめとは、携帯電話やパソコンを通じて、インターネット上のウェブサイトの掲示板などに、特定の子どもの悪口や誹謗・中傷を書き込んだり、メールを送ったりするなどの方法により、いじめを行うことを指す。インターネットを用いるという性格上、ネットいじめは、被害が短時間で極めて深刻になる可能性がある。また、匿名により安易に書き込めることから、簡単に被害者にも加害者にもなり得る。特に、その実態を把握しにくいことから、効果的な対応を講じることが困難という問題も抱えている。

　こうした状況を憂慮した文部科学省は、『ネット上のいじめ』に関する対応マニュアル・事例集(学校・教員向け)」(平成20年11月）を作成し、２００９（平成21）年には通知を発出する等の対応を行ってきた。その後、２０２０（令和２）年には、平成21年通知の見直しが行われ、「学校における携帯電話の取扱い等について（通知）」（２文科初第６７０号令和２年７月31日）が出されている。学校種ごとの携帯電話の取扱いについては、平成21年通知と変わらず、①小・中学校については、原則持ち込み禁止としつつ例外的に認める、②高等学校は校内での使用を制限すべき、としている。令和２年通知では、これらに加えて、①中学校において、一定の条件を満たした上で学校又は教育委員会を単位として持ち込みを認める、②特別支援学校については、各学校及び教育委員会判断とすることが示された。

　なお、いじめ防止対策推進法では、いじめの定義に「インターネットを通じて行われるものを含む」ことが明記された（２条１項）。ネットいじめが教育課題として定着したことをうかがうことができる。また、学校の設置者・学校は、児童生徒、保護者に対し、ネットいじめを防止し、効果的に対処することができるよう、必要な啓発活動を行うことが規定された（19条１項）。他方、国・地方公共団体には、児童等がネットいじめに巻き込まれていないかどうかを監視する関係機関・関係団体の取組を支援するとともに、ネットいじめに対処する体制の整備に努めることが求められている（19条２項）。

　ここに言う関係機関・関係団体には、ＮＰＯ、ＰＴＡ、ボランティア、民間企業等が考えられる。取組としては、「学校ネットパトロール」がその代表例と言えるであろう。目まぐるしく変化するインターネット上の情報について、学校が単独で対処することには限界がある。今後は、専門性を有する外部機関等への委託が中心となっていくであろう。

ネットいじめの認知件数

いじめの態様のうち，パソコンや携帯電話等を使ったいじめ（国公私立計）

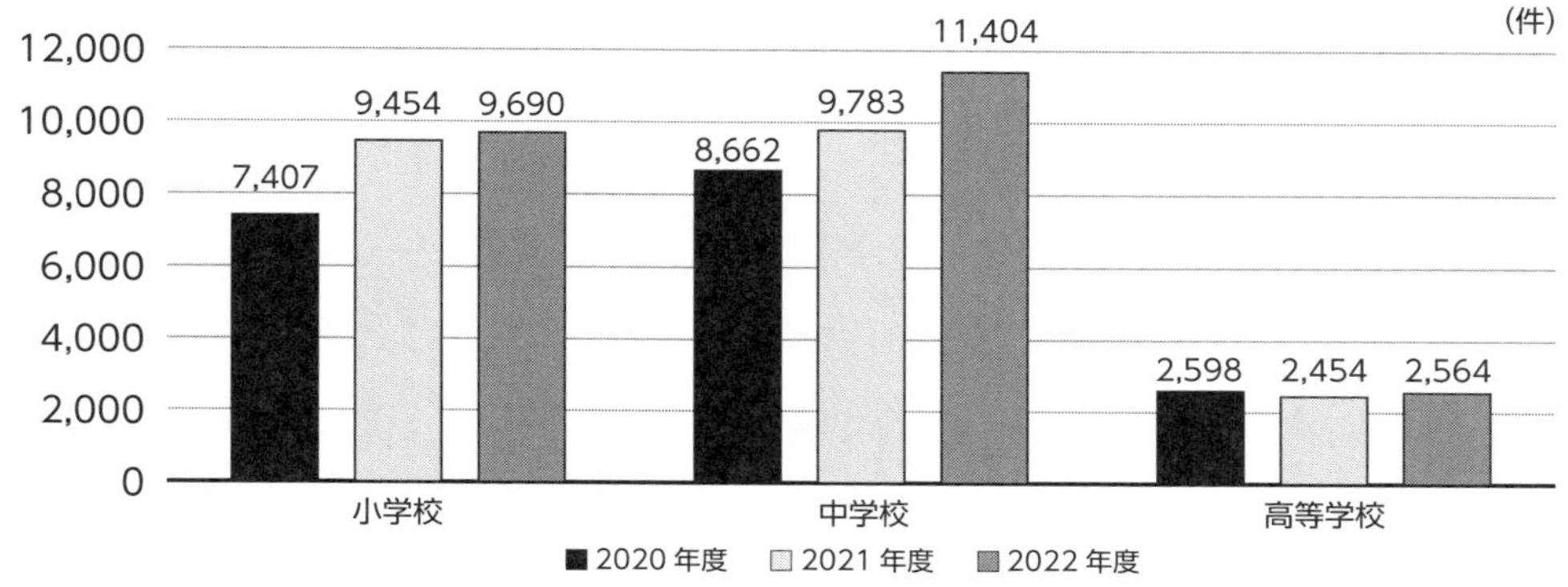

文部科学省「児童生徒の問題行動・不登校等生徒指導上の諸課題に関する調査」を基に作成

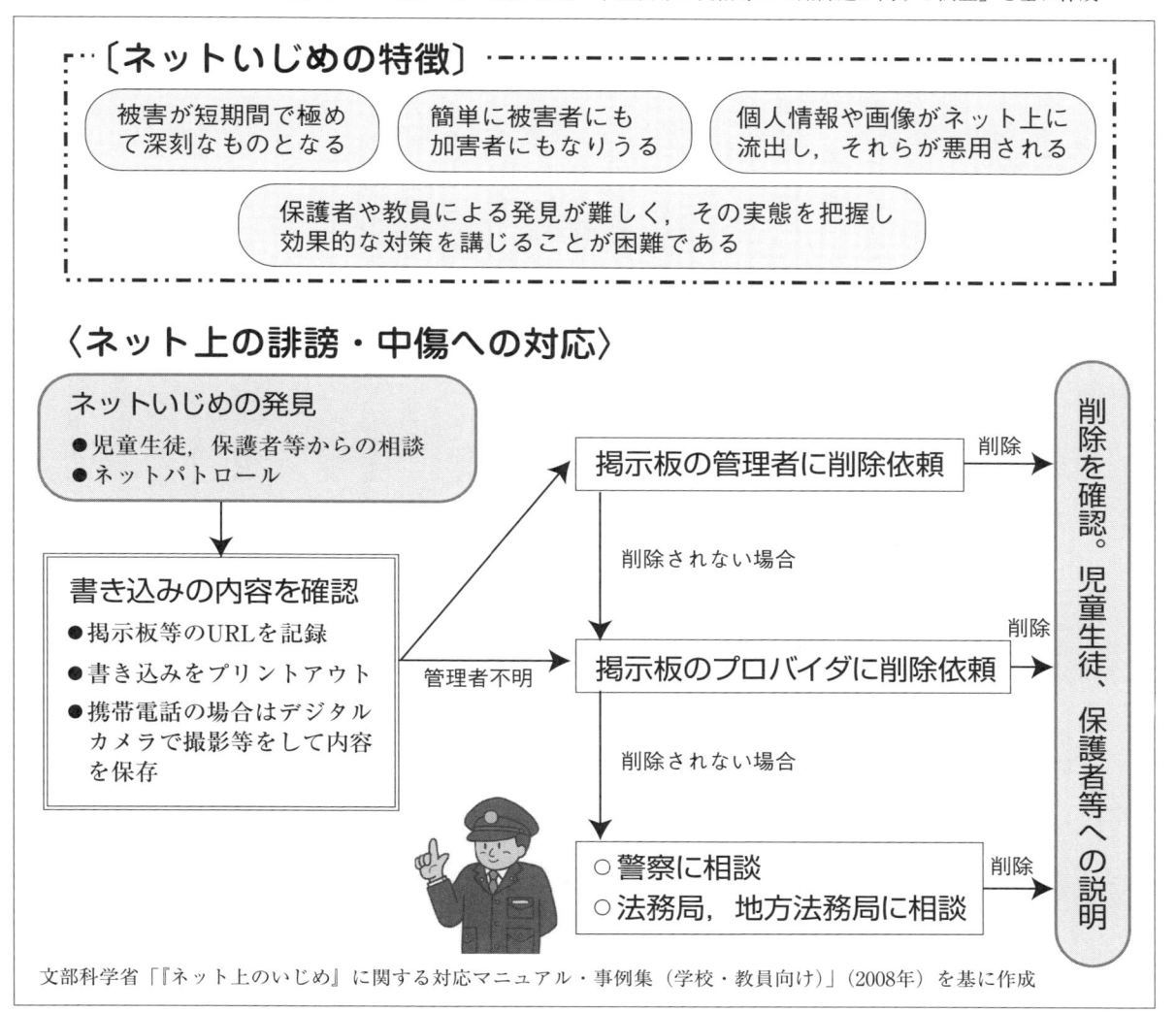

〔ネットいじめの特徴〕

- 被害が短期間で極めて深刻なものとなる
- 簡単に被害者にも加害者にもなりうる
- 個人情報や画像がネット上に流出し，それらが悪用される
- 保護者や教員による発見が難しく，その実態を把握し効果的な対策を講じることが困難である

〈ネット上の誹謗・中傷への対応〉

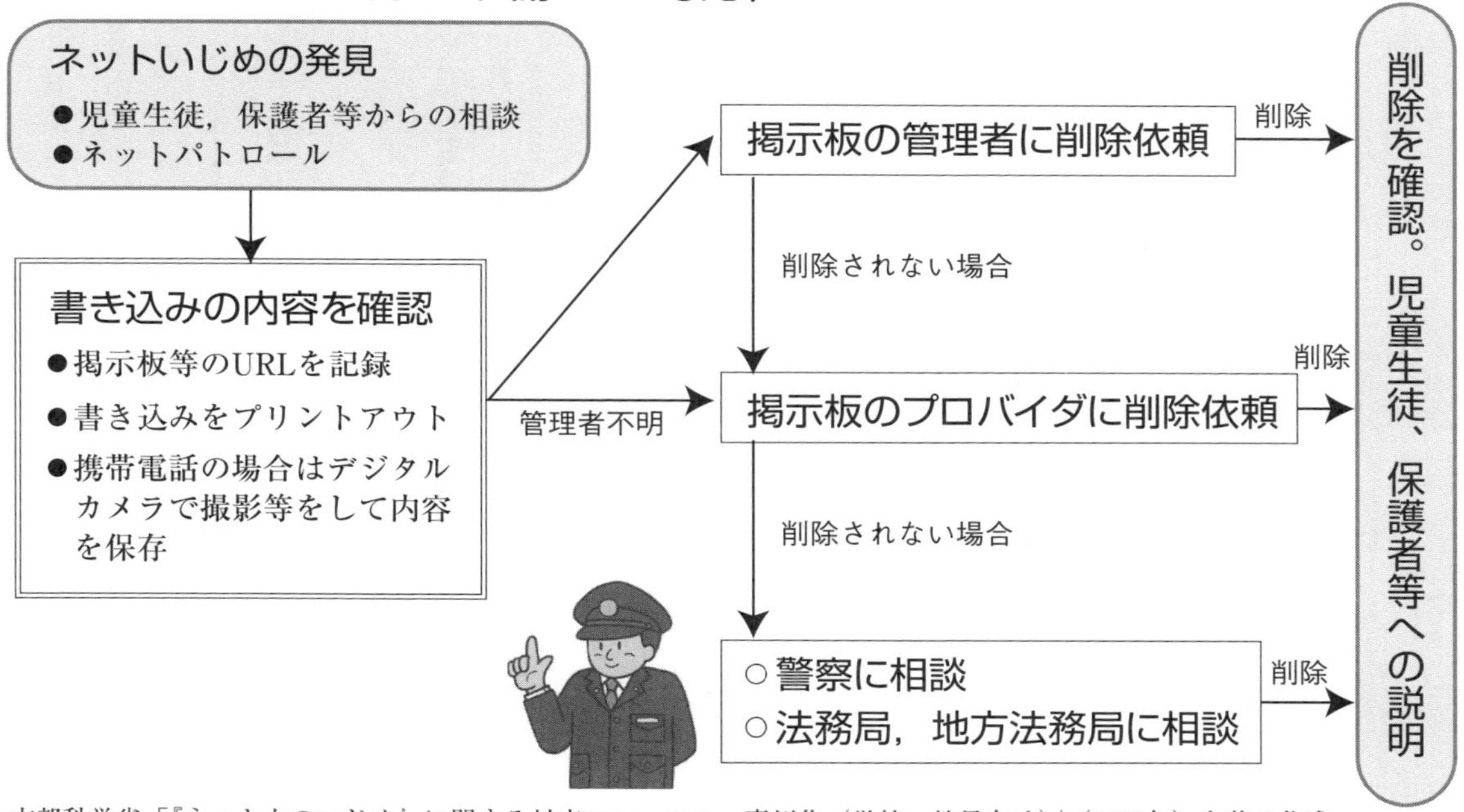

文部科学省「『ネット上のいじめ』に関する対応マニュアル・事例集（学校・教員向け）」（2008年）を基に作成

不登校対策

児童生徒⑫

解説――不登校とは、一般に、病気や経済的な理由によるものを除き、何らかの心理的、情緒的、身体的、あるいは社会的要因・背景により、児童生徒が登校しないあるいはしたくともできない状況にあることを指す概念である。

文部科学省「令和4年度児童生徒の問題行動・不登校等生徒指導上の諸課題に関する調査」によれば、2022（令和4）年度中に「不登校」を理由として年間30日以上欠席した児童生徒の数は、小学校で10万5，112人、中学校で19万3，936人に上る。この数字は、1991（平成3）年度と比較し、小学校では約8・3倍、中学校では約3・6倍という著しい増加である。特に中学校段階では、不登校生徒が17人に1人の割合となり、数字のうえではどのクラスにも2人程度は不登校生徒がいるという計算になる（小学校は59人に1人）。

旧文部省は、当初「不登校（登校拒否）」を特殊例外的な事象として把握していたが、1992（平成4）年、「どの子どもにも起こりうるもの」であるとし、一般的な教育課題として位置づけた。その結果、不登校児童生徒の指導にあたって、公的な指導の機会が得られないあるいは公的機関に通うことも困難な場合で本人や保護者の希望もあり適切と判断される場合は、民間の相談・指導施設も考慮することとした。そして、学校外の公的機関や民間施設で相談・指導を受けても、条件を満たせば校長が指導要録上出席扱いにすることができることになった。

なお、2016（平成28）年12月には、義務教育の段階における普通教育に相当する教育の機会の確保等に関する法律（教育機会確保法）が成立し、不登校児童生徒に対する支援の在り方が法律上明記されるに至っている。文部科学大臣は、不登校児童生徒に対する教育機会の確保等に関する事項を含めた施策を総合的に推進するための基本的な指針を定める義務を負う（7条）。また、国及び地方公共団体には、学校生活上の困難を有する個々の児童生徒の状況に応じた支援その他の学校における取組を支援するために必要な措置を講ずる努力義務が課されている（8条）。

関連法規・資料

【教育機会確保法】

13条　国及び地方公共団体は、不登校児童生徒が学校以外の場において行う多様で適切な学習活動の重要性に鑑み、個々の不登校児童生徒の休養の必要性を踏まえ、当該不登校児童生徒の状況に応じた学習活動が行われることとなるよう、当該不登校児童生徒及びその保護者（学校教育法第16条に規定する保護者をいう。）に対する必要な情報の提供、助言その他の支援を行うために必要な措置を講ずるものとする。

○「不登校の児童生徒等への支援の充実について（通知）」（5文科初第1505号令和5年11月17日）

不登校とは，

何らかの心理的，情緒的，身体的，あるいは社会的要因・背景により，児童生徒が登校しないあるいはしたくともできない状況にある

＋

年度間に連続又は断続して30日以上欠席した者
（病気や経済的理由による者を除く）

（文部科学省の調査による）

現状

不登校児童生徒の割合（令和４年度）
小学校　1.70％（59人に１人）
中学校　5.98％（17人に１人）

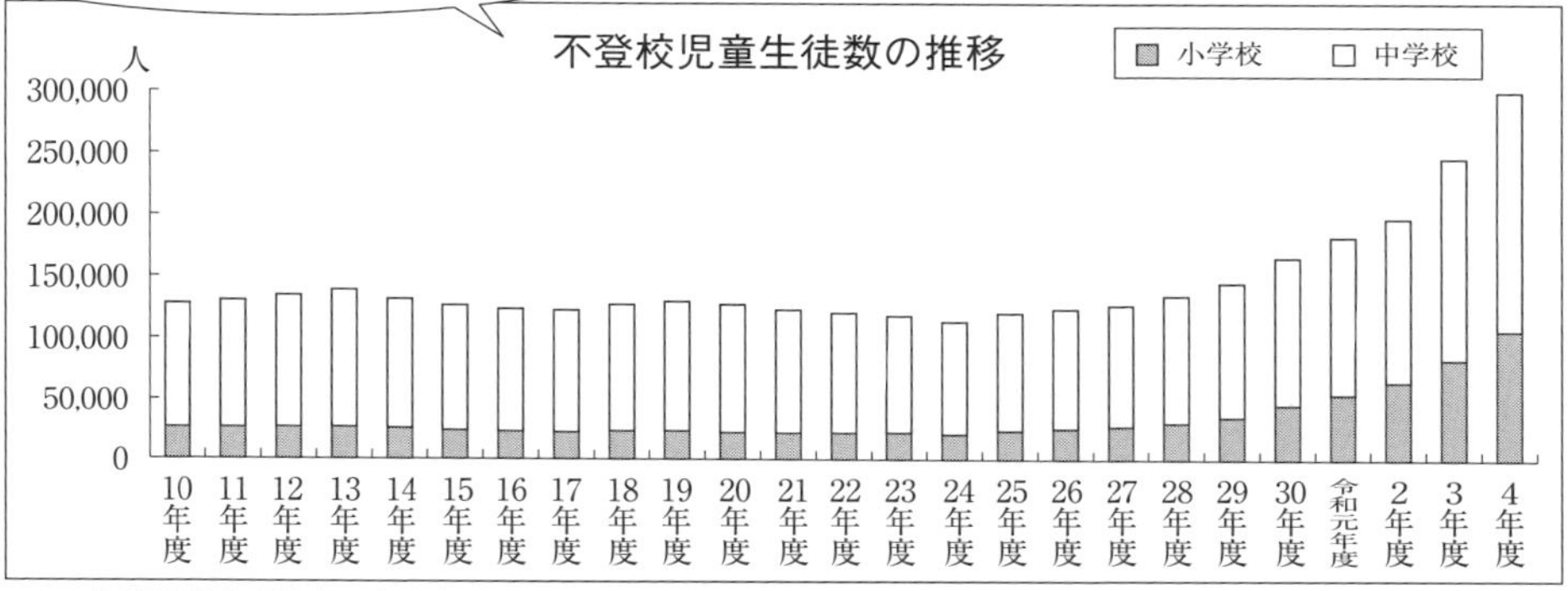

文部科学省「令和４年度児童生徒の問題行動・不登校等生徒指導上の諸課題に関する調査」を基に作成

「不登校児童生徒への支援の在り方について（通知）」元文科初第698号令和元年10月25日

（別記１）

義務教育段階の不登校児童生徒が学校外の公的機関や民間施設において相談・指導を受けている場合の指導要録上の出欠の取扱いについて

出席扱いの要件

当該施設における相談・指導が不登校児童生徒の社会的な自立を目指すものであり，かつ，不登校児童生徒が現在において登校を希望しているか否かにかかわらず，不登校児童生徒が自ら登校を希望した際に，円滑な学校復帰が可能となるよう個別指導等の適切な支援を実施していると評価できる場合

＋

①保護者と学校との間に十分な連携・協力関係が保たれていること。
②当該施設は，教育委員会等が設置する教育支援センター等の公的機関とするが，公的機関での指導の機会が得られないあるいは公的機関に通うことが困難な場合で本人や保護者の希望もあり適切と判断される場合は，民間の相談・指導施設も考慮されてよいこと。
（ただし，民間施設における相談・指導が個々の児童生徒にとって適切であるかどうかについては，校長が，設置者である教育委員会と十分な連携をとって判断するものとすること。）
③当該施設に通所又は入所して相談・指導を受ける場合を前提とすること。　等

↓

校長が指導要録上出席扱いとすることができる。

児童虐待への対応

児童生徒⑬

解説――児童虐待の防止等に関する法律（児童虐待防止法）は、「児童虐待が児童の人権を著しく侵害し、その心身の成長及び人格の形成に重大な影響を与える」（1条）という考え方の下、２０００（平成12）年に制定された。

同法にいう児童虐待とは、親権者、未成年後見人等、18歳未満の児童を現に監護している「保護者」が、以下の行為を行うことをいう（2条）。

①身体的虐待――児童の身体に外傷が生じ、又は生じるおそれのある暴行を加えること

②性的虐待――児童にわいせつな行為をすること又は児童をしてわいせつな行為をさせること

③ネグレクト――児童の心身の正常な発達を妨げるような著しい減食又は長時間の放置等

④心理的虐待――児童に対する著しい暴言又は著しく拒絶的な対応、児童が同居する家庭における配偶者に対する暴力その他の児童に著しい心理的外傷を与える言動を行うこと

児童虐待の通告義務は、虐待を「受けたと思われる」児童の発見者に課せられている（6条1項）。制定当初は、虐待を「受けた」児童を発見した者に通告義務を課していたが、児童救済の観点から、「受けたと思われる」に改正された。学校及び教職員は、児童虐待の早期発見に関する努力義務も負っている（5条1項）。児童虐待発見の通告は「市町村、都道府県の設置する福祉事務所若しくは児童相談所」等に対して行われるが、刑法その他の〝守秘義務〟は免除される（6条1項、3項）。そして、通告を受けた際には、市町村又は福祉事務所の長や児童相談所長は、必要に応じ学校の教職員等の協力を得つつ、児童の安全確保措置を講ずることとなっている（8条）。

また、学校には、児童・保護者に対し、児童虐待防止に向けた〝教育〟〝啓発〟の「努力義務」が課されている点にも留意する必要がある（5条5項）。

２０１９（令和元）年には、千葉県野田市で小学4年生の女児が死亡する児童虐待事件が発生したことなどを受けて、児童虐待防止法が改正され、しつけに際して体罰を加えることが禁止される（14条）と共に、児童虐待の早期発見努力義務が課される対象に「教育委員会」が追加された（5条1項）。

その後、２０２２（令和4）年の民法改正で親権者による懲戒権の規定（民法旧822条）が改正されたこと等を受けて、児童虐待防止法も改正された。これにより、民法の新たな規定に合わせる形で「児童の親権を行う者は、児童のしつけに際して、児童の人格を尊重するとともに、その年齢及び発達の程度に配慮しなければならず、かつ、体罰その他の児童の心身の健全な発達に有害な影響を及ぼす言動をしてはならない」（14条1項）とされている。

児童虐待の種類

①身体的虐待

- 殴る，けるなどの暴力
- 冬に戸外に長時間しめだす

等

②性的虐待

- 性的行為の強要
- ポルノグラフィーの被写体などを子どもに強要する

等

③ネグレクト

- 適切な衣食住の世話をせず放置する
- 病気なのに医師にみせない

等

④心理的虐待

- 無視，拒否的な態度
- 子どもの目の前でドメスティック・バイオレンスを行う

等

児童虐待の対応に果たす学校・教職員の役割

発生予防

↓

早期発見　早期対応

↓

保護・支援

教育又は啓発
（児童虐待防止法５条５項）

↓

早期発見努力義務
（児童虐待防止法５条１項）

通告義務
（児童虐待防止法６条）

↓

関係機関への協力
（児童虐待防止法５条２項）

【教育又は啓発】

児童（18歳未満の者），保護者に対して

○児童虐待とは何か
○どういう時に，どこに相談又は通告をすればよいのか

など

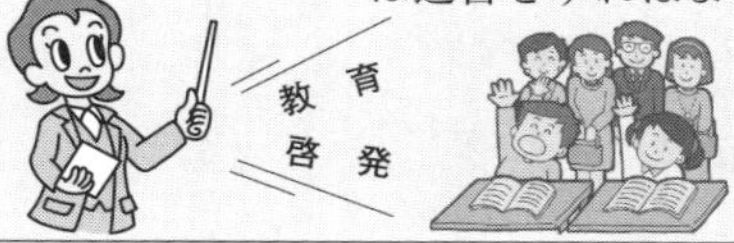

【早期発見努力義務】

及び

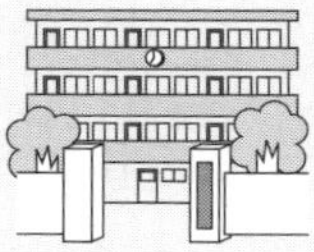

教職員個人の責務　　学校という組織的責務

【通告義務】

児童虐待を受けたと思われる児童の発見者

※刑法その他の守秘義務は免除される。

【関係機関への協力】

虐待を受けた子どもの保護・自立支援に関し，関係機関への協力を行う。

少年法制

児童生徒⑭

解説——少年法（昭和23年法律第１６８号）は、「少年の健全な育成」を目標とし、非行に走った少年に対してその「性格の矯正」をし、「環境の調整に関する保護処分を行う」ことを主眼としている（保護主義）。少年法上、「少年」とは、20歳に満たない者を指す（2条1項）。この点、成年年齢を引き下げる民法の改正等を受け、２０２１（令和3）年、少年法が改正された。その結果、18歳以上の少年を「特定少年」とする新たなカテゴリーが設けられた（62条1項）。

少年法でいう〝非行少年〟の定義は、次頁1～3の三つに区分される（3条1項）。このうち触法少年の場合、児童福祉の観点が最優先となる。警察等は保護者の下に少年を戻すことをまず第一に検討する。保護者がいないか、保護者がいたとしてもその者に監護させることが不適当だと判断される場合に限り、都道府県の福祉事務所又は児童相談所への通告が選択される。

犯罪少年の場合、警察、検察官による捜査を経て家庭裁判所に送致される（全件送致主義）。家庭裁判所は、事件を調べ非行事実の有無を調査するが、必要に応じて少年鑑別所に収容し、心理テスト等を行うことも可能である。その後、家庭裁判所は、調査結果に基づき、①少年審判、②検察官送致（逆送）、③不処分の決定を行う。

少年審判においては、保護処分の必要性が判断される。保護処分が必要と判断された場合、特定少年を除き原則として、①保護観察官、保護司の下、社会内で指導・監督を行う保護観察、②社会福祉施設の一種で生活指導等を行う児童自立支援施設等への送致、③矯正教育を主とする少年院への送致のいずれかが選択される（24条1項）。

検察官送致は、特定少年を除き、死刑・懲役・禁錮の刑(※)に処される罪を犯した少年で、犯罪の重さ、情状に照らし、刑事処分が相当とされる場合、または犯行時16歳以上で、殺人・強盗等、故意に被害者を死亡させた場合に限って行うことが認められているに過ぎない（20条）。

２００７（平成19）年11月には、少年法等の一部を改正する法律が施行された。少年院送致可能な年齢をおおむね12歳以上とし（少年院法4条1項1号、3号）、家庭裁判所が特に必要と認める場合に限り14歳未満の少年を少年院に送致できることとなった（少年法24条1項但書）。

また、２００８（平成20）年6月の少年法改正により、被害者等から申出があれば（12歳未満の触法少年に係る事件は対象外）、殺人等一定の重大事件については傍聴が可能となった（22条の4）。審判状況の説明を受けることが可能となる（22条の6）他、被害者が、非行事実に加えて供述調書や審判調書を閲覧・謄写できるようになるとともに（5条の2）、意見聴取対象が拡大された（9条の2）。

（※）2025（令和７）年６月１日から死刑・懲役・禁錮の刑は「拘禁刑以上の刑」に変更。

少年法
- ○罪を犯した少年を処罰する
- ○保護主義

「少年の健全な育成」を目標とし，非行少年の「性格の矯正」をし，「環境の調整」に関する**「保護処分」**を行う

非行少年の定義

※「少年」とは20歳に満たない者をいう。（少年法２条１項）

1. **犯罪少年**――14歳以上で刑罰法令に触れる行為をした者
2. **触法少年**――14歳未満で刑罰法令に触れる行為をした者
3. **虞犯少年**――一定の事由に該当し，将来的に「罪を犯し，又は刑罰法令に触れる行為をする虞のある」者

ただし，
18歳以上の少年を
「特定少年」とする
（少年法62条１項）

虞犯少年の前提となる事由

(1) 保護者の正当な監督に服しない性癖
(2) 正当な理由がなく家庭に寄りつかない
(3) 犯罪性のある人物または不道徳な人物との交際
(4) いかがわしい場所への出入り
(5) 自己または他人の徳性を害する行為を行う性癖

のいずれかが認められること

犯罪少年と触法少年の処遇

触法少年――児童福祉の観点

→ 保護者がない，または保護者に監護させることが不適当な場合に限り児童相談所等へ通告

犯罪少年――家庭裁判所へ送致（全件送致主義）
↓
家庭裁判所が事件を調査
↓
①保護処分，②検察官送致（逆送），③不処分，を決定

①保護処分 →
- ○保護観察
- ○児童自立支援施設等への送致
- ○少年院送致

※ただし，特定少年を除く。

②検察官送致（逆送）→
- ○刑事処分が相当と判断される場合
 or
- ○犯行時16歳以上で故意に被害者を死亡させた場合

参照 第４章ケーススタディ学校教育紛争⑯

健康診断

保健・安全①

解説――学校における健康診断は、学校保健安全法上、①就学時の健康診断（11条）、②児童生徒等の健康診断（13条）、③職員の健康診断（15条）の3種に類別される。このうち、児童生徒等の健康診断と職員の健康診断には、毎学年定期的に行う健診と、必要があると認められる場合に臨時に行う健診の2種類がある。学校は、児童生徒等、職員の健康の保持増進を図るため、健康診断を行い、その他その保健に必要な措置を講じる法的義務を負っていることから、定期健康診断は、学校における保健管理の中核的存在といえる（学校教育法12条）。したがって、健康診断の効果的推進のために、保健教育等との調整を図りつつ、学校保健計画に位置づけ、計画的な実施に努めなければならない。

児童生徒の定期健康診断は、毎学年6月30日までに行うものとされている（学校保健安全法施行規則5条1項）。検査項目としては、①身長及び体重、②栄養状態、③脊柱及び胸郭の疾病及び異常の有無並びに四肢の状態、④視力及び聴力、⑤眼の疾病及び異常の有無、⑥耳鼻咽頭疾患及び皮膚疾患の有無、⑦歯及び口腔の疾病及び異常の有無、⑧結核の有無、⑨心臓の疾病及び異常の有無、⑩尿、⑪その他の疾病及び異常の有無、が必須となっている（6条1項）。以上の検査項目に、胸囲及び肺活量、背筋力、握力等の機能を加えることができる（6条2項）。なお健康診断の実施にあたっては、学校保健安全法施行規則の「方法及び技術的基準」に従う必要がある点に留意する必要がある（7条）。

健康診断は、既往症、自覚症状等を調べる保健調査に始まり、身体計測や視力検査、歯科検診等を経て、校医による診断がくだされる。疾病の傾向は、栄養状態、医学水準等によって変化する。また、食中毒や感染症等、突発的、局地的傾向を示す場合もある。それゆえに、管理職、保健主事、養護教諭等は、文部科学省並びに厚生労働省の通知等に留意しつつ、臨機応変に臨時健康診断の実施に努めていくことが重要となる。

また、「感染性又は学習に支障を生ずるおそれのある疾病」（いわゆる「学校病」）としては、①トラコーマ及び結膜炎、②白癬《せん》、疥癬《かいせん》及び膿痂疹《のうかしん》、③中耳炎、④慢性副鼻腔《くう》炎及びアデノイド、⑤齲《う》歯、⑥寄生虫病（虫卵保有を含む）が指定されている（学校保健安全法施行令8条）。これらに罹患し、学校において治療の指示を受けた場合、当該児童生徒の保護者で生活保護法上の要保護者又はこれに準ずる程度に困窮している者で教育委員会が認める者については、地方公共団体の医療費援助の対象となっていることにも留意する必要があろう（学校保健安全法24条）。

健康診断

（A）就学時の健康診断

実施義務　市町村の教育委員会
時期　学齢簿が作成された後，翌学年の初めから４ヵ月前までの間
対象者　翌学年の初めから小学校等に就学させるべき者で，当該市町村の区域内に住所を有するもの
結果による措置　市町村の教育委員会は，健康診断の結果に基づき，治療を勧告し，保健上必要な助言を行い，就学義務の猶予若しくは免除又は特別支援学校への就学に関し指導を行う等適切な措置をとらなければならない

（B）児童生徒等の健康診断（定期）

実施義務　学校
時期　毎学年６月30日までに行う
保健調査の実施　健康診断を行うにあたり，小学校，中学校，高等学校及び高等専門学校等では全学年において，幼稚園と大学では必要と認めるときに，あらかじめ児童生徒等の発育・健康状態等に関する調査を行う
健康診断票　進学・転学の際には校長が，進学・転学先の校長に送付
保存は５年間
結果による措置　学校においては，健康診断の結果に基づき，疾病の予防処置を行い，又は治療を指示し，並びに運動及び作業を軽減する等適切な措置をとらなければならない

（C）児童生徒等の臨時の健康診断

実施の基準
- 感染症又は食中毒の発生したとき
- 風水害等により感染症の発生のおそれのあるとき
- 夏季における休業日の直前又は直後
- 結核，寄生虫病その他の疾病の有無について検査を行う必要のあるとき
- 卒業のとき

以上のような場合で必要があるときに，必要な検査の項目について行う

（D）職員の健康診断（定期）

実施義務　学校設置者
時期　学校の設置者が定める適切な時期に行う
健康診断票　異動に際しては，学校設置者が異動後の学校設置者に送付
保存は５年間
結果による措置　学校の設置者は，健康診断の結果に基づき，治療を指示し，及び勤務を軽減する等適切な措置をとらなければならない

（E）職員の臨時の健康診断

実施の基準　（C）の規定を準用

学校給食と食物アレルギーへの対応

保健・安全②

解説——貧困児童の救済を目的として始められた学校給食は、その後、単なる慈善事業ではなく、栄養的配慮に基づいた実施へと移行していく。そして、1954（昭和29）年、学校給食法が成立し、学校給食に明確な法的位置づけが与えられることになった。

学校給食法は、学校給食が、「児童及び生徒の食に関する正しい理解と適切な判断力を養う上で重要な役割を果たすものであることにかんがみ」、「学校給食の普及充実及び学校における食育の推進を図ること」を目的としている（1条）。ここで言う「学校給食」とは、義務教育諸学校において、児童生徒に実施される給食を指す（3条1項）。義務教育諸学校の設置者は、学校給食を実施するよう努める義務を負っている（4条）。

2008（平成20）年の学校給食法の改正によって、学校給食の目標について、食育推進の観点から大幅な見直しが行われた。これにより、学校給食の目標が、「日常生活における食事について正しい理解を深め、健全な食生活を営むことができる判断力を培い、及び望ましい食習慣を養うこと」や、「食生活が自然の恩恵の上に成り立つものであることについての理解を深め、生命及び自然を尊重する精神並びに環境の保全に寄与する態度を養うこと」などにあることが明確にされている（2条）。

学校給食の教育効果に期待が寄せられる一方、2012（平成24）年12月、食物アレルギーを有する児童が、学校給食終了後にアナフィラキシーショックの疑いにより死亡するという事故が発生した。これを受けて、文部科学省は、学校給食における食物アレルギー対応の基本的な考え方、平時の学校におけるアレルギー対応の体制整備や緊急時の体制整備の在り方などを提示している（「今後の学校給食における食物アレルギー対応について（通知）」25文科ス第713号平成26年3月26日）。

なお、アレルギー疾患を有する者が多数存在している実態や、アレルギー疾患が国民生活に多大な影響を及ぼしている現状にかんがみ、2014（平成26）年6月、アレルギー疾患対策基本法が成立した点に留意する必要がある（平成27年12月25日施行）。この中で学校設置者には、アレルギー疾患を有する児童に対し、適切な医療的、福祉的、教育的配慮を行うよう努める義務が課された（9条）。また、国に対しては、学校の教職員に対し、研修の機会を確保することが義務づけられている（18条2項）。

■関連法規・資料

○文部科学省学校給食における食物アレルギー対応に関する調査研究協力者会議最終報告「今後の学校給食における食物アレルギー対応について」（平成26年3月）

○文部科学省「学校給食における食物アレルギー対応指針」（平成27年3月）

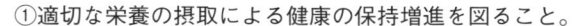

学校給食の目標
（学校給食法２条）

①適切な栄養の摂取による健康の保持増進を図ること。
②日常生活における食事について正しい理解を深め，健全な食生活を営むことができる判断力を培い，及び望ましい食習慣を養うこと。
③学校生活を豊かにし，明るい社交性及び協同の精神を養うこと。
④食生活が自然の恩恵の上に成り立つものであることについての理解を深め，生命及び自然を尊重する精神並びに環境の保全に寄与する態度を養うこと。
⑤食生活が食にかかわる人々の様々な活動に支えられていることについての理解を深め，勤労を重んずる態度を養うこと。
⑥我が国や各地域の優れた伝統的な食文化についての理解を深めること。
⑦食料の生産，流通及び消費について，正しい理解に導くこと。

食物アレルギーを有する児童生徒への対応

• 2014年３月：文部科学省「今後の学校給食における食物アレルギー対応について（通知）」

• 2014年６月：「アレルギー疾患対策基本法」成立

◇学校設置者：努力義務

医療的，福祉的，教育的配慮

アレルギーを有する児童

◇国：義務

研修の機会を確保

教職員

参照　第４章ケーススタディ学校教育紛争⑪

学校事故における法的責任

保健・安全③

解説―学校は、公立、私立の区別を問わず、児童生徒が自己の管理下にある間、その安全を確保する法的義務を負っている（安全配慮義務・安全保持義務）。不幸にして学校の管理下で事故が発生し、児童生徒の生命、身体の安全が脅かされた場合、その態様に応じて、民事上、刑事上の責任等が追及されることになる。

公立学校の場合、学校事故の発生に伴い「刑事上の責任」、「民事上の責任」、「行政上の責任」に問われる可能性がある。刑事上の責任とは、業務上過失致死傷罪等、学校事故に関わり刑事罰が適用され、教員個人が刑事責任を負うものである。近年、こうしたケースが増加していることには注意を要する。例えば、夏季休業中の野球部の屋外練習中に、中学生が熱中症に罹患し死亡する事故が発生し、顧問教諭が業務上過失致死罪に問われた事件では、その注意義務の懈怠《けたい》が厳しく指弾され、執行猶予なしの罰金刑（40万円）を命じる判決が下されている（横浜地方裁判所川崎支部判決平成14年9月30日）。

公立学校に対する民事上の責任（損害賠償責任）の追及は、主として国家賠償法（昭和22年法律第125号）により処理される。学校施設（公の営造物）の「設置・管理の瑕疵《かし》」によって事故が発生した場合、あるいは教員（地方公務員）の「故意」「過失」によって事故が発生した場合は、学校設置者である地方公共団体が損害賠償責任を負うことになる（1条1項、2条1項）。

「設置・管理の瑕疵」とは、当該施設が通常備えているべき安全性を欠いている状態を意味し、管理者の故意・過失を要件としない（無過失責任）。「故意」とは、ある結果が発生することを意図し、あるいはそれを予見しつつ容認し、特定の行為を行う心理状態を指す。他方、「過失」とは、違法に損害が生じるという結果について、予見可能性があり、その結果を回避する可能性が存在していたにもかかわらず、これを防止することを怠った場合をいうとするのが判例の立場である。なお、行政上の責任とは、地方公務員法上の懲戒処分が教員個人に課せられることを指す。

私立学校の場合、刑事上の責任については、公立学校と同様である。だが、民事上の責任については大きく異なっている。私立学校及びその教員に対する民事責任の追及は、民法により処理される。そのため、教員個人に損害賠償責任が認められる可能性が存在している点に留意する必要がある。

■関連法規・資料

【国家賠償法】

1条1項　国又は公共団体の公権力の行使に当る公務員が、その職務を行うについて、故意又は過失によつて違法に他人に損害を加えたときは、国又は公共団体が、これを賠償する責に任ずる。

○文部科学省「学校事故対応に関する指針【改訂版】」（令和6年3月）

公立学校の場合

◆学校事故発生に伴い生じる３つの責任

①**刑事上の責任**…業務上過失致死傷罪等，刑事罰の適用

②**民事上の責任**…国家賠償法に基づく**損害賠償責任**（※民法も補充的に適用される）

③**行政上の責任**…地方公務員法29条１項による懲戒処分

〔損害賠償の根拠法〕

◇**日本国憲法17条**

何人も，公務員の不法行為により，損害を受けたときは，法律の定めるところにより，国又は公共団体に，その賠償を求めることができる。

→**国家賠償法**

※公立学校の学校事故における損害賠償の根拠法

教員個人は賠償責任を負わない

ただし

故意又は重過失の場合には求償されることがある（１条２項）

〔国家賠償法１条，２条の概要〕

◇**１条**

主体	対象	主観的要素	賠償責任者
●国家公務員 ●地方公務員	職務上の行為	故意又は過失	国または 地方公共団体 （代位責任）

◇**２条**

事故原因	賠償責任者
公の営造物の設置又は管理の瑕疵	国または 地方公共団体

※公の営造物：公立学校もこれに該当

（校舎等施設）

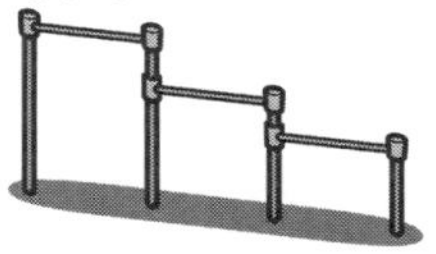

（学校が管理する設備）

私立学校の場合

◆学校事故発生に伴い生じる３つの責任

①**刑事上の責任**…公立学校教員の場合と同じ

②**民事上の責任**…民法に基づく損害賠償責任

③**学校法人等の就業規則等に基づく懲戒処分**

教員個人が賠償責任を負うことがある

公立学校教員との大きな違い！

〔民法における損害賠償〕

◇**一般的な不法行為責任（709条）**

◇**使用者等の責任（715条）**

◇**土地の工作物等の占有者及び所有者の責任（717条）**

使用者（監督者）が被用者の選任及びその事業の監督に過失がない場合，使用者（監督者）は**免責**

参照 第４章ケーススタディ学校教育紛争⑦・⑧・⑬・⑮

災害共済給付

保健・安全④

解説――災害共済給付は、学校の管理下における児童生徒等の災害（負傷、疾病、障害、死亡）に対して、契約に応じ一定額を給付する制度である。学校設置者が、保護者の同意を得て、児童生徒等について独立行政法人日本スポーツ振興センターとの間に災害共済給付契約を結ぶことを通じて行われる（任意加入主義）。いわゆる互助共済制度である。

　災害共済給付制度の運営に要する経費は、国、学校設置者、保護者の三者が負担する仕組みになっている。共済掛金の額については、義務教育諸学校は、法令で規定された額（次頁参照）の4割から6割、その他の学校では6割から9割を保護者が負担し、残りを学校設置者が負担する。

　給付の条件となる「学校の管理下」の範囲については、児童生徒等が、①学校が編成した教育課程に基づく授業を受けている場合、②学校の教育計画に基づく課外指導を受けている場合、③休憩時間中に学校にある場合、その他校長の指示又は承認に基づいて学校にある場合、④通常の経路及び方法により通学する場合、⑤学校の寄宿舎にある場合、等とされている（独立行政法人日本スポーツ振興センター法施行令5条2項）。

　学校の管理下で発生した事故により、負傷や疾病の発症が認められた場合、その療養に要する医療費総額が5，000円を超えたものについては、その費用の額の10分の4が給付される。また、学校の管理下の負傷及び疾病が治った後に障害が残った場合、その程度に応じて障害見舞金の給付が行われる。ただし、通学中の災害における障害見舞金は、通常の障害見舞金の半額となっている点に注意を要する。この他、学校の管理下において発生した事件に起因する死亡、学校の管理下において発症した疾病に直接起因する死亡が確認された場合には、死亡見舞金3，000万円（通学中の災害の場合は1，500万円）が給付される。

　なお、突然死については、学校の管理下において、運動等の行為が起因あるいは誘因となり発生したものであった場合は、死亡見舞金3，000万円（通学中の災害の場合は1，500万円）の給付が行われる。また、学校の管理下において、運動等の行為と関連なく発生したものについては、死亡見舞金1，500万円が支給される。ただし、非常災害（風水害、震災、事変その他非常災害であって、当該地域の多数の住民が被害を受けたもの）による児童生徒等の災害については災害共済給付は行われない。

　この他、2016（平成28）年4月1日以降、高校生、高等専門学校の学生のいじめや体罰など本人の責めに帰することができない事由を背景とする故意の死亡等についても災害共済給付の対象とされることになった。

制度の概要

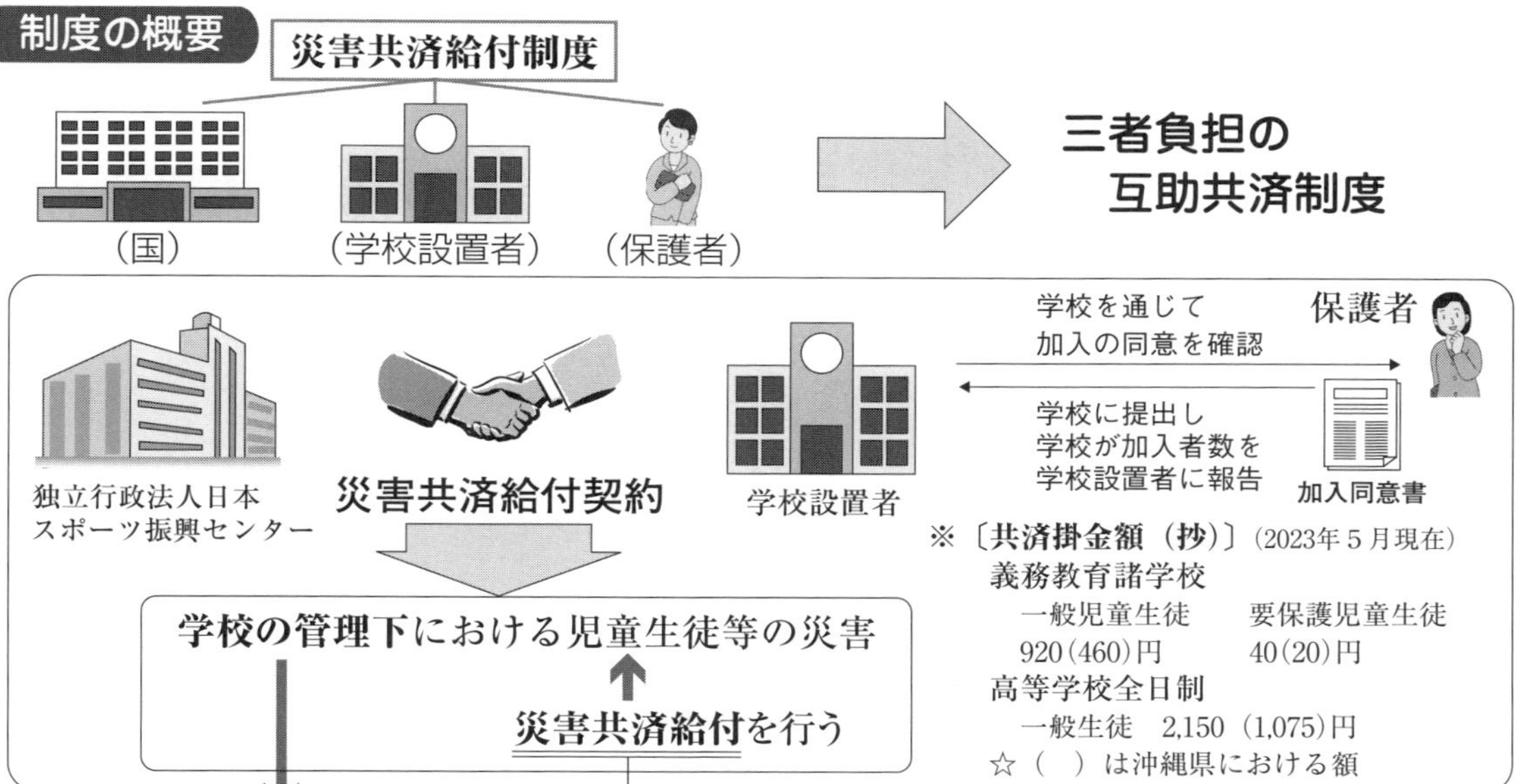

※〔**共済掛金額（抄）**〕（2023年５月現在）

義務教育諸学校

一般児童生徒 920（460）円　要保護児童生徒 40（20）円

高等学校全日制

一般生徒 2,150（1,075）円

☆（ ）は沖縄県における額

学校の管理下とは

POINT!!

- 学校が編成した教育課程に基づく授業を受けている場合
- 学校の教育計画に基づく課外指導を受けている場合
- 休憩時間中に学校にある場合，その他校長の指示又は承認に基づいて学校にある場合
- 通常の経路及び方法により通学する場合
- 学校の寄宿舎にあるとき　等

〔独立行政法人日本スポーツ振興センター法施行令５条２項〕

災害共済給付の内容

CHECK!!

災害の種類	災害の範囲	給付金額
負傷	その原因である事由が学校の管理下で生じたもので，療養に総額5,000円以上を要するもの	療養に要する費用の額の4/10 ※高額療養費の対象となる場合は，自己負担額に療養に要する費用の額の1/10を加算した額 入院時食事療養費の標準負担額がある場合はその額を加算した額
疾病	その原因である事由が学校の管理下で生じたもので，療養に総額5,000円以上を要するもののうち，内閣府令で定めているもの ○学校給食等による中毒　○溺水 ○漆等による皮膚炎　○熱中症　等	
障害	学校の管理下の負傷又は上欄の疾病が治った後に残った障害	障害見舞金　4,000万円～88万円 ※通学中の災害の場合　2,000万円～44万円
死亡	学校の管理下において発生した事件に起因する死亡及び上欄の疾病に直接起因する死亡	死亡見舞金　3,000万円 ※通学中の災害の場合　1,500万円
	◆突然死の場合 学校の管理下において運動等の行為が起因or誘因となり発生 → 死亡見舞金 3,000万円 学校の管理下において運動等の行為と関連なく発生 → 死亡見舞金 1,500万円	死亡見舞金　1,500万円 ※通学中の災害の場合も1,500万円

独立行政法人日本スポーツ振興センター「令和５年度災害共済給付ガイド」（2023年）を基に作成

安全点検・子どもの安全確保

保健・安全⑤

解説――2001（平成13）年の大阪教育大学附属池田小学校事件以降、学校における「子どもの安全」の確保及び学校の危機管理の在り方が学校現場の大きな課題となっている。この点、文部科学省は、各学校の危機管理マニュアル作成の参考となるよう、2002（平成14）年に「学校への不審者侵入時の危機管理マニュアル」を作成した。また、2007（平成19）年にはこれを改訂した「学校の危機管理マニュアル―子どもを犯罪から守るために―」が作成された。これらに関連して特に指摘しておきたい点は、緊急時に学校が組織として機能することの重要性である。校長のリーダーシップの下、教頭、主任はもとより、学級担任や養護教諭、学校事務職員に至るまで、緊急時に課せられる自らの役割を日常的に意識することが不可欠となる。

　2008（平成20）年6月、学校保健法の改正が行われ、同法は「学校保健安全法」へと改称された（平成21年4月施行）。名称変更と同時に、学校安全に関わる条項を第3章として独立させている。子どもの安全確保に対する社会の要請を受けて、同法がより学校安全を重視する方向に動いていることがわかる。

　この改正により、国・地方公共団体の責務が明記されたほか、学校設置者には、児童生徒等の安全の確保を図るため、その設置する学校において、事故、加害行為、災害等により児童生徒等に生ずる危険を防止し、危険又は危害が現に生じた場合において、適切な対処ができるよう学校の施設、設備、管理運営体制の整備充実等を講ずるよう努める義務が課されることになった（26条）。また、学校には、施設や設備の安全点検、児童生徒等に対する通学を含めた学校生活その他の日常生活における安全に関する指導、職員の研修等に関する総合的な「学校安全計画」を策定・実施する法的義務が課せられた（27条）。危険発生時に職員がとるべき措置の具体的内容及び手順を定めた「危険等発生時対処要領」の作成も義務づけられている（29条1項）。

　2012（平成24）年には、学校保健安全法3条2項に基づき、「学校安全の推進に関する計画」（第1次計画）が策定された。その後、「第2次学校安全の推進に関する計画」（平成29年）を経て、現在は「第3次学校安全の推進に関する計画」（令和4年3月25日閣議決定）の計画期間中である（令和4〜8年度までの5年間）。第3次計画で目指す姿としては、①全ての児童生徒等が、自ら適切に判断し、主体的に行動できるよう、安全に関する資質・能力を身に付けること、②学校管理下における児童生徒等の死亡事故の発生件数について限りなくゼロにすること、③学校管理下における児童生徒等の負傷・疾病の発生率について、障害や重度の負傷を伴う事故を中心に減少させることが示され、五つの推進方策が設定されている。

学校安全

目的：児童生徒等の安全確保を図る

学校設置者 ── 当該学校の施設及び設備並びに管理運営体制の整備充実その他必要な措置をとる努力義務

学校

- ①　学校安全計画の策定，実施義務
  - ●当該学校の施設及び設備の安全点検
  - ●児童生徒等に対する通学を含めた学校生活その他の日常生活における安全に関する指導
  - ●職員研修その他学校における安全に関する事項
- ②　関係機関等との連携を図る努力義務

校長

当該学校の施設，設備に支障があった場合
↓ 遅滞なく
改善を図るために必要な措置をとる

（措置を講ずることができない場合 ⇩ 学校設置者にその旨を申し出る）

危険等発生時対処要領

学校

- ①　危険等発生時対処要領の作成義務
  - 当該学校の実情に応じて，危険等発生時に当該学校の職員がとるべき措置の具体的内容，手順を定めた対処要領
- ②　児童生徒等に危害が生じた場合

↓

心理的外傷等の影響を受けた児童生徒等を支援

（関連機関との連携に努めつつ行う）

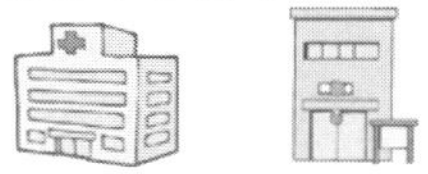

校長

危険等発生時対処要領の職員に対する周知，訓練の実施等必要な措置をとる。

学校における子どもの安全確保に関する通知等

○「学校教育活動等における熱中症事故の防止について（依頼）」（６教参学第５号令和６年４月30日）
○「通学路における交通安全の確保の徹底について（周知）」（６文科教535号令和６年６月５日）
○「児童生徒等の登下校時の安全確保について」（事務連絡令和４年４月１日）
○「第３次学校安全の推進に関する計画」（令和４年３月25日閣議決定）
○「学校における熱中症対策ガイドライン作成の手引き」（令和３年５月，令和６年４月追補版）
○「『生きる力』をはぐくむ 学校での安全教育」（平成31年３月）
○「学校の危機管理マニュアル作成の手引」（平成30年２月）
○「学校における転落事故等の防止について（依頼）」（22ス学健第１号平成22年４月15日）

災害安全（防災）

保健・安全⑥

解説——学校運営においては、安全な環境が確保されなくてはならない。２００８（平成20）年には、学校保健法が改正され、「学校保健安全法」に名称変更し、学校教育において、「安全」を重視する姿勢がより前面に押し出された。こうした流れの中で、学校における安全教育の充実が期待されている。

文部科学省は「『生きる力』をはぐくむ学校での安全教育」（平成31年３月改訂）の中で、学校安全について、「学校保健、学校給食とともに学校健康教育の三領域の一つであり、それぞれが独自の機能を担いつつ、相互に関連を図りながら、児童生徒等の健康や安全を確保するとともに、生涯にわたり、自らの心身の健康を育み、安全を確保することのできる基礎的な素養を育成していくために一体的に取り組まれている」とした。

そして、学校安全の領域として、「生活安全」「交通安全」「災害安全」の三つを挙げている。学校安全の活動は、これら三つの領域を通じて、①自ら安全に行動したり、他の人や社会の安全のために貢献したりできるようにすることを目指す「安全教育」、②子供たちを取り巻く環境を安全に整えることを目指す「安全管理」、③これらの活動を円滑に進めるための「組織活動」という三つの主要な活動から構成されている。このうち、「安全教育」に着目すると、「災害安全」という領域では、児童・生徒が様々な災害発生時における危険について理解し、正しい備えと適切な判断ができ、行動がとれるようにすることが示されている。

文部科学省は、２０１１（平成23）年の東日本大震災を契機として、改めて防災教育・防災管理等を見直すため「東日本大震災を受けた防災教育・防災管理等に関する有識者会議」を設置し、２０１２（平成24）年７月に最終報告を公にした。さらに同年、「学校安全の推進に関する計画」が閣議決定され、国は「学校における安全に関する指導が系統的・体系的になされるよう」、「各教科等における安全に関する指導内容を整理し、学校現場に対して分かりやすく示す」ことが要請された。これらを受けて２０１３（平成25）年に公表されたのが、学校防災のための参考資料「『生きる力』を育む防災教育の展開」である。その内容は、防災教育の目標が発達の段階ごとに整理され、具体的な指導場面の展開例が示されたものとなっている。

なお、学校施設の耐震化は着実に進んでおり、公立小・中学校施設の耐震化率は99.8％（福島県の一部の自治体は除く）となっている（令和５年４月現在）。学校施設は、児童生徒が一日の多くの時間を過ごすという意味ではもちろんのこと、災害時に避難所として活用されることから、火災や地震・台風等の被害から防護するため、耐震化をはじめとする災害予防対策が早急に講じられる必要がある。

学校安全

生活安全

日常生活で起こる事件・事故の内容や発生原因，結果と安全確保の方法について理解し，安全に行動ができるようにする。

交通安全

様々な交通場面における危険について理解し，安全な歩行，自転車・二輪車等の利用ができるようにする。

災害安全（防災）

様々な災害発生時における危険について理解し，正しい備えと適切な判断ができ，行動がとれるようにする。

防災教育

児童生徒等の防災に関する学習や指導

防災管理

学校施設や児童生徒等の安全管理

組織活動

校内の体制や家庭・地域等との連携

東日本大震災の教訓を踏まえた展開

- ●防災教育の指導時間の確保と系統的・体系的な整理
  - ○発達段階に応じた指導等
- ●地震災害への留意点
  - ○工夫を凝らした訓練の実施，学校施設の耐震化の一層の促進等
- ●津波災害への留意点
  - ○津波避難マニュアルの規定等
- ●地震・津波災害以外の自然災害への留意点
  - ○台風，局地的大雨，豪雪，落雷等に関する防災教育等

- ●組織的な教職員研修・体制づくり等
  - ○教職員に対する防災に係る研修の実施
  - ○臨機応変に対応できる校内組織の見直し
  - ○各学校に防災主任を置く等，教育委員会等による共通した体制づくり　等
- ●保護者，地域との連携
  - ○児童生徒の引渡しと待機に関する方法をあらかじめ保護者へ周知　等
- ●防災マニュアルの作成
  - ○外部人材によるチェック，マニュアル検証等の研修の実施　等

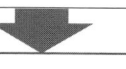

「東日本大震災を受けた防災教育・防災管理等に関する有識者会議」最終報告（平成24年７月），文部科学省「『生きる力』をはぐくむ学校での安全教育」（2019年３月改訂）を基に作成

就学手続き・認定特別支援学校就学者

特別支援教育①

解説——就学事務は、地方公共団体の自治事務とされている。市町村教育委員会は、当該市町村の住民基本台帳（10月1日現在）に基づいて、毎学年の初めから5ヵ月前までに学齢簿を作成する（学校教育法施行令1条、2条、学校教育法施行規則31条）。対象は、当該市町村に住所を有し前学年の初めから終わりまでの間に満6歳に達する者である。

学齢簿を作成後、市町村教育委員会は、当該市町村の区域内に住所を有し、翌学年の初めから小学校等の学校に就学させるべき者に対して、健康診断を行う（「就学時の健康診断」学校保健安全法11条）。その結果を基に、市町村教育委員会は、治療の勧告、保健上必要な助言、及び就学義務の猶予・免除又は特別支援学校への就学に関する指導等、適切な措置をとらなければならない（12条）。

インクルーシブ教育の構築が目指される中、一定程度の障害を有する者の就学先決定の仕組みが変更されている。ここで言う一定程度の障害を有する者とは、視覚障害者、聴覚障害者、知的障害者、肢体不自由者又は病弱者（身体虚弱者を含む）で学校教育法施行令22条の3の表に規定する程度の障害を有する者を指す。これらの者は、これまで、特別支援学校に就学することが原則であった。ただし、受け入れ体制が整っている等の特別な事情があると市町村教育委員会が認めた場合には、小・中学校への就学も可能とされてきた（認定就学者）。

だが、２０１３（平成25）年、学校教育法施行令が改正され、認定就学制度は廃止された。そして、障害の状態、教育上必要な支援の内容等その他の事情（本人や保護者、専門家の意見等）を勘案し、市町村教育委員会が特別支援学校に就学させることが適当と認める者だけを「認定特別支援学校就学者」とし、特別支援学校に就学させることになっている（5条1項）。また、障害を有する児童生徒の就学又は転学に係る通知をするときには、市町村教育委員会は専門家のみならず保護者の意見を聴くことが法令上義務づけられている（18条の2）。

これらを反映させたうえで、市町村教育委員会は、都道府県教育委員会に対し、翌学年の初めから3ヵ月前までに、その氏名及び特別支援学校に就学させるべき旨を通知する（11条1項）。これを受けて、都道府県教育委員会は、保護者に対して、翌学年の初めから2ヵ月前までに入学期日の通知を行う（14条1項）。

一方、市町村教育委員会はいわゆる「就学予定者」（翌年度より小学校、中学校、義務教育学校、中等教育学校又は特別支援学校に就学すべき者）のうち、認定特別支援学校就学者以外の者について、その保護者に対し、翌学年の初めから2ヵ月前までに、小学校、中学校又は義務教育学校の入学期日を通知しなければならない（5条1項）。

〈就学手続きの主な流れ〉

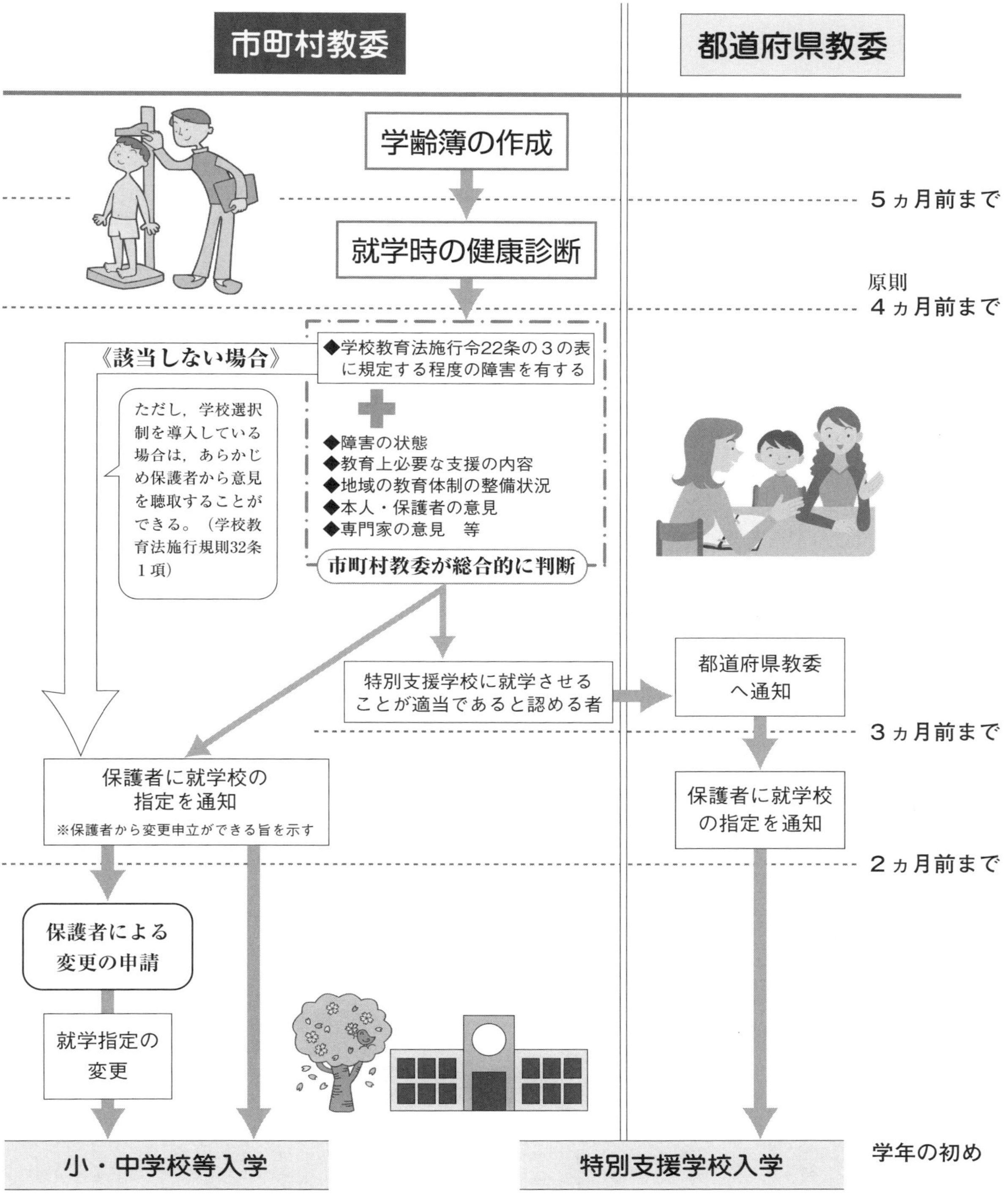

市町村教委
都道府県教委
学齢簿の作成
５ヵ月前まで
就学時の健康診断
原則
４ヵ月前まで
《該当しない場合》
◆学校教育法施行令22条の３の表に規定する程度の障害を有する
◆障害の状態
◆教育上必要な支援の内容
◆地域の教育体制の整備状況
◆本人・保護者の意見
◆専門家の意見　等
市町村教委が総合的に判断
ただし，学校選択制を導入している場合は，あらかじめ保護者から意見を聴取することができる。（学校教育法施行規則32条１項）
特別支援学校に就学させることが適当であると認める者
都道府県教委へ通知
３ヵ月前まで
保護者に就学校の指定を通知
※保護者から変更申立ができる旨を示す
保護者に就学校の指定を通知
２ヵ月前まで
保護者による変更の申請
就学指定の変更
小・中学校等入学
特別支援学校入学
学年の初め

障害者差別解消法と合理的配慮

特別支援教育②

解説――2016（平成28）年4月、障害を理由とする差別の解消の推進に関する法律（障害者差別解消法）が施行された。同法は、行政機関や事業者に対して障害を理由とする「不当な差別的取扱い」を禁止するとともに、障害者の参画を阻む「社会的障壁」を除去するための「合理的配慮」を行うことを求めている。

ここでいう「社会的障壁」とは、障害者が、①日常生活や社会生活を送るうえで障壁となるような、通行、利用しにくい施設や設備といった社会における事物、②利用しにくい制度、③障害者の存在を考慮していない慣習や文化等の慣行、④障害者に対する偏見といった観念、その他一切のものを含んでいる（内閣府「障害者差別解消法リーフレット」）。障害者から現に社会的障壁の除去を必要としている旨の意思表明があった場合に、これを取り除くために障害者の個別の状況に応じて行われるのが「合理的配慮」である。

学校設置者は、国公私立の区別を問わず、施設・設備の整備や教育上の配慮等の対応を行っていく必要がある。

ただし、障害者差別解消法は、行政機関、事業者の区別を問わず「不当な差別的取扱い」を禁止しているが、「合理的配慮」に関しては、行政機関に対して合理的配慮を法的義務とする一方、民間事業者についてはこれを努力義務に止めていた（7条2項、8条2項）。その後、2021（令和3）年5月の改正により、私立学校を含む民間事業者も合理的配慮が努力義務から法的義務に変更された。

合理的配慮の具体例としては、第一に、教員や支援員等の確保、施設・設備の整備があげられる。この点、「その実施に伴う負担が過重でないとき」は、公立、私立を問わず学校は、合理的配慮が法的義務とされているところから、最大限の対応が求められることに注意する必要があろう。

第二に、教育課程や教材等への配慮である。デジタル教材、ICT機器等の積極的な活用、教科書、教材、図書等の点訳や音訳、場合によっては、点字、手話といったコミュニケーション手段そのものの確保が求められることになる。

第三に、重度の障害を有する児童生徒が在籍する場合には、看護師等、医療系スタッフの確保が課題となる。「チーム学校」の実現を目指すなかでは、今後、医療系スタッフを含むという観点が不可欠になるものと予測される。ただ、看護師の配置等に関しては、人材の確保、費用負担等の困難が存在するところから、その克服が課題となろう。

■関連法規・資料

○「文部科学省所管事業分野における障害を理由とする差別の解消の推進に関する対応指針について（通知）」（5文科初第1788号令和6年1月17日）

2016年４月　障害者差別解消法　施行
↓
2024年４月　改正障害者差別解消法　施行

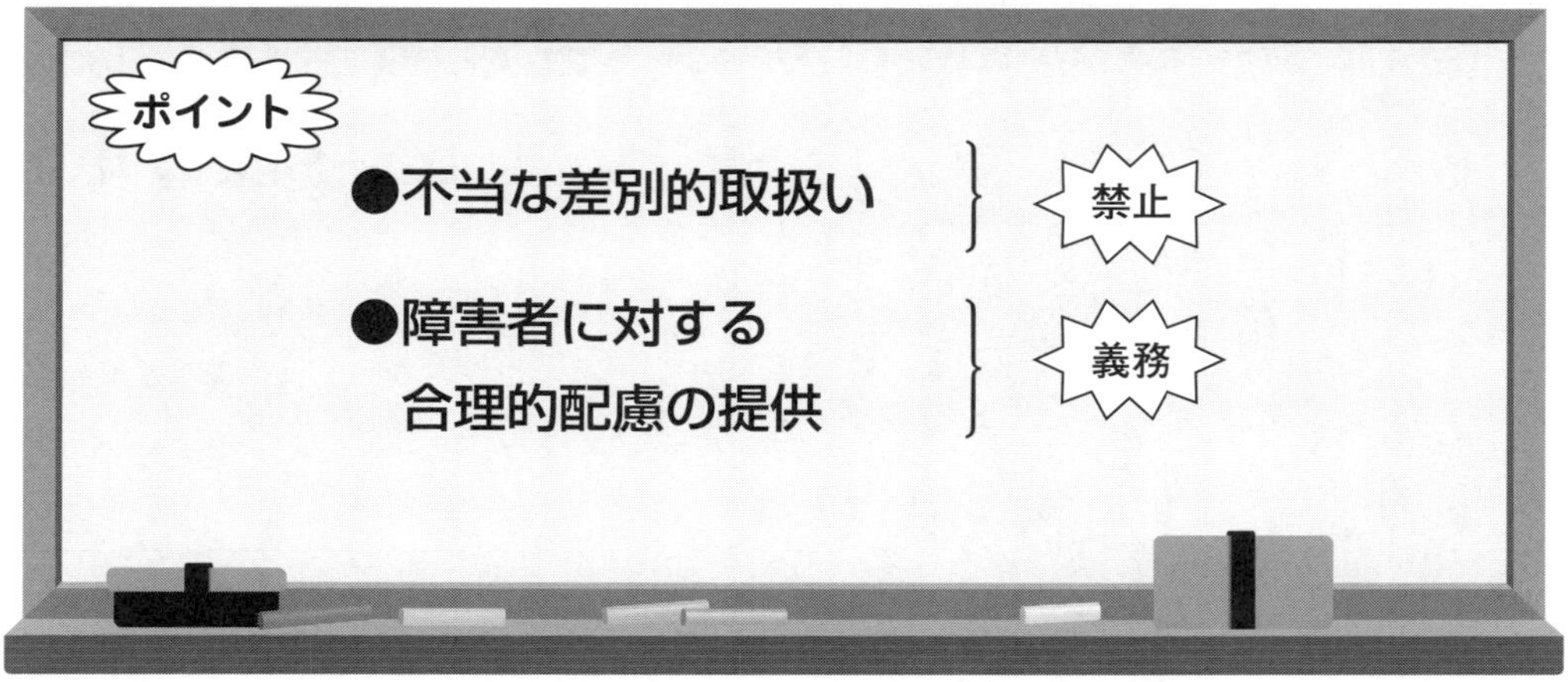

		不当な差別的取扱い	障害者への合理的配慮
公立学校	国の行政機関・地方公共団体等	禁止　７条１項	法的義務　７条２項
私立学校	民間事業者（個人事業者，NPO等の非営利事業者を含む）	禁止　８条１項	法的義務　８条２項

不当な差別的取扱いの具体例

●学校の受験や，入学を拒否する

●受付の対応を拒否する

●本人を無視して介助者や支援者，付き添いの人だけに話しかける

（内閣府「「合理的配慮」を知っていますか？」）

教育に関する合理的配慮の提供の例

●視覚情報の処理が苦手な児童生徒のために黒板周りの掲示物の情報量を減らす

●支援員等の教室への入室や授業・試験でのパソコン入力支援，移動支援，待合室での待機を許可する

●意思疎通のために絵や写真カード，ICT機器（タブレット端末等）を活用する

●入学試験において，別室受験，時間延長，読み上げ機能等の使用を許可する

（内閣府HP「合理的配慮サーチ」）

発達障害者支援法と学校の取組

特別支援教育③

解説――発達障害者支援法（平成16年法律第167号）は、2005（平成17）年に施行され、2016（平成28）年には全般にわたり改正された。同法の主たる目的は、「学校教育における発達障害者への支援、発達障害者の就労の支援、発達障害者支援センターの指定等について定めることにより、発達障害者の自立及び社会参加のためのその生活全般にわたる支援を図り、もって全ての国民が、障害の有無によって分け隔てられることなく、相互に人格と個性を尊重し合いながら共生する社会の実現に資すること」にある（1条）。

発達障害とは、「自閉症、アスペルガー症候群その他の広汎性発達障害、学習障害、注意欠陥多動性障害その他これに類する脳機能の障害であってその症状が通常低年齢において発現するものとして政令で定めるもの」を指す（2条1項）。発達障害がある者であって発達障害及び社会的障壁により日常生活又は社会生活に制限を受けるものを〝発達障害者〟、そのうち18歳未満のものを特に〝発達障害児〟と呼び、これら発達障害者に対して、「その心理機能の適正な発達を支援し、及び円滑な社会生活を促進するため行う個々の発達障害者の特性に対応した医療的、福祉的及び教育的援助」を行うことを〝発達支援〟と定義している（2条2項、4項）。

発達障害児の指導にあたり学校教育関係者が特に注意しなければならない点は、発達障害者支援法案に附された参議院内閣委員会附帯決議の存在であろう（平成16年12月1日）。この附帯決議は、発達障害児が障害のない児童生徒とともに育ち学ぶことを基本とし、発達障害児及びその保護者の意思とニーズを最大限尊重することを求めている。附帯決議の趣旨を徹底するためには、まず第一に、校長のリーダーシップの下、学校経営計画の中に位置づけて、全校的な支援体制を確立することが重要となる。第二に、養護教諭はもとより、特別支援教育コーディネーター、学校医、スクールカウンセラー等の人材が、専門的知識を駆使しつつ、組織的、計画的に活動できる体制を整えていく必要がある。そして、学校が全てを抱え込むのではなく、医療関係者や福祉施設の職員等、外部の専門家の支援を広く求める姿勢も不可欠といえよう。

■ 関連法規・資料

【発達障害者支援法】

8条1項　国及び地方公共団体は、発達障害児（18歳以上の発達障害者であって高等学校、中等教育学校及び特別支援学校並びに専修学校の高等課程に在学する者を含む。…）が、その年齢及び能力に応じ、かつ、その特性を踏まえた十分な教育を受けられるようにするため、可能な限り発達障害児が発達障害児でない児童と共に教育を受けられるよう配慮しつつ、適切な教育的支援を行うこと、個別の教育支援計画の作成（教育に関する業務を行う関係機関と医療、保健、福祉、労働等に関する業務を行う関係機関及び民間団体との連携の下に行う個別の長期的な支援に関する計画の作成をいう。）及び個別の指導に関する計画の作成の推進、いじめの防止等のための対策の推進その他の支援体制の整備を行うことその他必要な措置を講じるものとする。

発達障害者支援法のねらい

- ○発達障害の定義と法的な位置づけの確立
- ○乳幼児期から成人期までの地域における一貫した支援の促進
- ○専門家の確保と関係者の緊密な連携の確保
- ○子育てに対する国民の不安の軽減

〈学校における発達障害のある幼児児童生徒への支援〉

①教育委員会における専門家チームの設置及び巡回相談の実施

②小学校等における校内の体制整備

［LD等の実態把握や支援方策の検討等を行う校内委員会を設置
特別支援教育コーディネーターの指名　等］

③小学校等における「個別の指導計画」及び「個別の教育支援計画」の作成

（「個別の指導計画」：学習指導要領総則）
（「個別の教育支援計画」：学校教育法施行規則134条の２、139条の２、141条の２）

〈就労の支援〉

〈発達障害のある児童生徒等の権利擁護〉

〈関係部局の連携〉

広域又は地域の特別支援連携協議会の設置等

〈大学及び高等専門学校における教育上の配慮〉

「発達障害のある児童生徒等への支援について（通知）」（17文科初第211号平成17年４月１日）

「発達障害」…　自閉症，アスペルガー症候群その他の広汎性発達障害，学習障害，注意欠陥多動性障害その他これに類する脳機能の障害であってその症状が通常低年齢において発現するものとして政令で定めるもの（発達障害者支援法２条１項）

特別支援学校

特別支援教育④

解説——日本における特別支援学校に関する法制度の歴史は、１８９０（明治23）年の小学校令に「盲唖学校」に関する規定が設けられたことに始まる。その後、新教育思想等の台頭を受けて、１９２３（大正12）年に「盲学校及聾唖学校令」が制定され、道府県に盲学校と聾唖学校の設置義務が課せられた。そして、１９４１(昭和16)年の国民学校令・同施行規則の制定を契機に養護学校に法的根拠が与えられ、盲・聾・養という障害の種別を前提とする法整備が整うことになる。１９４７（昭和22）年制定の学校教育法もこの流れを引き継ぎ、「盲学校、聾学校又は養護学校は、それぞれ、盲者、聾者又は精神薄弱、身体不自由その他心身に故障のある者に対し教育等を行う」と規定していた。この規定の下、いわゆる特殊教育諸学校の整備が進められてきた。

だが、障害の重複化や多様化といった現代的課題により「特別支援教育」への転換が推し進められるにつれ、障害種別の枠を取り払ったより柔軟性のある学校の設立が求められるようになる。２００３（平成15）年３月、特別支援教育の在り方に関する調査研究協力者会議による「今後の特別支援教育の在り方について（最終報告）」は、特殊教育諸学校から〝特別支援学校〟への再編を提言し、盲・聾・養という障害の種別に拘束されない学校設置の検討の必要性等を指摘した。これを受けて、２００５（平成17）年12月、中央教育審議会答申「特別支援教育を推進するための制度の在り方について」が公にされ、特殊教育から特別支援教育への転換を促す契機となった。その後、２００６（平成18）年６月、「学校教育法等の一部を改正する法律」が成立し、翌２００７（平成19）年４月からは〝特別支援学校〟が導入されている。

特別支援学校には、地域における特別支援教育のセンター的機能を担うことが要請され、小・中学校等への支援機能や、特別支援教育等に関する相談・情報提供機能等が期待されている。学習障害（ＬＤ）、注意欠陥多動性障害（ＡＤＨＤ）、高機能自閉症等を新たに対象に加えた特別支援教育の下では、より高度で専門的な知識が不可欠であり、特別支援学校が蓄積した経験やノウハウを地域へと還元することが強く求められるといえる。

なお、従来、特別支援学校には、設置基準が存在しておらず、学校教育法施行規則及び特別支援学校の高等部の学科を定める省令（昭和41年文部省令第２号）に、設備編制等の基本的事項が定められているのみであった。だが、在籍者数増加による慢性的な教室不足等、教育環境を改善する観点から、２０２１（令和３）年、特別支援学校設置基準（令和３年文部科学省令第45号）が制定された（総則及び学科に係る規定は令和４年４月１日から、編制並びに施設及び設備に係る規定は令和５年４月１日から施行）。

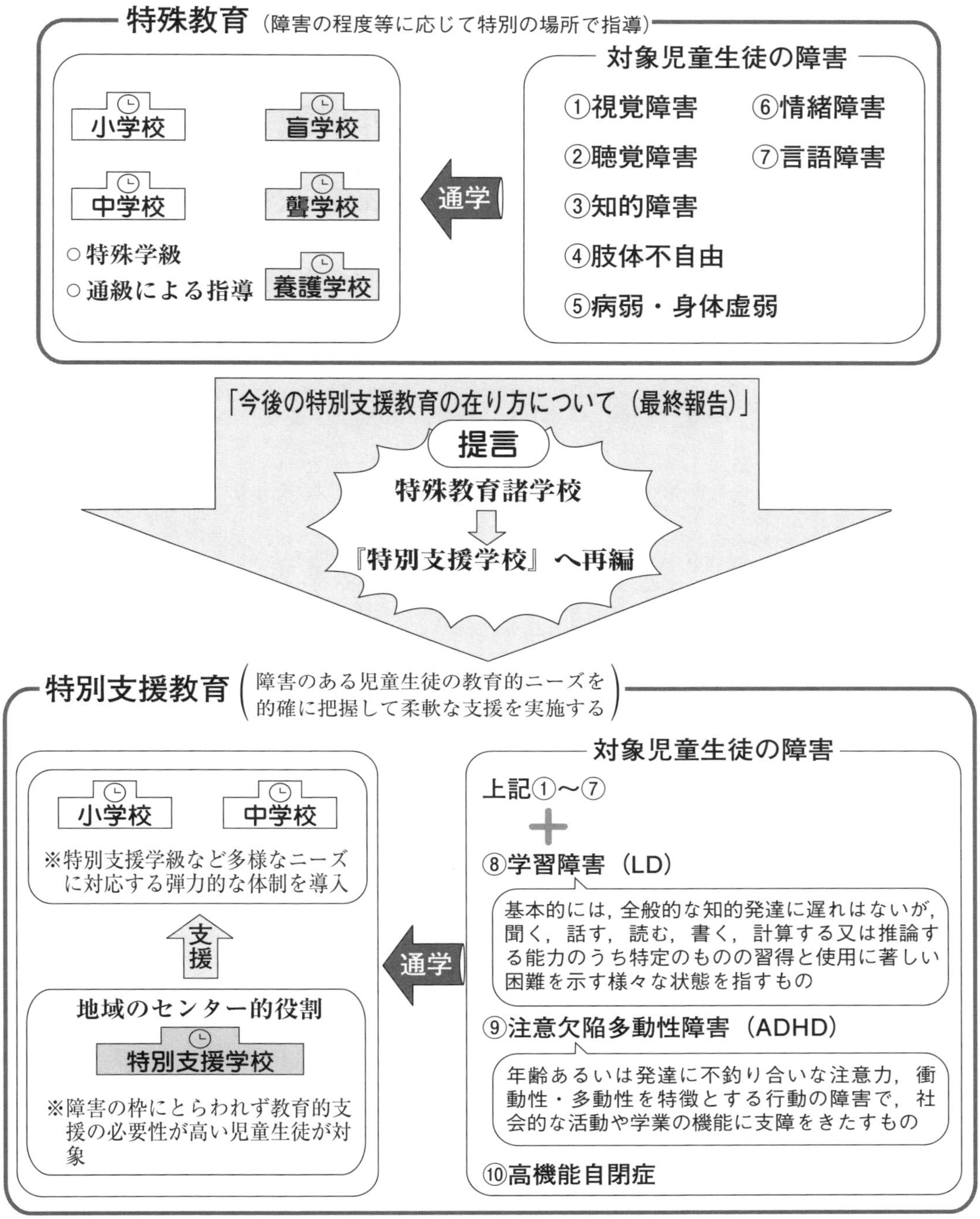

◆特別支援学校に期待される役割

(1)　多様なバックグラウンドを有する障害児の特別な教育的ニーズへの対応をより弾力的に行うこと

(2)　教員や保護者からの相談に応じ必要な支援を行うこと

特別支援学級と通級による指導

特別支援教育⑤

解説――幼稚園、小学校、中学校、義務教育学校、高等学校及び中等教育学校には、障害を有する児童等に対し、文部科学大臣の定めるところにより、障害による学習上又は生活上の困難を克服するための教育を行うことが求められている（学校教育法81条1項）。特別支援学級や通級による指導（通級指導）は、学校がこの役割を果たす手段としての性格を有している。インクルーシブ教育を指向する、通常学級、通級指導、特別支援学級、特別支援学校という、連続性を有する多様な学びの場の確立である。

特別支援学級は、一定の障害を有する児童生徒のために、小学校、中学校、義務教育学校、高等学校及び中等教育学校に置くことができる（81条2項）。対象となるのは、知的障害者、肢体不自由者、身体虚弱者、弱視者、難聴者、その他障害のある者で、特別支援学級において教育を行うことが適当なものである。なお、特別支援学級を置く場合には、特別の事情のある場合を除き、この区分に従うことが求められる（学校教育法施行規則１３７条）。

校長は、特別支援学級に在籍する児童等について個別の教育支援計画を作成しなければならない（１３９条の2による１３４条の2の準用）。また、小学校、中学校若しくは義務教育学校又は中等教育学校の前期課程における特別支援学級に係る教育課程については、特に必要がある場合は、特別の教育課程によることができる（１３８条）。なお、「小学校、中学校若しくは義務教育学校又は中等教育学校の前期課程における特別支援学級の一学級の児童又は生徒の数は、法令に特別の定めのある場合を除き、15人以下を標準とする」とされている（１３６条）。

他方、通級指導とは、通常学級に在籍する比較的軽度の障害を有する児童生徒に対して、各教科等の授業は通常の学級で行いつつ、障害に応じた特別の指導を取り出して行うことを指す。障害に応じた特別の指導を行う必要がある児童生徒を教育する場合には、文部科学大臣が別に定めるところにより、教育課程を編成する教科等や授業時数、教育課程の基準である学習指導要領等にかかわらず「特別の教育課程によることができる」とする、学校教育法施行規則１４０条を根拠としている。

通級指導の対象となるのは、小学校、中学校、義務教育学校、高等学校又は中等教育学校に在籍する、言語障害者、自閉症者、情緒障害者、弱視者、難聴者、学習障害者、注意欠陥多動性障害者、その他障害のある者で、特別の教育課程による教育を行うことが適当なものである。２０１６（平成28）年、高等学校又は中等教育学校の後期課程における通級指導が新たに制度化されたことに注意する必要がある。

なお、校長は、学校設置者の定めるところにより、他の小中学校等又は特別支援学校において受けた授業を、当該学校において受けた「特別の教育課程に係る授業とみなすことができる」（１４１条）。

特別支援学級

（学校教育法81条２項）

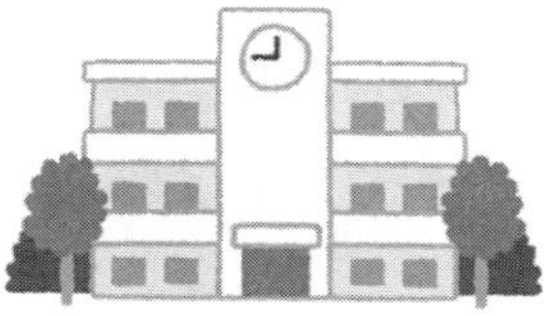

小学校・中学校・義務教育学校・
高等学校・中等教育学校

特別支援学級を
一定の障害を有する児童生徒の
ために置くことができる。

①知的障害者
②肢体不自由者
③身体虚弱者
④弱視者
⑤難聴者
⑥その他の障害のある者で，特別支援学級において教育を行うことが適当なもの

通級指導

通常学級で各教科等の
授業を行う。

障害に応じた特別の指導を
取り出して行う。

通級指導の対象

①言語障害者，②自閉症者，③情緒障害者，④弱視者，⑤難聴者，⑥学習障害者，⑦注意欠陥多動性障害者，⑧その他障害がある者で，特別の教育課程による教育を行うことが適当なもの　（学校教育法施行規則140条）

◇校長の義務◇

特別支援学級に在籍する児童生徒及び
通級指導が行われている児童生徒について
「個別の教育支援計画」を作成
（学校教育法施行規則134条の２，139条の２，141条の２）

特別支援学校教諭免許状

特別支援教育⑥

解説——特別支援学校教諭免許状は、〝相当免許状主義〟に従い、学校種に対応する免許状として特別支援学校教員が有すべきものとして位置づけられる。免許状は、特別支援教育を担当する教員の標準的な免許状である「一種免許状」を基本としつつ、特定の障害種別に対するより深い専門的知識、指導方法等に加え、障害の重度・重複化への対応、地域の小・中学校等における特別支援教育を視野に入れたコーディネートや、特別支援学校のセンター的機能を総合的にコーディネートするために必要な知識や技能を身に付けることを条件とするより高度な「専修免許状」、一種免許状の取得を原則としつつも、特別支援教育についての専門性のある教員を少しでも多く確保するため、全ての障害種別に共通する最小限必要な基礎的・基本的知識や、各障害種別に対応した指導方法の基礎を身に付けることを最低条件とする例外的な「二種免許状」、の三種で構成される。

　特別支援教育を担当する教員には、①特別支援教育全般に関する基礎的な知識はもとより、②障害のある幼児児童生徒の心理、生理、病理に関する知識・理解、③重複障害児の指導に関する知識・理解等、障害のある幼児児童生徒の教育課程、指導法に関する知識・理解、実践的指導力、④LD・ADHD・高機能自閉症等に関する知識・理解、実践的指導力等が必要となる（中央教育審議会「特別支援教育を推進するための制度の在り方について（答申）」平成17年12月）。そのため、特別支援学校教諭免許状の取得には、「特別支援教育の基礎理論に関する科目（第一欄）」、「心身に障害のある幼児、児童又は生徒の心理、生理及び病理に関する科目」と、「心身に障害のある幼児、児童又は生徒の教育課程及び指導法に関する科目」で構成される「特別支援教育領域に関する科目（第二欄）」や「免許状に定められることとなる特別支援教育領域以外の領域に関する科目（第三欄）」、「心身に障害のある幼児、児童又は生徒についての教育実習（第四欄）」の履修が要件とされている（教育職員免許法施行規則7条1項）。

　なお、２０２２（令和４）年、教育職員免許法施行規則の一部を改正する省令（令和4年文部科学省令第24号）が公布された（令和6年4月施行）。これにより、特別支援教育を担う教員の専門性の向上を目指し、①「心身に障害のある幼児、児童又は生徒の教育課程及び指導法に関する科目」（以下、「教育課程等に関する科目」）に各特別支援教育領域に関する自立活動に関する内容を含むこと、②知的障害者に関する教育の領域における「教育課程等に関する科目」に、そのカリキュラム・マネジメントを含むこと等とされた。

特別支援学校の教員

幼稚園，小学校，中学校，高等学校の教員の免許状 ＋ 特別支援学校の教員の免許状

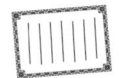

（教育職員免許法３条３項）

特別支援学校教諭普通免許状の種類とイメージ

全ての免許状は，一又は二以上の「特別支援教育領域」を定めて授与される

- ①専修免許状――特定の障害種別に対するより深い専門的知識，指導方法等に加え，重度・重複化への対応，地域の小・中学校等における特別支援教育を視野に入れたコーディネートや，特別支援学校のセンター的機能を総合的にコーディネートするために必要な知識や技能を身に付ける。
- ②一種免許状――特別支援教育を担当する教員の標準的な免許状。全ての障害種別に共通する基礎的知識・指導方法や，複数の障害のある児童生徒等の心理，生理及び病理や，教育課程及び指導法の基礎の上に，特定の特別支援教育領域に関する一定の専門的な知識，指導方法等を身に付ける。
- ③二種免許状――一種免許状の取得を原則とする。全ての障害種別に共通する最小限必要な基礎的・基本的知識や，各障害種別に対応した指導方法の基礎と，特定の特別支援教育領域に関する最低限の専門的な知識，指導方法等を身に付ける。

特別支援学校教員の養成カリキュラム

特別支援学校教諭一種免許状授与に必要な科目と最低修得単位数

- ■ 第一欄：特別支援教育の基礎理論に関する科目（２単位）
- ■ 第二欄：特別支援教育領域に関する科目（16単位）
- ■ 第三欄：免許状に定められることとなる特別支援教育領域以外の領域に関する科目（５単位）
- ■ 第四欄：心身に障害のある幼児，児童又は生徒についての教育実習（３単位）

〔教育職員免許法施行規則７条１項〕

特別支援教育コーディネーター

特別支援教育⑦

解説――〝特別支援教育コーディネーター〟は、小・中学校における特別支援教育の中核を担うために導入されたものであり、「特殊教育から特別支援教育へ」という基本理念の転換を象徴する存在である。特別支援教育コーディネーターには、一般に、①校内における連絡調整、②保護者への対応、③関係機関との連携という三つの主要業務を担うことが期待されている。

①校内における連絡調整業務――一人ひとりの子どもの特別な教育ニーズに応えるという特別支援教育の理念を実現するためには、全教職員の共通理解と協力の下で対応することが不可欠となる。通常の場合、校内委員会が設置されることになるが、特別支援教育コーディネーターはそのまとめ役といえる。校内の状況を把握し、保護者のニーズを聴取する等、情報収集に努めるとともに、担任教員を支援し、必要に応じて関係教職員とケース会議を開き、校内委員会に諮り、個別指導計画を作成するという一連のプロセスを主導していくことになる。また、校内研修を企画することも重要となろう。

②保護者への対応業務――特別支援教育の成否は、保護者との信頼関係をどのようにして構築するかという点に依存しているといっても過言ではない。特別支援教育コーディネーターは、その要として保護者と学校を繋ぐ窓口としての役割を果たす必要がある。その際、最も重要なことは、子どもの最善の利益を確保するという視点に立ち、保護者の気持ちに受容的に共感しながら信頼関係を構築していくという姿勢を持つことである。学校全体が一丸となり組織的に支援にあたっているという安心感を付与することも有効である。

③関係機関との連携業務――特別支援教育は、学校内で完結するということはあり得ず、家庭はもとより、医療機関、福祉機関等と連携・協力しつつ行っていく必要がある。活用可能な療育システム、医療機関に関する情報を収集することに始まり、情報をデータベース化して必要に応じて教職員や保護者が活用できる状態にすること、在籍する児童生徒の支援にあたって外部機関との協力体制を実際に構築することまで、その内容は多岐にわたる。

なお、特別支援学校に配置される特別支援教育コーディネーターには、以上に加えて、小・中学校等への支援の機能が期待されることになる。

関連法規・資料

○「特別支援教育の推進について（通知）」（19文科初第125号平成19年4月1日）

○令和4年度特別支援教育に関する調査結果について（令和4年5月1日現在）

○文部科学省「障害のある子供の教育支援の手引～子供たち一人一人の教育的ニーズを踏まえた学びの充実に向けて～」（令和3年6月30日）

障害児教育に関する基本理念の転換

└→ **“特殊教育から特別支援教育へ”**

特別支援教育の柱となる存在

特別支援教育コーディネーター

「障害のある児童生徒の発達や障害全般に関する一般的な知識及びカウンセリングマインドを有する者」

［○特別支援学校における指導経験者
○特別支援学級や通級による指導を担当した経験を有する者］など

特別支援教育コーディネーターに期待される役割

［小・中学校等に配置される場合］

①校内における連絡調整
- 校内委員会の推進役
  - 校内の状況把握と情報収集
  - 個別の教育支援計画の作成
  - 校内研修の企画・実施
- 校内教職員の連絡調整役
- 担任への助言
  - 担任の相談をうけて状況を整理する役
  - 児童生徒の支援体制の模索役

②保護者への対応
- 保護者に対する学校の相談窓口
  - 保護者の気持ちの受け止め役
  - 対応策の考案
  - 学校としての保護者への支援体制を構築

③関係機関との連携業務
- 医療・福祉・相談機関との連絡調整
- 教育委員会設置の巡回相談員・専門家チームとの連携

［特別支援学校に配置される場合］

①〜③ ＋ ④地域の小・中学校等への支援

第4章 ケーススタディ——学校教育紛争

▶▶▶ 構　成

ケーススタディ
学校教育紛争❶

全国一斉学力テストの適法性
―学テ旭川事件―

▽事件の概要

旧文部省は、昭和35年秋頃、全国の中学2、3年生を対象とする学力調査の実施を公表した。その後、昭和36年3月8日付文部省初等中等教育局長、同調査局長連名による「中学校生徒全国一せい学力調査の実施期日について（通知）」と題する書面と、同年4月27日付「昭和36年度全国中学校一せい学力調査実施について」という書面に調査実施要綱を添付したものを、都道府県教育委員会教育長等に宛てて発した。そして、都道府県教育委員会に対し、地教行法に基づき、調査の実施とその結果に関する資料、報告の提出を求めた。

北海道教育委員会は、道内各市町村教委に対して調査及びその結果に関する資料、報告の提出を要求した。これを受けた旭川市教育委員会は同市立の各中学校長に対し、学校長をテスト責任者として中学校における本件学力調査の実施を命じた。本件被告人らは、市立A中学校において一連の阻止活動を展開したが、公務執行妨害罪等で起訴されることになった。

一審（旭川地裁判決昭和41年5月25日）、二審（札幌高裁判決昭和43年6月26日）は、本件学力調査の実施自体が違法であり、かつ、その違法がはなはだ重大であるとして、公務執行妨害罪の成立を否定した。本件は、その上告審にあたり、公務執行妨害罪の成否を判断する前提として、教師の教育の自由と国家の教育内容決定権の関係が最大の争点となった。

判決要旨

一部上告棄却、一部破棄自判。

教育を受ける権利を保障する憲法26条の背後には、「国民各自が、一個の人間として、また、一市民として、成長、発達し、自己の人格を完成、実現するために必要な学習をする固有の権利を有すること、特に、みずから学習することのできない子どもは、その学習要求を充足するための教育を自己に施すことを大人一般に対して要求する権利を有するとの観念が存在していると考えられる」。しかしながら、この事実から「教育の内容及び方法を、誰がいかにして決定すべく、また、決定することができるかという問題に対する一定の結論は、当然には導き出されない」。

親は、「子どもに対する自然的関係により、子どもの将来に対して最も深い関心をもち、かつ、配慮をすべき立場にある者として、子どもの教育に対する一定の支配権、すなわち子女の教育の自由を有すると認められる」。しかし、親の教育の自由は、「主として家庭教育等学校外における教育や学校選択の自由にあらわれるものと考えられるし、また、私学教育における自由や前述した教師の教授の自由も、それぞれ限られた一定の範囲においてこれを肯定するのが相当である」。

それ以外の領域においては、「一般に社会公共的な問題について国民全体の意思を組織的に決定、実現すべき立場にある国は、国政の一部として広く適切な教育政策を樹立、実施すべく、また、しうる者として、憲法上は、あるいは子ども自身の利益の擁護のため、あるいは子どもの成長に対する社会公共の利益と関心にこたえるため、必要かつ相当と認められる範囲において、教育内容についてもこれを決定する権能を有するものと解さざるを」得ない。（最高裁判所大法廷判決昭和51年5月21日）

ケーススタディ
学校教育紛争❷

学習指導要領の法的拘束性
―福岡伝習館高等学校事件―

▽事件の概要

Y県教育委員会は、以下の理由により原告A、B、C（県立高校教諭）を懲戒免職処分とした。

(1)　Aは、学校新聞等に特定思想を生徒に啓発する文章を寄稿・掲載するなどした。また、担当授業（倫理社会・政治経済・日本史）において、教科書を使用せず、昭和44年度における生徒の成績評価は、所定の考査を実施せず、一律の評価を行った。

(2)　Bは、昭和44年度の担当授業（日本史・地理）において、教科書を使用せず、高等学校学習指導要領に定められた目標・内容を逸脱した指導を行った。また、生徒に対する指導監督を怠った。

(3)　Cは、昭和44年度の担当授業（倫理社会・政治経済）において、教科書を使用せず、高等学校学習指導要領に定められた目標・内容を逸脱した指導を行った。また、生徒の成績評価は、所定の考査を実施せず、一律の評価を行った。

A、B、Cが懲戒免職処分の取消を求めたのが本件訴訟である。

裁判経過

一審（福岡地裁判決昭和53年7月28日）は、Aの請求を棄却し、B、Cについては、懲戒免職処分取消しを命じた。二審（福岡高裁判決昭和58年12月24日）は、AとB、Cとを別件として審理したが、ともに一審判決を支持し、控訴を棄却した。Aの上告を①とし、Y県教育委員会のB、Cについての上告を②とする。

判決要旨

①「本件上告を棄却する」。

「高等学校学習指導要領（昭和35年文部省告示第94号）は法規としての性質を有するとした原審の判断は、正当として是認することができ、右学習指導要領の性質をそのように解することが憲法23条、26条に違反するものでない」。

学校教育法旧51条等が「教科書使用義務を定めたものであるとした原審の判断は、正当として是認することができ、右規定をそのように解することが憲法26条、（旧）教育基本法10条に違反するものでない」。また上告人が倫理社会等の授業において教科書使用義務に違反したとの原審の判断は、正当として是認することができる。

②「原判決を破棄し、第一審判決を取り消す。」

B、Cらの「各行為は、高等学校における教育活動の中で枢要な部分を占める日常の教科の授業、考査ないし生徒の成績評価に関して行われたものであるところ、教育の具体的内容及び方法につき高等学校の教師に認められるべき裁量を前提としてもなお、明らかにその範囲を逸脱して、日常の教育のあり方を律する学校教育法の規定や学習指導要領の定め等に明白に違反するものである」。

当時のD高校の校内秩序が極端に乱れた状態にあったことは明らかであり、B、Cの特異な教育活動が、同校の混乱した状態を助長するおそれの強いものであり、懲戒事由に該当するB、Cらの「各行為の性質、態様、結果、影響等のほか、右各行為の前後における〔B、C〕らの態度」、争議行為参加による「懲戒処分歴等の諸事情を考慮のうえ決定した本件各懲戒免職処分を、社会観念上著しく妥当を欠くものとまではいい難く、その裁量権の範囲を逸脱したものと判断することはできない」。

（①最高裁判所第一小法廷判決平成2年1月18日、②最高裁判所第一小法廷判決平成2年1月18日）

ケーススタディ
学校教育紛争❸

君が代伴奏職務命令の妥当性
—公立学校教員の思想・良心の自由—

▽事件の概要

A市立B小学校の入学式、卒業式では、君が代斉唱の際、音楽専科の教諭がピアノ伴奏を行うことが数年間続いていた。Xは、平成11年4月1日付で、音楽専科の教諭としてB小学校に転任することが決まった。その事前面接において、校長から入学式におけるピアノ伴奏を要請された。新年度を迎え、入学式最終打ち合わせ等の職員会議の際、Xは、自らの思想・信条上、また音楽教師として、君が代の伴奏をできない旨の発言をした。これに対し校長は、ピアノ伴奏が「職務命令」であることを明確に示し、その発言内容、時刻を記録担当者に記載させた。

入学式当日、校長は、改めてXに対しピアノ伴奏を職務命令として伝達した。しかしXはこれを拒否し、司会者が「国歌斉唱」と告げた際、ピアノの椅子に座ったまま君が代を弾こうとはしなかった。校長は、およそ5～10秒間待った後、予め準備していたテープ伴奏によって君が代斉唱を行った。

任命権者であるY教育委員会は、Xに対して戒告処分を行った。Xは、これを不服とし審査請求を申立てたが棄却されたため、処分の取消しを求めて訴訟を提起した。一審（東京地裁判決平成15年12月3日）、二審（東京高裁判決平成16年7月7日）ともX側が敗訴し、本件はその上告審にあたる。

判決要旨

上告棄却。

学校の儀式的行事において「君が代」のピアノ伴奏をすべきでないとして本件入学式の国歌斉唱の際のピアノ伴奏を拒否することは、上告人にとっては、「歴史観ないし世界観に基づく一つの選択ではあろうが、一般的には、これと不可分に結び付くものということはできず、上告人に対して本件入学式の国歌斉唱の際にピアノ伴奏を求めることを内容とする本件職務命令が、直ちに上告人の有する上記の歴史観ないし世界観それ自体を否定するものと認めることはできない」。他方、「本件職務命令当時、公立小学校における入学式や卒業式において、国歌斉唱として『君が代』が斉唱されることが広く行われていたことは周知の事実であり、客観的に見て、入学式の国歌斉唱の際に『君が代』のピアノ伴奏をするという行為自体は、音楽専科の教諭等にとって通常想定され期待されるものであって、上記伴奏を行う教諭等が特定の思想を有するということを外部に表明する行為であると評価することは困難なものであり、特に、職務上の命令に従ってこのような行為が行われる場合には、上記のように評価することは一層困難である」。本件職務命令は、「音楽専科の教諭にそのピアノ伴奏を命ずるものであって、上告人に対して、特定の思想を持つことを強制したり、あるいはこれを禁止したりするものではなく、特定の思想の有無について告白することを強要するものでもなく、児童に対して一方的な思想や理念を教え込むことを強制するものとみることもできない」。

また、入学式等において音楽専科の教諭によるピアノ伴奏で国歌斉唱を行うことは、学習指導要領等の趣旨にかなうものであり、「本件職務命令は、その目的及び内容において不合理であるということはできない」。（最高裁判所第三小法廷判決平成19年2月27日）

ケーススタディ
学校教育紛争❹

卒業式におけるビラの配布と表現の自由
—都立高校威力業務妨害事件—

▽事件の概要

平成15年10月23日に東京都教育委員会教育長が発出した「入学式、卒業式等における国旗掲揚及び国歌斉唱の実施について（通達）」を受けて、都立A高等学校では、校長が、卒業式において、国歌斉唱の際、生徒、教職員をはじめ、来賓や保護者にも起立を求めることを決定した。

同校の元教諭であるXは来賓として卒業式に出席していたが、開式直前、保護者席を回り、ビラの配布を始めた。教頭は、Xに対してビラの配布をやめるよう求めた。しかし、Xは、これに従わず、校長等に無断で、本件卒業式は異常な卒業式であって国歌斉唱のときに立って歌わなければ教職員は処分される、国歌斉唱のときにはできたら着席してほしいなどと、大声で呼び掛けた。

この間、教頭から制止されても呼び掛けをやめず、その場から移動させようとした教頭に対し、怒号を発するなどした。遅れて会場に入場した校長も、退場を求める等し、教頭も重ねて退場を促した。Xは、怒鳴り声を上げてこれに抵抗し、退場した後も会場に隣接する廊下で抗議を続けた。その後、入場のために待機していた教諭等が開式を促すなどしたことを契機に、Xは、漸く校外に向かった。

以上の結果、卒業式は、予定より約2分遅れで開式となった。

Xは、威力業務妨害罪で起訴され、罰金20万円の有罪判決を受けた（東京地方裁判所判決平成18年5月30日）。Xは控訴したが、棄却となった（東京高等裁判所判決平成20年5月29日）。本件はその上告審にあたる。

判決要旨

上告棄却。

「事実関係によれば、被告人が大声や怒号を発するなどして、同校が主催する卒業式の円滑な遂行を妨げたことは明らかであるから、被告人の本件行為は、威力を用いて他人の業務を妨害したものというべきであり、威力業務妨害罪の構成要件に該当する」。

被告人の行為は、「卒業式の開式直前という時期に、式典会場である体育館において、主催者に無断で、着席していた保護者らに対して大声で呼び掛けを行い、これを制止した教頭に対して怒号し、被告人に退場を求めた校長に対しても怒鳴り声を上げるなどし、粗野な言動でその場を喧噪状態に陥れるなどしたというものである。表現の自由は、民主主義社会において特に重要な権利として尊重されなければならないが、憲法21条1項も、表現の自由を絶対無制限に保障したものではなく、公共の福祉のため必要かつ合理的な制限を是認するものであって、たとえ意見を外部に発表するための手段であっても、その手段が他人の権利を不当に害するようなものは許されない。被告人の本件行為は、その場の状況にそぐわない不相当な態様で行われ、静穏な雰囲気の中で執り行われるべき卒業式の円滑な遂行に看過し得ない支障を生じさせたものであって、こうした行為が社会通念上許されず、違法性を欠くものでないことは明らかである。したがって、被告人の本件行為をもって刑法２３４条の罪に問うことは、憲法21条1項に違反するものではない」。

（最高裁判所第一小法廷判決平成23年7月7日）

ケーススタディ
学校教育紛争❺

剣道実技履修拒否による原級留置処分
―神戸市立高専事件―

▽事件の概要

A市立工業高等専門学校（以下「A高専」）に入学したXは、聖書に固く従うという信仰を持つキリスト教一派である「エホバの証人」の信徒であった。Xは、信仰上の理由から剣道実技には参加できないことを、何度も担当教員に説明し、それに代わるレポート提出等の代替措置を求めたが認められなかった。

Xは、剣道実技の履修に関して欠席扱いとなり、必修科目である保健体育の修得認定を受けられず、原級留置処分を受けた。翌年度も同様の事情で二度目の原級留置処分を受けた。A高専では、休学による場合を除き、連続して二回原級に留まることはできないとする「進級等認定規定」等があることから、校長YはXに対して退学命令処分を行った。そこでXは、代替措置を採らず退学処分までするのは、信教の自由を侵害するものであり、旧教育基本法3条、9条1項、憲法14条に違反する等と主張し、処分の取消しを求めた。

一審（神戸地裁判決平成5年2月22日）は、Xの請求を棄却したが、二審（大阪高裁判決平成6年12月22日）は、本件処分が裁量権を著しく逸脱するものであるとして、Xの主張を認め、これを取消した。本件は、その上告審にあたる。

判決要旨

上告棄却。

高専の「校長が学生に対し原級留置処分又は退学処分を行うかどうかの判断は、校長の合理的な教育的裁量にゆだねられるべきもの」である。そのため、「校長の裁量権の行使としての処分が、全く事実の基礎を欠くか又は社会観念上著しく妥当を欠き、裁量権の範囲を超え又は裁量権を濫用してされたと認められる場合に限り、違法であると判断すべき」である。

「しかし、退学処分は学生の身分をはく奪する重大な措置であり」、「当該学生を学外に排除することが教育上やむを得ないと認められる場合に限って退学処分を選択すべきであり」、「その学生に与える不利益の大きさに照らして、原級留置処分の決定に当たっても、同様に慎重な配慮が要求される」。

高専の保健体育において剣道実技が必須のものとまでは言い難く、その教育目的の達成は、代替的方法によって行うことも可能である。そして、本件において代替措置を採ることが事実上不可能であったとはいえないし、それを採ることが憲法20条3項に違反するとはいえない。また、学校が、宗教上の信条と履修拒否に合理的関連性が認められるかを確認する程度の調査をすることが公教育の宗教的中立性に違反するともいえない。

「信仰上の理由による剣道実技の履修拒否を、正当な理由のない履修拒否と区別することなく、代替措置が不可能というわけでもないのに、代替措置について何ら検討することもなく」、「原級留置処分をし、さらに、不認定の主たる理由及び全体成績について勘案することなく」、「退学処分をしたという上告人の措置は、考慮すべき事項を考慮しておらず、又は考慮された事実に対する評価が明白に合理性を欠き、その結果、社会観念上著しく妥当を欠く処分をしたものと評するほかはなく、本件各処分は、裁量権の範囲を超える違法なものといわざるを得ない」。

（最高裁判所第二小法廷判決平成8年3月8日）

ケーススタディ
学校教育紛争⑥

教育的指導と有形力の行使
―教員の行為が体罰に該当しないとされた事例―

▽事件の概要

Y1市立B小学校の臨時講師であったY2は、休み時間にだだをこねる発達障害の傾向を有する児童をなだめていた。そこに通りかかった2年生のXは、Y2の肩を揉む等の行為に出た。Y2は止めるように注意をしたが、Xがこれを聞き入れなかったため、右手でXを振りほどいた。そこに女児数人が通りかかり、Xは同級生とともに同人らを蹴り始めた。Y2はこれを制止し、このようなことをしてはいけないと注意した。

その後、Y2が職員室へ向かおうとしたところ、Xは、後ろからY2のでん部付近を2回にわたって蹴り、逃げ出した。立腹したY2は、Xを追いかけて捕まえ、近くの階段前でXの胸元を手で掴み壁に押し当て、大声で「もう、すんなよ」と叱った。そしてXから手を放したところ、その反動でXは投げ出される形になり、階段に手をついて転ぶ形になった。

本件行為後Xは、笑顔が消え、食欲が低下し、夜中に泣き叫ぶ等の症状が現れ、PTSDと診断された。Xの母親は、長期にわたって、B小学校の関係者等に対し極めて激しい抗議行動を続けたが決着はつかず、Xを原告として、Y2及びB小学校の設置者であるY1市に対し、損害賠償を求める訴訟を提起した。

一審（熊本地裁判決平成19年6月15日）は、Y2の行為を体罰と認定した上、XのPTSDとの因果関係を肯定して、Y1市に対し慰謝料の支払いを命じる判決を下した。二審（福岡高裁判決平成20年2月26日）は、XのPTSD発症を否定し、体罰行為のみを認定して慰謝料の支払いを命じる判決を下した。本件は、Y1市がこれを不服とし、上告したものである。

判決要旨

破棄自判。

原審が適法に確定した事実関係を前提とすると、Y2の本件行為は、「児童の身体に対する有形力の行使ではあるが、他人を蹴るという〔X〕の一連の悪ふざけについて、これからはそのような悪ふざけをしないように〔X〕を指導するために行われたものであり、悪ふざけの罰として〔X〕に肉体的苦痛を与えるために行われたものではないことが明らかである。〔Y2〕は、自分自身も〔X〕による悪ふざけの対象となったことに立腹して本件行為を行っており、本件行為にやや穏当を欠くところがなかったとはいえないとしても、本件行為は、その目的、態様、継続時間等から判断して、教員が児童に対して行うことが許される教育的指導の範囲を逸脱するものではなく、学校教育法11条ただし書にいう体罰に該当するものではないというべきである。したがって、〔Y2〕のした本件行為に違法性は認められない」。

「以上と異なる原審の判断には、判決に影響を及ぼすことが明らかな法令の違反がある。論旨は理由があり、原判決のうち〔Y1市〕敗訴部分は、破棄を免れない。そして、以上説示したところによれば、上記部分に関する〔X〕の請求は理由がないから、同部分につき第一審判決を取消し、同部分に関する請求を棄却すべきである」。
（最高裁判所第三小法廷判決平成21年4月28日）

ケーススタディ
学校教育紛争⑦

朝自習時間中の事故と国家賠償
―担任教員の安全配慮義務―

▽事件の概要

Y市立A小学校では、担任教員の立ち会いの下、始業時間前に「朝自習」を行っていた。事故発生当時、A小学校の3年2組（児童数34名）に在籍していたX1は、朝自習時間中、ランドセルを教室の後方にあるロッカーにしまおうとして最後列にある自席から立ち上がった。その頃、Bは、自分のベストがロッカーから落ちているのに気付き拾いに行った。ベストにほこりが付いていたので、Bは上下に振ってそれを払おうとした。しかし、ほこりが取れなかったため、X1から約1m離れた位置で、ベストの襟首部分を持って頭上で弧を描くように振り回した。その際、ベストのファスナーの部分がX1の右眼部分に当たった。

事故発生当時、担任教員は、教室前方の入口近くにある自席に座っていたが、数名の児童が話をしに来ており、一連のBの行動や本件事故の発生に気付かなかった。

X1及びその両親（X2、X3）は、本件事故に関して、担任教員に児童の指導監督上の義務を怠った過失があるなどと主張し、国家賠償法1条1項に基づき損害賠償を請求する訴訟を提起した。一審（千葉地裁判決平成18年7月19日）は請求を棄却したが、二審（東京高裁判決平成19年4月11日）はX1らの請求の一部を認容すべきとした。本件は、その上告審にあたる。

判決要旨

「原判決のうち上告人の敗訴部分を破棄する」。「前項の部分につき、被上告人らの控訴をいずれも棄却する」。

Bが「日常的に乱暴な行動を取っていたなど、担任教諭において日ごろから特に〔B〕の動静に注意を向けるべきであったというような事情もうかがわれないから、〔B〕が離席したこと自体をもって、担任教諭においてその動静を注視すべき問題行動であるということはできない」。また、Bは、離席しベストを拾い、その後ほこりを払うため頭上で振り回したというのであり、その間、担任教諭は、教室入口付近の自席に座り、他の児童に応対していてBの動静を注視していなかったのであるが、「ベストを頭上で振り回す直前までの〔B〕の行動は自然なものであり、特段危険なものでもなかったから、他の児童らに応対していた担任教諭において、〔B〕の動静を注視し、その行動を制止するなどの注意義務があったとはいえず、〔B〕がベストを頭上で振り回すというような危険性を有する行為に出ることを予見すべき注意義務があったともいえない。したがって、担任教諭が、ベストを頭上で振り回すという突発的な〔B〕の行動に気付かず、本件事故の発生を未然に防止することができなかったとしても、担任教諭に児童の安全確保又は児童に対する指導監督についての過失があるということはできない」。

「以上と異なる原審の判断には判決の結論に影響を及ぼすことが明らかな法令の違反がある。この趣旨をいう論旨は理由があり、原判決のうち上告人の敗訴部分は破棄を免れない」。「被上告人らの上告人に対する請求は理由がなく、これを棄却した第一審判決は正当であるから、被上告人らの控訴をいずれも棄却すべきである」。

（最高裁判所第二小法廷判決平成20年4月18日）

ケーススタディ
学校教育紛争⑧

落雷の予見可能性
―クラブ指導者の責任―

▽事件の概要

学校法人Y1の設置するA高校のサッカー部は、財団法人Y2協会主催のサッカー大会に、B教諭を引率者兼監督として参加した。

大会当日、運動広場の上空に雷雲が現れ、小雨が降り始め、時々遠雷が聞こえるような状態の中、A高校の第1試合が開始された。この試合が終了した頃には上空に暗雲が存在し、ラインの確認が困難なほどの豪雨になった。その後、雨がやみ上空はほとんど明るくなりつつあったが、運動広場の南西方向上空には黒く固まった暗雲が立ち込め、遠くの空で発生したものと思われる程度の雷鳴及び雲間からの放電が目撃されている。このような気象条件の下、A高校の第2試合が開始されたところ、部員Xに落雷があった。Xは、救命救急センターに運ばれたが、視力障害、両下肢機能の全廃、両上肢機能の著しい障害等の後遺障害が残った。

これに対しXは、Y1及びY2に対し、落雷を予見して回避すべき安全配慮義務を怠った過失がある等として、損害賠償を請求する訴訟を提起した。一審（高知地裁判決平成15年6月30日）、二審（高松高裁判決平成16年10月29日）はXが敗訴し、本件は、その上告審にあたる。

判決要旨

破棄差戻し。

「教育活動の一環として行われる学校の課外のクラブ活動においては、生徒は担当教諭の指導監督に従って行動するのであるから、担当教諭は、できる限り生徒の安全にかかわる事故の危険性を具体的に予見し、その予見に基づいて当該事故の発生を未然に防止する措置を執り、クラブ活動中の生徒を保護すべき注意義務を負うものというべきである」。「落雷による死傷事故は、平成5年から平成7年までに全国で毎年5～11件発生し、……落雷事故を予防するための注意に関しては、平成8年までに、……文献上の記載が多く存在していた」。また、A高校の「第2試合の開始直前ころには、本件運動広場の南西方向の上空には黒く固まった暗雲が立ち込め、雷鳴が聞こえ、雲の間で放電が起きるのが目撃されていた」。そうすると、上記雷鳴が大きな音ではなかったとしても、B教諭は「上記時点ころまでには落雷事故発生の危険が迫っていることを具体的に予見することが可能であったというべきであり、また、予見すべき注意義務を怠ったものというべきである。このことは、たとえ平均的なスポーツ指導者において、落雷事故発生の危険性の認識が薄く、雨がやみ、空が明るくなり、雷鳴が遠のくにつれ、落雷事故発生の危険性は減弱するとの認識が一般的なものであったとしても左右されるものではない。なぜなら、上記のような認識は、平成8年までに多く存在していた落雷事故を予防するための注意に関する……内容と相いれないものであり、当時の科学的知見に反するものであって……担当教諭の注意義務を免れさせる事情とはなり得ないからである」。ゆえに「原審の判断には、判決に影響を及ぼすことが明らかな法令の違反がある」。

（最高裁判所第二小法廷判決平成18年3月13日。なお、差戻控訴審［高松高裁判決平成20年9月17日］は、B教諭の過失を認め、Y1らの損害賠償責任を肯定する判決を下している。）

ケーススタディ
学校教育紛争❾

懲戒処分における裁量とその限界
—飲酒運転・情報ディスク紛失による懲戒免職をめぐって—

▽事件の概要

A市立B中学校に勤務する教諭X（控訴人）は、生徒の成績や名簿など個人情報が入った光磁気ディスク（MO）を紛失した。数日後Xは、公開授業の反省会においてアルコールを摂取した。その最中、紛失した光磁気ディスクの拾得者と連絡が取れ、その受け渡しのため、自らハンドルを握り受け渡し場所に向かった。その途中、Xは、飲酒運転で警察に検挙された。事情を説明したXは、拾得者から光磁気ディスクを無事に回収した。その後、受け渡し場所で数時間の仮眠をとり、自ら運転して帰路につく途中、再び飲酒運転で検挙された。

Xの任命権者であるY県教育委員会（被控訴人）は、かねてより公にしていた懲戒処分指針に従い、2度にわたる飲酒運転と光磁気ディスクの紛失を理由としてXを懲戒免職処分とした。

Xは、Y県教育委員会が依拠した懲戒処分指針は無効である、本件懲戒処分は平等取扱い原則に反している、懲戒処分指針の本件懲戒処分への適用が適正でない等として、懲戒免職処分の取り消しを求める訴訟を提起した。一審（熊本地裁判決平成18年3月27日）はXが敗訴し、本件はその控訴審にあたる。

判決要旨

Y県教育委員会がXに対して行った「懲戒免職処分は、これを取り消す」。

「地方公共団体の職員に対し懲戒処分をなす際の処分の基準として、いかなる基準を設定するかは、それが社会観念上著しく妥当性を欠き、不合理なものでない限りは、原則として懲戒権者の裁量に任されていると解される」。

「本件指針においては、教職員は児童生徒を指導する立場にあるため、一般公務員よりも高度の倫理観・使命感が求められる」という考え方に基づき、より重い処分基準が定められている。「このように、教職員だけを一般の地方公務員から区別し、より重い処分基準で臨むというのは、公平取扱いの観点からすると問題がないわけではないが、少なくとも教員については、児童生徒と直接触れ合い、これを教育・指導する立場にあるから、とりわけ高いモラルと法及び社会規範遵守の姿勢が強く求められるものというべき」であり、「本件指針が合理性を著しく欠いており、無効であるとまではいえない」。

しかしながら、「免職処分は、当該職員の職員としての身分を失わせ、職場から永久に放逐するというこれ以上ない厳しい処分なのであるから」「当該非違行為そのものの行状はもとより、それに至る経緯、動機及びその後の経過をはじめ日ごろの勤務実績に至るまで、当該職員をめぐるあらゆる事情を総合考慮した上で、なお当該職員を職員としての地位にとどめ置くことを前提とした懲戒処分（すなわち停職以下）では足りないという場合に、はじめてその相当性が肯定されるものというべきである」。諸事情を総合的に考慮するならば、Xを免職にした本件処分は、「加重処分の判断基準に照らしていかにも厳しすぎ、重きに失するものといわざるを得ない」。

（福岡高等裁判所判決平成18年11月9日。上告後、最高裁判所第一小法廷決定平成19年7月12日により確定。）

ケーススタディ
学校教育紛争⑩

公務外認定処分取消請求事件
―基礎疾患との因果関係―

▽事件の概要

原告Ｘの父であるＡは、Ｂ町教育委員会の職員であった。Ａは、1982（昭和57）年に心筋梗塞の疑いがあるという診断を受け、冠状動脈バイパス手術を受けた。1983（昭和58）年に復職したが、翌年、急性心筋梗塞の診断を受け再び入院することになった。その後再び復職し、極力力仕事に従事することは避ける等の配慮をしつつ、本件事故に至るまで勤務状況は良好であった。

Ａは、1990（平成２）年の町学校体育連盟主催・町教育委員会共催の転入教職員歓迎親睦バレーボール大会に、運営及び司会進行の担当として参加していた。だが、試合の途中でけが人が出、他に交代要員がいなかったため、Ａは約20分間にわたり試合に出場した。第２セットが終了した直後、Ａは、突如として呼吸困難に陥り、同日死亡した。

Ｘは、Ａの死亡が公務により生じたものであることの認定を請求した。だが、Ａの死亡を公務外の災害であると認定する処分を受けたことから、Ｘは、その取消しを求めて訴訟を提訴した。

一審（鹿児島地裁判決平成12年４月21日）は、公務外認定処分を取り消したが、二審（福岡高裁宮崎支部判決平成14年１月25日）は、Ｘの請求を棄却した。本件は、その上告審にあたる。

✕判決要旨

「原判決を破棄する」。「本件を福岡高等裁判所に差し戻す」。

Ａの復職後の勤務状況や、再度入院し退院した後、狭心症状等を起こした旨の記録が存在しない等の事実に照らすと、Ａの「心臓疾患は、確たる発症因子がなくてもその自然の経過により心筋こうそくを発症させる寸前にまでは増悪していなかったと認める余地があるというべきである」。

９人制バレーボールの全試合時間を通じた平均的な運動強度は、通常歩行と同程度のものであるが、スパイク等一時的な運動強度は相当高いものである。「他に心筋こうそくの確たる発症因子のあったことがうかがわれない本件においては、バレーボールの試合に出場したことによる身体的負荷は、〔Ａ〕の心臓疾患をその自然の経過を超えて増悪させる要因となり得たものというべきである」。そうすると、Ａは「バレーボールの試合に出場したことにより心臓疾患をその自然の経過を超えて増悪させ心筋こうそくを発症して死亡したものとみるのが相当であって、〔Ａ〕の死亡の原因となった心筋こうそくの発症とバレーボールの試合に出場したこととの間に相当因果関係の存在を肯定することができる」。

「以上によれば、〔Ａ〕の心臓疾患が、確たる発症因子がなくてもその自然の経過により心筋こうそくを発症させる寸前にまでは増悪していなかったかどうかについて十分に審理することなく、〔Ａ〕の死亡とバレーボールの試合に出場したこととの間に相当因果関係があるということはできないとした原審の判断には、判決に影響を及ぼすことが明らかな法令の違反」がある。

（最高裁判所第二小法廷判決平成18年３月３日。なお、差戻控訴審〔福岡高裁判決平成19年12月26日〕は公務上死亡した場合に当たるとして控訴を棄却した。）

ケーススタディ
学校教育紛争⑪

学校給食事故と国家賠償
—そばアレルギー窒息死事件—

▽事件の概要

Aは、気管支喘息の持病を持っており、食物アレルギーの一つであるそばアレルギーに罹患していた。Aの5、6年生の学級担任Bは、母親であるX1から、喘息の発作の説明と、そばを食べると具合が悪くなる旨を家庭訪問等において聞いていた。そこでBは、給食にそばが出る日はパン等を持たせるよう要請していた。

ある日、学校給食でそばが出された。しかし、X1はAに代替の食事を持たせていなかった。AはBにそばを食べてもいいかと尋ねたが、Bは食べないように指導した。その後、Aが口の回りが赤くなっていると申し出たので調べると、そばを三分の一ほど口にしたことがわかった。直ちにBは、X1に電話をし、Aがそばを口にし、口の回りが赤くなっていることを伝えた。Bは、少しでも早く病院に連れて行く方がいいと考え、Aを帰宅させたい旨を申し出、X1はそれに同意した。Bは、Aを一人で帰しても大丈夫であると判断し、養護教諭に相談することをせずに帰宅させた。

しかしAは、下校途中で喘息を発症し呼吸困難となり、道端で意識不明の状態で倒れた。通行人に発見され、病院に収容されたが、死亡が確認された。死因は、そばアレルギーによる強度の喘息発作のために起きた異物誤飲による窒息死であった。

本件訴訟は、X1及びX2（父親）が、B及びY市教育委員会には安全配慮義務違反がある等として、損害賠償を求めたものである。

★判決要旨

一部認容、一部棄却。

小学校教諭であるBには、児童の安全を配慮する法的義務がある。給食の安全に関する研修義務等を考慮すると、BにはAを養護教諭に診せるとか、下校時に学校職員を同伴させる等の措置を取るべき注意義務が存在した。

また、Y市教育委員会には「各種通達等により教諭を含め給食を担当する職員に給食の安全教育の義務を負担し、何よりも安全な給食の提供義務が存在する」。よって、給食の材料等に起因するそばアレルギー症の発生に関する情報を教職員に周知徹底させ、事故の発生を未然に防止すべき注意義務が存在したと言える。

本件事故以前から、そばアレルギーの危険性等は多数の書物や新聞で指摘されていたことを斟酌すると、Bにおいては、そばアレルギー症の重篤さと、Aに対して「給食でそばを食べさせないことの重要性及びそばを食べることでの本件事故を予見し、結果を回避することは可能であったと認めるのが相当である」。学校の日常教育等に追われるBに比べてY市教育委員会には、「容易にそばアレルギー症の重篤さと、学校給食にそばを出すことに危険を伴う場合が存在すること及びそばを食べることによる本件事故を予見し、結果を回避することは可能であったと認めることができる」。

X1は、事故当日、学校給食でそばが出ると知っていながら代替の食事をAに持参させず、また、Aがそばを食べたこととそれによる異常やAを帰宅させる旨をBから知らされていながら、Aを迎えに行かなかった。X1にも「本件事故について落ち度」がある。したがって、過失割合は、原告5割、被告5割と認めるのが相当である。

（札幌地方裁判所判決平成4年3月30日）

ケーススタディ
学校教育紛争⑫

校内強姦事件と学校の安全配慮義務
―旭川市立中学校事件―

▽事件の概要

Ｙ市立Ａ中学校に在籍する女子生徒Ｘ１は、１年生のころから、男子生徒らによって、胸を触られる等の性的被害を受けていた。Ｘ１は、胸を触られるなどの性的被害について、２年生の時から担任のＢ教諭に相談していたが、教諭は詳しい被害内容を聞かなかった。二度目の相談を受けた際も、詳しい内容を確認することなく、加害男子生徒らに反省文を書かせるだけで終わっている。その後、性的暴力がエスカレートしたため、Ｘ１は、Ｂ教諭に対して三度目の相談を行った。しかし、Ｘ１は、恥ずかしさ等から性的暴力の内容を自ら告げようとはしなかった。Ｂ教諭は、「服の上から身体を触る」といった性的行為」にとどまると勝手に理解し、クラス会における「セクハラ」に関する一般的注意で対応を終えた。その後も、加害男子生徒らの行為はますますエスカレートし、３年生の12月、Ｘ１は男子生徒宅に呼び出されて強姦された。その後、Ａ中学校男子トイレにおいて、Ｘ１が６人の男子生徒によるわいせつ行為を受け、強姦されるという本件事件が発生した。

Ｘ１とその両親であるＸ２、Ｘ３が、学校側の安全配慮義務違反などを理由に、学校設置者であるＹ市と北海道（費用負担者）に対し、損害賠償を求めて提起したのが本件訴訟である。

判決要旨

一部認容、一部棄却。

「本件中学校の教諭らは、学校における教育活動及びこれに密接に関連する生活関係における生徒の安全の確保に配慮すべき義務があり、特に他の生徒の加害行為により生徒の生命、身体、精神、財産等に被害が及ぶような具体的なおそれがある場合には、予見可能性がある範囲内で、そのような被害の発生を防止するため、その事案に応じた適切な措置を講ずべき義務を負う」。性的被害は、その性質上人目に付かないように行われ、被害生徒も羞恥心等から被害を申告せず、又は申告しても深刻な性的被害の一部しか話さないことがあると推測されることから、生徒から具体的な性的被害の訴えを受けた場合等は、事案に応じて、適切な対応をすべき義務がある。

「原告［Ｘ１］からの学校内での被害の度重なる訴え及び加害男子生徒らの集団的な非行化傾向に照らすと」、「これをこのまま放置しておけばいずれ本件学校内強姦事件等のような深刻な性的暴力事件等に発展するかもしれないと予見することが可能であった」。

Ｂ教諭には、「原告［Ｘ１］からわいせつ行為の状況を詳細に聴取するほか、加害男子生徒や、学校内で同様の性的被害を受けているという他の女子生徒らからも詳しい事情を聴取し」、その内容を教職員全体に報告する等、学校内におけるわいせつ行為の実態をできる限り解明すべき義務があった。また、Ｂ教諭は、この事実を被害生徒の保護者や加害生徒の保護者に報告し、教職員全体で又は保護者らと一体となって、原告Ｘ１を加害生徒らによる報復から保護しながら、加害生徒らへの指導を強化徹底すべきであった。以上の義務を怠ったＢ教諭には、「安全配慮義務違反の過失がある」。

（旭川地方裁判所判決平成13年１月30日）

熱中症による死亡と教員の安全配慮義務

▽事件の概要

Aは、Y1市立B中学校の1年生であった。Aは、ラグビー部顧問教員Y2の指導監督の下、同校グラウンドにおいて行われた夏季早朝練習に参加した。

午前6時40分頃から練習が開始され、ランニングパス、キックダッシュ等が続いた。その後、Y2が、グラウンド中央で部員に対して体操隊形の指示を出したが、Aはできずにその場で座りこんだ。

午前7時過ぎ、休憩を兼ねた体操を行った後、3人組のヘッドダッシュタイムトライアル、その後3本のキックダッシュを指示した。Aは、2本目のゴール後には仰向けに倒れ、Y2は、見学者にAを次の練習位置まで運ばせた。午前8時頃、Y2は、休憩の指示を出しAのそばに行った。Y2がAの頬を叩くと、Aは首を動かしてY2の方を見るものの、しばらくすると焦点の合わない状態に陥った。しかし、Y2は、見学者にAを見させて他の部員の指導に向かった。その後、午前8時40分過ぎ、Y2は、Aを保健室に連れて行くよう指示した。Y2の報告を受けた他の教員の指示で119番通報がなされ、Aは救命救急センターに搬送されたが、翌日、熱射病による多臓器不全により死亡した。

Aの両親であるX1及びX2は、Aの死はY2の安全配慮義務違反によるものであるとして、Y2と学校設置者であるY1市を相手に、損害賠償を求める訴訟を提起した。

判決要旨

一部認容、一部棄却。

Y1市は、「原告らそれぞれに対し、金2030万7709円……を支払え」。

学校教育の一環として行われる課外クラブ活動において、学校設置者は生徒の生命、身体の安全を図る義務があり、また、その担当教諭も、練習中、部員の生命、身体に危険が及ばないように配慮する等の注意義務が認められる。

本件事故当時、既に学校管理下における熱中症による多数の死亡事故が報告されており、「熱中症の危険性とその予防対策の重要性は、特に体育教育関係者にとっては当然身につけておくべき必須の知識であったと認められること」、「ラグビーはスポーツの中でもかなり激しい競技であること等を総合すると」、Y2には、部員が「熱中症を発症することのないように、練習中に適宜休憩を取らせ、十分に水分補給をさせるとともに、部員に熱中症を疑わせる症状がみられた場合には、直ちに練習を中止し、涼しい場所で安静にさせ、冷却その他体温を下げるなどの応急処置を採り、必要に応じて速やかに医療機関に搬送すべき注意義務（安全配慮義務）があった」。

救命救急センター医師の回答によれば、Aが「明らかに異常な兆候を示すようになった午前7時30分ころに、被告〔Y2〕が適切な救護措置を採っておれば、〔A〕の死亡を回避し得た蓋然性は高いと認められる」。Y2の一連の行動は、「たとえ〔A〕が練習を怠けていると思い込んでしまったことによる誤解の面があったとしても、あまりにも無思慮かつ軽率であって、安全配慮義務違反の過失が認められることは明らかである」。したがって「被告〔Y2〕の過失行為と〔A〕の死亡との間には相当因果関係が認められる」。

（神戸地方裁判所判決平成15年6月30日）

ケーススタディ
学校教育紛争⑭

研修旅行中の体罰死
―岐陽高等学校事件―

▽事件の概要

県立Ａ高等学校２学年の学級担任であるＹは、２年生の研修旅行（三泊四日）に他の教員とともに引率した。その旅行中、担任クラスの生徒ＢとＣが携行を禁じられているヘアアイロン等を持参していることが発覚した。また朝食後にも、やはり担任クラスの生徒Ｄ（本件被害者）がヘアードライヤーの持参を理由に正座させられていた。Ｙは生徒指導担当のＥ教諭と相談の上、ＢとＣも説諭のため呼び寄せた。Ｅは、Ｂ、Ｃ、Ｄを正座させ、叱責と同時に平手で頭部を数回殴打し、その前額部を手拳で１回ずつ小突くなどの行為に及んだ。Ｅの言動を目の当たりにしたＹは、自らも同様の指導をしなければ示しがつかないという追い詰められた気持ちや、担任するクラスの生徒ばかりが規則に違反したことへの無念さと腹立たしさから、Ｂに対し体罰を加えた。

その後Ｙは、Ｄを叱責したが、下を向いたまま何の返事もしないことから、Ｄに反省の気持ちがないものと考え、情けない気持ちと腹立たしい思いにかられた。更に強い調子で規則違反の理由を尋ねたが相変わらず返事をしないため、憤激のあまり、頭部を平手と手拳で殴打し、さらにその右肩付近を二回位足蹴りにし、Ｄを後ろに転倒させるなどし、Ｄがくり返し謝っているのにも耳をかさず、急性循環不全により死亡させた。

✻判決要旨

「被告人を懲役3年に処する」。

「本件は、教師である〔Ｙ〕が、その担任するクラスの生徒で、校則に違反してヘアードライヤーを使用した〔Ｄ〕に対し、判示のとおりの暴行を加えて死亡するに至らしめたものであつて、その発端が〔Ｄ〕の校則違反の点にあつたとしても、〔Ｄ〕は相当程度の判断能力を備える高校生であつたのであり、かつ教師対生徒という十分説得可能な関係にあつたこと等に鑑みると、〔Ｙ〕としては、相応の説論、指導をもつてこれに臨むべきであつたというべきである」。しかし、Ｄが逆らうことなく正座し、途中からは謝罪していたにもかかわらず、暴力行為に及んでおり、Ｄの校則違反の程度に比しても熾烈極まるものといわなければならない。しかも本件犯行は、同輩教師から暗になじられたこと等に誘発された私的感情によるものというべきで、たとえ、Ｙが当初、教育的意図を有していたとしても、本件行為自体は、教育的懲戒とおよそ無縁のものである。その結果、Ｄは、信頼する担任教師の手によって若い命を失わしめられたもので、その結果は極めて重大である。

もっとも、本件は普段から「ある程度の体罰が容認されていた〔Ａ〕高校内の風潮や本件直前になされた〔Ｅ〕教論による体罰と〔Ｙ〕の日頃の生徒指導に対する甘さを暗になじられたことにあおられた側面がある」。また、Ｙには「前科前歴もなく、平生は体罰を加えることも全くといってよいほどなかったこと」等、酌むべき事情の一端が認められる。

しかしながら、「本件犯行の態様、結果の重大性等に鑑みると、〔Ｙ〕に対しては、主文のとおりの実刑をもつて臨むのもやむを得ない」。

（水戸地方裁判所土浦支部判決昭和61年3月18日）

ケーススタディ
学校教育紛争⑮

体罰教員に対する求償権の行使
―国家賠償法1条2項の適用―

▽事件の概要

Yは、X市立A中学校に勤務する県費負担教職員であった。同校内において、両手で生徒Bの髪をつかみ、壁に押しつけ、後頭部を壁に数回打ちつけ、頬を数回張り、頭を数回叩き、右手で髪の毛を押さえつけながら、左手拳で腹部を十数回叩き、左手に持ったボトル缶で顔や頭を数回叩き、右手で口を10回ほど叩き、左手で腹部を2、3回叩き、髪の毛を両手でつかんで左に倒し、床にうつぶせにさせ、右膝で後頭部を押さえ、頭を床に打ち、わき腹を叩くなどの行為（本件体罰行為）を行ったとして、平成17年10月25日、任命権者から停職3ヵ月の懲戒処分を受けた。

これに対して被害者であるBは、本件体罰行為によって傷害を負った等として、学校設置者であるX市とYを被告として、損害賠償を求める訴訟を提起した。その結果、Y市は、国家賠償法1条1項に基づき、113万円余の損害賠償を命じる判決を受け、支払うことになった。本件体罰行為について、Yに「故意又は重大な過失」があったとして、X市が、国家賠償法1条2項に基づいて、上記賠償額の求償を求めたのが本件訴訟である。なお、Yは、本件体罰行為について、傷害罪で罰金20万円の略式命令を受けている。

判決要旨

認容。

「本件体罰行為は、暴行の程度が激しく、それが多数回にわたって行われていることなどからすれば、教員が生徒に対して行うことが許される教育的指導の範囲を逸脱するものであることは明らかというべきである。そうすると、本件体罰行為は、学校教育法（平成19年法律第96号による改正前のもの）11条ただし書によって禁止されていた体罰に該当し、違法である」。また、Yは、生徒Bに対し、「その頭を掲示板や床に打ちつけたり、頬を張ったり、頭、腹及び口を叩いたり、ボトル缶で顔及び腹を叩いたり、左太ももを蹴ったりする暴行を加えたのであるから」、Yが「違法な本件体罰行為を故意に行ったことは明らかというべきである」。

Yは、教員等への態度に問題があった生徒に感銘力のある指導をするために行ったことなどを理由に、求償権の行使は信義則上制限されるべきである旨を主張している。しかしながら、Yが「違法な本件体罰行為を故意に行ったものであり、その暴行の程度が激しく、多数回に及んでいることからすると」、Yの生徒Bに対する本件体罰行為は、「教員が生徒に対して行うことが許される教育的指導の範囲を逸脱した違法行為であることは明らかであり、従前の〔B〕の態度如何で、これが正当化される余地はない。したがって、仮に、本件体罰行為以前に〔B〕が教師に反抗する態度を取るような生徒であり、これに関して〔A〕中学校全体として何らかの対応をしていなかったというような事情があったとしても、そのことが求償権の行使を制限すべき理由になるとはいい難く」、また、Yが生徒に対し「感銘力ある指導をするという主観的目的を有していたとしても、これが〔X市〕の求償権の行使を制限すべき理由にはならないものというべきである」。

（大阪地方裁判所堺支部判決平成23年8月9日）

ケーススタディ
学校教育紛争⑯

保護者の損害賠償責任
―黒磯市女性教員刺殺事件―

▽事件の概要

Aは、バタフライナイフを購入し、友人に見せて自慢するため、登校時も含めて常時携帯していた。ある日、Aは、体調不良と授業に出たくないという気持ちから、保健室を訪れた。しかし、養護教諭から授業を受けるよう促されたため、トイレ等に立ち寄った後、遅れて授業に参加し、B教諭から指導を受けた。その後、他の生徒から話しかけられた際、B教諭から、名指しの上、強い口調で「うるさい」と自分が叱責されたことに苛立ちを募らせ、「すげーむかつく」「刺すかもしんねえ」「ぶっ殺してやる」等と放言した。

授業終了後、AはB教諭に呼び止められ、再び指導を受けることになった。その際、ふてくされた態度をとり、その原因を問いただされてもあいまいな返事を繰り返したことから、更にその態度を厳しく叱責された。Aは、くすぶっていた怒りを爆発させ、「なめられてたまるか」という気持ちでバタフライナイフを取り出しB教諭に突きつけた。

しかし、B教諭が怯えたそぶりを見せず、逆に馬鹿にしたような目をしたと感じたため、Aは更に激高し、B教諭の左胸、背中等を刺し、心臓刺切創、左前胸上部刺切創、右背部刺切創等の傷害を負わせ、出血多量により死亡させた。

本件訴訟は、B教諭の夫らが、Aの両親であるY1及びY2に対して、不法行為に基づき損害賠償を求めた事案である。

✕判決要旨

一部認容。

Aは、「在籍する中学校の教師である〔B〕教諭に対して、十数か所にもわたる刺切創等を負わせた上、内臓が破裂するほどのけりをも事後的に加えるなどしており、殺害行為の残虐性は顕著である」。

Aは、「本件事件当時責任能力を有していたと認められるので、被告らに対して民法714条に基づく責任無能力者の監督者の責任を問うことはできない」。

しかし、「監督義務者の義務違反と当該未成年者の不法行為によって生じた結果との間に相当因果関係を認め得るときは、監督義務者につき民法709条に基づく不法行為が成立すると解するのが相当である」。

Aは、「正当な理由のない刃物等の所持が法律に違反することも知らず、学校にナイフを持って行ってはいけないとの指導を受けたことは一度もないなどと述べており、同供述から親権者らの日常の監護・教育の中で常識的に身につけるべき認識を欠いた状態にあったことがうかがわれ」、ナイフ所持の禁止、生命の尊厳等の基本的な事柄について、「被告らの〔A〕に対するしつけや指導には重大な過誤があったことが推認される」。

また、Aの精神的疾患の発露とも取れる変調の兆しに対し、「被告らはある程度これに気付いていながら、特段の対処を講じていなかった」。

以上の事情を勘案すれば、Aに対する「監督義務の懈怠があったことは否定できず、その懈怠が殺傷能力十分な本件ナイフの校内への常時持ち込みを許すことになった以上、被告らの監督義務違反と〔B〕教諭の殺害との間の相当因果関係もまた優に首肯し得る」。

また、他害行為に及ぶ可能性も十分に予見できた。したがって、被告らは「監督義務違反により共同不法行為責任を負う」。

（宇都宮地方裁判所判決平成16年9月15日）

国歌斉唱時起立職務命令
―不起立行為と懲戒処分―

▽事件の概要

X1、X2は、共に東京都公立学校の教員であった。両名は、各所属校の卒業式、記念式典において国歌斉唱の際、国旗に向かって起立して斉唱することを命じる旨の校長の職務命令に従わず、起立しなかった。これを受けて東京都教育委員会は、X1については過去二年度の間に不起立行為により3回の懲戒処分を受けていること、X2は、卒業式において校長の国旗掲揚を妨害する等、5回の懲戒処分と2回の訓告を受けていたことを考慮し、両名を停職処分とした。両名は、起立を命じる職務命令は、違憲、違法であり、これを前提とする停職処分もまた違法であるとして、処分の取消し等を求める訴訟を提起した。

原審（東京高等裁判所判決平成23年3月25日）は、本件職務命令は憲法19条等の規定に違反するものではなく、両名が受けた停職処分は、懲戒権者としての裁量権の範囲を逸脱し又はこれを濫用するものではなく適法であると判断した。

判決要旨

X1については停職処分取消す。X2については上告を棄却する。

原審の適法に確定した事実関係等の下において、本件職務命令が憲法19条に違反するものでないことは、先例に照らし明らかである。

「不起立行為の動機、原因は、当該教員の歴史観ないし世界観等に由来する「君が代」や「日の丸」に対する否定的評価等のゆえに、本件職務命令により求められる行為と自らの歴史観ないし世界観等に由来する外部的行動とが相違することであり、個人の歴史観ないし世界観等に起因するものである」。また、不起立行為の性質、態様は、「積極的な妨害等の作為ではなく、物理的に式次第の遂行を妨げるものではない」。

「不起立行為に対する懲戒において戒告を超えてより重い減給以上の処分を選択することについては、本件事案の性質等を踏まえた慎重な考慮が必要となるものといえる。そして、停職処分は、処分それ自体によって教職員の法的地位に一定の期間における職務の停止及び給与の全額の不支給という直接の職務上及び給与上の不利益が及び、将来の昇給等にも相応の影響が及ぶ上、本件各通達を踏まえて毎年度2回以上の卒業式や入学式等の式典のたびに懲戒処分が累積して加重されると短期間で反復継続的に不利益が拡大していくこと等を勘案すると、……停職の処分を選択することが許容されるのは、過去の非違行為による懲戒処分等の処分歴や不起立行為の前後における態度等……に鑑み、学校の規律や秩序の保持等の必要性と処分による不利益の内容との権衡の観点から当該処分を選択することの相当性を基礎付ける具体的な事情が認められる場合であることを要すると解すべきである」。

例えば過去の1、2年度に数回の卒業式等における不起立行為による懲戒処分の処分歴がある場合に、これのみをもって直ちにその相当性を基礎付けるには足りず、「過去の処分歴に係る非違行為がその内容や頻度等において規律や秩序を害する程度の相応に大きいものであるなど、過去の処分歴等が停職処分による不利益の内容との権衡を勘案してもなお規律や秩序の保持等の必要性の高さを十分に基礎付けるものであることを要するというべきである」。

（最高裁判所第一小法廷判決平成24年1月16日）

第5章 教育法制関連資料

▶▶▶ 資　料

○教育基本法の施行について（抄）
○地方教育行政の組織及び運営に関する法律の一部を改正する法律について（抄）
○教育公務員特例法及び教育職員免許法の一部を改正する法律等の施行について（抄）
○体罰の禁止及び児童生徒理解に基づく指導の徹底について
○犯罪行為として取り扱われるべきと認められるいじめ事案に関する警察への相談・通報について
○不登校児童生徒への支援の在り方について（抄）

教育基本法の施行について（抄）

文部科学事務次官通知
18文科総第１７０号
平成18年12月22日

第1　法律の概要

1　特に前文を設け、本法制定の趣旨等を明らかにしたこと。

2　教育の目的及び目標について、旧法にも規定されている「人格の完成」等に加え、「公共の精神」や「伝統と文化の尊重」など、今日重要と考えられる事柄を新たに規定したこと。また、教育に関する基本的な理念として、生涯学習社会の実現と教育の機会均等を規定したこと。（第1章（第1条から第4条まで）関係）

3　教育の実施に関する基本について定めることとし、旧法にも規定されている義務教育、学校教育及び社会教育等に加え、大学、私立学校、家庭教育、幼児期の教育並びに学校、家庭及び地域住民等の相互の連携協力について新たに規定したこと。（第2章（第5条から第15条まで）関係）

4　教育行政における国と地方公共団体の役割分担、教育振興基本計画の策定等について規定したこと。（第3章（第16条及び第17条）関係）

5　この法律に規定する諸条項を実施するため、必要な法令が制定されなければならない旨を規定したこと。（第4章（第18条）関係）

第2　前文及び各条の趣旨及び内容

1　前文

本法制定の趣旨等を明らかにするため、旧法と同様に前文を置き、教育において、個人の尊厳を重んじるべきことなどを引き続き規定する一方、新たに、公共の精神を尊び、豊かな人間性と創造性を備えた人間の育成を期することや、伝統を継承し、新しい文化の創造を目指す教育を推進することを規定したこと。

2　教育の目的（第１条関係）

(1)　趣旨

教育の根本的な目的について、旧法第1条に引き続き規定したこと。

(2)　内容

教育は、人格の完成を目指し、平和で民主的な国家及び社会の形成者として必要な資質を備えた心身ともに健康な国民の育成を期して行われなければならないこと。

3　教育の目標（第２条関係）

(1)　趣旨

教育の目的を実現するため、今日重要と考えられる具体的な事柄を、下記の五つに整理し、規定したこと。

なお、教育の目的を実現するに当たっての重要な配慮事項として、学問の自由の尊重を旧法に引き続き規定したこと。また、旧法第5条の男女共学については、その趣旨が定着したことから規定していないが、同条にいう男女の敬重等については、下記③において、「男女の平等」及び「自他の敬愛と協力」を規定したこと。

(2)　内容

教育は、その目的を実現するため、学問の自由を尊重しつつ、次に掲げる目標を達成するよう行われるものとすること。

①幅広い知識と教養を身に付け、真理を求める態度を養い、豊かな情操と道徳心を培うとともに、健やかな身体を養うこと。

②個人の価値を尊重して、その能力を伸ばし、創造性を培い、自主及び自律の精神を養うとともに、職業及び生活との関連を重視し、勤労を重んずる態度を養うこと。

③正義と責任、男女の平等、自他の敬愛と協力を重んずるとともに、公共の精神に基づき、主体的に社会の形成に参画し、その発展に寄与する態度を養うこと。

④生命を尊び、自然を大切にし、環境の保全に寄与する態度を養うこと。

⑤伝統と文化を尊重し、それらをはぐくんできた我が国と郷土を愛するとともに、他国を尊重し、国際社会の平和と発展に寄与する態度を養うこと。

４　生涯学習の理念（第３条関係）

⑴　**趣旨**

科学技術の進歩や社会構造の変化、高齢化の進展や自由時間の増大などに伴って重要となっている生涯学習の理念について、新たに規定したこと。

⑵　**内容**

国民一人一人が、自己の人格を磨き、豊かな人生を送ることができるよう、その生涯にわたって、あらゆる機会に、あらゆる場所において学習することができ、その成果を適切に生かすことのできる社会の実現が図られなければならないこと。

５　教育の機会均等（第４条関係）

⑴　**趣旨**

教育における差別の禁止や国及び地方公共団体による奨学の措置について、旧法第3条に引き続き規定するとともに、障害のある者に対する支援について新たに規定したこと。

⑵　**内容**

①すべて国民は、ひとしく、その能力に応じた教育を受ける機会を与えられなければならず、人種、信条、性別、社会的身分、経済的地位又は門地によって、教育上差別されないこと。

②国及び地方公共団体は、障害のある者が、その障害の状態に応じ、十分な教育を受けられるよう、教育上必要な支援を講じなければならないこと。

③国及び地方公共団体は、能力があるにもかかわらず、経済的理由によって修学が困難な者に対して、奨学の措置を講じなければならないこと。

６　義務教育（第５条関係）

⑴　**趣旨**

保護する子に教育を受けさせる保護者の義務及び義務教育の無償について、旧法第4条に引き続き規定するとともに、義務教育の目的や、国及び地方公共団体の役割と責任について、新たに規定したこと。

旧法第4条において「9年」と規定していた義務教育の期間については、時代の要請に応じて柔軟に対応することができるよう、別に法律で定めることとしたこと。なお、学校教育法（昭和22年法律第26号）第22条及び第39条により、義務教育の期間は9年とされている。

⑵　**内容**

①国民は、その保護する子に、別に法律で定めるところにより、普通教育を受けさせる義務を負うこと。

②義務教育として行われる普通教育は、各個人の有する能力を伸ばしつつ社会において自立的に生きる基礎を培い、また、国家及び社会の形成者として必要とされる基本的な資質を養うことを目的として行われるものとすること。

③国及び地方公共団体は、義務教育の機会を保障し、その水準を確保するため、適切な役割分担及び相互の協力の下、その実施に責任を負うこと。

④国又は地方公共団体の設置する学校における義務教育については、授業料を徴収しないこと。

７　学校教育（第６条関係）

⑴　**趣旨**

学校の設置者について、旧法第6条第1項に引き続き規定するとともに、学校教育の基本的な役割や、学校教育において、規律を守ることや真摯に学習に取り組む意欲を高めることが重要である旨について、新たに規定したこと。

⑵　**内容**

①法律に定める学校は、公の性質を有するものであって、国、地方公共団体及び法律に定める法人のみが、これを設置することができること。

②法律に定める学校においては、教育の目標が達成されるよう、教育を受ける者の心身の発達に応じて、体系的な教育が組織的に行われなければならないこと。この場合において、教育を受ける者が、学校生活を営む上で必要な規律を重んずるとともに、自ら進んで学習に取り組む意欲を高めることを重視して行われなければなら

ないこと。

(1) 趣旨

知識基盤社会における大学の役割の重要性や、大学の固有の特性にかんがみ、大学の基本的な役割等について、新たに規定したこと。

(2) 内容

①大学は、学術の中心として、高い教養と専門的能力を培うとともに、深く真理を探究して新たな知見を創造し、これらの成果を広く社会に提供することにより、社会の発展に寄与するものとすること。

②大学については、自主性、自律性その他の大学における教育及び研究の特性が尊重されなければならないこと。

9 私立学校（第8条関係）

(1) 趣旨

私立学校の果たす役割の重要性にかんがみ、その振興等について、新たに規定したこと。

(2) 内容

私立学校の有する公の性質及び学校教育において果たす重要な役割にかんがみ、国及び地方公共団体は、その自主性を尊重しつつ、助成その他の適当な方法によって私立学校教育の振興に努めなければならないこと。

10 教員（第9条関係）

(1) 趣旨

教員の使命や職責、待遇の適正等について、旧法第6条第2項に引き続き規定するとともに、教員の養成と研修の充実等について新たに規定し、独立した条としたこと。

(2) 内容

①法律に定める学校の教員は、自己の崇高な使命を深く自覚し、絶えず研究と修養に励み、その職責の遂行に努めなければならないこと。

②法律で定める学校の教員については、その使命と職責の重要性にかんがみ、その身分は尊重され、待遇の適正が期せられるとともに、養成と研修の充実が図られなければならないこと。

11 家庭教育（第10条関係）

(1) 趣旨

すべての教育の出発点である家庭教育の重要性にかんがみ、その役割や支援等について、新たに規定したこと。

(2) 内容

①父母その他の保護者は、子の教育について第一義的責任を有するものであって、生活のために必要な習慣を身に付けさせるとともに、自立心を育成し、心身の調和のとれた発達を図るよう努めるものとすること。

②国及び地方公共団体は、家庭教育の自主性を尊重しつつ、保護者に対する学習の機会及び情報の提供その他の家庭教育を支援するために必要な施策を講ずるよう努めなければならないこと。

12 幼児期の教育（第11条関係）

(1) 趣旨

幼児期の教育の重要性にかんがみ、その振興等について、新たに規定したこと。

(2) 内容

幼児期の教育は、生涯にわたる人格形成の基礎を培う重要なものであることにかんがみ、国及び地方公共団体は、幼児の健やかな成長に資する良好な環境の整備その他適当な方法によって、その振興に努めなければならないこと。

13 社会教育（第12条関係）

(1) 趣旨

社会教育の振興等について、旧法第7条に引き続き規定したこと。

(2) 内容

①個人の要望や社会の要請にこたえ、社会において行われる教育は、国及び地方公共団体によって奨励されなければならないこと。

②国及び地方公共団体は、図書館、博物館、公民館その他の社会教育施設の設置、学校の施設の利用、学習の機会及び情報の提供その他の適当な方法によって社会教育の振興に努めなければならないこと。

14 学校、家庭及び地域住民等の相互の連携協力（第13条関係）

(1) 趣旨

教育の目的を実現する上で、学校、家庭及び地域住民等の相互の連携協力が重要であることにかんがみ、新たに規定したこと。

(2)　内容

学校、家庭及び地域住民その他の関係者は、教育におけるそれぞれの役割と責任を自覚するとともに、相互の連携及び協力に努めるものとすること。

15　政治教育（第14条関係）

(1)　趣旨

政治教育について、旧法第8条に引き続き規定したこと。

(2)　内容

①良識ある公民として必要な政治的教養は、教育上尊重されなければならないこと。

②法律に定める学校は、特定の政党を支持し、又はこれに反対するための政治教育その他政治的活動をしてはならないこと。

16　宗教教育（第15条関係）

(1)　趣旨

宗教教育について、旧法第9条に引き続き規定するとともに、宗教の役割を客観的に学ぶことの重要性にかんがみ、宗教に関する一般的な教養を教育上尊重すべきことについて、新たに規定したこと。

(2)　内容

①宗教に関する寛容の態度、宗教に関する一般的な教養及び宗教の社会生活における地位は、教育上尊重されなければならないこと。

②国及び地方公共団体が設置する学校は、特定の宗教のための宗教教育その他宗教的活動をしてはならないこと。

17　教育行政（第16条関係）

(1)　趣旨

教育が不当な支配に服してはならない旨を旧法第10条に引き続き規定するとともに、教育がこの法律及び他の法律の定めるところにより行われるべき旨について、新たに規定したこと。

また、教育行政について、公正かつ適正に行われなければならない旨、国及び地方公共団体のそれぞれの役割分担と責任及び財政上の措置について、新たに規定したこと。

(2)　内容

①教育は、不当な支配に服することなく、この法律及び他の法律の定めるところにより行われるべきものであり、教育行政は、国と地方公共団体との適切な役割分担及び相互の協力の下、公正かつ適正に行われなければならないこと。

②国は、全国的な教育の機会均等と教育水準の維持向上を図るため、教育に関する施策を総合的に策定し、実施しなければならないこと。

③地方公共団体は、その地域における教育の振興を図るため、その実情に応じた教育に関する施策を策定し、実施しなければならないこと。

④国及び地方公共団体は、教育が円滑かつ継続的に実施されるよう、必要な財政上の措置を講じなければならないこと。

18　教育振興基本計画（第17条関係）

(1)　趣旨

本法に規定された教育の目的や理念等を具体化するためには、教育の振興に関する施策を総合的、体系的に位置付け、実施することが必要であることにかんがみ、教育振興基本計画について、新たに規定したこと。

(2)　内容

①政府は、教育の振興に関する施策の総合的かつ計画的な推進を図るため、教育の振興に関する施策についての基本的な方針及び講ずべき施策その他必要な事項について、基本的な計画を定め、これを国会に報告するとともに、公表しなければならないこと。

②地方公共団体は、政府の定める計画を参酌し、その地域の実情に応じ、当該地方公共団体における教育の振興のための施策に関する基本的な計画を定めるよう努めなければならないこと。

19　法令の制定（第18条関係）

この法律に規定する諸条項を実施するため、必要な法令が制定されなければならないこと。

第3　施行期日（附則第1項関係）

この法律は、公布の日から施行すること。

地方教育行政の組織及び運営に関する法律の一部を改正する法律について（抄）

文部科学省初等中等教育局長通知
26文科初第490号
平成26年7月17日

第一　新「教育長」について

1　改正法の概要

(1)　新「教育長」の任命等

① 教育長は、当該地方公共団体の長の被選挙権を有する者で、人格が高潔で、教育行政に関し識見を有するもののうちから、地方公共団体の長が、議会の同意を得て、任命することとしたこと。（改正後の地方教育行政の組織及び運営に関する法律（以下単に「法」という。）第4条第1項）

② 教育長の任期は、3年としたこと。（法第5条第1項）

(2)　新「教育長」の職務及び服務

① 教育長は、教育委員会の会務を総理し、教育委員会を代表することとしたこと。（法第13条第1項）

② 教育長は、教育委員会の委員長に代わり、議会の審議に必要な説明のため議長から出席を求められたときは、議場に出席しなければならないこととしたこと。（改正法による改正後の地方自治法第121条）

③ 教育長は常勤とし、その勤務時間及び職務上の注意力の全てをその職責遂行のために用い、当該地方公共団体がなすべき責を有する職務にのみ従事しなければならないこととしたこと。（法第11条第4項及び第5項）

また、教育委員会の許可を受けなければ、営利を目的とする私企業を営むことを目的とする会社その他の団体の役員その他人事委員会規則で定める地位を兼ね、若しくは自ら営利を目的とする私企業を営み、又は報酬を得ていかなる事業若しくは事務にも従事してはならないこととしたこと。（法第11条第7項）

(3)　新「教育長」の代理

教育長に事故があるとき、又は教育長が欠けたときは、あらかじめその指名する委員がその職務を行うこととしたこと。（法第13条第2項）

2　留意事項

今回の改正は、教育委員会を引き続き執行機関としつつ、その代表者である委員長と事務の統括者である教育長を一本化した新「教育長」を置くことにより、迅速な危機管理体制の構築を図ることを含め教育行政の第一義的な責任者を明確化することとしている。

(1)　新「教育長」の任命等

① 現行の教育長が教育委員会の委員の一人であるのに対し、新「教育長」は教育委員会の構成員であるが、委員ではないこと。

② 現行の教育長は、任命に議会同意を必要とする教育委員会の委員として特別職の身分を有するとともに、併せて教育委員会が任命する教育長として一般職の身分を有するものであったが、新「教育長」は、地方公共団体の長が議会の同意を得て任命する職であることから、特別職の身分のみを有するものとなり、法律に特別の定めがある場合を除くほか、地方公務員法は適用されないこと。

③ 新「教育長」は、「教育行政に識見を有するもの」のうちから任命することとされているが、これは教育委員会事務局職員や教職員経験者に限らず、行政法規や組織マネジメントに識見があるなど、教育行政を行うにあたり、必要な資質を備えていれば、幅広く該当するものであること。

④ 教育長の任命の議会同意に際しては、新「教育長」の担う重要な職責に鑑み、新「教育長」

の資質・能力を十全にチェックするため、例えば、候補者が所信表明を行った上で質疑を行うなど、丁寧な手続を経ることが考えられること。

⑤ 新「教育長」の任期については、⑴地方公共団体の長の任期（４年）よりも１年短くすることで、地方公共団体の長の任期中少なくとも１回は自らが教育長を任命できること、⑵教育長の権限が大きくなることを踏まえ、委員よりも任期を短くすることで、委員によるチェック機能と議会同意によるチェック機能を強化できること、⑶計画性を持って一定の仕事を行うためには３年は必要と考えられることから、３年とするものであること。

⑵ 新「教育長」の職務

① 新「教育長」の職務について規定する法第13条第１項の「教育委員会の会務を総理」するとは、改正前の地方教育行政の組織及び運営に関する法律（以下単に「現行法」という。）における委員長の職務である「教育委員会の会議を主宰」すること（現行法第12条第３項）並びに現行法における教育長の職務である「教育委員会の権限に属するすべての事務をつかさどる」こと（現行法第17条第１項）及び「事務局の事務を統括し、所属の職員を指揮監督する」こと（現行法第20条第１項）を意味するものであること。

② 新「教育長」は、執行機関である教育委員会の補助機関ではなく、教育委員会の構成員であり、代表者であることから、教育委員会による教育長への指揮監督権は法律上規定されていないが、教育委員会は引き続き合議体の執行機関であるため、教育長は教育委員会の意思決定に基づき事務をつかさどる立場にあることに変わりはなく、教育委員会の意思決定に反する事務執行を行うことはできないものであること。

⑶ 新「教育長」の代理

① 新「教育長」は教育委員会の構成員となり、かつ代表者となることから、その代理は教育委員会事務局職員の中からではなく、委員の中から選任することとしたこと。

② 職務代理者が行う職務のうち、具体的な事務の執行等、職務代理者が自ら事務局を指揮監督して事務執行を行うことが困難である場合には、法第25条第４項に基づき、その職務を教育委員会事務局職員に委任することが可能であること。

③ 新「教育長」の職務代理者たる委員は、法律上教育長の権限に属する一切の職務を行うものであるが、その場合でも、教育長の身分に関する規定は適用されず、服務については法第12条が適用されるものであること。

⑷ 新「教育長」の資質・能力の向上

新「教育長」は、教育行政に大きな権限と責任を有することとなるため、その資質・能力の向上は、極めて重要であり、強い使命感を持ち、各種研修会への参加など常に自己研鑽に励む必要があること。

第二　教育委員会について

１　改正法の概要

① 教育委員会は、教育長及び委員をもって組織することとしたこと。（法第３条）

② 教育委員会の会議は教育長が招集し、教育委員会の会議の議事は出席者の過半数で決し、可否同数のときは教育長の決するところによることとしたこと。（法第14条第１項及び第４項）

③ 教育長は、委員の定数の三分の一以上の委員から会議に付議すべき事件を示して会議の招集を請求された場合には、遅滞なく、これを招集しなければならないこととしたこと。（法第14条第２項）

④ 教育長は、教育委員会規則で定めるところにより、教育委員会から委任された事務又は臨時に代理した事務の管理及び執行の状況を教育委員会に報告しなければならないこととしたこと。（法第25条第３項）

⑤ 教育長は、教育委員会の会議の終了後、遅滞なく、その議事録を作成し、これを公表するよ

う努めなければならないこととしたこと。（法第14条第9項）

⑥　教育長及び委員は、その職務の遂行に当たっては、法第1条の2に規定する基本理念及び大綱に則して、かつ、児童、生徒等の教育を受ける権利の保障に万全を期して当該地方公共団体の教育行政の運営が行われるよう意を用いなければならないこととしたこと。（法第11条第8項、第12条第1項）

２　留意事項

今回の改正においては、新「教育長」が教育行政に大きな権限と責任を有することとなることを踏まえ、教育委員会の委員による教育長のチェック機能を強化するとともに、住民に対して開かれた教育行政を推進する観点から、会議の透明化を図ることとしている。

(1)　教育委員会の委員による教育長に対するチェック機能の強化

①　改正後においても、教育委員会は合議制の執行機関であるため、その意思決定は、教育長及び委員による会議において、出席者の多数決によって決せられるものであり、委員の役割が引き続き重要なものであること。

②　改正法における委員の側からの教育委員会会議の招集の請求や教育長に委任した事務の執行状況に関する報告の規定は、委員による教育長の事務執行に対するチェック機能を強化するという観点から、設けられたものであること。

③　法第14条第2項における「遅滞なく」とは、請求があれば直ちに招集するという意味ではないが、一般的には、教育長は次の定例会より前の合理的な期間内に教育委員会会議を招集する必要があること。

④　教育長による報告の在り方については、各教育委員会の実情に応じ、委員によるチェック機能を発揮できるよう、報告の時期や対象となる事項について、教育委員会規則において、適切に定める必要があること。

⑤　教育委員会は、必要に応じて、教育長に委任する事項についての方針を定めることや、委任した事務について教育長から報告を求め、教育委員会で議論し、必要に応じて事務の執行を是正し、又は委任を解除することが可能であること。

(2)　会議の透明化

改正法において教育委員会会議の議事録の作成及び公表を努力義務にとどめた趣旨は、職員数が少ない小規模な地方公共団体における事務負担等を考慮したものであるが、原則として、会議の議事録を作成し、ホームページ等を活用して公表することが強く求められること。

また、教育委員会会議の開催時間や場所等の運営上の工夫を行うことにより、教育委員会会議をより多くの住民が傍聴できるようにすることが望ましいこと。

(3)　委員の責任と資質・能力の向上

①　改正後においても、委員は、執行機関の一員であり、教育委員会の重要事項の意思決定を行う責任者であるという意識を持ち、教育委員会における審議を活性化するとともに、教育長及び教育委員会事務局のチェックを行うという役割を従来以上に果たすことが期待されること。また、このような職責を担う委員の資質向上のため、各委員への研修の充実が期待されること。

②　法第11条第8項及び第12条第1項は、深刻ないじめや体罰の問題など、児童、生徒等の教育を受ける権利に関わる問題の発生を防止することの重要性を踏まえ、教育長及び委員は教育を受ける権利の保障に万全を期して、教育行政の運営を行う必要がある旨を法律に明記することとしたものであること。

また、この規定は、職務遂行に当たっての留意事項について、訓示的に規定したものであり職務上の義務を課すものではないので、当該規定に反したとしても、罷免事由である「職務上の義務違反」とすることはできないこと。

(4)　**委員の任命**

①　改正後においても委員の資格要件は変更していないが、委員には、単に一般的な識見があるというだけではなく、教育に対する深い関心や熱意が求められるところであり、例えば、ＰＴＡや地域の関係者、コミュニティ・スクールにおける学校運営協議会の委員、スポーツ・文化の関係者を選任したり、教育に関する高度な知見を有する者を含めるなど、教育委員会の委員たるにふさわしい幅広い人材を得ることが必要であること。

②　また、同様の観点から、改正後の委員の数については、町村及び町村のみが加入する組合においては、条例で定めるところにより、２名以上とすることが可能であるが、教育長の事務執行をチェックするという委員の役割に鑑み、可能な限り４名とすることが望ましいこと。

さらに、各地方公共団体の条例で定めるところにより、委員を５名以上とすることも可能であり、委員数の上限は法律上定められていないことから、教育委員会が行う施策について多様な民意を幅広く反映させる等のため、委員の数を５名以上とすることも積極的に考慮されるべきこと。

③　なお、保護者委員の選任が、平成20年度より法律上の義務とされていることから（現行法第４条第４項（法第４条第５項））、保護者委員を任命していない教育委員会においては、速やかに選任する必要があること。

(5)　**自己点検・評価の活用**

教育委員会が、効果的な教育行政の推進を図り、地域住民への説明責任を果たす観点から、平成20年度より、教育委員会は、毎年、自らの活動状況の点検及び評価を行うことが法律上の義務とされていることから（現行法第27条（法第26条））、実施していない地方公共団体においては、速やかに実施する必要があること。

また、すでに実施している地方公共団体においては、点検及び評価の客観性を確保する観点から、法律において、教育に関し学識経験を有する者の知見の活用を図るものとされている趣旨に鑑み、学識経験者として、保護者や地域住民の意見も聴くこととするなど、更なる改善を図ることも考えられること。

(6)　**その他**

教育委員会における審議を活性化し、地域住民の民意を十分に反映するためには、「教育委員会の現状に関する調査」（文部科学省実施）の調査項目となっている学校や教育委員会事務局に寄せられた意見の教育委員会会議における紹介、アンケートの実施、公聴会や意見交換会の開催、所管施設の訪問等の取組が有効であることから、これらの機会を積極的に設ける必要があること。

第三　大綱の策定について

１　改正法の概要

①　地方公共団体の長は、教育基本法（平成18年法律第１２０号）第17条第１項に規定する基本的な方針を参酌し、その地域の実情に応じ、当該地方公共団体の教育、学術及び文化の振興に関する総合的な施策の大綱を定めるものとすることとしたこと。（法第１条の３第１項）

②　地方公共団体の長は、大綱を定め、又はこれを変更しようとするときは、あらかじめ、総合教育会議において協議するものとすることとしたこと。（法第１条の３第２項）

③　地方公共団体の長は、大綱を定め、又はこれを変更したときは、遅滞なく、これを公表しなければならないこととしたこと。（法第１条の３第３項）

④　法第１条の３第１項の規定は、地方公共団体の長に対し、法第21条に規定する事務（教育委員会が管理し、執行する事務）を管理し、又は執行する権限を与えるものと解釈してはならないものとしたこと。（法第１条の３第４項）

２　留意事項

地方公共団体の長は民意を代表する立場である

ともに、教育行政においては、大学及び私立学校を直接所管し、教育委員会の所管事項に関する予算の編成・執行や条例提案など重要な権限を有している。また、近年の教育行政においては福祉や地域振興などの一般行政との密接な連携が必要となっている。これらを踏まえ、今回の改正においては、地方公共団体の長に大綱の策定を義務付けることにより、地域住民の意向のより一層の反映と地方公共団体における教育、学術及び文化の振興に関する施策の総合的な推進を図ることとしている。

(1) 大綱の定義

① 大綱は、地方公共団体の教育、学術及び文化の振興に関する総合的な施策について、その目標や施策の根本となる方針を定めるものであり、詳細な施策について策定することを求めているものではないこと。

② 大綱は、教育基本法に基づき策定される国の教育振興基本計画における基本的な方針を参酌して定めることとされている。「参酌」とは参考にするという意味であり、教育の課題が地域によって様々であることを踏まえ、地方公共団体の長は、地域の実情に応じて大綱を策定するものであること。

③ 国の第2期教育振興基本計画（平成25年6月14日閣議決定）においては、主に第1部及び第2部のうち成果目標の部分が、大綱策定の際に参酌すべき主たる対象となること。

④ 大綱が対象とする期間については、法律では定められていないが、地方公共団体の長の任期が4年であることや、国の教育振興基本計画の対象期間が5年であることに鑑み、4年～5年程度を想定しているものであること。

⑤ 法第1条の3第4項は、教育委員会が今回の改正後も引き続き執行機関であることから、大綱に記載された事項を含め、教育委員会の所管に属する事務については、自らの権限と責任において、管理し、執行すべきものであり、地方公共団体の長が有する大綱の策定権限は、教育委員会の権限に属する事務を管理し、執行する権限を地方公共団体の長に与えたものではないことを確認的に規定したものであること。

(2) 大綱の記載事項

① 大綱の主たる記載事項は、各地方公共団体の判断に委ねられているものであるが、主として、学校の耐震化、学校の統廃合、少人数教育の推進、総合的な放課後対策、幼稚園・保育所・認定こども園を通じた幼児教育・保育の充実等、予算や条例等の地方公共団体の長の有する権限に係る事項についての目標や根本となる方針が考えられること。

② 大綱は、教育行政における地域住民の意向をより一層反映させる等の観点から、地方公共団体の長が策定するものとしているが、教育行政に混乱を生じることがないようにするため、総合教育会議において、地方公共団体の長と教育委員会が、十分に協議・調整を尽くすことが肝要であること。

③ 地方公共団体の長が、教育委員会と協議・調整の上、調整がついた事項を大綱に記載した場合には、法第1条の4第8項により、地方公共団体の長及び教育委員会の双方に尊重義務がかかるものであること。なお、会議で調整した方針に基づいて事務執行を行ったが、結果として大綱に定めた目標を達成できなかった場合については、尊重義務違反には該当しないこと。

④ 地方公共団体の長が、教育委員会と調整のついていない事項を大綱に記載したとしても、教育委員会は当該事項を尊重する義務を負うものではないこと。なお、法第21条（現行法第23条）に定められた教育に関する事務の執行権限は、引き続き教育委員会が有しているものであることから、調整のついていない事項の執行については、教育委員会が判断するものであること。

⑤ 教育長及び教育委員には、法第11条第8項及び第12条第1項において、大綱に則った教育行政を行うよう訓示的に規定しているものの、調整がついてない事項についてまで、大綱に則し

て教育行政の運営が行われるよう意を用いなければならないものではないこと。

⑥　大綱には、地方公共団体の長の権限に関わらない事項（教科書採択の方針、教職員の人事の基準等）について、教育委員会が適切と判断して記載することも考えられること。

⑦　都道府県教育委員会は、市町村立学校に設置される県費負担教職員の人事や研修を行う権限を有し、法第48条に基づき、市町村に対し、必要な指導、助言、援助を行うことができるものであることから、そのような権限の範囲内で、都道府県の大綱において、市町村立学校等に係る施策について記載することは可能であること。

⑧　全国学力・学習状況調査の結果の公表については、その実施要領により、市町村教育委員会は、それぞれの判断に基づき、当該市町村における公立学校全体の結果や当該市町村が設置管理する学校の状況を公表することが可能であり、都道府県教育委員会がこれらの結果を公表することについては、当該市町村教育委員会の同意が必要とされている。このため、域内の市町村における公立学校全体の結果や市町村が設置管理する学校の結果の公表について、市町村教育委員会が当該市町村の大綱に記載してもよいと判断した場合には、大綱に記載することもあり得ると考えられる一方、都道府県の大綱に記載する事項としては馴染まないものと考えられること。

ただし、全国学力・学習状況調査の公表の是非ではなく、学力向上の観点から都道府県が実施する各種施策については、⑦で示したとおり、大綱に記載することが可能であること。

(3)　地方教育振興基本計画その他の計画との関係

①　地方公共団体において、教育基本法第17条第2項に規定する教育振興基本計画その他の計画を定めている場合には、その中の目標や施策の根本となる方針の部分が大綱に該当すると位置付けることができると考えられることから、地方公共団体の長が、総合教育会議において教育委員会と協議・調整し、当該計画をもって大綱に代えることと判断した場合には、別途、大綱を策定する必要はないこと。

②　新たな地方公共団体の長が就任し、新たな大綱を定めた場合において、その内容が既存の教育振興基本計画等と大きく異なるときには、新たな大綱に即して、当該計画を変更することが望ましいこと。

第四　総合教育会議について

1　改正法の概要

(1)　会議の設置、構成員等

①　地方公共団体の長は、総合教育会議を設けるものとすることとしたこと。（法第1条の4第1項）

②　総合教育会議は、地方公共団体の長及び教育委員会により構成することとしたこと。（法第1条の4第2項）

③　総合教育会議は、地方公共団体の長が招集することとしたこと。また、教育委員会は、協議する必要があると思料するときは、総合教育会議の招集を求めることができることとしたこと。（法第1条の4第3項及び第4項）

(2)　会議における協議事項、協議・調整事項

総合教育会議においては、(1)大綱の策定に関する協議、(2)教育を行うための諸条件の整備その他の地域の実情に応じた教育、学術及び文化の振興を図るため重点的に講ずべき施策についての協議、及び(3)児童、生徒等の生命又は身体に現に被害が生じ、又はまさに被害が生ずるおそれがあると見込まれる場合等の緊急の場合に講ずべき措置についての協議、並びにこれらに関する構成員の事務の調整を行うこととしたこと。（法第1条の4第1項）

(3)　調整の結果の尊重義務

総合教育会議においてその構成員の事務の調整が行われた事項については、当該構成員は、その調整の結果を尊重しなければならないこととした

こと。（法第1条の4第8項）

(4) 会議の公開と議事録の作成及び公表

① 総合教育会議は、個人の秘密を保つため必要があると認めるとき、又は会議の公正が害されるおそれがあると認めるときその他公益上必要があると認めるときを除き、公開することとしたこと。（法第1条の4第6項）

② 地方公共団体の長は、総合教育会議の終了後、遅滞なく、総合教育会議の定めるところにより、その議事録を作成し、これを公表するよう努めなければならないこととしたこと。（法第1条の4第7項）

(5) その他

① 総合教育会議は、協議を行うに当たって必要があると認めるときは、関係者又は学識経験を有する者から、当該協議すべき事項に関して意見を聴くことができることとしたこと。（法第1条の4第5項）

② 総合教育会議の運営に関し必要な事項は、総合教育会議が定めることとしたこと。（法第1条の4第9項）

2 留意事項

今回の改正は、総合教育会議を設置することにより、教育に関する予算の編成・執行や条例提案など重要な権限を有している地方公共団体の長と教育委員会が十分な意思疎通を図り、地域の教育の課題やあるべき姿を共有して、より一層民意を反映した教育行政の推進を図ることとしている。

(1) 会議の位置付けと構成員

① 総合教育会議は、地方公共団体の長と教育委員会という対等な執行機関同士の協議・調整の場であり、地方自治法（昭和22年法律第67号）上の附属機関には当たらないものであること。

② 地方公共団体の長及び教育委員会は、総合教育会議で協議・調整し、合意した方針の下に、それぞれが所管する事務を執行することとなること。

③ 総合教育会議の構成員は、地方公共団体の長及び教育委員会であり、教育委員会からは、教育長及び全ての委員が出席することが基本と考えられるが、緊急の場合には、地方公共団体の長と教育長のみで総合教育会議を開くことも可能であること。

④ 緊急の場合に、教育委員会から教育長のみが出席する場合には、事前に対応の方向性について教育委員会の意思決定がなされている場合や教育長に対応を一任している場合には、その範囲内で、教育長は調整や決定を行うことが可能であると考えられるが、そうではない場合には、総合教育会議においては一旦態度を保留し、教育委員会において再度検討した上で、改めて地方公共団体の長と協議・調整を行うことが必要であること。

(2) 会議における協議事項、協議・調整事項

① 法第1条の4第1項における「調整」とは、教育委員会の権限に属する事務について、予算の編成・執行や条例提案、大学、私立学校、児童福祉、青少年健全育成などの地方公共団体の長の権限に属する事務との調和を図ることを意味し、「協議」とは、調整を要しない場合も含め、自由な意見交換として幅広く行われるものを意味するものであること。

② 総合教育会議は、地方公共団体の長又は教育委員会が、特に協議・調整が必要な事項があると判断した事項について協議又は調整を行うものであり、教育委員会が所管する事務の重要事項の全てを総合教育会議で協議し、調整するという趣旨で設置するものではないこと。

③ 総合教育会議においては、教育委員会制度を設けた趣旨に鑑み、教科書採択、個別の教職員人事等、特に政治的中立性の要請が高い事項については、協議題とするべきではないこと。

④ 一方、教科書採択の方針、教職員の人事の基準については、予算等の地方公共団体の長の権限に関わらない事項であり、調整の対象にはならないものの、協議することは考えられるもの

であること。

⑤　総合教育会議において、協議し、調整する対象とすべきかどうかは、当該予算措置が政策判断を要するような事項か否かによって判断すべきものであり、少しでも経常費を支出していれば、日常の学校運営に関する些細なことまで総合教育会議において協議・調整できるという趣旨ではないこと。

(3)　**会議における協議事項、協議・調整事項の具体的な例**

①　法第１条の４第１項第１号に該当する事項として想定されるものは、例えば、以下のようなものが考えられること。

- 学校等の施設の整備、教職員の定数等の教育条件整備に関する施策など、予算の編成・執行権限や条例の提案権を有する地方公共団体の長と教育委員会が調整することが必要な事項
- 幼稚園・保育所・認定こども園を通じた幼児教育・保育の在り方やその連携、青少年健全育成と生徒指導の連携、居所不明の児童生徒への対応、福祉部局と連携した総合的な放課後対策、子育て支援のように、地方公共団体の長と教育委員会の事務との連携が必要な事項

②　法第１条の４第１項第２号における「児童、生徒等の生命又は身体に現に被害が生じ、又はまさに被害が生ずるおそれがあると見込まれる場合」に該当する事項として想定されるものは、例えば、以下のようなものが考えられること。

- いじめ問題により児童、生徒等の自殺が発生した場合
- 通学路で交通事故死が発生した後の再発防止を行う必要がある場合

③　また、法第１条の４第１項第２号における「等の緊急の場合」に該当する事項として想定されるものは、児童、生徒等の生命又は身体の保護に類するような緊急事態であり、例えば、以下のようなものが考えられること。

- 災害の発生により、生命又は身体の被害は発生していないが、校舎の倒壊などの被害が生じており防災担当部局と連携する場合
- 災害発生時の避難先での児童、生徒等の授業を受ける体制や生活支援体制を緊急に構築する必要があり、福祉担当部局と連携する場合
- 犯罪の多発により、公立図書館等の社会教育施設でも、職員や一般利用者の生命又は身体に被害が生ずる恐れがある場合
- いじめによる児童、生徒等の自殺が発生した場合のほか、いじめ防止対策推進法（平成25年法律第71号）第28条の重大事態の場合

(4)　**協議・調整した結果の尊重義務**

総合教育会議において調整が行われた場合とは、地方公共団体の長及び教育委員会が合意した場合であり、双方が合意をした事項については、互いにその結果を尊重しなければならないものであること。なお、調整のついていない事項の執行については、法第21条（現行法第23条）及び法第22条（現行法第24条）に定められた執行権限に基づき、教育委員会及び地方公共団体の長それぞれが判断するものであること。

(5)　**会議の公開と議事録の作成及び公表**

①　総合教育会議における議論を公開し、住民への説明責任を果たすとともに、その理解と協力の下で教育行政を行う趣旨を徹底するため、会議は原則として公開するものであること。非公開とする場合は、例えば、いじめ等の個別事案における関係者の個人情報等を保護する必要がある場合や、次年度の新規予算事業に関する具体的な補助金の額や対象の選定等、意思決定の前に情報を公開することで公益を害する場合等が想定されるものであること。

②　今回の改正において総合教育会議の議事録の作成及び公表を努力義務にとどめた趣旨は、職員数が少ない小規模な地方公共団体における事務負担等を考慮したものであるが、原則として、会議の議事録を作成し、ホームページ等を活用して公表することが強く求められること。

(6)　**その他**

①会議の招集

総合教育会議は、地方公共団体の長が招集するものであるが、教育委員会の側から総合教育会議を招集を求めることも可能であり、教職員定数の確保、教材費や学校図書費の充実、ＩＣＴ環境の整備、就学援助の充実、学校への専門人材や支援員の配置等、政策の実現に予算等の権限を有する地方公共団体の長との調整が特に必要となる場合には、教育委員会の側からも積極的に総合教育会議の招集を求めることができるものであること。

②会議の事務局

総合教育会議の運営にあたり必要となる、開催日時や場所の決定、協議題の調整、意見聴取者との連絡調整、議事録の作成及び公表等の事務は、地方公共団体の長が総合教育会議を設け、招集するとしていることに鑑み、地方公共団体の長の部局で行うことが原則であること。なお、地方自治法の規定に基づき、各地方公共団体の実情に応じて、総合教育会議に係る事務を教育委員会事務局に委任又は補助執行させることが可能であること。

③総合教育会議における意見聴取者

法第1条の4第5項において、意見を聴くことができる関係者又は学識経験者とは、大学教員や、コミュニティ・スクールにおける学校運営協議会の委員、ＰＴＡ関係者、地元の企業関係者等が想定されるものであること。

④会議の具体的運営

総合教育会議の運営に関し必要な事項は、法第1条の4第9項により、総合教育会議の構成員である地方公共団体の長と教育委員会の協議の結果、双方の合意をもって決定されるものであること。具体的には、地方公共団体の長による招集手続、協議題の提示及び決定方法、総合教育会議の事務局を担当する部署、議事録の作成及び公表に係る実施方法、非公開とする議題についての指針等が想定されるものであること。

⑤議会に対する説明

総合教育会議における協議の結果や大綱について、民意を代表する議会に対する説明を通じ、住民への説明責任や議会によるチェック機能が果たされることは重要であること。

第五　国の関与の見直しについて

1　改正法の概要

教育委員会の法令違反や事務の管理及び執行に怠りがある場合において、児童、生徒等の生命又は身体に現に被害が生じ、又はまさに被害が生ずるおそれがあると見込まれ、その被害の拡大又は発生を防止するため、緊急の必要があり、他の措置によってはその是正を図ることが困難なときは、文部科学大臣は、教育委員会に対し指示することができることとしたこと。（法第50条）

2　留意事項

法第50条の改正は、現行法における指示の要件を拡大して国の関与を強化しようとするものではなく、いじめ自殺等の事件発生後においても、同種の事件の再発を防止するために指示ができることを明確にすることを趣旨として行うものである。

第六　経過措置等について

1　改正法の概要

(1)　この法律の施行の際現に在職する教育長（以下「旧教育長」という。）は、その教育委員会の委員としての任期中に限り、なお従前の例により在職することとしたこと。（改正法附則第2条第1項）

この場合、現行法第2章等の関係規定はなおその効力を有することとしたこと。（改正法附則第2条第2項）

(2)　(1)により旧教育長が在職する場合に、教育委員会の委員長である者の当該委員長としての任期は、現行法第12条第2項の規定にかかわらず、旧教育長の委員としての任期が満了する日（当該満了する日前に旧教育長が欠けた場合にあっては、当該欠けた日。）において満了することとしたこと。（改正法附則第2条第3項）

(3)　新「教育長」の任命のために必要な行為は、改正法の施行の日前においても行うことができ

ることとしたこと。（改正法附則第3条）

(4) 施行の日から4年を経過するまでの間に任命される委員の任期は、法第5条第1項の規定にかかわらず、当該委員の任期の満了の期日が特定の年に偏ることのないよう、1年以上4年以内で当該地方公共団体の長が定めるものとしたこと。（改正法附則第4条）

(5) その他所要の規定の整備を行ったこと。

(6) 改正法は、一部の規定を除き、平成27年4月1日から施行することとしたこと。（改正法附則第1条）

2　留意事項

(1) 改正法における経過措置

①新「教育長」の任命

現行法の下で任命された旧教育長は、施行の日以後であっても、委員としての任期が満了する日までの間は、在職するものとしていること。この場合には、教育委員会の委員長に係る規定等、現行法の一部の規定がなお効力を有するものとしていることから、委員長の任期が満了した場合には改めて委員長を選任する等、適切な対応を行う必要があること。

②委員長の任期

改正法の施行の日以後、旧教育長が在職している場合であって、当該教育長が委員として任期満了（辞職、罷免等により欠けた場合を含む。）となった場合には、教育委員会の委員長である者の当該委員長としての任期も、同時に満了するものであること。

③新「教育長」の任命に係る準備行為

新「教育長」の任命のために必要な行為について規定した改正法附則第3条の施行日は、公布の日（平成26年6月20日）であることから、新「教育長」の任命に関し必要となる議会同意等については、公布の日から行えるものであること。

④施行日以後新たに任命する委員の任期

教育委員会の委員については、制度創設時に、最初に任命される委員の任期は、2人は4年、1人は3年、1人は2年、1人は1年とする特例が設けられており（現行法附則第8条）、原則として教育委員会の委員は一斉に交代しない仕組みとなっている。

新制度においても教育行政の継続性・安定性を確保する観点からは、任期が異なる教育長を除き、4年の任期である委員が、なるべく毎年一人ずつとなるように異なる年に交代することが必要であるが、旧教育長が委員でなくなることにより、ある年には交代する委員がいないが、ある年には2人の委員が交代するという場合も想定される。このため、施行の日から4年間の間に、一部の委員を4年より短い任期で任命することにより、各委員がなるべく異なる年に交代するよう調整する必要があること。

(2) 事務局機能の強化

①職員の資質向上

教育委員会が期待されている役割を十分に果たすためには、教育委員会を支える事務局職員の資質能力をさらに向上させることが必要であること。また、教育委員会事務局職員は、教育長及び委員が適切な判断を行えるよう、教育長及び委員に適切に情報を提供するよう努めなければならないものであること。

さらに、教育委員会においては、教職員経験者のみならず、教育行政の専門性を有する行政職員を計画的に育成するため、一般行政部局との人事交流や行政職員の長期間にわたる教育委員会事務局への配置など、適切な人材育成が行われる工夫が必要であること。あわせて、各教育委員会においては、事務局職員に対する研修を充実させる必要があること。

②事務局体制の強化

特に小規模な教育委員会の事務局においては、指導主事が配置されていないなど、事務体制が脆弱であるため、学校指導などが十分に行き届いていないことが課題となっているため、各都道府県教育委員会においては、小規模な教育委員会事務局の支援に取り組まれたいこと。この際、「平成26年度文教関係地方財政措置予定及び東日本大震災関連の財政措置の状況について」（平成26年1月27日付文部科学省大臣官房会計課地方財政室、初等中等教育局財務課教育財政室事務連絡）において既に連絡したとおり、本年度の地方財政措置において、各道府県教育委員会における指導主事の地方交付税措置について、６名分（標準団体規模）を増員したことを踏まえ、例えば、教育事務所への指導主事の配置による市町村教育委員会への積極的な訪問や小規模な市町村教育委員会事務局への派遣等を通じて、積極的に市町村教育委員会を支援されたいこと。

また、市町村教育委員会は、法第18条第４項後段の規定に基づき、県費負担教職員である教員を、その任命権者である都道府県教育委員会の同意を得て、当該市町村教育委員会の事務局に置く指導主事に充てることができることとなっている（地方教育行政の組織及び運営に関する法律施行令第４条第１項）ため、本制度（充て指導主事）の活用による指導主事の配置についても検討されたいこと。

③その他

現行法第19条第８項（法第18条第８項）においては、教育委員会事務局の職員のうち、所掌事務に係る教育行政に関する相談に関する事務を行う職員を指定しなければならないこととされており、未だ当該職員を指定していない教育委員会においては、早急に指定すること。

教育公務員特例法及び教育職員免許法の一部を改正する法律等の施行について（抄）

文部科学省事務次官通知
４文科教第４４４号
令和４年６月21日

１．改正の概要

第一　教育公務員特例法及び教育職員免許法の一部を改正する法律（令和４年法律第40号）

１　改正の趣旨

グローバル化や情報化の進展により、教育を巡る状況の変化も速度を増している中で、教師自身も高度な専門職として新たな知識技能の修得に継続的に取り組んでいく必要が高まっている。また、オンライン研修の拡大や研修の体系化の進展など、教師の研修を取り巻く環境も大きく変化してきた。

このような社会的変化、学びの環境の変化を受け、令和の日本型学校教育を実現するこれからの「新たな教師の学びの姿」として、教職生涯を通じて探究心を持ちつつ主体的に学び続けること、一人一人の教師の個性に即した個別最適な学びの提供、校内研修等の教師同士の学び合いなどを通じた協働的な学びの機会確保が重要となる。

改正法は、「新たな教師の学びの姿」を実現するため、公立の小学校等の校長及び教員の任命権者等による研修等に関する記録の作成並びに資質の向上に関する指導及び助言等に関する規定を整備するとともに、普通免許状及び特別免許状の更新制を発展的に解消する等の措置を講ずるものである。

２　教育公務員特例法の一部改正

①「指導助言者」及び「研修実施者」を定義することとすること。（教特法第20条関係）

②教員研修計画に定める事項として、研修実施者が指導助言者として行う④ⅱに定める資質の向上に関する指導助言等の方法に関して必要な事項（研修実施者が都道府県の教育委員会である場合においては、県費負担教職員について市町村の教育委員会が指導助言者として行う資質の向上に関する指導助言等に関する基本的な事項を含む。）を加えることとすること。（教特法第22条の４第２項関係）

③研修等に関する記録の作成等

ⅰ　公立の小学校等の校長及び教員の任命権者は、文部科学省令で定めるところにより、当該校長及び教員ごとに、研修の受講その他の当該校長及び教員の資質の向上のために取組の状況に関する記録（以下「研修等に関する記録」とい

う。）を作成しなければならないこととすること。（教特法第22条の5第1項関係）

ⅱ　研修等に関する記録には、当該校長及び教員が受講した研修実施者実施研修に関する事項等を記載するものとすること。（教特法第22条の5第2項関係）

ⅲ　公立の小学校等の校長及び教員の任命権者が都道府県の教育委員会である場合においては、当該都道府県の教育委員会は、指導助言者に対し、当該校長及び教員の研修等に関する記録に係る情報を提供するものとすること。（教特法第22条の5第3項関係）

④　資質の向上に関する指導助言等

ⅰ　公立の小学校等の校長及び教員の指導助言者は、当該校長及び教員がその職責、経験及び適性に応じた資質の向上のための取組を行うことを促進するため、当該校長及び教員からの相談に応じ、研修、認定講習等その他の資質の向上のための機会に関する情報を提供し、又は資質の向上に関する指導及び助言を行うものとすること。（教特法第22条の6第1項関係）

ⅱ　公立の小学校等の校長及び教員の指導助言者は、ⅰによる相談への対応、情報の提供並びに指導及び助言（以下「資質の向上に関する指導助言等」という。）を行うに当たっては、当該校長及び教員に係る指標及び教員研修計画を踏まえるとともに、当該校長及び教員の研修等に関する記録に係る情報を活用するものとすること。（教特法第22条の6第2項関係）

ⅲ　指導助言者は、資質の向上に関する指導助言等を行うため必要があると認めるときは、独立行政法人教職員支援機構、認定講習等を開設する大学その他の関係者に対し、これらの者が行う研修、認定講習等その他の資質の向上のための機会に関する情報の提供その他の必要な協力を求めることができることとすること。（教特法第22条の6第3項関係）

⑤　その他の事項

ⅰ　改正法により、改正前の地方教育行政の組織及び運営に関する法律（昭和31年法律第１６２号。以下「地教行法」という。）附則第25条（中核市の特別支援学校の幼稚部の教諭等に対する中堅教諭等資質向上研修の特例）の規定内容を教特法附則第6条に規定する整理を行ったことに伴い、これまで特例の定めがなかった指定都市及び中核市以外の市町村の特別支援学校の幼稚部の教諭等に対する中堅教諭等資質向上研修についても、当該市町村を包括する都道府県の教育委員会が実施することとする特例を適用することとすること（教特法附則第6条関係）。

ⅱ　その他所要の改正を行うこと。

３　教育職員免許法（昭和24年法律第１４７号。以下「免許法」という。）の一部改正

①　普通免許状及び特別免許状を有効期間の定めのないものとし、更新制に関する規定を削除することとすること。（免許法第９条～第９条の４関係）

②　普通免許状の授与を受けるために必要な科目の単位のうち、教科及び教職に関する科目（教員の職務の遂行に必要な基礎的な知識技能を修得させるためのものとして文部科学省令で定めるものに限る。）又は特別支援教育に関する科目の単位を修得させるために大学が設置する修業年限を1年とする課程（以下「教職特別課程」という。）について、その修業年限を1年以上とすることとすること。（免許法別表第1関係）

③　普通免許状を有する者が免許法別表第8により他の学校種の普通免許状の授与を受けようとする場合に必要な最低在職年数について、当該年数に含めることができる勤務経験の対象に、授与を受けようとする免許状に係る学校及び学校以外の教育施設のうちこれらの学校に相当するものとして文部科学省令で定めるものを追加することとすること。（免許法別表第8関係）

④　その他所要の改正を行うこと。

４　施行期日、経過措置等

①　改正法は、令和4年7月1日から施行することとすること。ただし、２　教育公務員特例法

の一部改正については令和5年4月1日から施行することとすること。（改正法附則第1条関係）

② 研修等に関する記録の作成は、令和5年4月1日以後に受講する研修実施者実施研修、同日以後に履修する大学院の課程等、同日以後に任命権者が開設する認定講習等のうち同日以後に校長及び教員が単位を修得するもの、同日以後に校長及び教員が行う資質の向上のための取組（2．留意事項 第一2において「研修実施者実施研修等」という。）について適用することとしたこと。（改正法附則第2条関係）

③ 改正法の施行の際現に効力を有する普通免許状及び特別免許状であって、改正前の免許法の規定により有効期間が定められたものについては、改正法の施行の日以後は有効期間の定めがないものとすること。（改正法附則第3条関係）

④ 旧免許状のうち既に施行日前に失効しているものについては、施行日以後においても引き続き返納義務を課すとともに、当該返納がなされていない場合においては引き続き罰則を科すこととすること。（改正法附則第12条関係）

⑤ その他関係法律について所要の改正等を行うこと。

第二 教育職員免許法施行令の一部を改正する政令（令和4年政令第219号）

改正法により免許法の規定が条項移動したことに伴い、当該条項を引用する教育職員免許法施行令（昭和24年政令第338号）について所要の改正を行うこととすること。

第三 教育公務員特例法施行規則（令和4年文部科学省令第21号。以下「教特法施行規則」という。）

① 教育公務員特例法第31条及び第35条の規定に基づく国立教育政策研究所の長等の選考の手続及び任期等を定める手続に関する省令（昭和59年文部省令第31号）及び教育公務員特例法第22条の4第2項第5号の教員研修計画に定める事項及び第22条の5第2項第2号の文部科学省令で定める者を定める省令（平成29年文部科学省令第10号）を廃止し、これらの省令の規定を教特法施行規則に定めることとすること。（教特法施行規則第1条、第3条～第8条関係）

② 研修等に関する記録の作成は、書面又は電磁的記録（電子的方式、磁気的方式その他の人の知覚によっては認識することができない方式で作られる記録であって、電子計算機による情報処理の用に供されるものをいう。）をもって行うこととすること。（教特法施行規則第2条関係）

第四 教育職員免許法施行規則等の一部を改正する等の省令（令和4年文部科学省令第22号。以下「改正省令」という。）

1 教育職員免許法施行規則（昭和29年文部令第26号。以下「免許法施行規則」という。）の一部改正

① 免許法認定通信教育を開設することができる主体に授与権者である都道府県教育委員会、指定都市教育委員会及び中核市教育委員会を追加し、免許法認定講習と同様に教員養成系大学の指導の下に運営することとすること。（免許法施行規則第46条、第46条の2、第48条関係）

② 免許法別表第8によって免許状を取得する場合の最低在職年数について、少年院、認定在外教育施設及び外国の教育施設又はこれに準ずるもの（独立行政法人国際協力機構法（平成14年法律第136号）に基づき派遣された場合に限る。）における勤務経験を算入できることとすること。この際の実務証明責任者は、それぞれ、法務大臣、文部科学大臣及び独立行政法人国際協力機構の理事長とすること。（免許法施行規則第67条関係）

③ 教員免許状の様式について、免許状の有効期間が廃止されることから当該記載を削除すること。（免許法施行規則別表第1号様式関係）

④ その他、改正法による免許法の改正に伴い、更新制に関する規定の削除等の所要の改正を行うこと。

２　教育職員免許法施行規則（昭和29年文部省令第26号）の一部改正

教員免許状の様式について、免許状の有効期間が廃止されることから当該記載を削除すること。

３　教員資格認定試験規程（昭和48年文部省令第17号）の一部改正

改正法により免許法の規定が条項移動したことに伴い、当該条項を引用する規定について所要の改正を行うこと。

４　教育職員免許法施行規則の一部を改正する省令（平成20年文部科学省令第９号）の一部改正

旧免許状の取扱いについて定めた第２条から第19条まで及び免許状更新講習等に係る様式を定めた別記第１号様式から別記第４号様式までを削除すること。

５　免許状更新講習規則等の廃止

更新制に関する規定が削除されることに伴い、以下の省令について廃止すること。

・免許状更新講習規則（平成20年文部科学省令第10号）

・東日本大震災に伴う教育職員免許法及び教育公務員特例法の一部を改正する法律附則第２条第２項に規定する文部科学省令で定める期間の特例に関する省令（平成23年文部科学省令第26号）

・新型コロナウイルス感染症の発生又はまん延に伴う教育職員免許法及び教育公務員特例法の一部を改正する法律附則第２条第２項に規定する文部科学省令で定める期間の特例に関する省令（令和２年文部科学省令第25号）

第五　令和４年文部科学省告示第99号（教育職員免許法施行規則の一部を改正する省令附則第10条第１項第６号の規定に基づき文部科学大臣が定める者等を廃止する件）

改正法の施行に伴い更新制に関する以下の告示を廃止すること。

・教育職員免許法施行規則の一部を改正する省令附則第10条第１項第６号の規定に基づき文部科学大臣が定める者（平成20年文部科学省告示第51号）

・教育職員免許法施行規則第61条の４第６号の規定に基づき文部科学大臣が定める者に関する告示（平成20年文部科学省告示第１６２号）

・教育職員免許法施行規則の一部を改正する省令附則第３条第４号の規定に基づき文部科学大臣が定める者に関する告示（平成20年文部科学省告示第１６３号）

・免許状更新講習規則第９条第１項第４号の規定に基づき文部科学大臣が定める者に関する告示（平成20年文部科学省告示第１６４号）

２．留意事項

第一　教育公務員特例法の改正関係

１　改正後の教特法第20条において「指導助言者」及び「研修実施者」を定義したことに伴い、教員研修計画の策定者、初任者研修又は中堅教諭等資質向上研修の実施者等について「任命権者」を「研修実施者」に改める等の整理をしているが、これは改正前の地教行法第59条及び第61条の規定に基づく用語の整理であり、研修に係る実施主体については改正前後で原則変更はないこと。ただし、指定都市・中核市以外の市町村の特別支援学校の幼稚部の教諭等に対する中堅教諭等資質向上研修については、中核市の場合と同様に、当該市町村を包括する都道府県の教育委員会が実施する特例を適用したこと（１．改正の概要 第一２⑤ⅰ参照）。（教特法第20条及び附則第６条、地教行法第59条及び第61条関係）

２　研修等に関する記録の作成義務は、令和５年４月１日以後に受講する研修実施者実施研修等について適用されることとしているが、同日より前に受講した研修実施者実施研修等についても記録することは差し支えないこと。（教特法第22条の５、改正法附則第２条関係）

3　独立行政法人教職員支援機構、認定講習等を開設する大学その他の関係者においては、指導助言者より教特法第22条の6第3項に基づき資質の向上のための機会に関する情報の提供等の協力の求めがあった場合は、適切に対応いただきたいこと。（教特法第22条の6第3項関係）

4　改正法により教特法の用語の整理等を行うことに伴い、今後、教育公務員特例法施行令等の技術的改正を行う予定であること。

5　「新たな教師の学びの姿」の実現に向けて、独立行政法人教職員支援機構においては、現職教員がその資質向上のために広く受講可能な学習コンテンツ等を検索できる「新たな教師の学びのための検索システム」を公開しているところ、大学等においては、教員免許更新制の下で生み出された良質な学習コンテンツ（過去に教員免許状更新講習として実施した講習を継承して行う講習等）を含め、当該検索システムに掲載する学習コンテンツの情報提供に引き続き協力いただきたいこと。

6　公立幼保連携型認定こども園の保育教諭等の任命権者である地方公共団体の長（地教行法第22条）は、研修等に関する記録や資質の向上に関する指導助言等の実施について、教育委員会と連携を図りながら適切に対応いただきたいこと。

第二　教育職員免許法の改正関係

1　教員免許更新制の発展的解消に関する留意事項

(1)　普通免許状及び特別免許状の取扱いについて

①　免許状の有効性について

i　施行の際現に有効な免許状については、休眠状態（旧免許状（平成21年3月31日以前に初めて免許状の授与を受けた者が保有する免許状をいう。以下同じ。）の所有者であって現職教員でない者が修了確認期限を超過したことにより当該免許状を用いることができない状態をいう。以下同じ。）のものも含め、何らの手続なく、引き続き教育職員になることのできる免許状として活用可能であること。

ii　施行日前に既に失効している免許状については、手続なく有効になることはなく、申請書に授与権者（免許状の授与を行う都道府県教育委員会をいう。以下同じ。）が定める書類を添えて、授与権者に再度授与申請を行う必要があること。

iii　免許状を有する者に対し、当該免許状の授与権者以外の授与権者が別の免許状を授与した際に、最初に授与された免許状に係る有効期間又は修了確認期限の延期・延長について当該免許状の授与権者の原簿に反映されていない場合も想定されることから、授与権者においては、施行日前に授与された免許状の書換え・再交付・領域追加の手続に当たり、当該手続の申請者が有する免許状が失効しているにもかかわらず有効なものと誤認したり、有効であるにもかかわらず失効していると誤認したりすることのないよう、申請者が有する全ての免許状の有効性を確実に確認した上で手続を行うこと。

iv　授与権者及び免許管理者（免許状を有する者が教育職員及び文部科学省令で定める教育の職にある者である場合にあってはその者の勤務地の都道府県の教育委員会、これらの者以外の者である場合にあってはその者の住所地の都道府県の教育委員会をいう。以下同じ。）においては、現職教員又は採用希望者が有する免許状が有効なものであるか、任命権者又は雇用者、現職教員又は採用希望者が適切に理解することができるよう、都道府県のホームページへの資料掲載や各学校等への周知文書の配布、各種会議等の機会を捉えての説明、広報誌等の様々なメディアを通じた広報など、幅広い周知に配慮されたいこと。

v　任命権者及び雇用者においては、免許管理者との連絡を密にし、任命又は雇用しようとする者が有する免許状の有効性について適切に確認すること。例えば、既に施行日前に失効している旧免許状について、有効期間の定めがないことから当該免許状が有効であると誤認したり、施行の際休眠状態であった旧免許状や、施行日以後に有効期間の満了の日を経過した新免許状（平成21年４月１日以降に初めて免許状の授与を受けた者が保有する免許状をいう。以下同じ。）について、失効した免許状と誤認したりすることのないよう十分注意すること。

その際、免許状又は授与証明書並びに有効期間又は修了確認期限を証明する証明書類（更新講習修了確認証明書、修了確認期限延期証明書、有効期間更新証明書、有効期間延長証明書等）の確認に加えて、文部科学省が提供している「官報情報検索ツール」を適切に活用すること等により、当該免許状が懲戒免職や禁錮以上の刑に処せられたことなどの事由により失効したものでないことを確実に確認するようにすること。

②　免許状等の様式について

ｉ　施行の際現に有効な新免許状については、有効期間の満了の日が記載された様式についても引き続き有効な免許状として活用できること。有効期間の満了の日の記載がない免許状への書換えについては、免許法第15条に基づく書換え又は再交付の事由に該当しないため、対応の必要はないこと。（免許法第15条関係）

ⅱ　授与権者の判断の下、授与証明書等の様式を定めるに当たっては、実務上の参考情報として改正前の免許法に基づく有効期間の満了の日又は修了確認期限を記載することを妨げるものではないが、その際には、「教育公務員特例法及び教育職員免許法の一部を改正する法律（令和４年法律第40号）による改正前の法令に基づくもの」と記載し、改正前の法令に基づく表記であることを明示すること。

また、失効している免許状に関する授与証明書が、有効な免許状の証明として採用手続に使用されることがないよう、授与証明書の発行に当たって、当該免許状の有効・失効の状態を確認した上で、原則として有効な免許状の場合に限り発行することとし、失効している免許状の授与証明書を発行する場合には、授与証明書に「失効」と明示すること。

③　免許状の返納について

ｉ　旧免許状のうち既に施行日前に失効しているものについて、これらの免許状を有効であると誤認して教員として採用されることのないよう、返納されていない免許状があれば免許管理者において引き続き本人に返納を求めるとともに、任命権者及び雇用者に対して注意喚起すること。（改正法附則第12条関係）

ⅱ　更新講習の未受講により免許状を失効した者が再度授与の申請を行った場合において、申請者が返納義務のある免許状を所持している場合は、免許管理者において失効の処理を行い、当該免許状を回収の上、授与権者において新たに免許状を授与すること（再授与については⑵参照）。

⑵　更新制により失効となった免許状の再授与について

①　再授与の基本的な考え方について

ｉ　免許法別表第１、別表第２又は別表第２の２に基づき授与された免許状が未更新（期限切れ）により失効している場合にあっては、過去の免許法等に基づき所要資格を満たした者は、現行の免許法等に基づく所要資格を満たしたものとみなす経過措置が置かれていることから、授与権者において過去に免許状を授与した事実に基づき再授与することは可能であること。

ⅱ　免許法別表第３から別表第８まで等に基づく教育職員検定により授与された免許状が未更新（期限切れ）により失効している者に対し、免許状の再授与を行う場合にあっては、授与時点の免許法等に定める所要資格の確認が必要となることから、授与権者において教育職員検定を再度実施する必要があること。

ⅲ　免許状の未更新（期限切れ）を事由として免許状が失効した者であって、再度同じ種類の免許状が授与されたものについて、免許法別表第３、別表第５から別表第８まで等により当該免許状を基礎免許状として教育職員検定を行う場合にあっては、教育職員検定に用いる在職年数及び必要単位数には、最初に授与された免許状の授与後の在職年数及び取得単位も含めることができることとすること。なお、免許状の未更新（期限切れ）以外を事由として免許状が失効した場合（懲戒免職による失効等）にあっては、当該在職年数及び取得単位を含めることはできないこと。

iv　教員資格認定試験により授与された免許状が未更新（期限切れ）により失効した者より再授与の申請があった場合、授与権者においては過去教員資格認定試験に合格した事実（合格証書）の確認をもって免許状の再授与を行うこと。

（免許法第16条関係）

v　教育職員免許法等の一部を改正する法律（平成12年法律第29号）附則第2項及び附則第3項においては、平成12年7月1日時点で特定の教科の高等学校教諭免許状を有する者であって、情報又は福祉の教科に関する講習を修了したものに情報又は福祉の高等学校教諭免許状を授与できることとされているところ、当該者の免許状が失効した場合にあっては同法附則第2項及び附則第3項の適用対象外となることから、当該規定に基づく情報又は福祉の高等学校教諭免許状の再授与はできないこと。

vi　特別免許状が未更新（期限切れ）により失効している者に対し、特別免許状の再授与を行う場合にあっては、任命権者又は雇用者の再度の推薦に基づき、授与権者において教育職員検定を再び実施する必要があること。

② 申請書類の簡素化について

i　免許状の未更新（期限切れ）を事由として失効となった普通免許状について再授与の申請があった際、授与権者は、当該免許状の原本又は写し、授与証明書、公的身分証明書等と、授与権者が保有する原簿や教員免許管理システムの情報とを突合すること等により、過去に申請者に対して免許状を授与した事実を確実に確認できる場合には、一部の書類の添付を省略する等、円滑な再授与手続に努めていただきたいこと。

ii　具体的には、免許法別表第1、別表第2又は別表第2の2に基づき再授与をする場合、過去に免許状を授与された事実を確認できる場合には、学力に関する証明書、卒業・修了証明書、介護等体験に関する証明書、実務に関する証明書（勤務経験により教育実習の単位を他の単位に振り替える場合）は省略可能と考えられること。

iii　免許状の未更新（期限切れ）を事由として失効となった普通免許状について、免許法別表第3から別表第8まで等に基づく教育職員検定により再授与をする場合、原則、授与時点の免許法等に定める必要単位の証明が必要となることから、学力に関する証明書は省略できないものと考えられること。加えて、人物に関する証明書及び身体に関する証明書についても、当時の授与時点から状況変化が生じている可能性があることから、省略できないものと考えられること。一方、実務に関する証明書については、基礎免許状が未更新（期限切れ）を事由として失効した場合であっても、当該免許状が再授与されている場合は、教育職員検定における最低在職年数に最初に授与された免許状の授与後の在職年数も含めることができることから（①iii参照）、省略可能と考えられること。

③ 申請窓口について

i　免許状の未更新（期限切れ）を事由として失効となった普通免許状について、申請書類の簡素化に当たっては、授与権者が有する原簿情報が必要となることや、教育職員検定による授与の場合は都道府県によって基準が異なることから、申請書類の簡素化は、原則として失効した免許状を授与した授与権者に申請があった場合に限られることとし、当該授与権者においては、他都道府県に住居地のある者であったとしても申請書類の簡素化による再授与の申請を受け付けること。この場合、免許状の授与申請の受付や免許状の交付を郵送やオンラインで対応する等、申請者の負担軽減に配慮願いたいこと。

ii　失効した免許状を授与した授与権者以外の授与権者においては、失効した免許状の原簿情報を有しないことから、必ずしも申請書類を簡素化する必要はないものの、再授与の申請は受け付けること。なお、当該授与権者において再授与手続の簡素化を行う場合は、教育職員検定による授与の場合は都道府県によって基準が異なる点に留意するとともに、他の授与権者が保有する原簿情報を取り寄せる場合においては、各都道府県の個人情報保護に関する条例（令和5年4月1日以降にあってはデジタル社会の形成を図るための関係法律の整備に関する法律（令和3年法律第37号）による改正後の個人情報保護法）に則り、個人情報の適正な取扱いに留意すること。

④　その他の事項

i　授与権者において、免許法別表1等により授与された免許状及び当該免許状を基礎免許状として別表第3から別表第8まで等に基づく教育職員検定により授与された免許状の両方が未更新（期限切れ）を事由として失効した者に対し、それぞれの免許状を再授与する場合にあっては、同時に授与申請を受け付けることも可能であること。このとき、前者の免許状の授与後に、当該免許状を基礎免許状として後者の免許状を授与したものと整理した上で、同時に免許状の交付を行うことも差し支えないこと。

ii　未更新（期限切れ）を事由として普通免許状が失効した者が、当該免許状と同じ学校種・教科の臨時免許状の授与を受けて教員として勤務している場合は、臨時免許状は普通免許状を有する者を採用できない場合に限り授与するとの趣旨に鑑み、任命権者又は雇用者は、当該教員に対し、失効した普通免許状の再授与手続きを行うよう促すことが望ましいこと。（免許法第5条第5項関係）

iii　幼保連携型認定こども園において保育教諭等として勤務する場合は、幼稚園教諭免許状と保育士資格の両方の免許・資格を有することを原則とするところ、令和6年度末までは、幼稚園教諭免許状又は保育士資格のいずれかを有していれば、保育教諭等となることができる特例が適用されている。このため、幼稚園教諭免許状と保育士資格の両方の免許・資格を有し、幼保連携型認定こども園において保育教諭等として勤務する者が、当該免許状が未更新（期限切れ）により失効した場合であっても、免許状の再授与を受けることなく保育士資格に基づき引き続き勤務していることが想定されるところ、保育教諭等の任命権者又は雇用者においては、当該保育教諭等に対し、令和6年度末までに幼稚園教諭免許状の再授与を受ける必要があることを遺漏なく周知すること。（就学前の子どもに関する教育、保育等の総合的な提供の推進に関する法律の一部を改正する法律（平成24年法律第66号）附則第5条関係）

iv　授与権者は、平成21年3月31日までに授与された旧免許状所有者のうち、未更新のまま修了確認期限を超過した者から当該免許状の再授与の申請があった場合には、再授与に当たり、失効・休眠の別を判定する必要があるため、修了確認期限を超過した時点で現職教員であったかどうか確認すること。その際、職務経歴書のみならず、修了確認期限当時の免許管理者へ照会を行うことや、申請者から在籍証明書を提出させることなどにより、確実に把握すること。

2　免許法別表第8による授与に関する留意事項

①　改正法により免許法別表第8の授与における最低在職年数として算入可能とされた勤務経験（授与を受けようとする免許状に係る学校及び学校以外の教育施設のうちこれらの学校に相当するものとして文部科学省令で定めるものにおける勤務経験）に関しては、改正法の施行日（令和4年7月1日）より前の勤務経験も算入可能であること（免許法別表第8関係）。

②　免許法別表第8による授与の際に必要な最低在職年数について、改正法により授与を受けようとする免許状に係る学校での教諭等（主幹教

論（養護又は栄養の指導及び管理をつかさどる主幹教諭を除く。以下同じ。）、指導教諭、教諭、主幹保育教諭、指導保育教諭、保育教諭又は講師をいう。）としての勤務経験及び学校以外の教育施設のうち文部科学省令で定めるものでの勤務経験が算入可能となったところ、この勤務経験には、授与を受けようとする免許状に係る学校における免許法第16条の5に基づき専科指導を行う教諭等としての勤務経験（中学校教諭の普通免許状を有する者が、小学校等において臨時免許状の授与を受け勤務する場合は、主幹教諭、指導教諭、教諭又は講師として勤務している場合に限る。）、臨時免許状による講師としての勤務経験等についても算入可能であること。（免許法別表第8関係）

③　免許法別表第8による授与の際に必要な最低在職年数について、認定在外教育施設での勤務経験年数の実務証明責任は文部科学大臣となるが、国公私立学校の教員としての身分を有したまま認定在外教育施設に派遣された場合にあっては、実務証明責任者は免許法別表第3備考第2号に定める所轄庁又は学校法人等の理事長となること（免許法別表第3備考第2号及び免許法施行規則第67条関係）。

3　教職特別課程について

教職特別課程について、修業年限が1年の場合、必要な単位数を取得するためには平日のフルタイムでの課程とせざるを得ず、社会人が当該課程を履修することが困難であるとの課題があったことから、今般の改正法により修業年限を1年以上とする弾力化を行ったこと。また、本改正により、複数年かけて休日や夜間で履修可能な教職特別課程を開設することが可能になることから、各大学においては本制度の積極的な活用を検討いただきたいこと。（免許法別表第1関係）

4　その他の事項

(1)　改正省令に係るその他の留意事項

①　令和4年度に実施する免許状更新講習として認定を受けた講習のうち、6月末日までに全日程を終了した講習については、改正前の免許状更新講習規則第6条の規定による修了認定及び第7条の規定による講習の評価を行い、遅滞なく、評価結果を文部科学大臣に報告する必要があること。（改正省令附則第2条関係）

②　改正省令により、免許法施行規則第28条第2項及び第36条第2項に定める「教育学部又は学校教育学部を有する大学」を「教員養成に関する学部を置く大学」に改めているところ、本改正は教育学部又は学校教育学部以外にも教員養成に関する学部を設置している大学が実態上存在することに伴うものであり、改正前後で規定趣旨に変更はないこと。（免許法施行規則第28条第2項及び第36条第2項関係）

(2)　教師の確保に向けた取組

臨時的任用教員等の確保ができず、学校へ配置する予定の教師の数に欠員が生じる「教師不足」が課題となっている中、改正法の施行後は、更新講習修了確認を経ることなく、休眠状態の旧免許状所持者などを教師として採用することが可能になることも踏まえ、任命権者等においては、「教師不足」の解消をはじめとした教師確保のための一層の取組を進められたいこと。

(3)　教師の資質能力の維持・向上について

①　教師の資質向上のための機会の確保について

教員免許更新制の発展的解消とは、更新制の下で大学等が形成した良質な学習コンテンツを継承しつつ、個々の学校現場や教師のニーズに即した新たな研修システムによって、これからの時代に必要な教師の学びを実現するという趣旨であり、更新制の解消後においても、教師が大学の講座等において自己研鑽を行うことは引き続き重要である。

こうした考え方や、教育基本法（平成18年法律第１２０号）第9条において教師は絶えず研究と修養に努めることとされていることを踏まえて、国公私立学校の別を問わず、任命権者又は雇用者においては、任命又は雇用する教師が資質の向上のため必要な研修等を受講できるよう機会の確保等に努めること。

② 失効・休眠免許状所持者に関する適正な採用及び研修

任命権者においては、施行日前に免許状が失効していた者や休眠状態であった者（以下「失効・休眠免許状所持者」という。）を教師として採用する際には、必要な能力及び適性を有しているかどうかについて、適正な選考を行った上で採用すること。また、このような者を採用する際、研修の実施や必要な学習を経ていることの確認など、資質能力の確保及び向上のための適切な取組を行うこと。

各学校法人等においても、建学の精神に基づく採用方針や育成方針を踏まえつつ、このような取組の工夫に努められたいこと。

③ 失効・休眠免許状所持者に対する学習コンテンツ等の活用

失効・休眠免許状所持者は免許状更新講習を受講せずとも教員として勤務可能となることを踏まえ、上記②の失効・休眠免許状所持者に対する研修の実施に当たっては、独立行政法人教職員支援機構が提供しているオンデマンド型研修動画「校内研修シリーズ」等（※1）を活用するなど、失効・休眠免許状所持者の資質能力の確保及び向上を図るための適切な措置を講じること。また、同機構では、教師がその資質向上のために受講可能な学習コンテンツ等の情報を掲載する「新たな教師の学びのための検索システム」（※2）を公開しており、当該システムについても積極的に活用いただきたいこと。さらに、文部科学省では、令和4年度予算において、失効・休眠免許状所持者のほか、教職に就いたことがない者等の円滑な入職を支援するオンライン研修コンテンツの開発に係る補助事業を実施することとしており、当該事業の進捗を踏まえつつ、適時情報提供する予定であること。

これらの学習コンテンツ等は、国公私立の全ての学校の教師にとって活用可能なものであることから、各学校法人等においても、雇用する教師に対するこれらの情報提供や研修事業への活用も含め、適宜、その活用に努められたいこと。

※1：独立行政法人教職員支援機構
「校内研修シリーズ」
「基礎的研修シリーズ（まずはここから）」
※2：独立行政法人教職員支援機構「新たな教師の学びのための検索システム」

(4) 教育職員等による児童生徒性暴力等の防止等のための取組について

教育職員等による児童生徒性暴力等の防止等に関する法律（令和3年法律第57号）が、一部の規定を除き、令和4年4月1日より施行されたところ、本法においては、任命権者及び雇用者が教育職員等を任命又は雇用しようとするとき、特定免許状失効者等（過去に児童生徒性暴力等を事由として免許状が失効した者）に関するデータベースの活用義務が課されている。

現在、国において特定免許状失効者等に関するデータベースの整備を進めているところであり、当該データベースの整備後においては、任命権者又は雇用者において当該データベースを活用し、任命又は雇用を希望する者が児童生徒性暴力等を行った者に該当するかどうか確実に確認すること。また、該当した場合には、法の基本理念にのっとり、十分に慎重に、適切な任命又は雇用の判断を行うこと。

また、任命権者又は雇用者は、当該データベースが整備されるまでの間は、過去40年間に懲戒免職処分等を受けたことによって免許状が失効・取上げとなった事実の有無を確認できる「官報情報検索ツール」を適切に活用すること等により、任命又は雇用を希望する者が過去に児童生徒性暴力等を行った者に該当するかどうか確認し、該当した場合には、法の基本理念にのっとり、十分に慎重に、適切な任命又は雇用の判断を行うこと。

3．別添資料（略）

体罰の禁止及び児童生徒理解に基づく指導の徹底について

文部科学省初等中等教育局長・文部科学省スポーツ・青少年局長通知
24文科初第1269号
平成25年3月13日

　昨年末、部活動中の体罰を背景とした高校生の自殺事案が発生するなど、教職員による児童生徒への体罰の状況について、文部科学省としては、大変深刻に受け止めております。体罰は、学校教育法で禁止されている、決して許されない行為であり、平成25年1月23日初等中等教育局長、スポーツ・青少年局長通知「体罰禁止の徹底及び体罰に係る実態把握について」においても、体罰禁止の徹底を改めてお願いいたしました。

　懲戒、体罰に関する解釈・運用については、平成19年2月に、裁判例の動向等も踏まえ、「問題行動を起こす児童生徒に対する指導について」（18文科初第1019号文部科学省初等中等教育局長通知）別紙「学校教育法第11条に規定する児童生徒の懲戒・体罰に関する考え方」を取りまとめましたが、懲戒と体罰の区別等についてより一層適切な理解促進を図るとともに、教育現場において、児童生徒理解に基づく指導が行われるよう、改めて本通知において考え方を示し、別紙において参考事例を示しました。懲戒、体罰に関する解釈・運用については、今後、本通知によるものとします。

　また、部活動は学校教育の一環として行われるものであり、生徒をスポーツや文化等に親しませ、責任感、連帯感の涵養（かんよう）等に資するものであるといった部活動の意義をもう一度確認するとともに、体罰を厳しい指導として正当化することは誤りであるという認識を持ち、部活動の指導に当たる教員等は、生徒の心身の健全な育成に資するよう、生徒の健康状態等の十分な把握や、望ましい人間関係の構築に留意し、適切に部活動指導をすることが必要です。

　貴職におかれましては、本通知の趣旨を理解の上、児童生徒理解に基づく指導が徹底されるよう積極的に取り組むとともに、都道府県・指定都市教育委員会にあっては所管の学校及び域内の市区町村教育委員会等に対して、都道府県知事にあっては所轄の私立学校に対して、国立大学法人学長にあっては附属学校に対して、構造改革特別区域法第12条第1項の認定を受けた地方公共団体の長にあっては認可した学校に対して、本通知の周知を図り、適切な御指導をお願いいたします。

記

1　体罰の禁止及び懲戒について

　体罰は、学校教育法第11条において禁止されており、校長及び教員（以下「教員等」という。）は、児童生徒への指導に当たり、いかなる場合も体罰を行ってはならない。体罰は、違法行為であるのみならず、児童生徒の心身に深刻な悪影響を与え、教員等及び学校への信頼を失墜させる行為である。

　体罰により正常な倫理観を養うことはできず、むしろ児童生徒に力による解決への志向を助長させ、いじめや暴力行為などの連鎖を生む恐れがある。もとより教員等は指導に当たり、児童生徒一人一人をよく理解し、適切な信頼関係を築くことが重要であり、このために日頃から自らの指導の在り方を見直し、指導力の向上に取り組むことが必要である。懲戒が必要と認める状況においても、決して体罰によることなく、児童生徒の規範意識や社会性の育成を図るよう、適切に懲戒を行い、粘り強く指導することが必要である。

　ここでいう懲戒とは、学校教育法施行規則に定める退学（公立義務教育諸学校に在籍する学齢児童生徒を除く。）、停学（義務教育諸学校に在籍する学齢児童生徒を除く。）、訓告のほか、児童生徒に肉体的苦痛を与えるものでない限り、通常、懲戒権の範囲内と判断されると考えられる行為として、注意、叱責、居残り、別室指導、起立、宿題、清掃、学校当番の割当て、文書指導などがある。

２　懲戒と体罰の区別について

(1)　教員等が児童生徒に対して行った懲戒行為が体罰に当たるかどうかは、当該児童生徒の年齢、健康、心身の発達状況、当該行為が行われた場所的及び時間的環境、懲戒の態様等の諸条件を総合的に考え、個々の事案ごとに判断する必要がある。この際、単に、懲戒行為をした教員等や、懲戒行為を受けた児童生徒・保護者の主観のみにより判断するのではなく、諸条件を客観的に考慮して判断すべきである。

(2)　(1)により、その懲戒の内容が身体的性質のもの、すなわち、身体に対する侵害を内容とするもの（殴る、蹴る等）、児童生徒に肉体的苦痛を与えるようなもの（正座・直立等特定の姿勢を長時間にわたって保持させる等）に当たると判断された場合は、体罰に該当する。

３　正当防衛及び正当行為について

(1)　児童生徒の暴力行為等に対しては、毅然とした姿勢で教職員一体となって対応し、児童生徒が安心して学べる環境を確保することが必要である。

(2)　児童生徒から教員等に対する暴力行為に対して、教員等が防衛のためにやむを得ずした有形力の行使は、もとより教育上の措置たる懲戒行為として行われたものではなく、これにより身体への侵害又は肉体的苦痛を与えた場合は体罰には該当しない。また、他の児童生徒に被害を及ぼすような暴力行為に対して、これを制止したり、目前の危険を回避したりするためにやむを得ずした有形力の行使についても、同様に体罰に当たらない。これらの行為については、正当防衛又は正当行為等として刑事上又は民事上の責めを免れうる。

４　体罰の防止と組織的な指導体制について

(1)　体罰の防止

1.　教育委員会は、体罰の防止に向け、研修の実施や教員等向けの指導資料の作成など、教員等が体罰に関する正しい認識を持つよう取り組むことが必要である。

2.　学校は、指導が困難な児童生徒の対応を一部の教員に任せきりにしたり、特定の教員が抱え込んだりすることのないよう、組織的な指導を徹底し、校長、教頭等の管理職や生徒指導担当教員を中心に、指導体制を常に見直すことが必要である。

3.　校長は、教員が体罰を行うことのないよう、校内研修の実施等により体罰に関する正しい認識を徹底させ、「場合によっては体罰もやむを得ない」などといった誤った考え方を容認する雰囲気がないか常に確認するなど、校内における体罰の未然防止に恒常的に取り組むことが必要である。また、教員が児童生徒への指導で困難を抱えた場合や、周囲に体罰と受け取られかねない指導を見かけた場合には、教員個人で抱え込まず、積極的に管理職や他の教員等へ報告・相談できるようにするなど、日常的に体罰を防止できる体制を整備することが必要である。

4.　教員は、決して体罰を行わないよう、平素から、いかなる行為が体罰に当たるかについての考え方を正しく理解しておく必要がある。また、機会あるごとに自身の体罰に関する認識を再確認し、児童生徒への指導の在り方を見直すとともに、自身が児童生徒への指導で困難を抱えた場合や、周囲に体罰と受け取られかねない指導を見かけた場合には、教員個人で抱え込まず、積極的に管理職や他の教員等へ報告・相談することが必要である。

(2) 体罰の実態把握と事案発生時の報告の徹底

1．教育委員会は、校長に対し、体罰を把握した場合には教育委員会に直ちに報告するよう求めるとともに、日頃から、主体的な体罰の実態把握に努め、体罰と疑われる事案があった場合には、関係した教員等からの聞き取りのみならず、児童生徒や保護者からの聞き取りや、必要に応じて第三者の協力を得るなど、事実関係の正確な把握に努めることが必要である。あわせて、体罰を行ったと判断された教員等については、体罰が学校教育法に違反するものであることから、厳正な対応を行うことが必要である。

2．校長は、教員に対し、万が一体罰を行った場合や、他の教員の体罰を目撃した場合には、直ちに管理職へ報告するよう求めるなど、校内における体罰の実態把握のために必要な体制を整備することが必要である。

また、教員や児童生徒、保護者等から体罰や体罰が疑われる事案の報告・相談があった場合は、関係した教員等からの聞き取りや、児童生徒や保護者からの聞き取り等により、事実関係の正確な把握に努めることが必要である。

加えて、体罰を把握した場合、校長は直ちに体罰を行った教員等を指導し、再発防止策を講じるとともに、教育委員会へ報告することが必要である。

3．教育委員会及び学校は、児童生徒や保護者が、体罰の訴えや教員等との関係の悩みを相談することができる体制を整備し、相談窓口の周知を図ることが必要である。

5 部活動指導について

(1) 部活動は学校教育の一環であり、体罰が禁止されていることは当然である。成績や結果を残すことのみに固執せず、教育活動として逸脱することなく適切に実施されなければならない。

(2) 他方、運動部活動においては、生徒の技術力・身体的能力、又は精神力の向上を図ることを目的として、肉体的、精神的負荷を伴う指導が行われるが、これらは心身の健全な発達を促すとともに、活動を通じて達成感や、仲間との連帯感を育むものである。ただし、その指導は学校、部活動顧問、生徒、保護者の相互理解の下、年齢、技能の習熟度や健康状態、場所的・時間的環境等を総合的に考えて、適切に実施しなければならない。

指導と称し、部活動顧問の独善的な目的を持って、特定の生徒たちに対して、執拗かつ過度に肉体的・精神的負荷を与える指導は教育的指導とは言えない。

(3) 部活動は学校教育の一環であるため、校長、教頭等の管理職は、部活動顧問に全て委ねることなく、その指導を適宜監督し、教育活動としての使命を守ることが求められる。

別紙

学校教育法第11条に規定する児童生徒の懲戒・体罰等に関する参考事例

本紙は、学校現場の参考に資するよう、具体の事例について、通常、どのように判断されうるかを示したものである。本紙は飽くまで参考として、事例を簡潔に示して整理したものであるが、個別の事案が体罰に該当するか等を判断するに当たっては、本通知2(1)の諸条件を総合的に考え、個々の事案ごとに判断する必要がある。

(1) **体罰**（通常、体罰と判断されると考えられる行為）

○ 身体に対する侵害を内容とするもの

・体育の授業中、危険な行為をした児童の背中を足で踏みつける。

・帰りの会で足をぶらぶらさせて座り、前の席の児童に足を当てた児童を、突き飛ばして転倒させる。
・授業態度について指導したが反抗的な言動をした複数の生徒らの頬を平手打ちする。
・立ち歩きの多い生徒を叱ったが聞かず、席につかないため、頬をつねって席につかせる。
・生徒指導に応じず、下校しようとしている生徒の腕を引いたところ、生徒が腕を振り払ったため、当該生徒の頭を平手で叩（たた）く。
・給食の時間、ふざけていた生徒に対し、口頭で注意したが聞かなかったため、持っていたボールペンを投げつけ、生徒に当てる。
・部活動顧問の指示に従わず、ユニフォームの片づけが不十分であったため、当該生徒の頬を殴打する。

○　被罰者に肉体的苦痛を与えるようなもの
・放課後に児童を教室に残留させ、児童がトイレに行きたいと訴えたが、一切、室外に出ることを許さない。
・別室指導のため、給食の時間を含めて生徒を長く別室に留め置き、一切室外に出ることを許さない。
・宿題を忘れた児童に対して、教室の後方で正座で授業を受けるよう言い、児童が苦痛を訴えたが、そのままの姿勢を保持させた。

(2)　**認められる懲戒**（通常、懲戒権の範囲内と判断されると考えられる行為）（ただし肉体的苦痛を伴わないものに限る。）

※　学校教育法施行規則に定める退学・停学・訓告以外で認められると考えられるものの例
・放課後等に教室に残留させる。
・授業中、教室内に起立させる。
・学習課題や清掃活動を課す。
・学校当番を多く割り当てる。
・立ち歩きの多い児童生徒を叱って席につかせる。
・練習に遅刻した生徒を試合に出さずに見学させる。

(3)　**正当な行為**（通常、正当防衛、正当行為と判断されると考えられる行為）

○　児童生徒から教員等に対する暴力行為に対して、教員等が防衛のためにやむを得ずした有形力の行使
・児童が教員の指導に反抗して教員の足を蹴ったため、児童の背後に回り、体をきつく押さえる。

○　他の児童生徒に被害を及ぼすような暴力行為に対して、これを制止したり、目前の危険を回避するためにやむを得ずした有形力の行使
・休み時間に廊下で、他の児童を押さえつけて殴るという行為に及んだ児童がいたため、この児童の両肩をつかんで引き離す。
・全校集会中に、大声を出して集会を妨げる行為があった生徒を冷静にさせ、別の場所で指導するため、別の場所に移るよう指導したが、なおも大声を出し続けて抵抗したため、生徒の腕を手で引っ張って移動させる。
・他の生徒をからかっていた生徒を指導しようとしたところ、当該生徒が教員に暴言を吐きつばを吐いて逃げ出そうとしたため、生徒が落ち着くまでの数分間、肩を両手でつかんで壁へ押しつけ、制止させる。
・試合中に相手チームの選手とトラブルになり、殴りかかろうとする生徒を、押さえつけて制止させる。

以上

犯罪行為として取り扱われるべきと認められるいじめ事案に関する警察への相談・通報について

文部科学省大臣官房長・文部科学省初等中等教育局長通知
24文科初第813号
平成24年11月2日

いじめの問題については、学校において、いじめられている児童生徒を徹底して守り通すという姿勢を明示するとともに、いじめる児童生徒に対しては、「社会で許されない行為は学校の中でも許されない」ことであり、自身が行ったいじめについては適切に責任を取る必要があることを指導するとともに、このことの教育的意義について保護者にも説明して正しく理解いただくことが重要です。

「問題行動を起こす児童生徒に対する指導について」（平成19年2月5日付け18文科初第1019号文部科学省初等中等教育局長通知）においては、「問題行動の中でも、特に校内での傷害事件をはじめ、犯罪行為の可能性がある場合には、学校だけで抱え込むことなく、直ちに警察に通報し、その協力を得て対応する。」として犯罪行為の可能性のある問題行動について警察と連携・協力した対応を求めているところですが、もとより、いじめについては、その行為の態様により、傷害に限らず、暴行、強制わいせつ、恐喝、器物損壊等、強要、窃盗をはじめとした刑罰法規（別添参照）に抵触する可能性があるものです。

ついては、都道府県・指定都市教育委員会にあっては所管の学校及び域内の市区町村教育委員会等に対して、都道府県知事にあっては所轄の私立学校に対して、国立大学法人学長にあっては設置する附属学校に対して、上記の趣旨を踏まえ、改めて下記について周知を図るとともに、適切な対応がなされるよう御指導をお願いします。

なお、本通知の内容については、警察庁生活安全局と調整済みであることを申し添えます。

記

1．学校や教育委員会においていじめる児童生徒に対して必要な教育上の指導を行っているにもかかわらず、その指導により十分な効果を上げることが困難である場合において、その生徒の行為が犯罪行為として取り扱われるべきと認められるときは、いじめられている児童生徒を徹底して守り通すという観点から、学校においてはためらうことなく早期に警察に相談し、警察と連携した対応を取ることが重要であること。

2．いじめ事案の中でも、特に、いじめられている児童生徒の生命又は身体の安全が脅かされているような場合には、直ちに警察に通報することが必要であること。

3．このような学校内における犯罪行為に対し、教職員が毅然と適切な対応をとっていくためには、学校や教育委員会においては、学校内で犯罪行為として取り扱われるべきと認められる行為があった場合の対応について、日頃から保護者に周知を図り、理解を得ておくことが重要であること。

別添

いじめが抵触する可能性がある刑罰法規の例について

○強制わいせつ（刑法第176条）

〈条文〉

第176条　13歳以上の男女に対し、暴行又は脅迫を用いてわいせつな行為をした者は、6月以上10年以下の懲役に処する。13歳未満の男女に対し、わいせつな行為をした者も、同様とする。

○傷害（刑法第204条）

〈条文〉

第204条　人の身体を傷害した者は、15年以下の懲役又は50万円以下の罰金に処する。

○暴行（刑法第２０８条）

〈条文〉

第２０８条　暴行を加えた者が人を傷害するに至らなかったときは、２年以下の懲役若しくは30万円以下の罰金又は拘留若しくは科料に処する。

○強要（刑法第２２３条）

〈条文〉

第２２３条　生命、身体、自由、名誉若しくは財産に対し害を加える旨を告知して脅迫し、又は暴行を用いて、人に義務のないことを行わせ、又は権利の行使を妨害した者は、３年以下の懲役に処する。

２　親族の生命、身体、自由、名誉又は財産に対し害を加える旨を告知して脅迫し、人に義務のないことを行わせ、又は権利の行使を妨害した者も、前項と同様とする。

３　前２項の罪の未遂は、罰する。

○窃盗（刑法第２３５条）

〈条文〉

第２３５条　他人の財物を窃取した者は、窃盗の罪とし、10年以下の懲役又は50万円以下の罰金に処する。

○恐喝（刑法第２４９条）

〈条文〉

第２４９条　人を恐喝して財物を交付させた者は、10年以下の懲役に処する。

２　前項の方法により、財産上不法の利益を得、又は他人にこれを得させた者も、同項と同様とする。

○器物損壊等（刑法第２６１条）

〈条文〉

第２６１条　前３条に規定するもののほか、他人の物を損壊し、又は傷害した者は、３年以下の懲役又は30万円以下の罰金若しくは科料に処する。

以上

不登校児童生徒への支援の在り方について（抄）

文部科学省初等中等教育局長通知
元文科初第６９８号
令和元年10月25日

１　不登校児童生徒への支援に対する基本的な考え方

⑴　支援の視点

不登校児童生徒への支援は、「学校に登校する」という結果のみを目標にするのではなく、児童生徒が自らの進路を主体的に捉えて、社会的に自立することを目指す必要があること。また、児童生徒によっては、不登校の時期が休養や自分を見つめ直す等の積極的な意味を持つことがある一方で、学業の遅れや進路選択上の不利益や社会的自立へのリスクが存在することに留意すること。

⑵　学校教育の意義・役割

特に義務教育段階の学校は、各個人の有する能力を伸ばしつつ、社会において自立的に生きる基礎を養うとともに、国家・社会の形成者として必要とされる基本的な資質を培うことを目的としており、その役割は極めて大きいことから、学校教育の一層の充実を図るための取組が重要であること。また、不登校児童生徒への支援については児童生徒が不登校となった要因を的確に把握し、学校関係者や家庭、必要に応じて関係機関が情報共有し、組織的・計画的な、個々の児童生徒に応じたきめ細やかな支援策を策定することや、社会的自立へ向けて進路の選択肢を広げる支援をすることが重要であること。さらに、既存の学校教育になじめない児童生徒については、学校としてどのように受け入れていくかを検討し、なじめない要因の解消に努める必要があること。

また、児童生徒の才能や能力に応じて、それぞれの可能性を伸ばせるよう、本人の希望を尊重した上で、場合によっては、教育支援センターや不登校特例校、ICTを活用した学習支援、フリースクール、中学校夜間学級（以下、「夜間中学」という。）での受入れなど、様々な関係機関等を活用し社会的自立への支援を行うこと。

その際、フリースクールなどの民間施設やNPO等と積極的に連携し、相互に協力・補完することの意義は大きいこと。

(3) 不登校の理由に応じた働き掛けや関わりの重要性

不登校児童生徒が、主体的に社会的自立や学校復帰に向かうよう、児童生徒自身を見守りつつ、不登校のきっかけや継続理由に応じて、その環境づくりのために適切な支援や働き掛けを行う必要があること。

(4) 家庭への支援

家庭教育は全ての教育の出発点であり、不登校児童生徒の保護者の個々の状況に応じた働き掛けを行うことが重要であること。また、不登校の要因・背景によっては、福祉や医療機関等と連携し、家庭の状況を正確に把握した上で適切な支援や働き掛けを行う必要があるため、家庭と学校、関係機関の連携を図ることが不可欠であること。その際、保護者と課題意識を共有して一緒に取り組むという信頼関係をつくることや、訪問型支援による保護者への支援等、保護者が気軽に相談できる体制を整えることが重要であること。

2 学校等の取組の充実

(1) 「児童生徒理解・支援シート」を活用した組織的・計画的支援

不登校児童生徒への効果的な支援については、学校及び教育支援センターなどの関係機関を中心として組織的・計画的に実施することが重要であり、また、個々の児童生徒ごとに不登校になったきっかけや継続理由を的確に把握し、その児童生徒に合った支援策を策定することが重要であること。その際、学級担任、養護教諭、スクールカウンセラー、スクールソーシャルワーカー等の学校関係者が中心となり、児童生徒や保護者と話し合うなどして、「児童生徒理解・支援シート（参考様式）」（別添1）（以下「シート」という。）を作成することが望ましいこと。これらの情報は関係者間で共有されて初めて支援の効果が期待できるものであり、必要に応じて、教育支援センター、医療機関、児童相談所等、関係者間での情報共有、小・中・高等学校間、転校先等との引継ぎが有効であるとともに、支援の進捗状況に応じて、定期的にシートの内容を見直すことが必要であること。また、校務効率化の観点からシートの作成に係る業務を効率化するとともに、引継ぎに当たって個人情報の取扱いに十分留意することが重要であること。

なお、シートの作成及び活用に当たっては、「児童生徒理解・支援シートの作成と活用について」（別添2）を参照すること。

(2) 不登校が生じないような学校づくり

1．魅力あるよりよい学校づくり

児童生徒が不登校になってからの事後的な取組に先立ち、児童生徒が不登校にならない、魅力ある学校づくりを目指すことが重要であること。

2．いじめ、暴力行為等問題行動を許さない学校

づくり

いじめや暴力行為を許さない学校づくり、問題行動へのき然とした対応が大切であること。また教職員による体罰や暴言等、不適切な言動や指導は許されず、教職員の不適切な言動や指導が不登校の原因となっている場合は、懲戒処分も含めた厳正な対応が必要であること。

３．児童生徒の学習状況等に応じた指導・配慮の実施

学業のつまずきから学校へ通うことが苦痛になる等、学業の不振が不登校のきっかけの一つとなっていることから、児童生徒が学習内容を確実に身に付けることができるよう、指導方法や指導体制を工夫改善し、個に応じた指導の充実を図ることが望まれること。

４．保護者・地域住民等の連携・協働体制の構築

社会総掛かりで児童生徒を育んでいくため、学校、家庭及び地域等との連携・協働体制を構築することが重要であること。

５．将来の社会的自立に向けた生活習慣づくり

児童生徒が将来の社会的自立に向けて、主体的に生活をコントロールする力を身に付けることができるよう、学校や地域における取組を推進することが重要であること。

⑶　不登校児童生徒に対する効果的な支援の充実

１．不登校に対する学校の基本姿勢

校長のリーダーシップの下、教員だけでなく、様々な専門スタッフと連携協力し、組織的な支援体制を整えることが必要であること。また、不登校児童生徒に対する適切な対応のために、各学校において中心的かつコーディネーター的な役割を果たす教員を明確に位置付けることが必要であること。

２．早期支援の重要性

不登校児童生徒の支援においては、予兆への対応を含めた初期段階からの組織的・計画的な支援が必要であること。

３．効果的な支援に不可欠なアセスメント

不登校の要因や背景を的確に把握するため、学級担任の視点のみならず、スクールカウンセラー及びスクールソーシャルワーカー等によるアセスメント（見立て）が有効であること。また、アセスメントにより策定された支援計画を実施するに当たっては、学校、保護者及び関係機関等で支援計画を共有し、組織的・計画的な支援を行うことが重要であること。

４．スクールカウンセラーやスクールソーシャルワーカーとの連携協力

学校においては、相談支援体制の両輪である、スクールカウンセラー及びスクールソーシャルワーカーを効果的に活用し、学校全体の教育力の向上を図ることが重要であること。

５．家庭訪問を通じた児童生徒への積極的支援や家庭への適切な働き掛け

学校は、プライバシーに配慮しつつ、定期的に家庭訪問を実施して、児童生徒の理解に努める必要があること。また、家庭訪問を行う際は、常にその意図・目的、方法及び成果を検証し適切な家庭訪問を行う必要があること。

なお、家庭訪問や電話連絡を繰り返しても児童生徒の安否が確認できない等の場合は、直ちに市町村又は児童相談所への通告を行うほか、警察等に情報提供を行うなど、適切な対処が必要であること。

６．不登校児童生徒の学習状況の把握と学習の評価の工夫

不登校児童生徒が教育支援センターや民間施設等の学校外の施設において指導を受けている場合には、当該児童生徒が在籍する学校がその学習の状況等について把握することは、学習支援や進路指導を行う上で重要であること。学校が把握した当該学習の計画や内容がその学校の教育課程に照らし適切と判断される場合には、当該学習の評価を適切に行い指導要録に記入したり、また、評価の結果を通知表その他の方法により、児童生徒や保護者、当該施設に積極的に伝えたりすることは、児童生徒の学習意欲に応え、自立を支援する上で意義が大きいこと。

７．不登校児童生徒の登校に当たっての受入体制

不登校児童生徒が登校してきた場合は、温かい雰囲気で迎え入れられるよう配慮するとともに、保健室、相談室及び学校図書館等を活用しつつ、徐々に学校生活への適応を図っていけるような指導上の工夫が重要であること。

8．児童生徒の立場に立った柔軟な学級替えや転校等の対応

いじめが原因で不登校となっている場合等には、いじめを絶対に許さないいき然とした対応をとることがまずもって大切であること。また、いじめられている児童生徒の緊急避難としての欠席が弾力的に認められてもよく、そのような場合には、その後の学習に支障がないよう配慮が求められること。そのほか、いじめられた児童生徒又はその保護者が希望する場合には、柔軟に学級替えや転校の措置を活用することが考えられること。

また、教員による体罰や暴言等、不適切な言動や指導が不登校の原因となっている場合は、不適切な言動や指導をめぐる問題の解決に真剣に取り組むとともに、保護者等の意向を踏まえ、十分な教育的配慮の上で学級替えを柔軟に認めるとともに、転校の相談に応じることが望まれること。

保護者等から学習の遅れに対する不安により、進級時の補充指導や進級や卒業の留保に関する要望がある場合には、補充指導等の実施に関して柔軟に対応するとともに、校長の責任において進級や卒業を留保するなどの措置をとるなど、適切に対応する必要があること。また、欠席日数が長期にわたる不登校児童生徒の進級や卒業に当たっては、あらかじめ保護者等の意向を確認するなどの配慮が重要であること。

(4) 不登校児童生徒に対する多様な教育機会の確保

不登校児童生徒の一人一人の状況に応じて、教育支援センター、不登校特例校、フリースクールなどの民間施設、ＩＣＴを活用した学習支援など、多様な教育機会を確保する必要があること。また、夜間中学において、本人の希望を尊重した上での受入れも可能であること。

義務教育段階の不登校児童生徒が学校外の公的機関や民間施設において、指導・助言等を受けている場合の指導要録上の出席扱いについては、別記１によるものとし、高等学校における不登校生徒が学校外の公的機関や民間施設において、指導・助言等を受けている場合の指導要録上の出席扱いについては、「高等学校における不登校生徒が学校外の公的機関や民間施設において相談・指導を受けている場合の対応について」（平成21年３月12日付け文部科学省初等中等教育局長通知）によるものとすること。また、義務教育段階の不登校児童生徒が自宅においてＩＣＴ等を活用した学習活動を行った場合の指導要録上の出席扱いについては、別記２によるものとすること。その際、不登校児童生徒の懸命の努力を学校として適切に判断すること。

なお、不登校児童生徒が民間施設において相談・指導を受ける際には、「民間施設についてのガイドライン（試案）」（別添３）を参考として、判断を行う際の何らかの目安を設けておくことが望ましいこと。

また、体験活動においては、児童生徒の積極的態度の醸成や自己肯定感の向上等が期待されることから、青少年教育施設等の体験活動プログラムを積極的に活用することが有効であること。

(5) 中学校等卒業後の支援

1．高等学校入学者選抜等の改善

高等学校入学者選抜について多様化が進む中、高等学校で学ぶ意欲や能力を有する不登校生徒について、これを適切に評価することが望まれること。

また、国の実施する中学校卒業程度認定試験の活用について、やむを得ない事情により不登校となっている生徒が在学中に受験できるよう、不登校生徒や保護者に対して適切な情報提供を行うことが重要であること。

2．高等学校等における長期欠席・中途退学への取組の充実

就労支援や教育的ニーズを踏まえた特色ある高等学校づくり等も含め、様々な取組や工夫が行われることが重要であること。

3．中学校等卒業後の就学・就労や「ひきこもり」への支援

中学校時に不登校であり、中学校卒業後に進学も就労もしていない者、高等学校へ進学したものの学校に通えない者、中途退学した者等に対しては、多様な進学や職業訓練等の機会等について相談できる窓口や社会的自立を支援するための受皿が必要であること。また、関係行政機関等が連携したり、情報提供を行うなど、社会とのつながりを絶やさないための適切な対応が必要であること。

4．改めて中学校等で学び直すことを希望する者への支援

不登校等によって実質的に義務教育を十分に受けられないまま中学校等を卒業した者のうち、改めて中学校等で学び直すことを希望する者については、「義務教育修了者が中学校夜間学級への再入学を希望した場合の対応に関する考え方について」（平成27年7月30日付け文部科学省初等中等教育局初等中等教育企画課長通知）に基づき、一定の要件の下、夜間中学での受入れを可能とすることが適当であることから、夜間中学が設置されている地域においては、卒業時に夜間中学の意義や入学要件等について生徒及び保護者に説明しておくことが考えられること。

3　教育委員会の取組の充実

(1)　不登校や長期欠席の早期把握と取組

教育委員会においては、学校等の不登校への取組に関する意識を更に高めるとともに、学校が家庭や関係機関等と効果的に連携を図り、不登校児童生徒に対する早期の支援を図るための体制の確立を支援することが重要であること。

(2)　学校等の取組を支援するための教育条件等の整備等

1．教員の資質向上

教育委員会における教員の採用・研修を通じた資質向上のための取組は不登校への適切な対応に資する重要な取組であり、初任者研修を始めとする教職経験に応じた研修、生徒指導・教育相談といった専門的な研修、管理職や生徒指導主事を対象とする研修などの体系化とプログラムの一層の充実を図り、不登校に関する知識や理解、児童生徒に対する理解、関連する分野の基礎的な知識などを身に付けさせていくことが必要であること。

また、指導的な教員を対象にカウンセリングなどの専門的な能力の育成を図るとともに、スクールカウンセラー及びスクールソーシャルワーカー等の専門性と連動した学校教育への更なる理解を図るといった観点からの研修も重要であること。

2．きめ細やかな指導のための魅力ある学校づくり、適切な人的措置

不登校が生じないための魅力ある学校づくり、「心の居場所」としての学校づくりを進めるためには、児童生徒一人一人に対してきめ細やかな指導が可能となるよう、適切な教員配置を行うことが必要であること。また、異校種間の人事交流や兼務などを進めていくことも重要であること。

不登校児童生徒が多く在籍する学校については、教員の加配等、効果的かつ計画的な人的配置に努める必要があること。そのためにも日頃より各学校の実情を把握し、また加配等の措置をした後も、この措置が効果的に活用されているか等の検証を十分に行うこと。

3．保健室、相談室や学校図書館等の整備

養護教諭の果たす役割の大きさに鑑み、養護教諭の複数配置や研修機会の充実、保健室、相談室及び学校図書館等の環境整備、情報通信機器の整備等が重要であること。

4．転校のための柔軟な措置

いじめや教員による不適切な言動や指導等が不登校の原因となっている場合には、市区町村教育委員会においては、児童生徒又は保護者等が希望する場合、学校と連携した適切な教育的配慮の下に、就学すべき学校の指定変更や区域外就学を認めるなどといった対応も重要であること。また、他の児童生徒を不登校に至らせるような深刻ないじめや暴力行為があった場合は、必要に応じて出

席停止措置を講じるなど、き然とした対応の必要があること。

5．義務教育学校設置等による学校段階間の接続の改善

義務教育学校等において9年間を見通した生徒指導の充実等により不登校を生じさせない取組を推進することが重要であること。また、小中一貫教育を通じて蓄積される優れた不登校への取組事例を広く普及させることが必要であること。

6．アセスメント実施のための体制づくり

不登校の要因・背景が多様・複雑化していることから、初期の段階での適切なアセスメントを行うことが極めて重要であること。そのためには、児童生徒の状態によって、専門家の協力を得る必要があり、スクールカウンセラー及びスクールソーシャルワーカーの配置・派遣など学校をサポートしていく体制の検討が必要であること。

(3) 教育支援センターの整備充実及び活用

1．教育支援センターを中核とした体制整備

今後、教育支援センターは通所希望者に対する支援だけでなく、これまでに蓄積された知見や技能を生かし、通所を希望しない者への訪問型支援、シートのコンサルテーションの担当など、不登校児童生徒への支援の中核となることが期待されること。

また、不登校児童生徒の無償の学習機会を確保し、不登校児童生徒への支援の中核的な役割を果たしていくため、未設置地域への教育支援センターの設置又はこれに代わる体制整備が望まれること。そのため、都道府県教育委員会は、域内の市区町村教育委員会と緊密な連携を図りつつ、未整備地域を解消して不登校児童生徒や保護者が利用しやすい環境づくりを進め、「教育支援センター整備指針（試案）」（別添4）を参考に、地域の実情に応じた指針を作成し必要な施策を講じていくことが求められること。

市区町村教育委員会においては、主体的に教育支援センターの整備充実を進めていくことが必要であり、教育支援センターの設置促進に当たっては、例えば、自治体が施設を設置し、民間の協力の下に運営する公民協営型の設置等も考えられること。もとより、市区町村教育委員会においても、「教育支援センター整備指針」を策定することも考えられること。その際には、教育支援センターの運営が不登校児童生徒及びその保護者等のニーズに沿ったものとなるよう留意すること。

なお、不登校児童生徒への支援の重要性に鑑み、私立学校等の児童生徒の場合でも、在籍校と連携の上、教育支援センターの利用を認めるなど柔軟な運用がなされることが望ましいこと。

2．教育支援センターを中核とした支援ネットワークの整備

教育委員会は、積極的に、福祉・保健・医療・労働部局等とのコーディネーターとしての役割を果たす必要があり、各学校が関係機関と連携しやすい体制を構築する必要があること。また、教育支援センター等が関係機関や民間施設等と連携し、不登校児童生徒やその保護者を支援するネットワークを整備することが必要であること。

(4) 訪問型支援など保護者への支援の充実

教育委員会においては、保護者に対し、不登校のみならず子育てや家庭教育についての相談窓口を周知し、不登校への理解や不登校となった児童生徒への支援に関しての情報提供や相談対応を行うなど、保護者に寄り添った支援の充実が求められること。また、プライバシーに配慮しつつも、困難を抱えた家庭に対する訪問型支援を積極的に推進することが重要であること。

(5) 民間施設との連携協力のための情報収集・提供等

不登校児童生徒への支援については、民間施設やNPO等においても様々な取組がなされており、学校、教育支援センター等の公的機関は、民間施設等の取組の自主性や成果を踏まえつつ、より積極的な連携を図っていくことが望ましいこと。そのために、教育委員会においては、日頃から積極的に情報交換や連携に努めること。

《関係報告等》

（略）

別記１

義務教育段階の不登校児童生徒が学校外の公的機関や民間施設において相談・指導を受けている場合の指導要録上の出欠の取扱いについて

１　趣旨

不登校児童生徒の中には、学校外の施設において相談・指導を受け、社会的な自立に向け懸命の努力を続けている者もおり、このような児童生徒の努力を学校として評価し支援するため、我が国の義務教育制度を前提としつつ、一定の要件を満たす場合に、これらの施設において相談・指導を受けた日数を指導要録上出席扱いとすることができることとする。

２　出席扱い等の要件

不登校児童生徒が学校外の施設において相談・指導を受けるとき、下記の要件を満たすとともに、当該施設における相談・指導が不登校児童生徒の社会的な自立を目指すものであり、かつ、不登校児童生徒が現在において登校を希望しているか否かにかかわらず、不登校児童生徒が自ら登校を希望した際に、円滑な学校復帰が可能となるよう個別指導等の適切な支援を実施していると評価できる場合、校長は指導要録上出席扱いとすることができる。

(1)　保護者と学校との間に十分な連携・協力関係が保たれていること。

(2)　当該施設は、教育委員会等が設置する教育支援センター等の公的機関とするが、公的機関での指導の機会が得られないあるいは公的機関に通うことが困難な場合で本人や保護者の希望もあり適切と判断される場合は、民間の相談・指導施設も考慮されてよいこと。

ただし、民間施設における相談・指導が個々の児童生徒にとって適切であるかどうかについては、校長が、設置者である教育委員会と十分な連携をとって判断するものとすること。このため、学校及び教育委員会においては、「民間施設についてのガイドライン」（別添３）を参考として、上記判断を行う際の何らかの目安を設けておくことが望ましいこと。

(3)　当該施設に通所又は入所して相談・指導を受ける場合を前提とすること。

(4)　学校外の公的機関や民間施設における学習の計画や内容がその学校の教育課程に照らし適切と判断される場合には、当該学習の評価を適切に行い指導要録に記入したり、また、評価の結果を通知表その他の方法により、児童生徒や保護者、当該施設に積極的に伝えたりすることは、児童生徒の学習意欲に応え、自立を支援する上で意義が大きいこと。なお、評価の指導要録への記載については、必ずしもすべての教科・観点について観点別学習状況及び評定を記載することが求められるのではないが、児童生徒のおかれている多様な学習環境を踏まえ、その学習状況を文章記述するなど、次年度以降の児童生徒の指導の改善に生かすという観点に立った適切な記載に努めることが求められるものであること。

３　留意事項

(1)　義務教育段階の学校は、各個人の有する能力を伸ばしつつ、社会において自立的に生きる基礎を養うとともに、国家・社会の形成者として必要とされる基本的な資質を培うことを目的としており、その役割は極めて大きいことから、学校教育の一層の充実を図るための取組がもとより重要であること。すなわち、児童生徒が不登校になってからの事後的な取組に先立ち、児童生徒が不登校にならない、魅力ある学校づくりを目指すとともに、いじめ、暴力行為、体罰等を許さないなど安心して教育を受けられる学校づくりを推進することが重要であること。

(2)　不登校児童生徒への支援については児童生徒が不登校となった要因を的確に把握し、学校関係者や家庭、必要に応じて関係機関が情報共有し、組織的・計画的な、個々の児童生徒に応じたきめ細やかな支援策を策定することや、社会的自立へ向けて進路の選択肢を広げる支援をすることが重要であること。さらに、既存の学校教育になじめない児童生徒については、学校としてどのように受け入れていくかを検討し、なじめない要因の解消に努める必要があること。その際、保健室、相談室及び学校図書館等を活用しつつ、徐々に学校生活への適応を図っていけるような指導上の工夫が重要であること。また、いじめられた児童生徒又はその保護者が希望する場合には、柔軟に学級替えや転校の措置を活用することが考えられること。

4　指導要録の様式等について

上記の取扱いの際の指導要録の様式等については、平成31年3月29日付け30文科初第１８４５号「小学校、中学校、高等学校及び特別支援学校等における児童生徒の学習評価及び指導要録の改善等について」を踏まえ、出席日数の内数として出席扱いとした日数及び児童生徒が通所又は入所した学校外の施設名を記入すること。

別記２　不登校児童生徒が自宅においてＩＣＴ等を活用した学習活動を行った場合の指導要録上の出欠の取扱いについて

1　趣旨

不登校児童生徒の中には、学校への復帰を望んでいるにもかかわらず、家庭にひきこもりがちであるため、十分な支援が行き届いているとは言えなかったり、不登校であることによる学習の遅れなどが、学校への復帰や中学校卒業後の進路選択の妨げになっていたりする場合がある。このような児童生徒を支援するため、我が国の義務教育制度を前提としつつ、一定の要件を満たした上で、自宅において教育委員会、学校、学校外の公的機関又は民間事業者が提供するＩＣＴ等を活用した学習活動を行った場合、校長は、指導要録上出席扱いとすること及びその成果を評価に反映することができることとする。

2　出席扱い等の要件

義務教育段階における不登校児童生徒が自宅においてＩＣＴ等を活用した学習活動を行うとき、当該児童生徒が在籍する学校の長は、下記の要件を満たすとともに、その学習活動が、当該児童生徒が現在において登校を希望しているか否かにかかわらず、自ら登校を希望した際に、円滑な学校復帰が可能となるような学習活動であり、かつ、当該児童生徒の自立を助けるうえで有効・適切であると判断する場合に、指導要録上出席扱いとすること及びその成果を評価に反映することができる。

(1)　保護者と学校との間に十分な連携・協力関係が保たれていること。

(2)　ＩＣＴ等を活用した学習活動とは、ＩＣＴ（コンピュータやインターネット、遠隔教育システムなど）や郵送、ＦＡＸなどを活用して提供される学習活動であること。

(3)　訪問等による対面指導が適切に行われることを前提とすること。対面指導は、当該児童生徒に対する学習支援や将来の自立に向けた支援などが定期的かつ継続的に行われるものであること。

(4)　学習活動は、当該児童生徒の学習の理解の程度を踏まえた計画的な学習プログラムであること。なお、学習活動を提供するのが民間事業者である場合には、「民間施設についてのガイドライン（試案）」（別添３）を参考として、当該児童生徒にとって適切であるかどうか判断すること。（「学習活動を提供する」とは、教材等の作成者ではなく、当該児童生徒に対し学習活動を行わせる主体者を指す。）

(5)　校長は、当該児童生徒に対する対面指導や学習活動の状況等について、例えば、対面指導に当たっている者から定期的な報告を受けたり、学級担任等の教職員や保護者などを含めた連絡会を実施したりするなどして、その状況を十分に把握すること。

(6)　ＩＣＴ等を活用した学習活動を出席扱いとす

るのは、基本的に当該児童生徒が学校外の公的機関や民間施設において相談・指導を受けられないような場合に行う学習活動であること。なお、上記(3)のとおり、対面指導が適切に行われていることを前提とすること。

(7)　学習活動の成果を評価に反映する場合には、学校が把握した当該学習の計画や内容がその学校の教育課程に照らし適切と判断される場合であること。

3　留意事項

(1)　この取扱いは、これまで行ってきた不登校児童生徒に対する取組も含め、家庭にひきこもりがちな義務教育段階の不登校児童生徒に対する支援の充実を図り、社会的な自立を目指すものであることから、ＩＣＴ等を活用した学習活動を出席扱いとすることにより不登校が必要な程度を超えて長期にわたることを助長しないよう留意すること。

(2)　ＩＣＴを活用する場合には、個人情報や著作権の保護、有害情報へのアクセス防止など、当該児童生徒に対して必要な事前の指導を行うとともに、その活用状況についての把握を行うこと。その際、ＩＣＴの活用について保護者にも十分な説明を行うとともに、活用状況の把握について必要な協力を求めること。

(3)　教職員や不登校児童生徒の教育に関する専門家以外の者が対面指導を行う場合には、教育委員会や学校等が適切な事前の指導や研修、訪問活動中の援助を行うなど、訪問する者の資質向上等に努めること。

(4)　出席扱いの日数の換算については、学校や教育委員会が、例えば、対面指導の日数や学習活動の時間などを基準とした規程等を作成して判断することなどが考えられること。

(5)　ＩＣＴ等を活用した学習活動の成果を評価に反映する場合の指導要録への記載については、必ずしもすべての教科・観点について観点別学習状況及び評定を記載することが求められるのではないが、児童生徒の学習状況を文章記述するなど、次年度以降の指導の改善に生かすという観点に立った適切な記載がなされるようにすること。

また、通知表その他の方法により、児童生徒や保護者等に学習活動の成果を伝えたりすることも考えられること。

(6)　このほか、本制度の活用に当たっては、別紙を参照すること。

4　指導要録の様式等について

上記の取扱いの際の指導要録の様式等については、平成31年3月29日付け30文科初第１８４５号「小学校、中学校、高等学校及び特別支援学校等における児童生徒の学習評価及び指導要録の改善等について」を踏まえ、出席日数の内数として出席扱いとした日数及び児童生徒が通所又は入所した学校外の施設名を記入すること。

別添1　児童生徒理解支援シート（参考様式）

（略）

別添2　児童生徒理解・支援シートの作成と活用について

（略）

別添3　民間施設ガイドライン

（略）

別添4　教育支援センターガイドライン

（略）

新訂第５版　**図解・表解 教育法規**

2008年８月１日　初版第１刷発行
2008年11月１日　初版第２刷発行
2009年３月１日　初版第３刷発行
2009年８月１日　初版第４刷発行
2010年２月１日　増補改訂第１刷発行
2010年６月１日　増補改訂第２刷発行
2010年10月１日　増補改訂第３刷発行
2011年８月１日　増補改訂第４刷発行
2012年３月１日　新訂版第１刷発行
2013年４月１日　新訂版第２刷発行
2014年８月１日　新訂第２版第１刷発行
2016年１月１日　新訂第２版第２刷発行
2017年１月１日　新訂第２版第３刷発行
2017年８月１日　新訂第３版第１刷発行
2019年６月１日　新訂第３版第２刷発行
2020年10月１日　新訂第３版第３刷発行
2021年９月15日　新訂第４版第１刷発行
2024年３月１日　新訂第４版第２刷発行
2024年９月15日　新訂第５版第１刷発行

著　者　坂田　　仰
　　　　黒川　雅子
　　　　河内　祥子
　　　　山田　知代
発行人　福山　孝弘
発行所　株式会社 教育開発研究所
　　　　〒113-0033　東京都文京区本郷２-15-13
　　　　TEL. (03)3815-7041／FAX. (03)3816-2488
　　　　URL　https://www.kyouiku-kaihatu.co.jp/
　　　　E-mail　sales@kyouiku-kaihatu.co.jp
装　幀　長沼　直子
本文組版　shi to fu design
印刷所　株式会社 光邦

落丁・乱丁本はお取り替えいたします。
定価はカバーに表示してあります。
C3037　ISBN978-4-86560-598-3